Reinhard G. Kratz

QUMRAN

Reinhard G. Kratz

QUMRAN

Die Schriftrollen
vom Toten Meer
und die Entstehung des
biblischen Judentums

C.H.BECK

Mit 29 Abbildungen, davon 16 auf Farbtafeln, und 2 Karten

www.chbeck.de
Umschlaggestaltung: Rothfos & Gabler, Hamburg
Umschlagabbildung: Die in zwei Teile zerbrochene Kupferrolle in Höhle 3 bei ihrer Auffindung im März 1952. © akg-images/Bible Land Pictures
Satz: Fotosatz Amann, Memmingen
Druck und Bindung: Pustet, Regensburg
Gedruckt auf säurefreiem und alterungsbeständigem Papier
Printed in Germany
ISBN 978 3 406 78174 2

myclimate
klimaneutral produziert
www.chbeck.de/nachhaltig

Inhalt

Einführung

I. «Bücher in hebräischer Schrift»: Ein spektakulärer Fund

1. Die Entdeckung 15
2. Die Veröffentlichung 20
3. Die Texte 26

II. «Um in die Wüste zu gehen»: Ḥirbet Qumran und die Essener

1. Die «graue Ruine» 33
2. Die Essener-Hypothese 43
3. Neuansätze der Forschung 47

III. «Abgewendet vom Weg dieses Volkes»: Die Textüberlieferung

1. Die Bibel auf Leder und Papyrus 52
2. Schreiber und Schreibgewohnheiten 57
3. Fehler und Varianten 63

IV. «Damit du Einsicht gewinnst»: Die Textentstehung

1. Bibelhandschrift oder Midrasch? 69
2. Drei Editionen 76
3. Pluralität und Autorität 80

V. «Dies ist die Ordnung»: Die Statuten der Gemeinschaft

1. Das griechische Vereinswesen 85
2. Männer der Tora 87
3. Der Rat 92
4. Der Bund 97
5. Die Lager 102

VI. «Wir aber sagen»: Die Auslegung der Tora

1. Der mosaische Diskurs 109
2. Die Werke des Gesetzes 114
3. Jüdische Religionsparteien 125

VII. «Wir und unsere Väter vor uns»: Die Aneignung der heiligen Geschichte

1. Die heilige Geschichte 134
2. Die Reformulierung der heiligen Geschichte 140
3. Die Fortschreibung der heiligen Geschichte 149
4. Endzeitliche Historiographie 155

VIII. «Seine Deutung ist»: Die Kommentierung der Propheten

1. Der prophetische Diskurs 163
2. Fortschreibung und Pescher 169
3. Text und Kommentar 175
4. David als Prophet 179
5. Juda, Efraim und Manasse 188
6. Der «Lehrer der Gerechtigkeit» und seine Gegner 192

IX. «Gepriesen seist Du»: Die Anbetung Gottes

1. Der davidische Diskurs 200
2. Biblische und parabiblische Psalmen 207
3. Loblieder 213
4. Lieder zum Brandopfer am Sabbat 224
5. Religiöse Gebrauchstexte 229

X. «Das Geheimnis des Gewordenen»: Die Erforschung von Himmel und Erde

1. Der salomonische Diskurs 239
2. Daniel und der henochische Diskurs 245
3. Die theologische Erklärung der Welt 250
4. Die wissenschaftliche Erklärung der Welt 257

XI. «Wir haben uns abgesondert»: Qumran im antiken Judentum

1. Qumran und das biblische Judentum 261
2. Frühes Christentum und rabbinisches Judentum 269

Anhang

Liste der behandelten Qumranschriften 277
Zeittafel 281
Glossar 283
Anmerkungen 288
Literatur 297
Bildnachweis 309
Stellenregister 311

Einführung

Der spektakuläre Fund der Fragmente von rund tausend hebräischen, aramäischen und griechischen Handschriften, die in den Jahren 1947–1956 in Höhlen am Toten Meer nahe der Siedlung Ḥirbet Qumran zutage gefördert wurden, ist eine der bedeutendsten Entdeckungen des zwanzigsten Jahrhunderts. Die Texte geben Einblick in die Lebens- und Vorstellungswelten einer bis dahin völlig unbekannten Gruppe des Judentums der hellenistisch-römischen Zeit und werfen ein neues Licht auf die Vielfalt des antiken Judentums und zugleich auf den Hintergrund, vor dem das Christentum und das Neue Testament entstanden sind.

Eine Sensation war und ist nach wie vor der Fund von Handschriften des hebräischen und griechischen Alten Testaments, das wir bis dahin nur aus nachchristlichen, spätantiken und mittelalterlichen Handschriften kannten. Nunmehr ist es, wenn auch fragmentarisch, zum ersten Mal für die vorchristliche Zeit und dazu noch in verschiedenen Textfassungen handschriftlich bezeugt. Eine weitere Sensation waren die Fragmente von parabiblischen jüdischen Schriften, den sogenannten Apokryphen und Pseudepigraphen, die bisher nur in antiken Übersetzungen bekannt waren, in ihrer hebräischen oder aramäischen Originalsprache. Nicht minder sensationell war schließlich der Fund von Schriften, die aus der Gemeinschaft von Qumran selbst oder ihrem weiteren Umfeld stammen und vorher völlig unbekannt waren.

Üblicherweise werden Qumran und die Texte vom Toten Meer als ein singuläres historisches Phänomen für sich betrachtet und allenfalls mit dem zeitgenössischen und späteren rabbinischen Judentum sowie dem frühen Christentum in Verbindung gebracht. Dieses Buch beschreitet einen anderen Weg, den der Untertitel «Die Schriftrollen vom Toten Meer und die Entstehung des biblischen Judentums» zum Ausdruck bringt. Da in Qumran Handschriften biblischer und außerbiblischer (parabiblischer und qumranischer) Werke gefunden wurden, setzt die vorliegende Darstellung beides miteinander in Beziehung und erklärt eines aus dem anderen. Die Gemeinschaft von Qumran erweist sich so als ein fortgeschrittenes Entwicklungsstadium des von mir so genannten «biblischen Judentums», dessen Anfänge sich in der Entstehung der Hebräischen Bibel widerspiegeln.

Das Buch geht auch insofern einen anderen Weg, als es die einzelnen Schriften der Hebräischen Bibel, die parabiblischen Bücher und die Texte vom Toten Meer ihrerseits nicht als einheitliche, statische Größen, sondern als Ergebnis und Zeugen eines lebendigen literar- und theologiegeschichtlichen Prozesses begreift, in dem sich das biblische Judentum immer wieder aufs Neue selbst ausgelegt und definiert hat. Aus diesem Grund geht der Behandlung der Qumrantexte stets eine ausführliche Beschreibung der literarischen und konzeptionellen Entwicklung eines Themas innerhalb der Hebräischen Bibel voran, die sich in der parabiblischen Literatur und den Texten vom Toten Meer fortsetzt.

Soweit es angesichts der hermetischen Natur dieser Literatur möglich ist, werden auch die zeitgeschichtlichen Umstände und die Unterschiede zu anderen jüdischen Gruppen des antiken Judentums in hellenistisch-römischer Zeit mit in Betracht gezogen. Dabei ist jedoch zu beachten, dass es sich bei den Texten vom Toten Meer um literarische Dokumente handelt – ebenso wie bei den Texten der Hebräischen Bibel, der parabiblischen Literatur sowie der davon abhängigen jüdischen Historiographie (Flavius Josephus) und im Unterschied zu Archiven oder Depots von dokumentarischen Texten (wie den Funden von Elephantine in Ägypten, Al Jahudu in Mesopotamien, den samarischen Papyri aus dem Wadi Daliyeh). Das bedeutet, dass sie nicht unmittelbar historisch aussagekräftig sind und aus ihren Inhalten darum nur bedingt und mit aller Vorsicht historische Schlüsse gezogen oder gar die Geschichte ihrer Verfasser und Tradenten rekonstruiert werden können.

Andererseits kann aus Art und Anzahl der Texte, die in Qumran gefunden wurden, auf den Charakter der Gruppe geschlossen werden, die dem biblischen Judentum angehörte. Diese unterscheidet sich markant von den Gruppen des von mir so genannten «nichtbiblischen Judentums», das in anderen Quellenbeständen des antiken Judentums (wie Elephantine, Al Jahudu und Wadi Daliyeh) begegnet und für das die biblische Überlieferung keine Rolle spielt.

Die Unterscheidung zwischen «biblisch» und «nichtbiblisch» erfordert eine Erklärung. Da es zur Zeit der Gemeinschaft von Qumran «die Bibel» noch nicht gab, ist die Bezeichnung ein Anachronismus. Die Bezeichnung wird darum in der Forschungsliteratur immer wieder kritisiert, doch in Ermangelung einer Alternative halte ich bis auf weiteres aus pragmatischen Gründen an ihr fest. Mit «biblisch» werden diejenigen Schriften bezeichnet, die in den späteren Kanon der Hebräischen Bibel gelangt sind. Mit «außerbiblisch» oder «parabiblisch» werden solche Schriften bezeichnet, die der Bibel verwandt sind, aber nicht in den Hebräischen Kanon, sondern entweder in den erweiterten Kanon des griechischen Alten Testaments, der Septuaginta, gelangt sind oder daneben überliefert wurden. Darunter fallen in einem weiteren Sinne auch die Schriften, die in der Gemeinschaft von Qumran entstanden sind. Dementsprechend sind mit «biblischem Judentum» die Kreise gemeint, die für die Produktion und Überlieferung der nachmals biblischen und parabiblischen Literatur verantwortlich waren und ihre Identität darauf gründeten. Mit «nichtbiblischem Judentum» werden hingegen die Kreise bezeichnet, die diese Literatur entweder ignorierten oder noch nicht kannten.

Auch die Bezeichnungen «Hebräische Bibel» und «Altes Testament» bedürfen der Erläuterung. Beide Begriffe stehen für die Sammlung der «(heiligen) Schriften» des antiken Judentums und frühen Christentums. «Altes Testament» ist die im christlichen Sprachgebrauch übliche Bezeichnung, die dem Unterschied zum «Neuen Testament» geschuldet ist (2 Kor 3,14). Die Bezeichnung «Hebräische Bibel» hat sich – neben dem Akronym «TeNaK» für den dreigeteilten hebräischen Kanon (Tora – Nebiim – Ketubim, das heißt Gesetz – Propheten – Schriften) – im jüdischen Sprachgebrauch eingebürgert. Der Einfachheit halber behalte ich beide Bezeichnungen bei und verwende sie mehr oder weniger bedeutungsgleich, wobei «Hebräische Bibel» allein die hebräischen, teilweise aramäischen (Daniel 2–7, Esra 4–7) Bücher des masoretischen Kanons, «Altes Testament» darüber hinaus die antiken Übersetzungen mit ihrem um Apokryphen und Pseudepigraphen erweiterten Bücherbestand umfasst. Dafür, was es mit den Begriffen «Qumran», «Gemeinschaft von Qumran», «Schriften von Qumran» usw. auf sich hat, sei auf die Ausführungen auf den folgenden Seiten, besonders Kapitel II, verwiesen.

Die Disposition des Stoffs, die sich aus dem methodischen Ansatz ergibt, ist sowohl thematisch (synchron) als auch historisch (diachron) angelegt. Nacheinander werden die Fundumstände und Publikation der Handschriften, die archäologischen und historischen Fragen und schließlich die Texte selbst behandelt. Die einzelnen Kapitel sind verschiedenen Themenbereichen gewidmet und bieten somit einen Querschnitt. Innerhalb der einzelnen Kapitel dieses Querschnitts werden die Themen jedoch im Längsschnitt, das heißt in historischer Perspektive, dargestellt. Das gilt insbesondere für die Kapitel über die Qumrantexte (Kap. V–X), in denen jeweils der Weg von den Anfängen eines thematischen Diskurses in den biblischen Schriften hin zu den Texten vom Toten Meer nachgezeichnet wird. Diese Kapitel sind daher gewissermaßen als parallele Durchgänge durch die biblische und parabiblische Literatur- und Theologiegeschichte zu den einzelnen Themenbereichen zu betrachten.

Doch auch die Reihenfolge der thematischen Querschnitte bildet – nach der Präsentation der Funde (Kap. I–II) – in groben Zügen die Entwicklung von den biblischen Handschriften (Kap. III–IV) hin zu diversen Etappen des in der Hebräischen Bibel angelegten literatur- und theologiegeschichtlichen Diskurses innerhalb der Gemeinschaft von Qumran ab. Diese hat sich schwerpunktmäßig zunächst mit ihrer Organisation (Kap. V) und der Auslegung der Tora (Kap. VI) befasst. Sie ist danach zunehmend dazu übergegangen, sich die biblische Geschichte anzueignen (Kap. VII) und auch die biblischen Prophetenschriften auszulegen (Kap. VIII), bis sie schließlich vor allem in liturgischen (Kap. IX) und weisheitlichen Texten (Kap. X) zu ganz außergewöhnlichen kosmologischen und anthropologischen Spekulationen über die Ordnung von Himmel und Erde und den Lauf der Welt vorgestoßen ist.

Die Kombination aus Quer- und Längsschnitt ist dem Umstand geschuldet, dass die Schriften der Hebräischen Bibel wie auch die in Qumran gefundenen Texte teilweise parallel, teilweise nacheinander entstanden sind, und erlaubt eine übersichtliche Anordnung des Materials. Die Darstellung strebt eine Balance zwischen Überblick und Details an. So kann die literarische Analyse der biblischen und parabiblischen Schriften sowie der Texte vom Toten Meer hier nicht im Einzelnen vorgeführt werden, doch werden die Grundlinien der literar- und theologiegeschichtlichen Entwicklung aufgezeigt. Die Forschungsliteratur wird in Auswahl zitiert und punktuell diskutiert. Für die Auseinandersetzung mit ihr und weiterführende Hinweise sei auf die in den Fußnoten genannten Arbeiten sowie das Literaturverzeichnis verwiesen.

Auf originalsprachige Zitate wurde bewusst verzichtet, einzelne Begriffe oder Wendungen werden in einer vereinfachten Umschrift notiert. Die deutsche Wiedergabe von Bibelzitaten orientiert sich an der Lutherbibel in der revidierten Fassung von 2017, die der Qumrantexte an den deutschen Ausgaben von Eduard Lohse, Annette Steudel und Johann Maier, doch wurden sämtliche Übersetzungen am Originaltext geprüft und stellenweise geändert. Durchgängig geändert ist die Wiedergabe des Gottesnamens, dessen historische Aussprache unsicher ist und der darum hier mit den transkribierten Konsonanten «JHWH» des hebräischen Wortes, dem sogenannten Tetragramm, wiedergegeben wird. Zur Orientierung beim Lesen sind im Anhang eine Zeittafel mit den wichtigsten historischen Daten, Namen und Fakten sowie ein Glossar der verwendeten Fachterminologie beigegeben.

Mein Dank geht zuerst an Nathan MacDonald und das St John's College Cambridge für die Einladung zu einem Fellowship im akademischen Jahr 2014/15, das es mir ermöglichte, wesentliche Teile des Buches abzufassen. Wie wertvoll eine solche Gelegenheit ist, zeigt sich allein schon daran, dass es danach weitere fünf Jahre gebraucht hat, um das Manuskript im laufenden Universitätsbetrieb abzuschließen. Ein besonderer Dank gebührt auch meinen Göttinger Kollegen Annette Steudel und Peter Porzig, die freundlicherweise das gesamte Manuskript durchgesehen und zahlreiche substantielle Hinweise und Anregungen gegeben und damit geholfen haben, es in der Sache wie im Ausdruck erheblich zu verbessern. Stehen gebliebene Fehler und Irrtümer gehen allein auf mein Konto. Ferner danke ich meiner Mitarbeiterin Astrid Stacklies für ihre wertvolle Hilfe bei der Korrektur des Manuskripts, Sarah Kilian für die Anfertigung des Stellenregisters sowie dem Verlag C.H.Beck und insbesondere meinem Lektor Ulrich Nolte für sein nicht nachlassendes Interesse an der Fertigstellung dieses Buches, seine Geduld und die vorzügliche verlegerische Betreuung.

I. «Bücher in hebräischer Schrift» Ein spektakulärer Fund

1. Die Entdeckung

Um das Jahr 800 schrieb der Patriarch von Seleukia-Ktesiphon im Zweistromland, Timotheus I. (727–823), einen Brief an seinen Amtsbruder Sergius (gest. ca. 805), den Bischof von Elam, und berichtete von einem seltsamen Fund. Ein Hund habe sich beim Jagen in eine Felshöhle nahe Jericho verlaufen. Als sein Besitzer ihm gefolgt sei, habe er «Bücher in hebräischer Schrift» entdeckt und umgehend die Juden in Jerusalem davon in Kenntnis gesetzt. Es handele sich um Bücher des Alten Testaments und andere Schriften, darunter mehr als zweihundert Psalmen Davids.[1]

Ganz ähnlich klingt die Geschichte, die die Beduinen des Stammes Taʿamire über den bedeutendsten Fund antiker jüdischer Handschriften im zwanzigsten Jahrhundert erzählen.[2] Diesmal soll es eine Ziege gewesen sein, die einem Hirtenjungen entlaufen sei und ihn auf seiner Suche zu einer Höhle geführt habe. Als er zum Zeitvertreib Steine in die Höhle geworfen habe, sei er auf die Tonkrüge mit den Schriftrollen gestoßen.

Ob Hund oder Ziege, in den Jahren 1947 und 1948 tauchten auf dem Antiquitätenmarkt in Bethlehem sieben Schriftrollen auf, die Beduinen zuvor in einer Felshöhle am Nordwestende des Toten Meeres, etwa 13 Kilometer südlich von Jericho, entdeckt hatten. Sie bildeten den Grundstock der Handschriften, die in den fünfziger Jahren nach und nach in insgesamt elf Höhlen am Felsabhang des Wadi Qumran, nahe der Siedlung Ḥirbet Qumran, und an einigen anderen, weiter südlich gelegenen Orten am Toten Meer (Naḥal Ḥever, Wadi Murabbaʿat, Masada) gefunden wurden. Im Jahre 2017 wurde eine zwölfte Höhle entdeckt, die allerdings schon ausgeplündert war und nur noch Scherben von Tonkrügen sowie unbeschriftete Reste von Schriftrollen und Materialien zum Zusammenbinden und Einwickeln der Rollen enthielt.

Dass diese Handschriften aus derselben Quelle stammen wie «die Bücher in hebräischer Schrift», von denen der Patriarch Timotheus I. berichtet, lässt sich nicht beweisen, ist aber nicht unwahrscheinlich. Ähnliche Nachrichten gab es immer wieder in der Antike. Euseb von Cäsarea (260–340) und Epiphanius von Salamis (gest. 403) erwähnen Funde von hebräischen und griechischen Texten in der Zeit des Kaisers Caracalla (Severus Antonius, 211–217), wiederum in Tonkrügen in der Nähe von Jericho. Von Euseb erfahren wir, dass schon Origenes (185–254) von ihnen Gebrauch machte. Der große christliche Gelehrte verfasste ein monumentales textkritisches Werk, in dem diverse hebräische und griechische Textfassungen des Alten Testaments in sechs Spalten aufgeführt waren und miteinander verglichen wurden, weswegen es Hexapla, die «Sechsfache», heißt. Eine der griechischen Versionen des Psalters stammte aus den Textfunden bei Jericho.

Auch von den späteren Funden zur Zeit Timotheus' I. versprach man sich Aufschluss über einen zuverlässigeren, wenn nicht sogar den ursprünglichen Text der heiligen Schrift. Der Patriarch vermutete, die Bücher seien von dem Propheten Jeremia oder seinem Schreiber Baruch aus Furcht vor der Zerstörung durch die Babylonier im sechsten Jahrhundert v. Chr. bei Jericho deponiert worden. Ähnliches vermutet die moderne Wissenschaft. Von den Funden des zwanzigsten Jahrhunderts nimmt sie an, die Texte seien aus Furcht vor der Zerstörung durch die Römer im ersten Jahrhundert n. Chr. in den Höhlen am Toten Meer versteckt worden. Sie geben tatsächlich einen einzigartigen Einblick in die Geschichte des Alten Testaments und darüber hinaus in die Geschichte des antiken Judentums.

Bis die Forschung Einblick erhielt und das Material studieren konnte, war es jedoch ein weiter Weg. Die Fundgeschichte, die John C. Trever 1965 auf Englisch erzählt hat, ist 1967 unter dem Titel «Das Abenteuer von Qumran» auf Deutsch erschienen und liest sich wie ein Kriminalroman. Viele Gerüchte, Spekulationen und Mythen ranken sich seither um die Umstände, wie die Textfunde aus

Beduinen graben 1949 in einer Höhle nach Fragmenten von Schriftrollen (Re-Enactment).

den Höhlen von Qumran in die Hände von Wissenschaftlern gelangten und schließlich publiziert wurden.

Sicher ist, dass die Höhlen mit den meisten Textresten (1, 2, 4, 6 und 11) von Beduinen, die übrigen (3, 5 und 7–10) im Zuge der archäologischen Grabungen gefunden wurden, die in den Jahren 1949–1958 in Ḥirbet Qumran und Umgebung durchgeführt wurden. Über den Antiquitätenhändler Khalil Iskandar Shahin, genannt Kandu, aus Bethlehem, der der syrisch-orthodoxen Kirche angehörte, gelangten von den zuerst entdeckten sieben Schriftrollen aus Höhle 1 vier in den Besitz des St.-Markus-Klosters in Jerusalem. Die drei übrigen gerieten in die Hände von Professor Eliezer Sukenik, der am 29. November 1947, dem Tag der UN-Resolution zur Gründung des Staates Israel, inkognito nach Bethlehem in das damals noch britische Mandatsgebiet reiste und sie für die Hebräische Universität in Jerusalem erwarb. Die vier Rollen aus dem St.-Markus-Kloster sind auf dem Umweg über den Libanon und den amerikanischen Markt von Sukeniks Sohn, dem General, Staatsmann und Archäologen Yigael Yadin, 1954 käuflich erworben und dem Staat Israel übergeben worden. Sämtliche sieben Rollen und anderes Material aus Höhle 1 werden seither in dem eigens dafür erbauten Shrine of the Book *(Hekhal Ha-Sefer)* in Jerusalem gelagert und ausgestellt.

Zwischen 1952 und 1956 wurden nach und nach die anderen zehn Höhlen entdeckt. Sofern die Texte nicht aus archäologischen Grabungen stammten, sondern von Beduinen gefunden wurden, wurden sie als heißbegehrte Ware auf dem Antiquitätenmarkt gehandelt und erzielten hohe Preise. Dabei hat leider das Material nicht selten gelitten. Es musste ausfindig gemacht und entweder den Beduinen selbst oder Sammlern aus aller Welt abgekauft werden, woran sich viele Nationen, darunter auch Deutschland, Institutionen und Privatpersonen beteiligten. Dies und nicht zuletzt die politischen Veränderungen in Palästina haben zu einer höchst komplizierten und diffusen Rechtslage geführt, die bis heute nicht restlos geklärt ist. Manche Stücke sind im Museum von Amman in Jordanien und in anderen Museen der Welt gelagert und dort zu bestaunen. Das meiste Material wurde jedoch im Rockefeller Museum im Ostteil Jerusalems untergebracht. Heute befinden sich auch diese Funde im Israel Museum im Westteil der Stadt und werden hier neben den Funden aus Höhle 1 im Shrine of the Book von einer eigenen Forschungseinheit professionell konserviert, wissenschaftlich untersucht und in Ausstellungen präsentiert.

Die Suche nach Handschriften geht weiter, doch außer den elf (neuerdings zwölf) Höhlen bei Qumran und den anderen Fundorten sind bis heute keine nennenswerten weiteren Entdeckungen mehr gemacht worden. Gelegentlich tauchen neue Fragmente auf, die stets viel Aufsehen erregen, aber meistens keine neuen Erkenntnisse bringen und deren Herkunft unsicher ist. Fast alle der in jüngster Zeit bekannt gewordenen Fragmente von Bibelhandschriften unsicherer Herkunft, wie etwa die im Washingtoner Museum of the Bible ausgestellten oder in der Schøyen-Sammlung befindlichen Stücke, haben sich als moderne Fälschungen erwiesen und können daher vernachlässigt werden.

Moderne Konservierung der Fragmente im Labor der Qumran Unit der Israel Antiquities Authority (IAA) in Jerusalem

2. Die Veröffentlichung

Die Publikation der Handschriften ging zunächst zügig voran, geriet jedoch in den siebziger Jahren des vergangenen Jahrhunderts ins Stocken, bevor sie in den neunziger Jahren wieder aufgenommen wurde. Rund sechzig Jahre nach dem Fund der Handschriften wurde 2010 die offizielle Publikationsreihe «Discoveries in the Judaean Desert» (DJD) abgeschlossen. Seither liegen sämtliche Texte vom Toten Meer in edierter und in mehrere Sprachen übersetzter Form vor.[3]

Die lange Zeit, die die Publikation benötigte, gab Anlass zu mancherlei Kontroversen in der wissenschaftlichen Welt und aufregenden Spekulationen in den Medien. Einen Höhepunkt erreichte die Entwicklung 1991 mit dem Paukenschlag der Publikation einer unautorisierten Edition von Ben Zion Wacholder und Martin Abegg. Die beiden Forscher haben unpublizierte, noch nicht freigegebene Texte mit Hilfe des Computers aus einer nur in wenigen Exemplaren existierenden handschriftlichen Konkordanz der rechtmäßigen Bearbeiter zusammengesetzt und so der Öffentlichkeit zugänglich gemacht. Des Weiteren kündigte die Huntington Library in San Marino (Kalifornien) an, den kompletten Satz von Fotografien der Texte vom Toten Meer, der ihr als eine Art Sicherungskopie anvertraut worden war, der Öffentlichkeit zugänglich zu machen. Nur wenig später erschien eine Faksimile-Ausgabe mit Fotografien, deren Herkunft nicht genannt wurde. Schließlich überschwemmten populärwissenschaftliche Bücher den Markt und wurden von der Sensationspresse begierig aufgenommen. Diese Publikationen setzten das Gerücht in die Welt, die Schriftrollen vom Toten Meer enthielten unorthodoxe Ansichten über das Christentum und würden deshalb unter Verschluss gehalten. Die Verzögerung der Publikation wurde als eine Verschwörung katholischer Priester dargestellt, die ihre Weisung direkt aus dem Vatikan erhielten.

An den Gerüchten ist nie etwas dran gewesen. Sie wurden von vielen renommierten Qumranforschern und Kennern der Szene wie

Rollensaal im Rockefeller Museum in Jerusalem, in dem das internationale Herausgeberteam arbeitete

Hartmut Stegemann oder James C. VanderKam ein für alle Mal widerlegt. Die Verzögerung der Publikation war in der Tat misslich, hatte jedoch andere Gründe. Ein Grund war der anstehende Generationenwechsel, ein anderer die veränderte politische Lage nach dem Sechstagekrieg 1967. Hinzu kamen interne und persönliche Probleme im Herausgeberkreis.

Der ersten Generation der Qumranforscher gehörten Wissenschaftler dreier Institutionen in Jerusalem an: der Hebräischen Universität (Eliezer Sukenik, Nahman Avigad, Yigael Yadin), der American Schools of Oriental Research (John Trever, Millar Burrows, William Brownlee) sowie der École biblique et archéologique française (Maurice Baillet, Dominique Barthélemy, Pierre Benoit, Józef T. Milik, Roland de Vaux). Sie alle haben das ihnen anvertraute Material in erstaunlich kurzer Zeit veröffentlicht. Die ersten Ausgaben der großen Texte aus Höhle 1 waren unmittelbar nach der Auffindung in den Jahren 1948–1956 in separaten Editionen sowie in DJD I erschienen. Es folgten die Publikation der Texte aus den Höhlen 1 und 5–10 sowie aus Wadi Murabbaʿat in den Jahren 1961–1962 (DJD II–III), mit etwas Verspätung dann auch einiges aus Höhle 11 (J. A. Sanders, DJD IV, 1965) und Höhle 4 (J. M. Allegro, DJD V, 1968). Damit war ein Großteil des Materials publiziert.

Schwierigkeiten bereiteten den Bearbeitern jedoch die Unmengen von kleinen Fragmenten aus Höhle 4 von Qumran. Sie wurden im Palestine Archaeological Museum (später Rockefeller Museum) in Ostjerusalem aufbewahrt, das bis 1967 unter jordanischer Aufsicht stand. Anfang der fünfziger Jahre wurde von den jordanischen Behörden ein internationales Team von sieben Wissenschaftlern unter der Leitung von Roland de Vaux von der École Biblique in Jerusalem bestellt, unter denen sich keineswegs nur Katholiken, sondern auch zwei Presbyterianer, ein Lutheraner und ein Agnostiker befanden. Jüdische Forscher durften dem Team nach dem Willen der jordanischen Regierung nicht angehören.

Dem Alphabet nach der Erste war John Marco Allegro, ein britischer Linguist und eine schillernde Figur, der sich in späteren Jahren zu kühnen Thesen verstieg und diese in seinen Büchern «The Sacred Mushroom and the Cross» und «The Dead Sea Scrolls and the Christian Myth» popularisierte. Das genaue Gegenteil war der Amerikaner Frank Moore Cross, damals ein strebsamer junger Mann, später Hancock Professor of Hebrew and Other Oriental Languages an der Divinity School der Universität von Harvard, der sich als solider Paläograph, Epigraphiker und Textkritiker einen Namen machte. Von ihm stammt das paläographische Schema, nach dem die Handschriften bis heute datiert werden. Nur für kurze Zeit, von 1954 bis 1957, war Claus-Hunno Hunzinger Mitglied des Teams, der einzige Deutsche und Privatdozent aus Göttingen, dem unter anderem die Fragmente der sogenannten Kriegsrolle *(Serekh Ha-Milchama)* anvertraut waren. Józef Tadeusz Milik war ein hochgelehrter, in vielen antiken und modernen Sprachen bewanderter polnischer Bibelwissenschaftler und geweihter Priester, dem wir die erste Edition der aramäischen Fragmente des Henochbuches sowie eine Reihe von Vorveröffentlichungen und einschlägige Beiträge zur

John Strugnell bei der Arbeit im Rollensaal

Entzifferung der Texte verdanken. Patrick Skehan von der Catholic University in Washington, ebenfalls katholischer Priester und ein Kenner der Weisheitsliteratur, hat vor allem biblische Fragmente ediert. Jean Starcky, ein französischer Priester, Spezialist für palmyrenische und nabatäische Inschriften, war für die aramäischen Fragmente aus der Höhle 4 von Qumran zuständig. Brillant und exzentrisch war John Strugnell, neben Milik vielleicht das begabteste Mitglied des Teams, ein gebürtiger Brite, der in Oxford studiert hatte und später in den USA an der Harvard Divinity School lehrte. Er hat nicht viel publiziert, doch für viele Editionen die Transkriptionen angefertigt und wegweisende Hinweise gegeben. Etwas später kam der französische Epigraphiker Maurice Baillet hinzu, der den ausscheidenden Hunzinger ersetzte und neben anderem die 4Q-Fragmente der Kriegsrolle edierte.

Auch dieses Team hat anfänglich überaus zügig gearbeitet. Innerhalb von rund sechs Jahren hat man neben der Entzifferung, Identifizierung und Zusammensetzung der Fragmente eine Zettelkonkordanz erstellt, die alle Wörter der außerbiblischen hebräischen und aramäischen Qumrantexte aus den Höhlen 2–10 enthält und mit Kontext verzeichnet. Die Arbeit des Teams endete 1960 und mit ihr die Arbeit an der Konkordanz, die danach kopiert, fotografiert und 1988 von Hartmut Stegemann und John Strugnell im Privatdruck den Spezialisten zugänglich gemacht wurde. Es ist diese Konkordanz, mit der Wacholder und Abegg den Computer gefüttert und so die unautorisierte Edition von 1991 hergestellt haben.

Bis dahin hatten die Mitglieder des siebenköpfigen Expertenteams, die das Material und die Rechte zur Veröffentlichung unter sich aufteilten, «ihre» Texte vereinzelt oder auszugsweise in wissenschaftlichen Zeitschriften bekannt gemacht. Die endgültige Publikation des Materials aus Höhle 4 in der Reihe DJD ging jedoch nur schleppend voran: Zwischen 1968 und 1982 erschienen gerade einmal drei Bände (DJD V–VII). Daneben kamen noch zwei bedeutende Einzelveröffentlichungen heraus, die viel mehr als nur die Edition der Texte bieten: 1976 die von Milik bearbeiteten Henoch-Texte aus Höhle 4 und 1977 die von Yadin bearbeitete Tempelrolle aus Höhle 11, jeweils mit ausführlichem Kommentar.

Der Schwung der ersten Jahre war jedoch bereits Ende der sechziger Jahre erlahmt. Außer dem Auslaufen der Finanzierung und den politischen Veränderungen traten auch fachliche Differenzen und persönliche Schwierigkeiten im Herausgeberteam auf. Krankheiten und andere Umstände machten eine Umbildung des Teams und eine neue Planung des Unternehmens nötig, die von den beiden Hauptherausgebern dieser Zeit, Pierre Benoit und John Strugnell, jedoch nur zögerlich in Angriff genommen wurde. Immerhin wurde unter Strugnell der Generationenwechsel eingeleitet und das Team durch jüngere Leute verstärkt, unter denen sich zum ersten Mal auch israelische Forscher und – für die damalige Zeit ungewöhnlich viele – jüngere Wissenschaftlerinnen befanden. Doch die Maßnahme konnte nicht die immer lauter werdende, berechtigte Forderung beschwichtigen, der Wissenschaft den ungehinderten Zugang zu den Texten zu erlauben. So kam es zu dem oben geschilderten Eklat Anfang der neunziger Jahre, der bewirkte, dass wieder Bewegung in die Sache kam.

Sowohl die israelische Antikenbehörde, die 1998 ein Advisory Board einsetzte, als auch zwei amerikanische Wissenschaftsorganisationen, die Society of Biblical Literature und die American Schools of Oriental Research, die 1991 und 1992 leicht divergierende Richtlinien zum Umgang mit den Texten vom Toten Meer veröffentlichten, reagierten prompt. Nach wirren antisemitischen Äußerungen des offensichtlich bereits erkrankten John Strugnell wurde dieser 1990 von der zuständigen israelischen Antikenbehörde als Hauptherausgeber der Reihe DJD abgesetzt und durch Emanuel Tov von der Hebräischen Universität Jerusalem ersetzt. Unter seiner Leitung ist 1993 eine Microfiche-Edition der Originale erschienen sowie 2010 die Edition in der Reihe DJD zum Abschluss gebracht worden. Auf ihr beruhen alle weiteren Schritte der Publikation und Bearbeitung der Texte.

Nicht zuletzt war es auch Emanuel Tov, der als einer der Ersten die Möglichkeiten der Digitalisierung erkannte und das Zeitalter der sogenannten Digital Humanities mit einleitete. So begann er schon in den achtziger Jahren mit der Entwicklung von Programmen zur Erforschung der Septuaginta und sorgte dafür, dass auch die Texte vom Toten Meer digital zugänglich gemacht wurden. Auf seinen Spuren forschen heute weltweit diverse Datenbank-Projekte mit digitalen Mitteln an der weiteren und präziseren Texterfassung, der Paläographie, der Lesung der Fragmente und materiellen Rekonstruktion sowie der philologischen und inhaltlichen Erschließung.[4]

Edition und Publikation der Texte vom Toten Meer waren von Anfang an ein internationales Unternehmen, das nicht nur von höchstem wissenschaftlichem Interesse, sondern auch dem kulturellen Erbe Israels und der Welt verpflichtet ist. In Anbetracht dieser Bedeutung und der herausragenden Verdienste um die Erschließung und Bewahrung dieses Erbes wurde Emanuel Tov und nach ihm auch Elisha Qimron, dem Herausgeber einer hebräischsprachigen Neuausgabe der Texte, vom Staat Israel die höchste kulturelle Auszeichnung des Landes, der Israel-Preis, verliehen.

3. Die Texte

Die Anzahl der Handschriften, die in den elf Höhlen und an anderen Orten am Toten Meer gefunden wurden, lässt sich nur annähernd beziffern. Man rechnet mit rund acht- bis neunhundert Handschriften allein in Qumran und etwas über tausend Dokumenten insgesamt. Von ihnen sind lediglich neun (!) Handschriften aus Höhle 1 und 11 als annähernd intakte Rollen und zwei einzelne Lederblätter als vollständige Manuskripte erhalten. Der gesamte Rest besteht aus Fragmenten. Es sind Zigtausende von größeren oder – mehrheitlich – kleineren Stücken bis hin zu kleinsten Schnipseln aus Leder oder Papyrus, die von dem ersten Forscherteam gesäubert und präpariert, fotografiert, entziffert, einzelnen Händen von Schreibern zugeordnet und nach Möglichkeit zusammengesetzt und katalogisiert werden mussten. Einige Beispiele für biblische und nichtbiblische Handschriften finden sich im Tafelteil dieses Buches.

Die einzelnen Handschriften werden oft nur von einem, vielfach aber auch von mehreren solcher losen oder zusammengesetzten Fragmente repräsentiert. Die Zusammensetzung erfolgt nach der Methode der materiellen Rekonstruktion, bei der anhand des erhaltenen Texts Höhe und Breite einer Kolumne sowie die Länge der Zeilen einer Schriftrolle berechnet und die Fragmente aufgrund von regelmäßig wiederkehrenden Zerstörungsmustern in der Rolle platziert werden. Die Methode hat Hartmut Stegemann in die Qumranforschung eingeführt, sie wurde von ihm und seinen Schülern an vielen Beispielen mit Erfolg praktiziert.[5]

Die Bezeichnung der Handschriften und Fragmente ist wenig einprägsam, aber praktisch. Sie besteht aus einem Sigel für den Fundort und einer der Handschrift verliehenen Nummer, bei den biblischen Büchern oder prominenten Werken gelegentlich auch einer Abkürzung für den Namen der Schrift. So bezeichnet 1Q8 die Handschrift 8 aus Höhle 1 von Qumran, wird aber auch als 1QJes^{b} zitiert, da es sich um die zweite von insgesamt zwei Handschriften des

Jesajabuches aus dieser Höhle handelt. Die erste, größere Handschrift wird 1QJes[a] abgekürzt; sie gehört zu den frühesten Funden und war von Anfang an so prominent, dass ihr nie eine Nummer zugewiesen wurde. 1Q28 bezeichnet die Handschrift 28 aus Höhle 1. Hierbei handelt es sich um ein bis dahin unbekanntes Werk, das den Titel *Serekh Ha-Jachad,* «Ordnung der Gemeinschaft» (hier «Gemeinschaftsregel» genannt), trägt und deshalb auch unter der Abkürzung 1QS geführt wird. In Höhle 4 haben sich weitere Handschriften desselben Werkes gefunden, die als 4Q255–264 oder 4QS[a–j] bezeichnet werden. Auf diese Weise wird mit allen elf Höhlen von Qumran verfahren sowie mit den anderen Fundorten, für die es eigene Abkürzungen gibt: «Mur» für Wadi Murabbaʿat, «Ḥev» für Naḥal Ḥever, «Mas» für Masada.

Die Handschriften sind, wie in der Antike üblich, in Kolumnen geschrieben. Auf die Bezeichnung der Handschrift folgt daher bei den mehr oder weniger intakten Rollen die Angabe von Kolumne (in großen römischen Ziffern) und Zeile, bei den anderen Handschriften die Angabe von Fragment, gegebenenfalls Kolumne (in kleinen römischen Ziffern) und Zeile. So bedeutet 1Q8 V 2,1–10: Handschrift 8 (Jes[b]) aus Höhle 1, Kolumne 5, Fragment 2, Zeilen 1–10, in denen sich Reste des Textes von Jesaja 12,3–13,8 finden. 1Q28 V,1 bedeutet: Handschrift 28 (auch mit «S» bezeichnet) aus Höhle 1, Kolumne 5 (der ganzen Handschrift), Zeile 1 – der Anfang eines neuen Abschnitts in dem Werk *Serekh Ha-Jachad.* Und 4Q258 1 i,1 heißt: Handschrift 258 (S[d]) aus Höhle 4, Fragment 1, Kolumne 1 (auf diesem Fragment), Zeile 1, und hier findet sich derselbe Text wie in 1Q28 bzw. 1QS V,1, wenn auch mit einer interessanten textlichen Variante, über die unten noch zu reden sein wird.

Die Handschriften lassen sich, stark vereinfacht, in vier Kategorien unterteilen:

1) *Biblische Bücher.* Außer Ester sind sämtliche Bücher der (nachmaligen) Hebräischen Bibel belegt. Bei einigen Büchern, wie zum Beispiel Chronik, Esra und Nehemia, sind die Fragmente allerdings

derart klein, dass man sich nicht sicher sein kann, ob es sich tatsächlich um das biblische Buch oder ein anderes Werk handelt, in dem das biblische Buch zitiert oder paraphrasiert wird. Außer hebräischen Handschriften wurden auch Übertragungen einzelner biblischer Schriften ins Aramäische (Targume) und ins Griechische (Septuaginta) gefunden. Zur Gruppe der biblischen Handschriften gehören in einem weiteren Sinne auch die sogenannten Phylakterien. Das sind kleine, in winziger Schrift geschriebene Textabschnitte mit Passagen aus den Büchern Exodus und Deuteronomium, die – der Anweisung in Deuteronomium 6,8–9 folgend – bis heute in kleinen Kapseln an Kopf oder Arm getragen (Tefillin) oder am Türpfosten angebracht werden (Mezuzot). Auch von ihnen haben sich etliche Exemplare in den Höhlen von Qumran und an anderen Orten in der judäischen Wüste erhalten.

Bemerkenswert ist der Umstand, dass die Handschriften dieser ersten Kategorie noch keinem standardisierten Bibeltext folgen, sondern verschiedene Texttypen belegen, und zwar die bekannten Typen des masoretischen Bibeltextes (MT), der Septuaginta (LXX) und des samaritanischen Pentateuchs (SP) sowie bis dahin unbekannte Texttypen.

2) *Parabiblische Bücher.* Aus den antiken (griechischen, lateinischen, syrischen, äthiopischen oder armenischen) Versionen der Bibel sind uns seit alters weitere biblische Schriften bekannt, von denen einige in der römisch-katholischen Kirche und den orthodoxen (orientalischen und oströmischen) Nationalkirchen auch zur verbindlichen Sammlung der biblischen Schriften, dem Kanon der heiligen Schriften, gehören: die Apokryphen («verborgene» Bücher) und Pseudepigraphen (unter einem biblischen Pseudonym verfasste Bücher). Sie können auch als parabiblische Bücher bezeichnet werden, da sie in der Tradition der biblischen Schriften stehen, diese entweder zitieren, verarbeiten oder reformulieren. Hierzu gehören etwa das Buch des Ben Sira (Jesus Sirach), Tobit, der Brief des Jeremia, Erster (äthiopischer) Henoch (1 Henoch) und das Jubiläenbuch. Von eini-

gen dieser Schriften sind in Qumran Fragmente der hebräischen oder aramäischen Originale erhalten, das Buch Tobit kurioserweise in beiden Sprachen. Darüber hinaus ist eine Menge weiterer, bis dahin unbekannter Apokryphen und Pseudepigraphen ans Licht gekommen, von denen das Genesis-Apokryphon aus Höhle 1 (1Q20 oder 1QGenAp) und die Tempelrolle aus Höhle 11 (11Q19[–20] oder 11QT) die bekanntesten Beispiele sind. Vor allem aus Höhle 4 stammen viele solcher Texte, die von biblischen Gestalten wie Noach, Jakob, Josef, Mose und seinen Vorfahren Qahat und Amram, Josua, Samuel, David, Jeremia, Ezechiel oder Daniel handeln.

Die Grenze zwischen den beiden ersten Kategorien der biblischen und parabiblischen Bücher ist fließend. So kommt es zuweilen vor, dass ein Manuskript, das erhebliche Abweichungen vom standardisierten (masoretischen) Bibeltext enthält, von den Herausgebern zunächst als parabiblisch, später aber doch als biblisch klassifiziert wurde.

3) *Schriften der Gemeinschaft von Qumran.* Außer den biblischen und parabiblischen Büchern sind Handschriften von Werken gefunden worden, von denen wir – mit einer Ausnahme (der Damaskusschrift) – bis dahin gar nichts wussten. Es sind die Schriften derjenigen Gemeinschaft, die uns in den Texten selbst begegnet. Im Englischen heißen sie *sectarian writings*, was den gruppenspezifischen Charakter unterstreicht. Darunter befindet sich eine Fülle von verschiedenen Textsorten: Gesetzliche Werke wie die Gemeinschaftsregel *(Serekh Ha-Jachad)*, die Damaskusschrift, die zu großen Teilen schon aus zwei mittelalterlichen Handschriften bekannt war, und der Lehrbrief «Von den Werken der Tora» *(Miqṣat Maʿase Ha-Torah)*, die die Statuten der Gemeinschaft und ihre Auslegung des Gesetzes enthalten; poetisch-liturgische Werke wie die Sammlung der «Loblieder» *(Hodajot)* oder die Komposition der «Lieder zum Brandopfer am Sabbat» *(Schirot ʿOlat Ha-Schabbat)*; exegetische Werke, vor allem die Pescher (im Plural Pescharim) genannten Kommentare zu Propheten und Psalmen wie der Pescher Habakuk;

eschatologische oder apokalyptische Werke wie die «Kriegsregel» *(Serekh Ha-Milchama)* oder Texte über das Neue Jerusalem; weisheitliche, kalendarische und magische Texte und anderes mehr.

Wieder ist die Grenze zwischen dieser und der vorigen Gruppe der parabiblischen Texte nicht leicht zu ziehen und die Provenienz der Texte in vielen Fällen strittig. Das liegt teilweise am spärlichen Erhaltungszustand der Handschriften, in der Hauptsache aber daran, dass auch die Schriften der Gemeinschaft von Qumran sprachlich und thematisch fest in der biblischen Tradition verwurzelt sind. Manche der Texte der zweiten Kategorie dürften zugleich unter der dritten einzuordnen sein und umgekehrt. Der Einfachheit halber, aber auch wegen der schwierigen Grenzziehungen behandele ich sämtliche Schriften, die in den Höhlen von Qumran und Umgebung gefunden wurden, als Zeugen für die Gemeinschaft von Qumran, ganz gleich, ob sie außerhalb der Gemeinschaft entstanden sind und hier nur benutzt oder von Mitgliedern der Gemeinschaft verfasst wurden.

4) *Urkundliche Schriftzeugnisse.* Bei den Kategorien 1–3 handelt es sich um literarische Texte. Darüber hinaus sind gelegentlich in den Höhlen, vor allem aber an den anderen Fundorten, auch urkundliche Schriftzeugnisse gefunden worden: Privatverträge, Briefe, Abrechnungen, Schreibübungen, beschriftete Ostraka und Münzen. Besonders spektakulär sind die samarischen Papyri aus der späten Perserzeit, die im nördlich von Jericho gelegenen Wadi Daliyeh entdeckt wurden, sowie die Briefe des Anführers im jüdischen Aufstand gegen die römische Besatzung 132–135 n. Chr., Schimʿon Bar Kosba (als Messiasanwärter auch bekannt unter dem Namen Bar Kochba, «Sternensohn»), die in Wadi Murabbaʿat und Naḥal Ḥever gefunden wurden. Diese wie die meisten anderen urkundlichen Zeugnisse in hebräischer, aramäischer, griechischer, lateinischer, nabatäischer oder arabischer Sprache haben nichts direkt mit der Gemeinschaft von Qumran zu tun. Doch einige wenige urkundliche Zeugnisse sind auch in den Höhlen gefunden oder ihnen von der

Forschung zugewiesen worden und beanspruchen daher besondere Aufmerksamkeit.

Das gesamte Material der vier Kategorien bildet keineswegs ein geschlossenes Ganzes, sondern stammt aus verschiedenen historischen Perioden und Kontexten. Das Alter der Handschriften wird, sofern bekannt, aufgrund des archäologischen Kontexts (Keramik und Münzen), ansonsten anhand der Entwicklung der Schrift (Paläographie), mit naturwissenschaftlichen Verfahren (Accelerator Mass Spectography, Karbon-14-Methode) und nach internen Indizien (Namen, historischen Angaben) bestimmt. Es umfasst einen Zeitraum von rund vierhundert Jahren, von 250 v. Chr. bis 150 n. Chr. Die urkundlichen Schriftzeugnisse datieren teilweise aus derselben, teilweise aus späterer römischer, byzantinischer oder islamischer Zeit. Bei den literarischen Texten (biblischer, parabiblischer oder qumranischer Provenienz) gilt es zu beachten, dass im Unterschied zu den urkundlichen Zeugnissen die Datierung der Handschrift nicht identisch ist mit der Zeit der Entstehung eines Werkes. Die erhaltenen Handschriften sind in der Regel Abschriften, markieren also lediglich ein zeitliches Limit für die Entstehung der Werke, den *terminus ad quem*. Wir werden uns hier hauptsächlich mit den Funden aus den elf Höhlen von Qumran beschäftigen und von den anderen Fundstätten hinzuziehen, was zeitlich und inhaltlich damit zusammenhängt.

Doch auch das so eingegrenzte Material bildet keineswegs ein einheitliches Korpus. Die seit Frank Moore Cross übliche Bezeichnung der Texte vom Toten Meer als «Antike Bibliothek von Qumran» ist eher irreführend. Wir wissen nicht, wer die Texte in den elf Höhlen von Qumran und an den anderen Fundstätten deponiert hat, ob alle Schriften aus Qumran selbst, aus anderen Niederlassungen der Gemeinschaft oder überhaupt aus ein und derselben Quelle stammen. Die einzelnen Höhlen weisen recht unterschiedliche Bestände auf, sowohl was Quantität und Erhaltungszustand als auch was den Inhalt der Handschriften anbelangt. Ob dieser Sachverhalt Schlüsse auf die Herkunft und Trägerkreise zulässt oder auf Zufall beruht, ist schwer zu sagen und wird sich aufgrund der verwickelten und vielfach unbekannten Fundumstände wohl auch nie ganz aufklären lassen. Für die Fragen der historischen Einordnung, Herkunft und Beziehung der Handschriften untereinander sind wir daher primär auf die Analyse der Texte selbst angewiesen.

II. «Um in die Wüste zu gehen» Ḥirbet Qumran und die Essener

1. Die «graue Ruine»

In der Gemeinschaftsregel *Serekh Ha-Jachad* (1QS VIII) ist zu lesen, dass die Gemeinschaft von Qumran – ähnlich wie später Johannes der Täufer (Mk 1,2–3) – der Aufforderung von Jesaja 40,3 gefolgt und in die Wüste gegangen sei, um dem Herrn den Weg zu bereiten. Es lag nahe, diese Passage mit der Ortslage zu verbinden, die den nahe gelegenen Höhlen und den Schriftrollen ihren Namen gegeben hat: Ḥirbet Qumran, die «graue Ruine», am Toten Meer in der Wüste Juda.

Ein Zusammenhang zwischen den Schriftrollen und der Siedlung Ḥirbet Qumran kann jedoch nicht ohne weiteres vorausgesetzt werden. Der arabische Ortsname «Ḥirbet Qumran» oder eine andere, ältere Bezeichnung der Ortslage begegnet in den Texten vom Toten Meer nirgends, und in der Siedlung von Qumran selbst haben sich keine Spuren von Schriftrollen gefunden. Dass wir dennoch von der «Gemeinschaft von Qumran» sprechen, ist eher eine Verlegenheitslösung. Es geschieht in Ermangelung einer passenderen Bezeichnung der Gruppierung, die sich in ihren Texten selbst das eine Mal *ha-jachad,* «die Gemeinschaft», das andere Mal «der (neue) Bund von Damaskus», wieder ein anderes Mal «Söhne des Lichts» oder «Söhne der Wahrheit» oder auch einfach Israel oder Juda nennt.

Eine andere Bezeichnung, die die Forschung der Gruppe gegeben hat und die eine gewisse Bekanntheit erlangt hat, lautet «Essener» (mit Betonung auf der zweiten Silbe) oder «Qumran-Essener». Sie setzt die Identifizierung der Gemeinschaft von Qumran mit der bei Flavius Josephus und anderen antiken Historiographen erwähnten religiösen Gruppe der Essener voraus. Trotz mancher Ähnlichkeiten ist diese Identifizierung jedoch nicht sicher.

Innenansicht der Höhle 4 unterhalb der Mergelterasse

Sicht von oben auf die Ausgrabung der Siedlung Ḥirbet Qumran

Trotzdem empfiehlt es sich, bei dem eingeführten Namen «Qumran» zu bleiben und ihn als Sammelbezeichnung für dreierlei zu verwenden: erstens für die ca. 15 Kilometer südlich von Jericho auf dem Plateau einer Mergelterrasse am Nordwestufer des Toten Meeres gelegene Ortslage und archäologisch nachgewiesene Siedlung von Ḥirbet Qumran; zweitens für die Gruppe, die in den Texten der dritten Kategorie, den genuin qumranischen Schriften *(sectarian writings)*, begegnet; drittens für den Gesamtfund vom Toten Meer zwischen Jericho und Masada, insbesondere in den Höhlen bei Ḥirbet Qumran. Aus dem Kontext wird klar werden, was jeweils gemeint ist. Sofern nicht anders vermerkt, bezeichnet der hier bevorzugt gebrauchte Ausdruck «Gemeinschaft von Qumran» stets die gesamte Gruppe und nicht nur die in Ḥirbet Qumran ansässigen Mitglieder und umfasst sowohl verschiedene historische Stadien als auch verschiedene lokale und inhaltliche Ausprägungen und Richtungen der Gemeinschaft, die sich in den Texten spiegeln.

Zu dem Gesamtfund gehören neben den Texten auch die archäologischen Ausgrabungen in Ḥirbet Qumran sowie den ca. 3 bzw. 15 Kilometer weiter südlich gelegenen Quellorten En Feschcha und En el-Ghuweir.[1] An allen drei Orten wurden Spuren der Besiedlung aus der Zeit zwischen dem ersten Jahrhundert v. Chr. und dem ersten Jahrhundert n. Chr. entdeckt: Gebäudekomplexe; ein ungewöhnlich umfangreiches Wassersystem mit Becken und Kanälen, die durch ein Aquädukt mit Regenwasser aus dem nordwestlich gelegenen Berghang gespeist wurden; Werkstätten und Anlagen für die Landwirtschaft; Gegenstände des täglichen Gebrauchs, Keramik, Münzen, Überreste von Nahrungsmitteln und einige seltsame Gegenstände wie eine runde Steinscheibe mit Einritzungen, die von manchen als Sonnenuhr gedeutet wird; Tierknochen und Friedhöfe.

In En Feschcha und En el-Ghuweir dominieren die industriellen Anlagen; Betreiber und Arbeiter der Anlagen dürften in dem jeweils nachgewiesenen Haupthaus gewohnt haben. Auch der Gebäudekomplex in Qumran besteht zu einem großen Teil aus wirtschaftlich genutzten Anlagen (Wassersystem, Werkstätten, Wirtschaftsge-

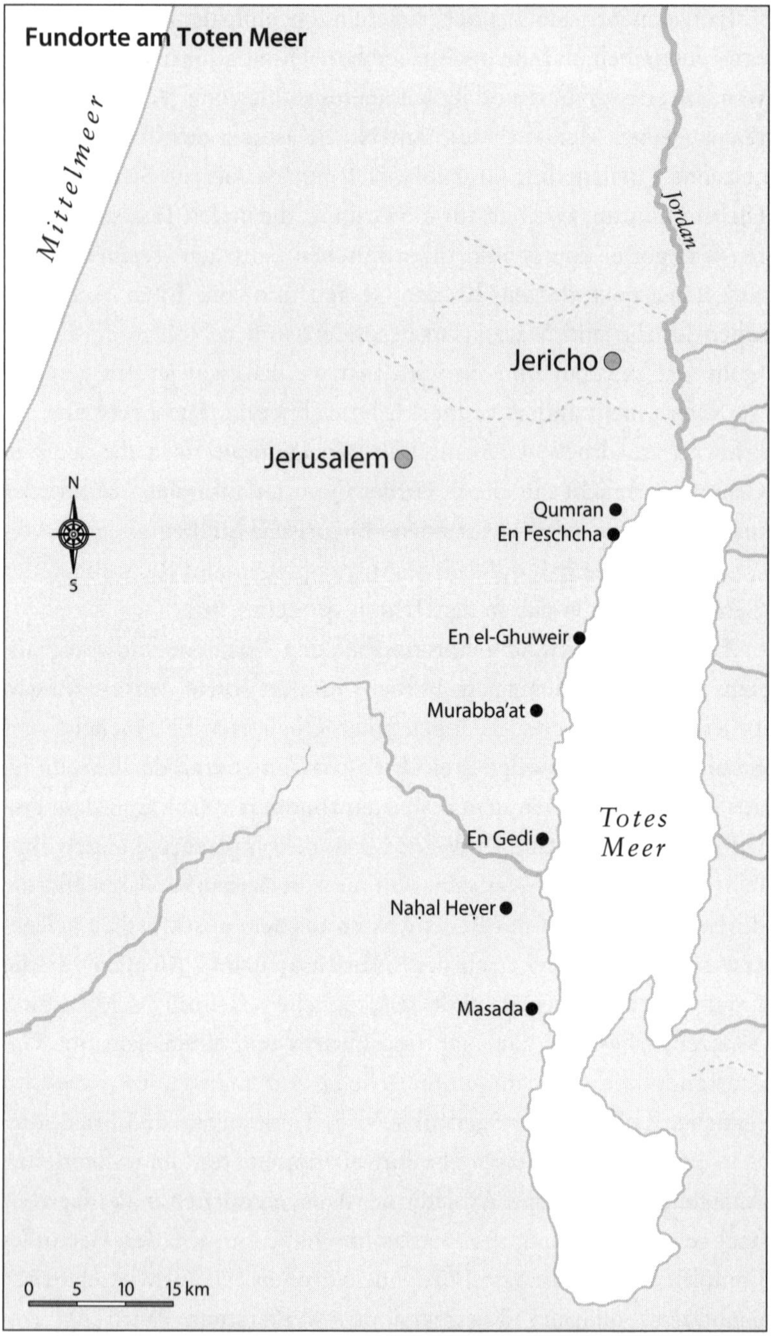
Fundorte am Toten Meer
Mittelmeer
Jordan
Jericho
Jerusalem
N
S
Qumran
En Feschcha
En el-Ghuweir
Murabba'at
En Gedi
Naḥal Ḥeṿer
Masada
Totes Meer
0 5 10 15 km

bäude), daneben aus einem großen Turm am nördlichen Eingang und einem sich daran anschließenden, teilweise zweigeschossigen Wohnbereich (größere und kleinere Räume, Geschirrkammer, Küche, vielleicht auch eine Toilette), dessen Funktionen nicht eindeutig zu bestimmen und daher Gegenstand der wissenschaftlichen Debatte sind. Ob die drei Ortslagen und ihre Bewohner miteinander verbunden waren, wissen wir nicht. Aufgrund der geographischen Nähe und mancher Gemeinsamkeiten bietet es sich jedoch an, sie im Zusammenhang zu betrachten.

Die Ortslage Qumran dürfte mit der «Salzstadt» von Josua 15,62 identisch sein und war schon im achten bis siebten Jahrhundert v. Chr. besiedelt. Nach einer jahrhundertelangen Lücke setzte hier wie an den beiden anderen Ortslagen um 100 v. Chr. wieder die Besiedlung ein. Sie wird von den Archäologen in drei Phasen eingeteilt (Chronologie nach Jodi Magness):

Phase I reicht von ca. 100 v. Chr. (oder etwas später) bis zu einem Erdbeben 31 v. Chr., von dem der jüdische Historiker Flavius Josephus berichtet und das seine Spuren in den Gebäuden hinterlassen hat, und weiter bis wenigstens in das Jahr 9/8 v. Chr., aus dem das letzte Exemplar in einem versteckten Hort tyrischer Münzen datiert, oder bis 4 v. Chr., dem Todesjahr Herodes' des Großen, von dem sich ebenfalls Münzen gefunden haben. Die Belege für eine Besiedlung und wirtschaftliche Nutzung von En Feschcha und En el-Ghuweir setzen etwas später in herodianischer Zeit (ab 40 v. Chr.) ein, möglicherweise erst nach dem Erdbeben von 31 v. Chr., wovon es hier keine sichtbaren Spuren gibt.

Phase II beginnt nach dem Tod Herodes' des Großen im Jahr 4 v. Chr. und reicht bis 68 n. Chr., mitten im ersten Jüdischen Krieg (66–70). Pfeilspitzen und Brandspuren deuten darauf hin, dass die Siedlung in diesem Krieg von den Römern eingenommen und niedergebrannt wurde. Die Besiedlung ist wiederum durch Münzen belegt, deren Datierung den Zeitraum von den Anfangsjahren des Nachfolgers Herodes' des Großen, Archelaos (4 v. Chr.–6 n. Chr.), bis ins dritte Jahr des jüdischen Aufstandes umfasst.

Phase III reicht von der Zerstörung im Jahr 68 bis 73/74 bzw. 135 n. Chr. Die Spuren nach der Zerstörung und Aufgabe der Siedlung weisen auf eine zeitweise Nutzung durch römische Soldaten und später durch Aufständische im dritten Jüdischen Krieg unter Schimʿon Bar Kosba/Bar Kochba (132–135 n. Chr.) hin, wovon wiederum Münzen aus dieser Zeit zeugen.

Was besagen die archäologischen Funde über den Zweck der Siedlung und ihre Bewohner? Hier gehen die Meinungen der Experten auseinander. Die Mehrheit ist nach wie vor der Auffassung des Ausgräbers von Ḥirbet Qumran, Roland de Vaux, der schon sehr bald auf einen Zusammenhang zwischen dem Fund in den Höhlen und der Siedlung schloss.[2] Die von ihm rekonstruierten – ihm zufolge um 150 v. Chr. einsetzenden – drei Siedlungsphasen korrelierte er mit der Geschichte der Gruppe, von der die Texte handeln, und lieferte für beides eine Art monastische Interpretation. Er ging davon aus, dass die Siedlung das soziale, wirtschaftliche und spirituelle Zentrum der Gemeinschaft von Qumran gewesen sei. Aufgrund der wirtschaftlichen Anlagen hat man später sogar gemeint, dass die Gemeinschaft eine Gerberei und Werkstätten zur Herstellung von Schriftrollen betrieben habe, die Schreibunterlagen also von ihnen selbst hergestellt, anschließend beschrieben und studiert worden seien.[3] So wurde die Ausgrabung vor Ort für lange Zeit von der Antikenbehörde in Israel präsentiert.

Andere Archäologen bestreiten jedoch die Verbindung zwischen Siedlung und Texten und sehen in der Anlage von Ḥirbet Qumran entweder eine militärische Festung oder – ähnlich wie in En Feschcha und En el-Ghuweir – ein Landgut mit wirtschaftlichem Betrieb *(villa rustica)*. Mit den Schriftrollen, die aus Jerusalem und anderen Orten in Juda gekommen und in den Höhlen am Toten Meer vor den Römern versteckt worden seien, habe, so die Kritiker der Mehrheitsmeinung, die Siedlung nichts zu tun.[4]

Die Kritik mahnt zu Recht zur Vorsicht, nicht jedes Detail der archäologischen Grabung sofort mit irgendeiner Angabe in den Texten zu verbinden oder mit Gewalt auf die Gemeinschaft von Qumran und ihren eigentümlichen Lebensstil zu beziehen. Es sei noch einmal daran erinnert, dass die Texte, soweit wir sehen, die Ortslage von Ḥirbet Qumran mit keinem Wort erwähnen und umgekehrt in der Siedlung keine einzige Handschrift gefunden wurde. Auch zwei bei Nachgrabungen 1996 entdeckte Ostraka brachten nicht das ersehnte Bindeglied.[5] Im Überschwang der Freude über den Fund hatten die Herausgeber Frank Moore Cross und Esther Eshel, gestützt auf die traditionelle Hypothese, in Zeile 8 von Ostrakon 1 *le-jachad*, «für die Gemeinschaft», (hinein-)gelesen und gemeint, das Ostrakon belege die in den Texten geforderte Übergabe des Besitzes bei Eintritt in die Gemeinschaft. Es handelt sich jedoch um eine Fehllesung an einer Stelle, wo es kaum etwas zu lesen gibt.

Richtig ist auch, dass Ḥirbet Qumran keineswegs der einsame Ort «in der Wüste» ist, an den sich die Gemeinschaft nach dem Zeugnis von 1QS VIII zurückgezogen haben will, sondern ebenso wie En Feschcha und En el-Ghuweir an einem wirtschaftlich belebten Verkehrsweg entlang des Toten Meeres lag. Die Gebäude und Werkstätten und selbst die vielen Wasserleitungen und Wasserbecken sprechen nicht ohne weiteres für die Anwesenheit einer religiösen Gruppe. Für die Keramik gilt bei allen Besonderheiten und aller Bescheidenheit der Ausführung dasselbe. Von den Werkstätten lässt sich lediglich eine Töpferei mit Brennöfen eindeutig identifizieren. Bei allem anderen sind die Archäologen ratlos; Spuren der Verarbeitung von Leder und Papyrus wurden nicht gefunden.

Auch die in Ḥirbet Qumran ausgegrabenen Friedhöfe haben nichts mit der (angeblich) zölibatären Lebensweise und den eschatologischen Erwartungen der Gemeinschaft zu tun, wie man im Rahmen der Essener-Hypothese, gestützt auf die Beschreibung von Flavius Josephus, zunächst meinte.[6] Neben Männern wurden auf den Friedhöfen auch Frauen und Kinder bestattet, und die besondere Bestattungsart, wie sie einige Gräber aufweisen (mit dem Körper auf dem Rücken liegend und die Füße nach Norden zeigend), war auch an anderen Orten üblich. Eine Ansammlung von Tierknochen, die auf rege Opfertätigkeit hinweisen könnte, gibt weitere Rätsel auf, da die Gemeinschaft von Qumran nach Ausweis der meisten Texte den Tempel von Jerusalem mied und keinen materiellen Opferkult praktizierte, sondern die täglichen Opfer durch Gebete und einen gesetzeskonformen Lebenswandel ersetzte. Der Zusammenhang der Friedhöfe und Tierknochen mit der Siedlung und von beidem mit der Gemeinschaft von Qumran ist somit noch nicht geklärt.

Ist die Annahme einer Verbindung zwischen Schriftrollen und Siedlung darum völlig aufzugeben? Die Frage lässt sich nicht mit einem Ja oder Nein beantworten. Da eindeutige Beweise für die Verbindung fehlen, wird man aus methodischen Gründen beides zunächst für sich betrachten und interpretieren müssen. Andererseits sprechen die Fundumstände massiv gegen die Annahme, dass das eine mit dem anderen nichts zu tun gehabt habe. Datierung und Schicksal der Besiedlung von Qumran stimmen für fast zwei Jahrhunderte (100 v. Chr.–70 n. Chr.) verblüffend überein mit der Datierung der Handschriften in den Höhlen, von denen sich einige (Höhlen 4–5 und 7–10) unmittelbar unterhalb der Mergelterrasse, auf der die Siedlung liegt, befinden. Schon die geographische Nähe spricht für einen wie auch immer gearteten, vielleicht nur zeitweisen Zusammenhang.

Auf die Verbindung weisen aber auch einige archäologische Indizien. Die Keramik in der Siedlung, die hier in einer eigenen Werkstatt hergestellt wurde, und in den Höhlen ist identisch; das gilt insbesondere für die großen eierförmigen und zylindrischen Vorratskrüge aus Ton, in denen die Schriftrollen von Höhle 1 gelagert waren. Tintenfässer in der Schicht von Phase II, die man in Palästina recht selten findet, weisen zumindest auf die Anwesenheit von Schreibern in der Siedlung hin und lassen sich nicht nur mit der Buchhaltung der wirtschaftlichen Anlagen, sondern vielleicht auch mit den in den Höhlen deponierten Handschriften in Zusammenhang bringen. Die Wasseranlagen, insbesondere die vielen Wasserbecken mit Treppen, können als Ritualbäder (Miqwaot) interpretiert werden, zumindest konnten sie als solche genutzt werden, um die rituellen Waschungen durchzuführen und den hohen Grad an Reinheit zu

Tonkrüge, in denen die Schriftrollen aufbewahrt wurden

Tintenfass, gefunden in Qumran

Wasseranlagen in Qumran. Kanal und Tauchbad mit Treppe

erreichen, wie ihn die Texte für die Menschen, ihre Kleidung und die Gegenstände ritueller Handlungen fordern. Manche führen auch die Entsorgung von Tierknochen in Sammelplätzen an, was zusammen mit der architektonischen Anlage von (mutmaßlicher) Toilette, Ritualbädern und Speiseraum den in den Texten vertretenen Prinzipien der Reinheit und gestuften Heiligkeit von Räumen entspreche.[7] Doch basiert diese Interpretation der archäologischen Befunde auf sehr vielen, vielleicht etwas zu vielen Kombinationen.

Für eine Erklärung, die den Indizien für die Verbindung gerecht wird, ohne der Gefahr der Überinterpretation zu erliegen, kann das Beispiel von Masada zum Vergleich dienen. Die von Herodes dem Großen erbaute Festung wurde zur Zeit der Jüdischen Kriege als Zufluchtsstätte für die Bevölkerung und die Aufständischen genutzt und notdürftig ausgebaut. Unter anderem wurden in den Nischen der Mauern rituelle Tauchbäder (Miqwaot) eingebaut. Es wurden auch Textfragmente von biblischen und parabiblischen Büchern sowie eine Handschrift der «Lieder zum Brandopfer am Sabbat» gefunden, die auch in den Höhlen von Qumran bezeugt sind. Wie es scheint, haben während der römischen Eroberung auch Mitglieder der Gemeinschaft von Qumran Zuflucht auf Masada gesucht. Ebenso könnten Mitglieder dieser religiösen Gruppe vorher schon die Siedlung Ḥirbet Qumran, die ursprünglich für andere Zwecke errichtet wurde, zeitweise bevölkert und für ihre Zwecke genutzt und ausgebaut haben.

Die Annahme einer nur zeitweisen und partiellen Nutzung der bereits vorhandenen Siedlung durch Teile der Gemeinschaft von Qumran erlaubt es, die archäologischen Befunde, die in verschiedene Richtungen weisen, auf differenzierte Weise zu interpretieren. Vielleicht fällt so auch etwas Licht auf den merkwürdigen Umstand, dass die Siedlungen von Ḥirbet Qumran, En Feschcha und En el-Ghuweir kaum Platz zum Wohnen und Schlafen boten. Der Wohnbereich von Ḥirbet Qumran diente nach der traditionellen Auffassung als Raum für Waschungen, Versammlungen, gemeinsames Beten und Essen und das Schriftstudium. Für Wohnräume bleibt danach nicht mehr viel übrig. Aus diesem Grund nimmt man an, dass die Mitglieder der Gemeinschaft mehrheitlich in den nahe gelegenen Höhlen oder in Zelten gewohnt oder auch auf den Dächern der Gebäude geschlafen haben. Wurde die Anlage hingegen zunächst als eine Art Landgut oder als militärischer Wachposten gegründet, wozu der große, nach dem Erbeben von 31 v. Chr. verstärkte Wehrturm am nördlichen Eingang passt, reicht der Platz wie in En Feschcha und En el-Ghuweir aus.

Nach dem Erdbeben von 31 v. Chr. und gegen Ende der ersten Besiedlungsphase scheint die Siedlung jedoch mehr und mehr aufgegeben worden zu sein. Möglicherweise ist sie erst danach von Teilen der Gemeinschaft von Qumran bevölkert und für ihre Zwecke genutzt worden. So wäre Ḥirbet Qumran zeitweise zu einem Stützpunkt der Gemeinschaft geworden. Jedenfalls hat hier niemals die gesamte Gemeinschaft von Qumran zusammengelebt. Aus ihren Schriften geht denn auch hervor, dass sie nicht nur an einem, sondern an verschiedenen Orten über das Land verteilt war.

2. Die Essener-Hypothese

Schon bald nach der Entdeckung der Schriftrollen vom Toten Meer war klar, dass sie Einblick in eine bis dahin völlig unbekannte Gruppierung gewährten, deren Kenntnis das Bild der Geschichte des antiken Judentums vom zweiten vorchristlichen bis ins erste nachchristliche Jahrhundert verändern würde. Anfänglich schien es so, als könne man die Gemeinschaft von Qumran mit einer der uns bekannten religiösen Parteien des antiken Judentums in hellenistisch-römischer Zeit identifizieren. Vier solcher Parteien sind aus dem Neuen Testament bekannt: die Priesterkaste der Sadduzäer; die als Schriftgelehrte und Toralehrer bezeichneten Pharisäer; die im Widerstand gegen die römische Fremdherrschaft kämpfenden Zeloten; und, nicht zu vergessen, die Anhänger Jesu und frühen Christen, die aus der Bewegung Johannes' des Täufers hervorgegangen sind.

Judäa unter den Hasmonäern
Judäa zur Zeit von Judas Makkabaios
Eroberungen von Jonatan
Eroberungen von Simeon
Eroberungen von Johannes Hyrkanos I.
Mögliche Eroberungen von Johannes Hyrkanos I.
Eroberungen von Aristobulos I.
Eroberungen von Alexander Jannäus
Sidon
PHÖNIZIEN
SYRIEN
Tyros
Dan
Paneas
GAULANITIS
Ptolemaïs
GALILÄA
See Genezareth
Sepporis
Gadara
Dor
GALAADITIS
Stratonsturm
(Cäsarea)
Skythopolis
Pella
Jordan
Mittelmeer
SAMARIA
Samaria
Sichem
Jabbok
AMMONITIS
Joppe
PERÄA
Philadelphia
Gazara
JUDÄA
Jericho
Jerusalem
Qumran
Medeba
Askalon
MOABITIS
Arnon
Gaza
Hebron
En Gedi
Totes Meer
IDUMÄA
N
S
Rafah
Beerscheba
NABATÄA
0 10 20 30 km
Wüste Negev

Daneben ist bei dem jüdischen Historiker Flavius Josephus und in anderen antiken Quellen (Philo von Alexandrien, Plinius der Ältere, Dion Chrysostomos, Hippolyt von Rom) von der Gruppe der Essener die Rede.[8] Von ihnen wird berichtet, dass sie sich durch eine Art biblischen Fundamentalismus und eine radikale, am Gesetz des Mose orientierte Lebensweise auszeichneten.

Aufgrund mancherlei inhaltlicher Berührungspunkte in der Beschreibung der Lebensweise und Auffassungen zwischen den Texten vom Toten Meer und den Berichten der antiken Historiker kam die Forschung zu dem Schluss, dass es sich bei den Leuten von Qumran und den Essenern um ein und dieselbe Gruppe handeln müsse. Die von Plinius dem Älteren und Dion Chrysostomos überlieferte Nachricht, die Essener hätten am nördlichen Westufer des Toten Meeres gesiedelt, ließ einen Zusammenhang mit den Höhlen und der Siedlung Ḥirbet Qumran als so gut wie sicher erscheinen.

Die Essener-Hypothese wiederum ließ sich bestens mit der Selbstdarstellung der Gemeinschaft von Qumran verbinden. Danach hat es zunächst eine Vorgängergemeinschaft gegeben, die sich «Wurzel der Pflanzung» oder «Bund von Damaskus» nannte, in der es aufgrund interner Lehrstreitigkeiten zu einer Spaltung kam. Eine entscheidende Rolle spielt dabei eine Figur, die in der Damaskusschrift und in den Pescharim den Titel «Lehrer der Gerechtigkeit» trägt und an einer Stelle als Priester bezeichnet wird. Er soll die Gemeinschaft auf den rechten Weg gebracht und konsolidiert haben. Als Gegenspieler werden in den Texten zwei Figuren genannt: der «Lügenmann» und der «Frevelpriester».

Während der «Lügenmann» aus der Gruppe selbst hervorgegangen und folglich ein interner Gegenspieler ist, wird der «Frevelpriester» als außenstehende Autorität beschrieben, die gegen die Gemeinschaft von Qumran und den «Lehrer der Gerechtigkeit» vorgegangen sein soll. Die hebräische Bezeichnung für den Frevelpriester *(ha-kohen ha-rascha‘)* erinnert an den Titel für den Hohepriester *(ha-kohen ha-ro’sch)*. Daraus und aus einer Stelle im Pescher zu den Psalmen (4Q171 3–10 iv,8) hat man den Schluss gezogen, dass mit dem «Frevelpriester» der damals amtierende Jerusalemer Hohepriester gemeint sei. Unter den verschiedenen Identifikationen, die in der Forschung diskutiert werden, passt der Makkabäer Jonatan (160–143 v. Chr.) am besten ins Bild. Er riss das Amt nach dem Tod des letzten Hohepriesters aus zadokidischem Geschlecht, Alkimos, und einer Vakanz (Intersacerdotium) von sieben Jahren 152 v. Chr. an sich. Es wird vermutet, dass der rechtmäßige Hohepriester des Intersacerdotiums niemand anderes als der «Lehrer der Gerechtigkeit» gewesen sei, den Jonatan aus dem Amt vertrieben habe, um dieses für sich selbst und seine Familie, die hasmonäische Dynastie, zu okkupieren. So sei die Gemeinschaft der Qumran-Essener als geistige Widerstands- und Bußbewegung unter Führung des «Lehrers der Gerechtigkeit» entstanden, dem auch eine ganze Reihe von Qumranschriften zugeschrieben werden («Lehrerlieder» in den *Hodajot*, *Serekh Ha-Jachad*, *Miqṣat Maʿase Ha-Torah*, Pescharim, Glückwunschschreiben für Jonatan).

Diese Hypothese geht im Wesentlichen auf Hartmut Stegemanns Dissertation über «Die Entstehung der Qumrangemeinde» zurück und hat sich weithin durchgesetzt.[9] Sie verdankt sich allerdings – unbeschadet vieler wertvoller und nach wie vor bedenkenswerter Einzelbeobachtungen – einer methodisch fragwürdigen Rekonstruktion und bewegt sich daher auf dünnem Eis. Die Hypothese besteht aus einer Kombination von verstreuten, zum Teil verschlüsselten literarischen Angaben in den Texten von Qumran, die miteinander harmonisiert und in einen historischen Zusammenhang überführt werden, und Angaben aus anderen Quellen, insbesondere 1 und 2 Makkabäer und Flavius Josephus, zur Zeitgeschichte des zweiten Jahrhunderts v. Chr. und der makkabäischen Erhebung. Dabei werden literarische Topoi, historische Nachrichten und, nimmt man die Verbindung zur Siedlung von Qumran hinzu, archäologische Daten vermischt und zu einer modernen Geschichtserzählung zusammengesetzt.

Die historische Hypothese stieß in den Anfangsjahren der Qumranforschung vereinzelt auf Kritik, wird aber heute entweder fraglos vorausgesetzt oder gar nicht mehr diskutiert. Sie bedürfte jedoch dringend einer neuerlichen Überprüfung und Modifikation. Andere historische Hypothesen, wie die Identifizierung der Gemeinschaft von Qumran mit den in der Mischna erwähnten Sadduzäern (Lawrence Schiffman) oder die These, dass die Schriftrollen aus der Tempelbibliothek oder Privatbibliotheken in Jerusalem stammen (Norman Golb, Yizhar Hirschfeld), sind allerdings nicht weniger problematisch und kaum nachweisbar. Aus diesem Grund empfiehlt es sich, die Texte zunächst für sich zu betrachten und sich so ein Bild von der Gemeinschaft, von der sie handeln, zu machen. Erst danach wird man dieses Bild mit den Berichten der antiken Historiker über die Essener und anderen Gruppen des antiken Judentums, den rabbinischen Zeugnissen über die Verhältnisse am Zweiten Tempel sowie der archäologischen Situation der Siedlung vergleichen und gegebenenfalls in Beziehung setzen können.

3. Neuansätze der Forschung

Seit dem ersten Auftauchen der Schriftrollen bis heute sind rund siebzig Jahre vergangen. Die Forschung hat in dieser Zeit Enormes geleistet und sich mehr und mehr spezialisiert.[10] Im internationalen Vergleich fällt die zunehmende Beteiligung jüdischer und israelischer Forscher auf, die auf einen wichtigen, bis dahin weithin vernachlässigten Aspekt der Texte aufmerksam gemacht haben: das Gesetz und die Anfänge der Halacha, der jüdischen Gesetzesauslegung. Die Texte vom Toten Meer weisen demnach nicht nur enge Beziehungen zum Alten und Neuen Testament auf, sondern auch zur späteren rabbinischen Überlieferung. Die Gemeinschaft von Qumran kann nicht mehr als randständige Sekte betrachtet werden, sondern repräsentiert das biblische Judentum[11] in seiner ganzen Breite und Vielfalt, das im rabbinischen Judentum wie im Christentum bis heute weiterlebt.

Mit dem Abschluss der offiziellen Edition und vollständigen Veröffentlichung der Texte im Jahr 2010 ist ein neues Kapitel in der Forschungsgeschichte aufgeschlagen worden. Die Grundlagenforschung – materielle Rekonstruktion und Paläographie, Edition, Konkordanz, Lexikographie, Sprachgeschichte, Philologie und Textkritik – wird mit den neuen elektronischen Möglichkeiten von Datenbanken kontinuierlich weitergeführt. Darüber hinaus kann das Material nun vollständig überblickt und mit neuen Fragestellungen und Methoden untersucht und historisch eingeordnet werden. Daraus haben sich schon jetzt wesentliche Veränderungen gegenüber der älteren Forschung ergeben, von denen ich zwei besonders hervorheben möchte.

Die eine Veränderung betrifft die Essener-Hypothese von der Entstehung und Geschichte der Gemeinschaft, die die Forschung lange beherrscht hat und teilweise auch heute noch vertreten wird. Abgesehen von der Kritik an der Hypothese selbst, richtet sich der Fokus der neueren Forschung generell weniger auf historistische Rekonstruktionen als auf die literarische Gestalt der Quellen. So rücken Ansätze und Methoden der Literatur- und Kulturwissenschaften in den Vordergrund, die sich der Lebenswelt hinter den Texten mit anthropologischen und soziologischen Modellen nähern.[12] In der Mehrzahl sind diese Ansätze synchron ausgerichtet, betrachten also die Texte alle auf ein und derselben zeitlichen Ebene ohne historische Differenzierung. Die Suche nach Hinweisen in den Texten auf bestimmte Ereignisse und Personen, womit sich die bisherige Forschung beschäftigt hat, tritt dabei in den Hintergrund. Stattdessen fragt die neuere Forschung nach allgemeinen politischen und soziologischen Voraussetzungen und versucht, die Aussagen der Texte als Zeugnisse anonymer, weniger konkret greifbarer Auseinandersetzungen um Autorität und Identität zu verstehen und sie mit literatur- und kulturwissenschaftlichen Theorien, wie dem kollektiven Gedächtnis, dem literarischen Diskurs oder dem Konzept der Intertextualität, zu beschreiben. Dabei besteht freilich die Gefahr, dass die Beschreibung den historischen Kontext und die Prozesse der Textentstehung aus den Augen verliert.

In diesem Buch wird der Trend der Forschung zur stärkeren Berücksichtigung der literarischen Gestalt der Quellen aufgenommen, allerdings dahingehend modifiziert, dass die synchrone Betrachtung in eine diachrone, also zeitlich differenzierte und historisch ausgerichtete Untersuchung überführt wird. Dabei soll es darum gehen, die Diskurse über bestimmte Themen, die sich in der sukzessiven literarischen Entstehung und Überlieferung der Texte niedergeschlagen haben, nach Möglichkeit in eine relative Chronologie zu bringen und historisch einzuordnen.

Dass sich der dynamische Prozess der Textentstehung und -überlieferung nicht im luftleeren Raum abspielte, versteht sich von selbst. Auch wenn es uns nicht mehr gelingt, aus den in den Texten verstreuten Hinweisen auf historische Einzelereignisse einen geschichtlichen Zusammenhang zu rekonstruieren, so sind doch die historischen, politischen und kulturellen Rahmenbedingungen der hellenistisch-römischen Epoche (drittes Jahrhundert v. Chr. bis erstes Jahrhundert n. Chr.) als Kontext mit in Betracht zu ziehen. Die wichtigsten zeitgeschichtlichen Zäsuren, die sich teilweise in den Texten widerspiegeln, sind der Übergang von der ptolemäischen zur seleukidischen Vorherrschaft über Palästina an der Wende vom dritten zum zweiten Jahrhundert v. Chr., die makkabäische Erhebung und Errichtung des hasmonäischen Königtums um die Mitte des zweiten Jahrhunderts v. Chr. sowie der Übergang von der seleukidischen zur römischen Vorherrschaft um die Mitte des ersten Jahrhunderts v. Chr.[13]

Mit der Verschiebung der Perspektive von der historischen auf die literarische Ebene bahnt sich in der neueren Forschung noch eine zweite Veränderung an. Die Fixierung auf das ereignisgeschichtlich auswertbare Material zu Entstehung und Geschichte der Gemeinschaft brachte es mit sich, dass andere, historisch nicht weniger sprechende Befunde etwas aus dem Blick gerieten. Dazu gehören die biblischen Handschriften. So wurden die zahlreichen Fragmente biblischer und parabiblischer Schriften zwar von Spezialisten für die Textgeschichte der Bibel intensiv bearbeitet, aber nicht in die historische Rekonstruktion mit einbezogen. Von Anfang an wurden die Bereiche Bibel und Qumran getrennt behandelt. Die Hebräische

Bibel wurde als vorqumranisches, Qumran als nachbiblisches Phänomen angesehen, das die Textüberlieferung zwar dokumentiert und sich auch in einer spezifischen Schreiberpraxis niederschlägt, die biblische Textproduktion aber als abgeschlossene Periode voraussetzt. Die Trennung der Bereiche wurde auch von Seiten großer Teile der Bibelwissenschaft geteilt und hatte zur Folge, dass Methoden und Ergebnisse der kritischen Bibelwissenschaft in der Qumranforschung und umgekehrt die Qumranforschung in der Bibelwissenschaft weitgehend ignoriert wurden.

Die Hinwendung der Forschung zur literarischen Ebene hat demgegenüber die tiefe Verwurzelung der Texte von Qumran in der biblischen und parabiblischen Tradition aufgedeckt. Sie hat zudem gezeigt, dass der biblische Text nicht nur in den biblischen Handschriften, sondern auch und gerade in den Werken der Gemeinschaft von Qumran noch im Fluss ist. Hier können also dieselben Phänomene beobachtet werden wie in den vorqumranischen biblischen und parabiblischen Handschriften. Die Grenzen zwischen biblischen, parabiblischen und qumranischen Schriften sind fließend.

Einen festen, verbindlichen Kanon biblischer Schriften oder gar «die Bibel» hat es zur Zeit der Gemeinschaft von Qumran noch nicht gegeben. Zwar werden die nachmals biblischen Bücher, insbesondere die Tora und die Propheten, aber auch die Psalmen, bereits als «Schrift» zitiert, doch wird auch den parabiblischen Schriften, den Apokryphen und Pseudepigraphen sowie den eigenen Schriften der Gemeinschaft eine vergleichbare Autorität zuerkannt. Die Trennung der Bereiche Bibel und Qumran lebt im Übrigen von dem traditionellen Verständnis der Gemeinschaft von Qumran als einer Sondergruppe oder auch «Sekte» innerhalb des Judentums und der Unterscheidung zwischen den spezifisch qumranischen *(sectarian)* und anderen *(non-sectarian)* Texten. Auch in dieser Hinsicht werden in der neueren Forschung die Grenzen längst nicht mehr so scharf gezogen und stattdessen zu Recht die fließenden Übergänge betont.

So legt sich eine neue Bestimmung des Verhältnisses zwischen Bibel und Qumran sowie zwischen Bibelwissenschaft und Qumranforschung nahe.[14] Auch wenn die biblischen und die meisten parabiblischen Bücher zweifellos aus vorqumranischer Zeit und einem Umfeld außerhalb der Gemeinschaft von Qumran stammen, lässt ihre handschriftliche Überlieferung zusammen mit den anderen Schriftrollen vom Toten Meer den Schluss zu, dass sich die Gemeinschaft von Qumran selbst in Kontinuität zu demjenigen Teil des antiken Judentums sah, der sich der nachmals biblischen und parabiblischen Literatur verpflichtet fühlte, sprich zum biblischen Judentum, aus dem sie allem Anschein nach historisch hervorgegangen ist.

Die Kontinuität wird auch in den eigenen Schriften der Gemeinschaft deutlich, die den Anschluss an die biblischen und parabiblischen Schriften suchen und produktiv weiterführen, was in diesen begonnen hat. Die Kontinuität ist nicht mit Gleichförmigkeit zu verwechseln, sondern weist eine große Variationsbreite auf. Sie wird besonders dann ersichtlich, wenn man die literarischen Vorgänge der Redaktion und Fortschreibung mit in Betracht zieht, denen sich die biblischen und parabiblischen Schriften selbst verdanken. Diese Vorgänge spiegeln sich teilweise noch in den verschiedenen Fassungen der biblischen und parabiblischen Texte wider, die die Handschriften vom Toten Meer (neben der Septuaginta und dem Samaritanus) dokumentieren. Ansonsten sind sie mit den Mitteln der Bibelkritik zu rekonstruieren.

Die Kooperation von kritischer Bibelwissenschaft, und hier besonders der Text-, Literar- und Redaktionskritik der biblischen und parabiblischen Schriften, und Qumranforschung steht erst am Anfang. Den Verbindungen zwischen Bibel und Qumran wird in diesem Buch dadurch Rechnung getragen, dass der Schwerpunkt der Darstellung zunächst auf der biblischen und parabiblischen Literatur in Qumran (III–IV), anschließend auf den Schriften der Gemeinschaft und ihres Umfeldes (V–X) liegt und beides stets im Zusammenhang betrachtet wird. Dabei werden sowohl die in den biblischen Handschriften von Qumran anzutreffenden textgeschichtlichen Prozesse als auch die Schriften von Qumran selbst mit der literarischen Vorgeschichte der biblischen Schriften in Beziehung gesetzt.

III. «Abgewendet vom Weg dieses Volkes» Die Textüberlieferung

1. Die Bibel auf Leder und Papyrus

Wer heute eine Hebräische Bibel aufschlägt, hält einen ziemlich jungen Text in der Hand. Die am meisten gebrauchte Ausgabe ist die Biblia Hebraica Stuttgartensia, die von der Württembergischen Bibelgesellschaft herausgegeben wird. In ihr ist die Handschrift Heb B 19A, der Codex Leningradensis (Petropolitanus), aus dem Jahre 1008 abgedruckt, der in der Bibliothek von St. Petersburg aufbewahrt wird. Eine etwas ältere Handschrift, den Codex Aleppo aus dem zehnten Jahrhundert, legt die Hebräische Universität in Jerusalem ihrer noch unvollendeten Bibelausgabe zugrunde. Bis vor kurzem waren die mittelalterlichen Kodizes die einzigen und ältesten Handschriften, die den vollständigen Text der Hebräischen Bibel enthalten. Er heißt der masoretische Text, weil die Handschriften neben dem älteren Konsonantentext ein von mittelalterlichen «Überlieferern», den Masoreten, hinzugefügtes System der Vokalisation zur Sicherung der Aussprache, Anweisungen zur Vortragsweise (Kantilene) sowie am Rand Anmerkungen zum Text bieten.

Vorläufer dieser Textfassung aus dem achten und neunten Jahrhundert sind durch Fragmente aus einem Depot für abgelegte Texte (Geniza) der Ben-Ezra-Synagoge in Alt-Kairo bekannt. Etwas weiter zurück reichen die Handschriften der griechischen Übersetzung der Septuaginta, die ein indirektes Zeugnis für den hebräischen Text darstellt. Die ältesten vollständigen Handschriften der Septuaginta stammen aus dem vierten (Codex Vaticanus, Codex Sinaiticus) und fünften Jahrhundert (Codex Alexandrinus). Fragmente auf Leder und Papyrus bezeugen den griechischen Text immerhin bereits für das zweite Jahrhundert v. Chr. (P. Fouad 266 und P. Rylands 458). Bis zum Fund von Qumran war der Bibeltext aus dieser Zeit nur für den Dekalog in einer Mischform aus Exodus 20 und Deuteronomium 5 bekannt (Papyrus Nash).

Mit den Schriftrollen vom Toten Meer sind nun auch zahlreiche Fragmente des hebräischen oder aramäischen Originals biblischer und parabiblischer Schriften auf Leder und Papyrus aus vorchristlicher Zeit bezeugt.[1] Auch für den griechischen Text haben sich weitere Zeugen gefunden, unter denen die Rolle der Zwölf Propheten aus Naḥal Ḥever herausragt. Von den rund 1000 Handschriften vom Toten Meer sind 200–230, also etwa ein Viertel, biblische Handschriften. Nimmt man die – bekannten und neuen – parabiblischen Texte hinzu, sind es um die 400 Handschriften, je nachdem, was man darunter zählt. Die parabiblischen Texte tauchen in den Statistiken kaum auf, zum einen, weil die Forschung zu sehr auf den hebräischen Kanon fixiert ist, zum anderen, weil die Identifizierung oft nicht sicher ist.

Letzteres ist auch bei einigen biblischen Manuskripten der Fall. So hat man zwar von jedem Buch der späteren Hebräischen Bibel mit Ausnahme von Ester wenigstens ein Fragment identifiziert, doch lässt sich nicht immer mit Bestimmtheit sagen, ob es sich um eine biblische Handschrift oder ein anderes Werk handelt. Als vollständige Rolle hat sich lediglich das Jesajabuch 1QJes[a] erhalten (siehe Tafel 1); mehr oder weniger intakt sind auch die Jesajarolle 1QJes[b] und die Psalmenrolle 11QPs[a] für die Psalmen 101–150. An parabiblischen Schriften sind das aramäische Genesisapokryphon (1QGenAp) und die Tempelrolle (11Q19) zu nennen. Dem stehen vier Rollen mit Schriften der Gemeinschaft von Qumran gegenüber: 1QS+Sa+Sb *(Serekh Ha-Jachad, Serekh Ha-ʿEda, Berakhot)*, 1QM *(Serekh Ha-Milchama)*, 1QH[a] *(Hodajot)*, 1QpHab (Pescher Habakuk); mit der Kupferrolle (3Q15) sind es fünf. Alles andere ist nur in mehr oder weniger umfangreichen Fragmenten erhalten.

Dass das Buch Ester nicht belegt ist, hat man mit dem Purimfest erklärt, zu dem das Buch die Festlegende erzählt. Das Fest sei in den Texten von Qumran nicht erwähnt und passe mehr zu den weltoffenen Hasmonäern als zu den traditionsbewussten Qumran-Essenern.[2]

Doch die Erklärung leuchtet nicht ein. Unter den Schriftrollen findet sich manches, was nicht zur Gemeinschaft von Qumran passt, aber überliefert und den eigenen Vorstellungen entsprechend interpretiert wurde. Umgekehrt vermisst man außer dem hebräischen und dem – sehr viel frömmeren – griechischen Esterbuch auch andere Bücher wie Judit, 1 und 2 Makkabäer, die sich mit den Vorstellungen der Gemeinschaft von Qumran vereinbaren ließen. Wenn es nicht bloßer Zufall ist, hat das Fehlen des Esterbuches und anderer Schriften vielleicht etwas mit der Abfassungszeit zu tun. Die nur kümmerlich bezeugten oder fehlenden Bücher sind in einer Zeit entstanden, in der die Gemeinschaft von Qumran schon existierte und dabei war, ihre eigenen, spezifisch qumranischen Werke zu verfassen.

Eine Schriftrolle enthielt normalerweise ein biblisches Buch oder ein anderes Werk. Eine Ausnahme machen die zwölf kleinen Propheten, die als Sammlung überliefert wurden, und gelegentlich die Tora, die aus den fünf Büchern des Mose besteht und darum auch Pentateuch genannt wird (Genesis–Deuteronomium). Für Letzteren sind Sammelhandschriften von jeweils zwei Büchern (Genesis–Exodus, Exodus–Levitikus, Levitikus–Numeri) sowie – zieht man den sogenannten Reworked Pentateuch (4QRP) mit in Betracht – vielleicht sogar für den gesamten Pentateuch belegt. Unter den qumranischen Schriften stellt die Handschrift 1QS eine Sammelhandschrift dar, die drei (aufeinander bezogene) Werke enthält. Je nach Maß der Kolumnen und Zeilen konnte eine solche Rolle sehr lang geraten. Die Jesajarolle 1QJes[a] misst 7,34 Meter und hat 54 Kolumnen, die Tempelrolle 11Q19 misst über 8 Meter bei 67 Kolumnen. Für den vollständigen Pentateuch hat man eine Länge von 25 bis 30 Metern errechnet. Auch unter den qumranischen Werken hat es längere Rollen von bis zu 10 Metern oder darüber gegeben. Erhalten sind jedoch nur Rollen der mittleren Größe von rund 3 Metern, auch wenn die genaue Länge aufgrund fehlender Teile nicht ganz sicher ist (1QS, 1QM).

Die Überlieferung der biblischen Bücher auf einzelnen Rollen und Sammelhandschriften macht deutlich, dass die Bestandteile von größeren Werkzusammenhängen wie der Tora des Mose für sich abgeschrieben, studiert und benutzt werden konnten und zugleich ein Wissen um den größeren Zusammenhang vorhanden war. Eine Hilfe für die Einordnung der einzelnen Bücher an der richtigen Stelle im größeren narrativen Zusammenhang waren die Buchränder, die nicht selten eine Verknüpfung mit dem vorausgehenden oder nachfolgenden Kontext herstellen.[3] Die parabiblischen und qumranischen Schriften scheinen solche mehrere Bücher übergreifenden Zusammenhänge nicht zu kennen. Eine Ausnahme bildet die Sammlung der Henochbücher; auch die drei Werke der Sammelhandschrift 1QS stehen nicht beziehungslos nebeneinander. Ansonsten sind die parabiblischen und qumranischen Werke eher durch Verweise, Zitate und Anspielungen mit den biblischen und parabiblischen Schriften verbunden.

Von den einzelnen biblischen Büchern sind in den meisten Fällen mehrere Kopien erhalten. Die Statistik mag zwar durch den Zufall bedingt sein, weist aber signifikante Tendenzen auf.[4] An der Spitze stehen die Psalmen mit maximal 36 Kopien, wobei zu beachten ist, dass viele Handschriften wahrscheinlich nicht den ganzen Psalter, sondern nur eine Auswahl enthielten. Danach kommen das Buch Deuteronomium mit 30, Jesaja mit 21 und Genesis mit 19 Kopien. Im Zehnerbereich bewegen sich Exodus (17) und Levitikus (13), gefolgt von den Zwölf Propheten (9), Daniel (8), Numeri (7), Jeremia und Ezechiel (jeweils 6) sowie dem Rest der Bücher mit 2–4 Kopien und den Büchern Esra, Nehemia und Chronik mit jeweils einem Fragment. In der Literatur schwanken die Zahlen gelegentlich, was damit zu tun hat, dass eine Rolle mehr als ein Buch enthielt bzw. Fragmente einer oder zwei Handschriften zugeordnet werden. Sofern man den Befund mit der Gemeinschaft von Qumran in Zusammenhang bringen darf, leuchtet die Verteilung unmittelbar ein: Die Tora und besonders das Deuteronomium galten als Richtschnur für das Leben, die Psalmen dienten liturgischen oder meditativen Zwecken und wurden ebenso wie das Buch Jesaja als prophetische Weissagung auf die eigene Situation bezogen. Einen ähnlichen Befund weisen wenig später auch die Schriften des frühen Christentums im

Neuen Testament mit der Häufigkeit von Zitaten aus «dem Gesetz und den Propheten» auf. Möglicherweise spiegelt dies eine allgemeine Beliebtheit dieser Auswahl von biblischen Büchern wider, aber es kann auch sein, dass die Auswahl für Gruppen des biblischen Judentums wie die Chasidim, die Gemeinschaft von Qumran und eben die frühen Christen typisch ist.

Kaum weniger prominent als diese und sehr viel prominenter als viele andere biblische Bücher sind auch einige der parabiblischen Schriften mit mehreren Kopien vertreten.[5] Die meisten Kopien, 15–16 an der Zahl, sind vom Jubiläenbuch erhalten, einer teils wörtlichen, teils stark abweichenden Wiedergabe von Genesis 1 bis Exodus 14. Das eschatologische Interesse schlägt sich in der Überlieferung des 1 Henoch nieder, einer Sammlung von 5 apokalyptischen Büchern des Henoch, von denen 4 durch insgesamt 11 Kopien bezeugt sind. Weitere 9–10 Kopien enthalten eine Schrift, die in der Forschung «Buch der Giganten» genannt wird. Sie handelt von den Riesen, die aus der Verbindung von Engeln und Menschen hervorgegangen sind (Gen 6,1–4), und war vermutlich einmal Teil des in Qumran überlieferten aramäischen Henochbuches. Auch zu den biblischen Psalmen gibt es eine Reihe von Parallelen, die in mehreren Kopien erhalten sind. Biblische und parabiblische Werke halten sich, rein quantitativ betrachtet, die Waage.

Dasselbe gilt für die Hauptschriften der Gemeinschaft von Qumran, wie die Gemeinschaftsregel, die Damaskusschrift, die Loblieder, die «Lieder zum Brandopfer am Sabbat», die Kriegsregel und den Lehrbrief «Von den Werken der Tora», von denen jeweils zwischen 12 und 6 Manuskripte erhalten sind. Auch die Kommentare zu Propheten und Psalmen (Pescharim) und andere Werke sind teilweise in mehr als einem Exemplar erhalten. Die Zahlen sind zwar etwas geringer als bei den Kopien der biblischen und parabiblischen Schriften, doch darf man auf die Statistik angesichts des Erhaltungszustandes und der zufälligen Streuung des Gesamtfundes nicht allzu viel geben. Dass die qumranischen Schriften ebenso wie die biblischen Bücher mehrfach abgeschrieben wurden, sagt schon sehr viel und spricht gegen eine strikte Trennung der Bereiche und die Annahme, die biblischen Bücher hätten eine größere Verbreitung und höhere Autorität gehabt.

2. Schreiber und Schreibgewohnheiten

Wenn man die mittelalterlichen Handschriften mit den Bibelhandschriften aus Qumran vergleicht, stellt man ein verblüffendes Maß an Übereinstimmung fest. Der Bibeltext in der Fassung, wie wir sie kennen, hat sich über rund tausend Jahre, die zwischen den Schriftrollen vom Toten Meer und den mittelalterlichen Kodizes liegen, so gut wie nicht verändert und wurde nahezu fehlerfrei überliefert. Dies war das Werk von hoch spezialisierten Schreibern und Schreiberfamilien, deren antike Vorfahren wir in den Handschriften vom Toten Meer kennenlernen. Ihre Schreibgewohnheiten unterscheiden nicht zwischen biblischen und außerbiblischen Texten, so dass das Folgende mehr oder weniger für alle Schriftrollen vom Toten Meer gilt.[6]

Von den ersten Schritten der Schreiber in ihren Beruf oder Vorbereitungen ihrer Tätigkeit zeugen Schreibübungen, die einzelne Buchstaben, diverse Namen und andere einzelne Wörter sowie Passagen aus literarischen Texten zum Gegenstand haben (KhQ Ostrakon 3, Mur Ostraka 606 und 608, 4Q234, 4Q341, 4Q360). Die Namen der Schreiber kennen wir leider nicht. Ihre Identität lässt sich aber an ihrer persönlichen Handschrift erkennen, der Form der Buchstaben und der Schreibweise. Auf diesem Wege ist es gelungen, die vielen Tausende von Textfragmenten zu sortieren und verstreute Stücke einander zuzuordnen. Gelegentlich kann man in einer Handschrift die Hand zweier Schreiber unterscheiden. Das ist etwa bei einer der Handschriften der Loblieder (1QH[a]) der Fall. Dasselbe hat man auch für die große Jesajarolle (1QJes[a]) angenommen, wobei sich die beiden fraglichen Teile, die Kolumnen I–XXVII (Jesaja 1–33) und XXVIII–LIV (Jesaja 34–66), weniger in der Handschrift als vielmehr in der Orthographie und Schreibweise unterscheiden, was

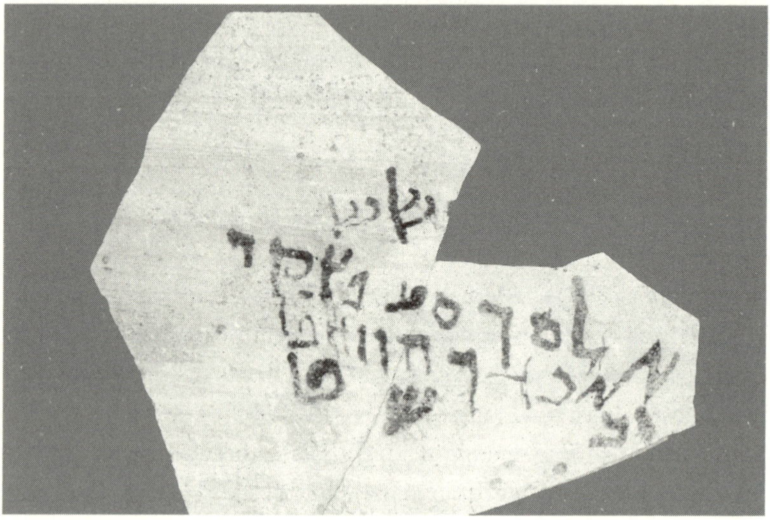

Ostrakon mit hebräischem Alphabet in Quadratschrift,
zu lesen von rechts unten nach links oben. Solche Scherben dienten zum
Erlernen der Buchstaben oder Testen eines Schreibgeräts.

auch an der Vorlage gelegen haben mag. Darüber hinaus hat man in manchen Korrekturen dieser Handschrift noch eine dritte Hand erkannt und mit dem Schreiber einer Samuelhandschrift (4QSam^{c}), dreier qumranischer Werke (1QS, 1QSa und 1QSb) und der Sammlung von Schriftstellen 4QTestimonia (4Q175) identifiziert. Solche Querverbindungen sind allerdings recht selten und mit den herkömmlichen Mitteln der Paläographie auch nicht sicher nachzuweisen. Weiteren Aufschluss geben vielleicht digitale Methoden, die aber noch in der Erprobung sind.

So bleiben Identität und Herkunft der Schreiber für uns weithin im Dunkeln. Zwar belegen die (wenigen) dokumentarischen Texte über Geschäftsvorgänge, soweit man sie mit der Gemeinschaft von Qumran in Verbindung bringen darf (4Q342–359),[7] dass die Schreiber auch ihrer üblichen Tätigkeit und ihren täglichen Pflichten nachgingen. Die meisten werden aus Schulen oder Schreiberfamilien der hellenistisch-römischen Epoche hervorgegangen sein, einige mögen sogar in der Administration oder in der Ausbildung der intellektuellen Eliten der seleukidischen Provinz Juda und des späteren hasmonäischen Königtums tätig gewesen sein. Doch ebenso wie die Verfasser der biblischen Bücher, die sich nicht in das System der staatstragenden Schreiber einfügten, entfernten auch sie sich mit der Überlieferung der biblischen und parabiblischen Werke und insbesondere mit der Abfassung der spezifisch qumranischen Schriften von den herrschenden Eliten in Staat und Tempel und gingen ihren eigenen Weg. Sofern sich die Schreiber mit der Gemeinschaft von Qumran und den Inhalten ihrer Schriften identifizierten und nicht nur Auftragsarbeiten erledigten, haben sie sich «vom Weg dieses Volkes abgewendet» (4Q174 1–2 i,14 und CD VIII,16/XIX,29 nach Jes 8,11) und ganz dem Studium der heiligen Texte – im wahrsten Sinne des Wortes – verschrieben. Bildlich sind sie «in die Wüste gegangen, um dem ER (Gott) den Weg zu bereiten» (1QS VIII,13–14 nach Jes 40,3).

Aus dem Dunkel der Geschichte gelangten dank der Funde am Toten Meer jedoch die von den Schreibern angefertigten Manuskripte wieder ans Licht, die immerhin einige Rückschlüsse erlauben. Die Manuskripte bestanden mehrheitlich aus Leder, teilweise aus Papyrus und wurden sorgsam vorbereitet. Die Lederbögen, die zu einer Rolle zusammengenäht wurden, wurden zunächst mit verdünnter Tinte oder einem scharfen Gegenstand liniert und in Kolumnen und Zeilen eingeteilt. Punkte und Striche am Rand der Bögen zeigen die Orientierungspunkte für die Linierung. Bei Papyrus war dies nicht nötig; hier diente die natürliche Faserung als Zeilenführung. Die Maße von Kolumnen und Zeilen sowie die Ausführung variieren von Handschrift zu Handschrift, auch bei ein und demselben Werk. Je weniger Zeilen eine Kolumne hatte, desto länger war die Rolle. Die Maße sind auch ein Zeichen der Qualität. Einige Manuskripte erscheinen geradezu als Luxusausgaben, die sich durch besonders breite Ränder, eine hohe Anzahl von Zeilen pro Kolumne und wenig Korrekturen auszeichnen und im Falle der Bibeltexte den später verbindlich gewordenen (proto-)masoretischen Text bezeugen.

Im Unterschied zu den mittelalterlichen Kodizes bieten die Handschriften vom Toten Meer weder Vokalzeichen noch Randkommentare, sondern, wie im Hebräischen üblich, den reinen Konsonantentext. Er ist in der aramäischen Quadratschrift notiert, die im Laufe des fünften Jahrhunderts v. Chr. in Gebrauch kam und in der das Hebräische bis heute geschrieben und gedruckt wird. Einige wenige, relativ späte biblische Manuskripte von Qumran bedienen sich aber auch des althebräischen Alphabets, das in vorexilischer Zeit in Gebrauch und offenbar nie ganz ausgestorben war (siehe Tafel 2). Ihm haftet der Nimbus des Alters und der Heiligkeit an. Letzteres zeigt sich besonders daran, dass auch in Handschriften mit der üblichen Quadratschrift und sogar in griechischen Handschriften das sogenannte Tetragramm, die vier Konsonanten des Gottesnamens JHWH, der nicht ausgesprochen werden darf, und andere Gottesbezeichnungen in althebräischen Lettern geschrieben wurden. In anderen Handschriften stehen dafür zuweilen vier Punkte (Tetrapuncta). Außer den beiden hebräischen Schrifttypen begegnet eine Geheimschrift *(cryptic script)*, die, soweit wir sehen, aber nicht in den biblischen und parabiblischen Handschriften, sondern ausschließlich in den anderen Texten vom Toten Meer verwendet wurde, vorzugsweise in Schriften der Gemeinschaft, aber auch in solchen, die vielleicht von außerhalb stammen (wie das Brontologion 4Q318). Die griechische Übersetzung der Bibel ist in griechischen Großbuchstaben (Majuskeln) und ohne Akzente notiert, wie es auch in den späteren Handschriften aus dem vierten und fünften Jahrhundert noch üblich war (siehe Tafel 3).

Die Präsentation des Textes lässt die Gepflogenheiten der Schreiber erkennen, die sie in ihrer Ausbildung gelernt haben. Kürzere oder längere Leerräume (*vacat* genannt) innerhalb einer Zeile oder beim Zeilenwechsel sowie Leerzeilen teilen den Text in kleinere oder größere Abschnitte ein. Poetische Texte werden gelegentlich in Versen, meistens aber fortlaufend notiert. Zusätzlich zur Textaufteilung finden sich am Rand kleine Striche, Häkchen oder auch komplexere Zeichen, sogenannte Paragraphoi, die ebenfalls der Textunterteilung dienen. Gelegentlich stehen am Rand auch einzelne Buchstaben in Quadrat- oder althebräischer Schrift oder sonstige Zeichen, deren Sinn uns verborgen ist.

Trotz aller Gewissenhaftigkeit haben die Schreiber natürlich auch Fehler gemacht. Wurden sie noch während des Abschreibevorgangs oder nachträglich entdeckt, konnten sie in der Handschrift korrigiert werden. Worttilgungen sind durch Punkte ober- und unterhalb der Buchstaben oder das Durchstreichen gekennzeichnet. Verbesserungen oder Ergänzungen von ausgelassenem Text werden über der Zeile und manchmal auch am Rand nachgetragen. Wir sehen hier die Anfänge dessen, was sich später in den Randkommentaren der mittelalterlichen Masoreten findet.

Die Orthographie variiert mit den Gewohnheiten der Schreiber. Viele orthographische Varianten haben aber auch sprachgeschichtliche Hintergründe und finden sich darum ebenfalls in den Randkommentaren der späteren Manuskripte wieder. Die hebräische Schrift ist eine Konsonantenschrift, bei der die Vokale ursprünglich nicht notiert wurden. Anstelle der späteren masoretischen Systeme der Vokalisation benutzten die antiken Schreiber gelegentlich aber bestimmte Konsonanten *(alef, waw, yod, he)* als Lesehilfe *(mater lectionis)*, um die Aussprache des Konsonantentextes und die richtige Wortbildung zu sichern. Diese «vollere», sogenannte Plene-Schreibweise ist vor allem in den Texten der Gemeinschaft von Qumran anzutreffen und wird daher als «Qumran scribal practice» bezeichnet. Sie wurde allerdings auch in biblischen Manuskripten praktiziert, wie umgekehrt die sogenannte Defektivschreibung, die nur die Konsonanten bietet, vor allem in biblischen und parabiblischen Handschriften, aber auch in Werken der Gemeinschaft vorkommt. In der Jesajarolle 1QJes^{a} begegnet beides in ein und derselben Handschrift. Die Defektivschreibung, die später die Hinzufügung von speziellen Vokalzeichen durch die Masoreten nach sich zog, hat sich erst seit dem ersten Jahrhundert als Norm durchgesetzt. Zur Zeit von Qumran waren beide Schreibweisen in mancherlei Schattierungen in Gebrauch, ohne dass man daraus weitreichende

Schlussfolgerungen historischer, soziologischer oder geographischer Art ziehen könnte.

In der Regel hat man es bei den Schriftrollen von Qumran nicht mit Autographen, sondern mit Abschriften zu tun. Daher fällt es nicht immer leicht zu entscheiden, was auf das Konto des Schreibers der erhaltenen Handschrift und was auf das seiner Vorlage geht. Das gilt in noch stärkerem Maße von der Komposition eines Werkes. Schreiber waren in der Antike nicht nur Kopisten, sondern Gelehrte, die über ein umfassendes Wissen verfügten und auch an der Entstehung von Texten beteiligt waren.

In einem gewissen Maße zeigt sich dies schon in der Textüberlieferung, die einerseits eine große Stabilität, andererseits aber in kleinen wie in größeren Dingen auch eine große Variationsbreite aufweist. Doch unter welchen Umständen und in welchem Maße ein Schreiber den Text «nur» kopierte oder auch selbst änderte, ist schwer zu sagen. Vielleicht hat es wie bei Priestern verschiedene Klassen von Schreibern gegeben, solche, die für das Studium und die produktive Beschäftigung mit den Texten, also auch für die Abfassung neuer Texte verantwortlich waren, und solche, die aufs Kopieren spezialisiert waren.

Doch mehr als eine Vermutung ist das nicht. Wir haben darüber keine Nachrichten. Wiederum sind wir auf die erhaltenen Manuskripte und den Vergleich der verschiedenen Textzeugen angewiesen, dem wir etwas über die Entstehungs- und Textgeschichte, aber leider nur ganz selten etwas über den individuellen Beitrag der anonymen Schreiber an diesem Prozess entnehmen können. Ein solcher Fall dürfte in 4QTestimonia (4Q175) und 1QS vorliegen, die von demselben Schreiber stammen.[8] Er fand in den Testimonia die eschatologische Erwartung zweier Gesalbter aus Aaron und Israel, sprich eines priesterlichen und eines königlichen Messias, sowie eines Propheten vor und dürfte für die Eintragung dieser Vorstellung in die Handschrift 1QS (IX,11) verantwortlich sein. Hier scheinen das Kopieren der Handschrift und die inhaltliche Überarbeitung Hand in Hand zu gehen.

3. Fehler und Varianten

Eine reiche Quelle unseres Wissens sind die Fehler, die die Schreiber machten, von denen einige in der Handschrift korrigiert wurden, andere unkorrigiert stehen geblieben sind.[9] Letztere lassen sich anhand der sprachlichen und inhaltlichen Sperrigkeit oder im Vergleich mit anderen Handschriften und Versionen erkennen. Solche Fehler sind teilweise in die Abschriften eingegangen und haben hier für weitere Verwirrung gesorgt.

Vielfach handelt es sich aber auch gar nicht wirklich um Fehler, sondern um Lese- und Wortvarianten, die auf der Mehrdeutigkeit und unterschiedlichen Interpretation des Konsonantentextes beruhen oder als stilistische und inhaltliche Änderungen schon sehr früh in den Text gelangten. In den Manuskripten des Mittelalters erscheinen solche Varianten in den masoretischen Randkommentaren, die zwischen den «geschriebenen» Konsonanten (Ketiv) und den «gelesenen» Vokalen (Qere) unterscheiden und so zwei verschiedene Lesungen überliefern. In den Texten vom Toten Meer sehen wir, woher solche Varianten kommen und wie sie entstanden sind.[10]

Gelegentlich werden Alternativlesungen durch eine Korrektur sichtbar. In 1 Samuel 10,3 etwa wird Saul von Samuel ein Treffen mit drei Männern in Aussicht gestellt, von denen einer drei Ziegen, ein anderer drei Laib Brot, der dritte einen Weinschlauch trägt. Die «drei Laib Brot» *(kkrwt lḥm)* des masoretischen Texts finden sich auch in der Samuelhandschrift 4QSam^{a} (4Q51), allerdings in einer Korrektur. Das Wort, das dort zunächst geschrieben und danach getilgt wurde, lautet «Körbe», so dass der Mann also «drei Körbe Brot» *(klwby lḥm)* mit sich führt. Dies ist der Text, den die Septuaginta in ihrer hebräischen Vorlage vorgefunden und ins Griechische übersetzt hat. Die getilgte Lesung ist also kein Fehler, sondern eine konkurrierende Textvariante, die in einer Handschrift stand und daraus kopiert und nach einer anderen Handschrift nachträglich korrigiert wurde. Welche der beiden Varianten, «Laib» oder «Körbe», die ursprüngliche ist, ist schwer zu sagen. Im folgenden Vers werden Saul zwei Brote übergeben, was sich mit beidem verträgt. «Laib Brot» ist der übliche Ausdruck. Nach der textkritischen Regel, dass die schwierigere der einfachen Lesart vorzuziehen ist, wäre den «Körben» der Vorzug zu geben.

Wie aber sind solche Varianten entstanden? Eine Möglichkeit ist die Interpretation des noch unvokalisierten Konsonantentextes. So liest der masoretische Text in Jesaja 40,6: «Eine Stimme spricht: Rufe! Und er sprach: Was soll ich rufen?» Der Konsonantenbestand von «und er sprach» *(w'mr)* kann aber auch als «und ich sprach» gelesen werden. Diese Lesung findet sich, durch Vokalbuchstaben deutlich gemacht *(w'wmrh)*, in der Jesajarolle 1QJes[a] sowie in der Septuaginta. Danach handelt es sich um ein Zwiegespräch der anonymen Stimme mit dem Propheten. Der masoretische Text fasst die Stelle hingegen als einen Bericht des Propheten über das Gespräch zwischen der Stimme und einem Dritten auf, woraus die Forschung geschlossen hat, dass es sich um eine Szene im himmlischen Hofstaat handle.

Die Entstehung einer Textvariante hat manchmal aber auch technische Gründe. In 2 Samuel 13,39 lesen wir: «Und König David hörte auf (oder: sehnte sich), zu Absalom zu ziehen.» Dass hier etwas nicht stimmt, erkennt man im hebräischen Text daran, dass die Verbform, die ein breites Bedeutungsspektrum hat, feminin ist und sich daher schwerlich auf König David beziehen kann. Gelegentlich findet man die Übersetzung «Und die Seele des Königs David sehnte sich». Diese Übersetzung geht auf den Targum, die aramäische Übersetzung der Hebräischen Bibel, zurück, der hier entweder eine ältere Lesart bewahrt oder den Fehler bemerkt und verbessert hat. Schon Julius Wellhausen vermutete, dass in «David» ein feminines Subjekt stecken müsse, und schlug zunächst «der Zorn», später, gestützt auf einige griechische Handschriften, «der Geist, Sinn» vor, beides Wörter, die im Hebräischen feminin sind.[11] Die Handschrift 4QSam[a] bestätigte seine Vermutung aufs schönste. Sie bezeugt eindeutig die Reste des Wortes für «Geist» *(rwḥ)*, wozu die Bedeutung des Verbums im Sinne von «sich sehnen» am besten passt, und lautet somit: «Und der Geist des Königs sehnte sich, zu Absalom zu ziehen». Der Fehler lässt sich leicht durch Buchstabenverwechslung und einen materiellen Schaden der Handschrift erklären, wodurch aus dem «Geist» *(rwḥ)* der Name David *(dwd)* wurde. Diese Erklärung schließt auch die andere Lesart «Seele des Königs David» aus, da sie den graphischen Fehler und die Änderung von «Geist» in «David» bereits voraussetzt.

Ein typischer Fehler ist die mangelnde oder falsche Wortabtrennung. In 2 Samuel 3,35 gelobt David aus Trauer um Abner, bis zum Untergang der Sonne kein Brot oder sonst irgendetwas zu sich zu nehmen. Ein Schreiber der Handschrift 4QSam[a] oder ihrer Vorlage ließ zwischen den beiden Wörtchen «oder» *(ʾw)* und «etwas» *(kl)* zu wenig Platz, so dass daraus das Wort für «essen» *(ʾwkl)* und aus dem ganzen Satz eine Parallelaussage geworden ist: «Ich will kein Brot zu mir nehmen, will nicht irgendetwas essen.»

Ein zu kurzer Abstand zwischen zwei Worten konnte auch leicht zur Verdoppelung eines Buchstabens, der sogenannten Dittographie, führen. Das scheint in 1 Samuel 26,22 passiert zu sein. Der masoretische Text bietet hier die ungewöhnliche Anrede Davids an Saul: «Hier ist der Spieß, o König», wobei sowohl «der Spieß» *(hḥnyt)* als auch «der König» *(hmlk)* einen Artikel bei sich haben und deswegen grammatisch nicht aufeinander bezogen sind. Vorher hatte David jedoch gefragt, wo «der Spieß des Königs» sei, was im Hebräischen durch eine sogenannte Constructus-Verbindung ausgedrückt wird, in der nur das Wort für den «König» einen Artikel hat. Dementsprechend liest man in 4QSam[a] denn auch die korrektere Lesart: «Hier ist der Spieß des Königs» *(hnh ḥnyt hmlk)*. Der Unterschied besteht in einem einzigen Buchstaben, dem Buchstaben *h*, mit dem das hebräische Wort für «hier» *(hnh)* endet. Er wurde vor dem Wort «Spieß» versehentlich wiederholt, wodurch der «Spieß» einen Artikel erhielt *(hḥnyt)* und aus der Syntax fiel. Das Beispiel ist insofern interessant, als der Artikel vor «Spieß» im masoretischen Text nicht vokalisiert ist und die Lesung von 4QSam[a] die Alternative bezeugt, die im Randkommentar der mittelalterlichen Masoreten als Qere, die zu «lesende» Variante, zu finden ist.

Neben ersichtlichen Schreibfehlern und durch sie erzeugte Varianten begegnen aber auch echte Varianten. Sofern es sich um stilistische Unterschiede handelt, Allerweltswörter mit annähernd gleicher Bedeutung wie «sagen» *(ʾmr* oder *dbr)* oder die Präpositionen für «zu, hin, auf, gegen, für» *(ʾel, ʿal* oder *le)*, kann man kaum sagen, welche die ursprüngliche Lesart ist. Zudem kann die Wortstellung variieren, ohne größeren Schaden anzurichten. Doch gibt es auch inhaltliche Alternativen, so, wenn das Aufeinandertreffen von Saul und Samuel in 1 Samuel 9,18 nach der masoretischen Tradition «inmitten des Tores», der Handschrift 4QSam^{a} und der Septuaginta zufolge aber «inmitten der Stadt» stattfinden soll. Es könnte sich um einen Schreibfehler handeln, bei dem der Buchstabe *schin* im Wort «des Tores» *(hšʿr)* ausgefallen ist und nur die Konsonanten des Wortes «der Stadt» *(hʿr)* übrig geblieben sind. Es könnte sich aber ebenso um eine echte, stilistische oder inhaltliche Variante handeln.

Inhaltliche Varianten zeichnen sich häufig durch eine erklärende oder interpretierende Tendenz aus. In 4QSam^{a} findet sich eine solche Textvariante gleich zu Beginn der erhaltenen Teile in 1 Samuel 1,23. Im masoretischen Text lesen wir hier den Satz: «Nur möge der Herr sein Wort aufrichten.» Doch warum «sein Wort»? Der Herr hat zuvor keines geredet. Wieder war es Julius Wellhausen, der mit Hinweis auf die Septuaginta vorschlug, die 2. Person Singular feminin zu lesen und den Satz auf Hannas Wort zu beziehen, die vorher das Gelübde abgelegt hat, ihr Kind dem Herrn zu weihen: «Möge der Herr dein (Hannas) Wort aufrichten.»[12] Die Handschrift 4QSam^{a} bestätigt die Lesart der Septuaginta: «Möge der Herr aufrichten, was aus deinem (Hannas) Munde hervorgegangen ist.» Im masoretischen Text ist aus dem Wunsch Hannas ein Wort des Herrn geworden. An dieser Stelle dürften die Handschrift vom Toten Meer und die Septuaginta den älteren Text bewahrt haben. Das bedeutet allerdings nicht, dass ihr Text durchgehend der ursprüngliche ist. In den folgenden Versen, in denen Hanna nach Schilo reist und ein

Opfer darbringt, finden sich in den beiden Textzeugen Varianten, die auch ihrem Mann ein Opfer zuschreiben und eindeutig nachgetragen sind.[13]

So könnte man endlos fortfahren. Ähnliche Phänomene finden sich, mehr oder weniger ausgeprägt, in sämtlichen biblischen Handschriften. Aber auch die parabiblischen und spezifisch qumranischen Schriften sind voll von korrigierten oder unkorrigierten Schreibfehlern und Varianten, und zwar sowohl des biblischen Texts, den sie zitieren, als auch des eigenen. Wie bei den biblischen Büchern lässt sich dies anhand der erhaltenen Kopien und in einigen Fällen im Vergleich mit späteren, nachqumranischen Textzeugen (Ben Sira, Damaskusschrift, Aramäischer Levi in der Geniza) und Versionen (Jubiläen, Henoch, Ben Sira, Tobit) kontrollieren. Dabei zeigen sich genauso wie bei den biblischen Handschriften durchaus Unterschiede. Während etwa das Jubiläenbuch, die Damaskusschrift oder die Loblieder eine relativ stabile Textüberlieferung aufweisen, weichen die Fassungen bei der Henochliteratur, der Gemeinschaftsregel oder der Kriegsregel und ihren Parallelen, den sogenannten *Milchama*-like-Texten (4Q497, 4Q471, 4Q285, 11Q14), stark voneinander ab.

Wer die Fehler verursacht hat und für die Fülle der orthographischen, stilistischen und inhaltlichen Varianten verantwortlich ist, entzieht sich in den meisten Fällen unserer Kenntnis. In den Schriften, die innerhalb der Gemeinschaft von Qumran entstanden sind, gehen die Fehler und Varianten natürlich auf diese selbst und die Zeit zurück, die zwischen der Entstehung einer Schrift und der Abschrift liegt. Im Falle der biblischen und parabiblischen Werke dürften die meisten Varianten und vermutlich auch viele Fehler den Schreibern von Qumran schon durch ihre Vorlagen vermittelt worden sein, die sie kopierten. Fehler und Varianten sind nicht nur auf das relativ späte Stadium der Textüberlieferung beschränkt, das die Handschriften vom Toten Meer dokumentieren. Sie setzen bereits mit der ersten Abschrift einer (vielleicht sogar noch unfertigen, literarisch im Werden begriffenen) Komposition ein und entstehen kontinuierlich im Laufe des gesamten Entstehungs- und Überlieferungsprozesses eines Textes. Doch wird man damit rechnen müssen, dass die Schreiber von Qumran selbst außer eigenen Fehlern auch eigene Varianten in die Handschrift eintrugen. Das lässt sich allerdings außerordentlich schwer und nur in ganz wenigen Fällen nachweisen.

Einer dieser Fälle könnte die Stelle Jesaja 8,11 sein, wo die Jesajarolle 1QJes[a] die ursprünglich auf den Propheten gemünzte Aussage «und hat mich abgebracht vom Wandeln auf dem Weg dieses Volkes» auf das Kollektiv einer Wir-Gruppe bezieht: «und hat uns abgebracht vom Wandeln auf dem Weg dieses Volkes».[14] Ob diese Variante eine bewusste Textänderung oder ein Schreibfehler ist und ob sie in der Gemeinschaft von Qumran oder schon vorher in anderen, ähnlichen Überlieferungskreisen entstanden ist, lässt sich nicht mit Bestimmtheit sagen. Sicher ist jedoch, dass die Gemeinschaft von Qumran diese Variante gelesen und sich zunutze gemacht hat. So beruft sie sich in ihren eigenen Schriften auf die Textstelle und zählt sich selbst zu denen, die sich «vom Weg des Volkes abgewendet haben» (4Q174 1–2 i,14; CD VIII,16/XIX,29). Auch die Tätigkeit der Schreiber der Schriftrollen vom Toten Meer war eine Weise, sich «von dem Weg des Volkes abzuwenden» und sich ganz dem Studium der Schriften hinzugeben.

IV. «Damit du Einsicht gewinnst» Die Textentstehung

1. Bibelhandschrift oder Midrasch?

Fehler und Varianten in den Manuskripten zeugen nicht nur von der Textüberlieferung, sondern in manchen Fällen auch von der Textentstehung.[1] Wie das eine in das andere übergeht, kann man sich an Handschriften klarmachen, in denen eine Textpassage fehlt, die der Schreiber selbst oder ein anderer nachträglich eingefügt hat. So liest man in 1QJes[a] an der Stelle Jesaja 40,7–8 den folgenden Text:

> Das Gras verdorrt, die Blume verwelkt, doch das Wort unseres Gottes bleibt ewiglich.

Unter «doch das Wort» sieht man vier Punkte, und darüber beginnt ein Nachtrag, den vermutlich eine andere Hand mit etwas ungelenker Schrift über der Zeile und am linken Rand eingefügt hat: «Denn der Geist •••• (Tetrapuncta) bläst es an. Ja, Gras ist das Volk. Das Gras verdorrt, die Blume verwelkt.» Im masoretischen Text und unseren modernen Ausgaben steht dieser Text zwischen dem ersten «verwelkt» und «doch das Wort»:

> Das Gras verdorrt, die Blume verwelkt. *Denn der Geist JHWHs bläst es an. Ja, Gras ist das Volk. Das Gras verdorrt, die Blume verwelkt.* Doch das Wort unseres Gottes bleibt ewiglich.

Der Befund kann auf zweierlei Weise erklärt werden. Entweder war der Schreiber unaufmerksam und hat den fraglichen Passus übersprungen, oder er hatte eine Vorlage vor sich, die den Passus noch nicht enthielt. Im ersten Fall handelte es sich um eine Korrektur, im zweiten um einen literarischen Zusatz, der in dieser Handschrift oder aus einer anderen Vorlage nachgetragen wurde. Beides ist mög-

Jesajarolle (1QJes^a): Von rechts nach links sind die Kolumnen XXXII (Jesaja 38,8–40,2) und XXXIII (Jesaja 40,2–28) zu sehen, außerdem Nachträge über der Zeile und am Seitenrand, sowie – durch einen Nahtrand getrennt – Zeilenanfänge von Kolumne XXXIV (Jesaja 40,28–41,23).

lich und hat denselben Grund: die Wiederholung des Satzes «Das Gras verdorrt, die Blume verwelkt». Solche Wiederholungen waren oft der Anlass für ein Abirren des Auges beim Abschreiben *(aberratio oculi)* und führten zur unbeabsichtigten Auslassung des einen oder anderen Teils. Das Phänomen nennt man Haplographie, «Einfachschreibung». Die Wiederholung kann aber auch als Wiederaufnahme interpretiert werden, eine literarische Technik, um nach der Einfügung von Ergänzungen den alten Anschluss («verwelkt, doch») wiederherzustellen. Wie dem auch sei, das Beispiel macht deutlich, dass Fehler und Varianten auch den Umfang eines Textes betreffen und etwas mit seiner Entstehung zu tun haben können. Dies wird besonders deutlich, wenn eine Textfassung kürzer ist als andere (ein sogenannter Unterschuss) oder länger (Überschuss).

Solche Über- und Unterschüsse sind in den Schriftrollen vom Toten Meer zuhauf dokumentiert. Manchmal ist der masoretische

Text länger und die Handschrift vom Toten Meer kürzer. So finden wir in Jesaja 6,3 das sogenannte Trishagion, das berühmte Dreimal-Heilig: «Heilig, heilig, heilig ist der Herr Zebaot.» In der Jesajarolle 1QJes^{a} steht dafür ein Zweimal-Heilig: «Heilig, heilig ist der Herr Zebaot.»

Manchmal ist aber auch die Handschrift vom Toten Meer länger und der masoretische Text kürzer. Das ist etwa in Psalm 145 der Fall, einer Komposition, in der jedem Buchstaben des Alphabets eine Zeile gewidmet ist, die mit dem fraglichen Buchstaben beginnt, ein sogenanntes Akrostichon. Im masoretischen Text ist das Alphabet fast vollständig vertreten, mit der Ausnahme des Buchstabens N *(nun)*, der bewusst ausgelassen worden sein dürfte, um den Blick anzuhalten und das Auge auf die vorausgehenden Zeilen und die rückwärts gelesene Buchstabenfolge *m–l–k*, «König sein», als die zentrale Aussage des Psalms zu lenken. In der Psalmenrolle 11QPs^{a} hingegen ist die hebräische Fassung einer *nun*-Zeile bezeugt, die auch der griechische Text überliefert, und an richtiger Stelle eingeordnet. Darüber hinaus findet sich ein zusätzlicher Refrain nach jeder Zeile: «Gelobt sei der Herr, gelobt sei sein Name auf immer und ewig.»

In beiden Fällen dürfte die masoretische Tradition den ursprünglichen Text bewahrt haben, was, wie sich noch zeigen wird, allerdings nicht immer so sein muss. Das bedeutet, dass wir es in den Textvertretern vom Toten Meer das eine Mal mit einer (wohl unbewussten) Auslassung, das andere Mal mit einer Zufügung zur Komplettierung des Alphabets zu tun haben. Zur Zeit dieser Handschriften war der Bibeltext noch im Fluss. Er konnte nicht nur ergänzt, sondern auch gekürzt werden.

Dasselbe gilt natürlich auch vom Text der parabiblischen und der qumranischen Schriften. Gravierende Über- und Unterschüsse bestehen etwa bei der Gemeinschaftsregel im Verhältnis der Handschrift 1QS zu den Parallelhandschriften aus Höhle 4, die, soweit wir es aufgrund des fragmentarischen Erhaltungszustands sehen können, besonders im Bereich der Kolumnen V–IX einen anderen Text bieten und von denen einige eine frühere Fassung bezeugen.[2] Während man bei den außerbiblischen, parabiblischen und spezifisch qumranischen Schriften von verschiedenen Fassungen desselben Textes spricht, hat derselbe Befund der Fluidität des Textes bei manchen biblischen Handschriften zu der Frage geführt, ob es sich überhaupt um Bibelhandschriften oder nicht eher um parabiblische Kompositionen handele, eine Art Paraphrase oder Midrasch.

Die Frage stellt sich bei den fünf Manuskripten, die in der Forschung zunächst den Titel «Reworked Pentateuch» erhielten (4Q158, 4Q364–367), was deutlich macht, dass man sie nicht als Abschrift, sondern als eine Bearbeitung und Reformulierung des Pentateuchs ansah.[3] Der Grund dafür ist, dass die Manuskripte im Vergleich zum masoretischen Text erhebliche Abweichungen, Ergänzungen und Umstellungen von einzelnen Perikopen aufweisen und mit einigen dieser Besonderheiten der heiligen Schrift der samaritanischen Gemeinschaft, dem Samaritanischen Pentateuch, nahestehen, deren zentraler Kultort nicht Jerusalem, sondern der Berg Garizim nahe Sichem (Nablus) war und heute noch ist (vgl. Joh 4,20).

So findet sich in einer der Handschriften (4Q158) nach der merkwürdigen Episode von dem «Blutbräutigam» in Exodus 4, in der Mose nur knapp einem Anschlag Gottes auf sein Leben entgeht, ein Rückblick auf den Kampf Jakobs mit Gott am Jabbok aus Genesis 32. Das wörtliche Zitat setzt die beiden Szenen in Beziehung und erklärt, dass Mose ebenso wie Jakob «mit Gott gekämpft» habe. Anschließend wird im Kontext von Exodus 4 die Darbringung eines Opfers nach Art von Exodus 24 berichtet. Der Text gleicht damit die Szenen in Exodus 3–4 und 19–24 einander an und identifiziert den Gottesberg von Exodus 3, an dem Mose seine Berufung erhält, mit dem Berg Sinai, an dem das Gesetz offenbart wird. Schließlich sind, wie im samaritanischen Pentateuch, die beiden Stellen, an denen der Dekalog mitgeteilt wird, textlich miteinander harmonisiert, indem zusätzliche Details aus Deuteronomium 5 in Exodus 19–20 eingetragen werden und im Übrigen der Dekalog Exodus 20,1–17 umgestellt und zwischen Exodus 20,18–21 und 20,22 eingeordnet ist.

Solche literarischen Eingriffe finden sich auch in anderen Handschriften. Eine Josuahandschrift (4QJos[a] bzw. 4Q47) platziert die Altarbauszene auf dem Berg Ebal nicht in Josua 8 wie im masoretischen oder in Josua 9 wie im griechischen Text, sondern in Josua 4, um das Gebot von Deuteronomium 27,2–3 genauer zu erfüllen. Die im vorigen Kapitel bereits häufiger angeführte Samuelhandschrift 4QSam[a] steht dem in manchem abweichenden Text der Septuaginta sowie der Parallelfassung von Samuel–Könige in den Büchern der Chronik nahe. An manchen Stellen erweckt die Handschrift den Eindruck, als würde sie die beiden Fassungen von Samuel–Könige und Chronik miteinander kombinieren; vielleicht stellt sie aber auch eine Zwischenstufe dar. Der Reworked Pentateuch (4QRP) beweist, dass man mit solchen Zwischenstufen rechnen muss. Manche Besonderheiten dieser Handschrift sind auch aus anderen Textfassungen (dem samaritanischen Pentateuch oder der Septuaginta) bekannt, andere gehen jedoch darüber hinaus. Dies ist ein untrügliches Zeichen dafür, dass die Abweichungen vom masoretischen Text in 4QRP nicht alle von demselben Bearbeiter stammen, sondern schubweise hier oder, falls der Reworked Pentateuch den älteren Text bewahrt hat, durch Änderungen im masoretischen Text entstanden sind.

In der Samuelhandschrift 4QSam[a] hat sich auch ein sonderbares Zusatzstück zu 1 Samuel 11 gefunden, das im masoretischen Text fehlt. Darin wird erzählt, wie Nachasch, der König der Ammoniter, einen Feldzug gegen die israelitischen Stämme Ruben und Gad führt und ihnen das rechte Auge aussticht, bevor er sich der Stadt Jabesch-Gilead zuwendet, in die sich 7000 Flüchtlinge retten konnten, und ihr dasselbe Schicksal androht, womit die im masoretischen Text überlieferte Geschichte von 1 Samuel 11 beginnt. Die Episode war schon vor dem Fund von 4QSam[a] aus einer Paraphrase der Geschichte von Flavius Josephus bekannt. Die Handschrift von Qumran beweist, dass der Überschuss nicht etwa die freie Erfindung des Josephus ist, sondern auf einem hebräischen Original einer Bibelhandschrift beruht.

In der Forschung gehen die Meinungen darüber auseinander, wie der Sachverhalt zu erklären ist.[4] Manche meinen, die Passage sei ursprünglich und aufgrund eines Abschreibefehlers ausgefallen, doch lässt sich ein Textausfall anhand der erhaltenen Zeugen nicht nachweisen. Vieles spricht hingegen für die andere Möglichkeit, dass es sich bei dem zusätzlichen Text tatsächlich um einen Zusatz handelt. Ein aufmerksamer Leser oder Schreiber von 1 Samuel 11 scheint an die letzte Erwähnung von Jabesch-Gilead in Richter 21,8–14 gedacht zu haben, wonach die Stadt zu Zeiten Sauls menschenleer gewesen sein muss. Zur Erklärung wird die Episode in dem Überschuss von 4QSam[a] erfunden, die die Stadt wieder mit Israeliten bevölkert und den Feldzug des Nachasch sowie das Hilfegesuch an Saul in 1 Samuel 11 motiviert. Der Zusatz setzt die ältere Literargeschichte von 1 Samuel 11 fort, in der schon die Verse 6–8 und 12–14 schrittweise ergänzt wurden, um die Geschichte Sauls mit der Richterzeit und seine erneute Krönung mit 1 Samuel 9–10 zu harmonisieren. Das folgende Zitat zeigt die Geschichte mit allen Zusätzen (eingerückt) und dem Qumrantext in Kursive:

1 Sam 10,27–11,15/4Q51 10a,5–10 (kursiv):
10,27 Aber einige ruchlose Leute sprachen: Was soll der uns helfen? *Und sie verachteten ihn und brachten ihm kein Geschenk* (= 4Q51 10a,5). Aber er tat, als hörte er's nicht *(why kmḥryš).*

> 4Q51 (10a,6–9a): *6 [Und Na]chasch, der König der Ammoniter, unterdrückte die Gaditer und die Rubeniter mit Gewalt, und er stach ihnen jedes 7 rechte Auge aus und brachte Fur[cht und Schrecken] über [I]srael. Es blieb niemand übrig unter den Israeliten in Tr[ans-8 Jordanien, dene]n Nacha[sch, der König] der [A]mmoniter, das rechte Auge [nicht a]usgestochen hätte; nur siebentausend Mann 9 [retteten sich aus der Hand] der Ammoniter und kamen nach [J]abesch-Gilead. Und es geschah nach etwa einem Monat (kmw ḥdš),*

11,1 *da zog herauf Nachasch, der Ammoniter, und belagerte Jabesch in Gilead. Und alle Männer von Jabesch sprachen zu Nachasch: Schließ einen Bund mit uns, so wollen wir dir untertan sein. 2 Aber Nachasch, der Ammoniter, antwortete ihnen: Das soll der Bund sein, den ich mit euch schließen will, dass ich euch allen das rechte Auge aussteche und damit Schmach über ganz Israel bringe* (= 4Q51 10a,9b–10). 3 Da sprachen zu ihm die Ältesten von Jabesch: Gib uns sieben Tage, dass wir Boten in das ganze

Gebiet Israels senden; ist dann niemand da, der uns rette, so wollen wir zu
dir hinausgehen. 4 Da kamen die Boten nach Gibea Sauls und sagten diese
Worte vor den Ohren des Volks. Da erhob das ganze Volk seine Stimme
und weinte. 5 Und siehe, da kam Saul vom Felde hinter den Rindern her
und fragte: Was ist mit dem Volk, dass es weint? Da berichteten sie ihm die
Worte der Männer von Jabesch.

6 Da geriet der Geist Gottes über Saul, als er diese Worte hörte, und sein
Zorn entbrannte sehr. 7 Und er nahm ein Paar Rinder und zerstückte sie
und sandte davon in das ganze Gebiet Israels durch die Boten und ließ sa-
gen: Wer nicht mit Saul und Samuel auszieht, mit dessen Rindern soll man
ebenso tun. Da fiel der Schrecken des Herrn auf das Volk, sodass sie aus-
zogen wie ein Mann. 8 Und er musterte sie bei Besek und die von Israel
waren dreihunderttausend Mann und die Männer Judas dreißigtausend.

9 Und er sagte den Boten, die gekommen waren: So sagt den Männern von
Jabesch in Gilead: Morgen soll euch Hilfe werden, wenn die Sonne beginnt,
heiß zu scheinen. Als die Boten heimkamen und das den Männern von
Jabesch verkündeten, wurden diese froh. 10 Und die Männer von Jabesch
ließen den Ammonitern sagen: Morgen wollen wir zu euch hinausgehen,
dass ihr mit uns alles tut, was euch gefällt. 11 Aber am andern Morgen teilte
Saul das Volk in drei Heerhaufen, und sie kamen ins Lager um die Zeit der
Morgenwache und schlugen die Ammoniter, bis der Tag heiß wurde; die
aber übrigblieben, wurden zerstreut, sodass von ihnen nicht zwei beieinan-
der blieben.

12 Da sprach das Volk zu Samuel: Wer sind die, die gesagt haben: Sollte
Saul über uns herrschen? Gebt sie her, die Männer, dass wir sie töten.
13 Saul aber sprach: Es soll an diesem Tage niemand sterben; denn der
Herr hat heute Heil gegeben in Israel. 14 Samuel sprach zum Volk:
Kommt, lasst uns nach Gilgal gehen und dort das Königtum erneuern.

15 Da ging das ganze Volk nach Gilgal, und sie machten Saul dort zum
König vor dem Herrn in Gilgal und opferten Dankopfer vor dem Herrn.
Saul aber und alle Männer Israels freuten sich dort gar sehr.

Solche und ähnliche Befunde haben in der Forschung zu einem Umdenken geführt. Der Reworked Pentateuch (4QRP) und die Handschriften 4QJos^{a} und 4QSam^{a} werden heute von vielen – zu Recht – als Bibelhandschriften klassifiziert, die gleichberechtigt neben dem masoretischen, samaritanischen oder griechischen Text stehen. Das Verhältnis dieser Texttypen zueinander unterscheidet sich in keiner Weise von der Pluralität der Textfassungen einer parabiblischen oder einer spezifisch qumranischen Schrift wie der Gemeinschaftsregel oder der Kriegsregel.

Damit werden die Grenzen zwischen biblischen und parabiblischen Schriften zwar nicht völlig aufgehoben, aber relativiert. Davon sind insbesondere Schriften vom Typ der sogenannten *rewritten bible* (oder *rewritten scripture*) wie das Jubiläenbuch, die Tempelrolle oder das Genesis-Apokryphon betroffen.[5] Es handelt sich um Kompositionen, die den biblischen Text über weite Strecken wörtlich wiedergeben, aber auch stark kürzen, paraphrasieren und ergänzen. Diese Texte verhalten sich zu ihren biblischen Vorlagen wie die Bücher der Chronik zu den Büchern Samuel-Könige, die in der Chronik reformuliert wurden. In einem weiteren Sinne können auch sie als biblische Handschriften bezeichnet werden. Aus dem Korpus der qumranischen Schriften könnte man das Verhältnis der Damaskusschrift zur älteren Gemeinschaftsregel als weitere Parallele anführen. Die Grenzen zwischen biblischen Handschriften und *rewritten bible* lassen sich nicht genau festlegen, der Unterschied ist eher quantitativer als qualitativer Art.

2. Drei Editionen

Zwischen den verschiedenen Textfassungen in den biblischen Handschriften und den Kompositionen vom Typ der *rewritten bible* bewegen sich drei Editionen des biblischen Textes, die sich mehr und mehr verfestigt und langfristig durchgesetzt haben: der masoretische Text, die hebräische Vorlage der Septuaginta und der samaritanische Pentateuch, auch Samaritanus genannt. Alle drei Editionen oder Texttypen sind – in einer Vorform und neben vielen anderen Fassungen – auch schon in Qumran belegt. Es handelt sich nicht um eigenständige oder separate Kompositionen wie die Chronik, das Jubiläenbuch oder die Tempelrolle, sondern wie die oben besprochenen Handschriften (4QRP, 4QJos[a], 4QSam[a]) um Zeugen ein und desselben biblischen Texts in unterschiedlicher Gestalt, allerdings um solche, die in der Textgeschichte länger überlebt haben und bis heute in verschiedenen Glaubensgemeinschaften überliefert werden:

der masoretische Text in der jüdischen und Teilen der christlichen Tradition, die Septuaginta und deren lateinische Tochterübersetzung, die Vulgata, in christlichen Kirchen, der Samaritanus in der Gemeinschaft der Samaritaner.

Zwei der drei Editionen kannten wir schon lange in ihrer hebräischen Form, den masoretischen Text und den samaritanischen Pentateuch. Beide sind in Qumran in einer Fassung bezeugt, die in manchem von den späteren mittelalterlichen Fassungen noch etwas abweichen, auch wenn die Überlieferung, aufs Ganze gesehen, erstaunlich stabil ist. Als Beispiel dafür sei der proto-samaritanische Text angeführt, den ein in althebräischer Schrift angefertigtes Manuskript und andere Handschriften von Qumran bezeugen (4Qpaleo-Exod^{m}, 4QExod-Lev^{f}, 4QNum^{b}, auch 4QRP). Er enthält in Qumran noch nicht die typischen samaritanischen Glossen, die den erwählten und einzigen Ort, an dem die Opfer für JHWH dargebracht werden sollen (Deuteronomium 12 u. ö.), ausdrücklich mit dem Berg Garizim identifizieren und nicht, wie in der masoretischen Fassung üblich und in dem Lehrschreiben «Von den Werken der Tora» ausdrücklich gesagt, mit Zion-Jerusalem.

Die dritte Edition kennen wir nur in der griechischen Version und ihren antiken Tochterübersetzungen. Die Septuaginta hat eine überaus komplizierte Textgeschichte mit unzähligen Rezensionen und verschiedenen Fassungen hinter sich. Um zu ihrer hebräischen Vorlage vorzustoßen, muss man die Übersetzungstechnik jedes einzelnen Buches genauestens untersuchen und die Textgeschichte auf textkritischem Weg zurückverfolgen bis zur ältesten erreichbaren Gestalt der Septuaginta (Old Greek). Die Funde der griechischen Handschriften in Qumran spielen dabei eine Schlüsselrolle. Doch auch danach bleibt die Rekonstruktion der hebräischen Vorlage der griechischen Übersetzung eine Hypothese. In Qumran ist diese hebräische Vorlage nun zum ersten Mal direkt und indirekt dokumentiert.

Ein direktes Zeugnis bieten die fünf Jeremiahandschriften 4QJer^{a-e} (4Q70–72b). Während eine Gruppe von Handschriften (4Q70,

4Q72 und 4Q72b) den Text der masoretischen Tradition, also den in unseren hebräischen Ausgaben enthaltenen Text bieten, bezeugt eine andere Gruppe (4Q71 und 4Q72a) die Fassung der Septuaginta, die insgesamt um etwa ein Siebtel kürzer ist als der masoretische Text. Wie es der Zufall will, haben sich die Reste des Kapitels 10 erhalten, in dem die Verse 6–8 und 10 fehlen und Vers 9 zwischen Vers 5a und 5b steht.[6] Die Fragmente der Handschrift 4QJer^{b} (4Q71) bezeugen exakt den kürzeren Text in derselben Anordnung wie in der griechischen Fassung der Septuaginta. Das Beispiel ist auch deswegen von Bedeutung, weil es in einem kleinen Detail auf ein größeres Problem weist. Denn die Septuagintafassung des Jeremiabuches hat nicht nur einen kürzeren Text, sondern auch eine andere Anordnung. In ihr sind die Worte gegen die Fremdvölker, die im masoretischen Text in Jeremia 46–51 stehen, nach Kapitel 25 und vor den Kapiteln 26–45 eingeordnet. Vermutlich geht auch diese andere Anordnung, die im Blick auf das Orakel gegen Babylon in Jeremia 25 durchaus sinnvoll ist, auf eine hebräische Vorlage zurück. Üblicherweise wird der Kurztext der Septuaginta als die ältere der beiden Fassungen angesehen, was aufs Ganze gesehen zutreffen dürfte, aber nicht für jeden Einzelfall gilt und darum nicht pauschalisiert werden kann. Die Fragmente von Qumran zeigen, dass beide Fassungen in vorchristliche Zeit zurückreichen und nebeneinander überliefert wurden und es in dieser Zeit noch keinen festen Kanon biblischer Schriften gab.

Ein indirektes Zeugnis für den kürzeren Text der Septuaginta liefert die Tempelrolle (11Q19), eine Komposition, die weite Teile der Moserede des Deuteronomiums im Rahmen der Sinaioffenbarung von Exodus 34 als Rede Gottes wiedergibt und bei der Gelegenheit auch eine Beschreibung des Heiligtums bietet, die sich auf die Anweisungen zum Bau in Exodus 25–40 stützt. Auch an dieser Stelle in Exodus 25–40 weicht der Septuagintatext sowohl im Umfang als auch in der Anordnung erheblich vom masoretischen Text ab. Die Tempelrolle weist große Nähen dazu auf und scheint folglich die hebräische Vorlage der Septuaginta im Exodusbuch benutzt zu haben.

Die unterschiedliche Anordnung eines Texts ist auch in der Psalmenrolle 11QPs[a] (11Q5) zu beobachten, die teilweise mit dem masoretischen Text, teilweise mit der Septuaginta übereinstimmt und teilweise eigene Wege geht. Diese Handschrift bezeugt für die Psalmen 101–150 im Wesentlichen die masoretische Textfassung. Darüber hinaus enthält sie einige zusätzliche Stücke, wie die letzten Worte Davids aus 2 Samuel 23, und ein Verzeichnis der Lieder Davids, 4050 an der Zahl, sowie weitere apokryphe Psalmen, darunter den in der Septuaginta überlieferten Psalm 151, den Hymnus aus Sirach 51 und zwei bisher nur im syrischen Alten Testament, der Peschitta, bezeugte Psalmen. Hier repräsentiert also die masoretische Tradition den kürzeren, die Handschrift von Qumran den längeren Text. Eine Besonderheit besteht in der abweichenden Anordnung der Psalmen, die zwar auf weite Strecken mit dem masoretischen Psalter übereinstimmt, aber auch markante Unterschiede aufweist. So sind eine Reihe von Psalmen an verschiedener Stelle eingeordnet und mit den diversen Zusatzstücken über die Rolle verteilt. Leider wissen wir nicht, ob die Rolle einmal den gesamten Psalter enthielt und welchen Zwecken sie diente. Sie setzt den masoretischen Psalter voraus und kreiert für die erhaltenen Teile ein neues Arrangement oder auch eine neue Psalteredition. Der Vollständigkeit halber sei erwähnt, dass dasselbe Phänomen von Kurz- und Langtext und unterschiedlichen Editionen auch in der parabiblischen (Henoch) und qumranischen Literatur (Gemeinschaftsregel, Kriegsregel) begegnet.

Man hat die drei Haupteditionen des Bibeltextes auf drei geographische Regionen verteilen wollen und den Samaritanus in Palästina, die Septuaginta in Ägypten und den masoretischen Text in Babylonien lokalisiert.[7] Doch die Verteilung ist zu schematisch und nicht einmal für die griechische Fassung außerhalb des Pentateuchs gesichert. Über das babylonische Judentum in vorchristlicher Zeit wissen wir so gut wie nichts, außer den spärlichen Nachrichten aus den Archiven von Muraschu und neuerdings Al Jahudu im südlichen Mesopotamien, in denen sich allerdings bisher keinerlei Hinweise auf biblische Manuskripte und die masoretische Tradition gefunden haben.

Die Theorie erfasst im Übrigen die vielen Fassungen nicht, die sich keiner der drei Editionen zuordnen lassen, in Qumran aber reichlich belegt sind, so dass man zumindest eine vierte Gruppe der bisher nur in Qumran nachgewiesenen, nichtklassifizierbaren Fassungen ergänzen müsste. Eine geographische Verteilung legt sich auch für sie nicht nahe. Stattdessen wäre danach zu fragen, welche Kreise zur Zeit der Gemeinschaft von Qumran und davor überhaupt die biblische Überlieferung in Ehren gehalten und in all ihrer Vielfalt gepflegt und weitergegeben haben, wie diese Kreise sich zu anderen in Samaria oder Juda in Palästina, Elephantine oder Leontopolis in Ägypten, Muraschu oder Al Jahudu in Babylonien verhalten, für die bisher keinerlei Berührung mit der biblischen und parabiblischen Überlieferung nachgewiesen ist, und wie sich die biblische Überlieferung im Land unter Samaritanern, Makkabäern und Hasmonäern, der Gemeinschaft von Qumran, in Alexandria, irgendwann auch einmal in Babylonien, Kleinasien und auf den griechischen Inseln ausgebreitet hat. Bei diesen Fragen, die noch kaum gestellt werden, stehen wir bisher vor großen Rätseln.

3. Pluralität und Autorität

Nimmt man alles zusammen, Fehler und Varianten, Über- und Unterschüsse, literarische Harmonisierungen, Kurz- und Langtext sowie alle weiteren Anzeichen für verschiedene Texteditionen, die sich noch im Fluss befinden, erscheint der Abstand zwischen den biblischen und außerbiblischen Handschriften nicht sehr groß. Hier wie dort herrscht eine große Pluralität, die von einer lebendigen, dynamischen und kreativen Überlieferung zeugt.

Es versteht sich, dass dieser Befund weitreichende Folgen für das Verständnis der biblischen Schriften selbst hat. Denn was wir in den Schriftrollen vom Toten Meer sehen, ist nur die Spitze eines Eisbergs. Unter der Oberfläche liegen die jahrhundertelange Vorgeschichte der biblischen Schriften und, wenn man an die parabiblischen und qumranischen Schriften denkt, eine geradezu explosionsartige Schriftproduktion in hellenistisch-römischer Zeit. Beides dürfte ähnlichen, wenn nicht denselben literarischen Gesetzen gefolgt sein, wie wir sie in den biblischen, parabiblischen und qumranischen Handschriften vom Toten Meer am Material beobachten können. Der Fund dieser Handschriften, der eine externe Evidenz für die Textüberlieferung und Textentstehung an die Hand gegeben hat, fordert zu einer weitergehenden kritischen Analyse der biblischen Schriften heraus und legt eine Differenzierung in mehrere text- und literargeschichtliche Schichten nahe, die den drei bis heute überlieferten und den in Qumran darüber hinaus bezeugten Editionen vorausgingen.

Die Pluralität erscheint auf den ersten Blick verwirrend und löst bei manchen vielleicht sogar ein gewisses Unbehagen aus. Sie verträgt sich nicht ohne weiteres mit dem, was wir gewöhnlich unter der Bibel, einem verbindlichen Kanon heiliger Schriften oder der «Heiligen Schrift» verstehen. Insbesondere vom Standpunkt der drei Glaubensgemeinschaften aus, in denen die drei Editionen der masoretischen Bibel, des samaritanischen Pentateuchs und der Septuaginta überliefert und als heilige Schriften angesehen werden, stellt sich die Frage, welcher Text nun eigentlich gilt. Hat es demnach in alter Zeit keinen verbindlichen Bibeltext gegeben? Wie steht es mit der Autorität der «Heiligen Schrift», des «Wortes Gottes», wenn die Fassung, die in unseren heutigen Bibeln steht, nur eine unter vielen gewesen ist und in alter Zeit scheinbar beliebig modifiziert, ergänzt, gekürzt oder umgeschrieben werden konnte? Handelt es sich bei den biblischen Handschriften vom Toten Meer überhaupt um Handschriften «der Bibel» oder nicht eher um parabiblische Erzeugnisse, die wie die Apokryphen und Pseudepigraphen oder die Schriften der Gemeinschaft von Qumran die Bibel benutzen und auslegen, aber selbst nicht wirklich «Heilige Schrift» und «Wort Gottes» sind?

Die Frage ist verständlich, trägt allerdings ein Bibelverständnis in die alte Zeit ein, das es so noch nicht gab, jedenfalls nicht für die Texte, mit denen wir es hier zu tun haben. Wir lernen aus den Schriftrollen im Gegenteil, dass die biblischen – ebenso wie die parabiblischen und qumranischen Texte – Schriften im Werden sind und dass das Werden ein dynamischer, produktiver Auslegungsprozess war. Textüberlieferung und Textentstehung gehen dabei Hand in Hand, die Grenzen sind fließend.[8]

Des Weiteren lernen wir aus dem Befund von Qumran, dass dieser Prozess und das Ineinander von Textüberlieferung und -entstehung nicht erst zur Zeit von Qumran, sondern schon viel früher im Laufe der Entstehung der biblischen Schriften begann und die parabiblischen wie auch – auf ihre Weise – die qumranischen Schriften nur fortsetzten, was in den biblischen Schriften schon längst im Gange war. Was wir in den biblischen Handschriften und in noch viel stärkerem Maße in den parabiblischen und qumranischen Schriften beobachten, ist somit nichts Außergewöhnliches, sondern typisch für «die Bibel» und ein «biblisches» Buch in «biblischer» Zeit.

Gegen diese Interpretation des handschriftlichen Befunds von Qumran könnte man einwenden, dass es vielleicht noch keinen biblischen Kanon im strikten Sinne des Wortes gab, aber doch ein gewisses Kanonbewusstsein. So fällt auf, dass in den Schriften der Gemeinschaft von Qumran, aber auch schon in den parabiblischen Schriften, die von der Gemeinschaft tradiert wurden, fast ausschließlich solche Bücher mit der Formel «Wie geschrieben steht» oder «Wie Gott durch den Propheten Jesaja gesagt hat» usw. zitiert werden, die später in den biblischen Kanon aufgenommen wurden.

In dieselbe Richtung weist auch eine interessante Stelle in dem Lehrschreiben «Von den Werken der Tora», an der der anonyme Verfasser die Beweggründe für sein Schreiben darlegt. Er habe sich, so erklärt er, an seinen uns ebenfalls unbekannten Adressaten gewandt, «damit du Einsicht gewinnst in das Buch des Mose und in die Bücher der Propheten (und des David)» (4Q397–398). «Mose und die Propheten» bezeichnen zweifellos die beiden ersten Teile des späteren hebräischen Kanons, Tora und Nebiim. «David» steht, wenn man den unsicheren Text so ergänzen darf, für den Psalter, womit sogar das Kernstück des dritten Kanonteils «Schriften»,

Ketubim, genannt wäre. Also doch: die Bibel, der dreigeteilte Kanon oder wenigstens ein Kanonbewusstsein in Qumran?

Dass die Schriften von «Mose und den Propheten» und vielleicht auch von «David», in die der Adressat «Einsicht gewinnen» soll, für die Gemeinschaft von Qumran eine besondere Autorität besaßen, steht außer Frage, wie aus der angeführten Stelle und den vielen Schriftzitaten in dem Lehrschreiben «Von den Werken der Tora» und anderen Schriften von Qumran eindeutig hervorgeht.[9] Doch die Autorität dieser Schriften schließt die Pluralität der Überlieferung und die Autorität oder wenigstens den Anspruch der Autorität anderer Schriften keineswegs aus. Auch dafür gibt es eindeutige Indizien.

Das Jubiläenbuch, das in der Damaskusschrift zitiert wird, gibt die Geschichte von der Schöpfung der Welt bis zur Offenbarung des Gesetzes am Berg Sinai wieder, diktiert von einem Engel. Eine höhere Autorität lässt sich kaum denken. Auch die Tempelrolle überliefert in direkter Rede die Worte Gottes auf dem Berg Sinai, die Mose im Buch Deuteronomium in eigenen Worten an das Volk weitergibt. Die Gemeinschaftsregel von Qumran stellt ihre Vorschriften unter die Überschrift «Dies sind die Gesetze», womit auch die göttlichen Gesetze in Exodus 21,1 eingeleitet werden (1QS VI,24). Die Kommentare über die Propheten und die Psalmen Davids, die Pescharim, rekurrieren auf eine spezielle Offenbarung, in der Gott dem «Lehrer der Gerechtigkeit» mitgeteilt habe, auf wen und auf wann sich die Worte der Propheten beziehen (1QpHab II und VII). Die «Lieder zum Brandopfer am Sabbat» beschreiben den himmlischen Gottesdienst der Engel. In den Lobliedern dankt der Beter dafür, dass Gott ihm die Ohren geöffnet und Einsicht in seine Geheimnisse gewährt hat (1QH[a] XIX,19–20 [XI,16–17]). Kosmologische und anthropologische Traktate wie die sogenannte Zwei-Geister-Lehre in der Gemeinschaftsregel (1QS III–IV) oder die «Lehre für den Verständigen» *(Musar Le-Mevin)* führen die «Geheimnisse» und «verborgenen Dinge» weiter aus.

So könnte man immer weiter fortfahren. Die angeführten Beispiele machen deutlich, dass die parabiblischen und qumranischen Schriften nicht weniger Autorität für sich beanspruchen als «Mose und den Propheten» zugestanden wird. Das Verhältnis ist offenbar wechselseitig. Die parabiblischen und qumranischen Schriften beziehen ihre Autorität von der biblischen Überlieferung, die sie reformulieren, zitieren oder auslegen, und schreiben ihr gerade dadurch eine besondere Autorität zu. Die Autorität der biblischen Überlieferung wächst in dem Maße, in dem sich die außerbiblischen Schriften auf sie beziehen. Umgekehrt erhalten auf diese Weise auch die außerbiblischen Schriften eine Autorität, die derjenigen der biblischen Schriften in nichts nachsteht.

Wenn man möchte, kann man dies «Kanonbewusstsein» nennen, nur handelt es sich dabei noch nicht um das, was wir unter einem Kanon, der Bibel oder der «Heiligen Schrift» verstehen. Die Selektion und Fixierung einer einzigen Textfassung als der allein verbindlichen «heiligen Schrift» ist ein längerer Prozess und das Ergebnis der späteren jüdischen und christlichen Tradition, die eigens dafür eine Inspirationslehre formuliert und daraus ein Dogma gemacht hat. Der Prozess der Kanonbildung hat sicher auch etwas mit innerreligiösen Streitigkeiten und machtpolitischen Interessen zu tun, entspringt aber vor allem dem wachsenden, verständlichen Bedürfnis nach Klarheit und Abgrenzung der eigenen Position nach innen und außen. Die Kanonbildung und der Kanon selbst, sei es die Hebräische Bibel, der samaritanische Pentateuch oder die christliche Bibel bestehend aus Altem und Neuem Testament, sind in erster Linie ein Identitätsdiskurs, wie wir heute vielleicht sagen würden. Wie jeder Identitätsdiskurs kann auch der Kanon der «Heiligen Schrift» instrumentalisiert und zu religiösen oder politischen Zwecken missbraucht werden. Das ist immer dann der Fall, wenn nur noch der Buchstabe zählt und nicht mehr der Geist.

V. «Dies ist die Ordnung»
Die Statuten der Gemeinschaft

1. Das griechische Vereinswesen

Der Übergang von der persischen zur hellenistischen Epoche an der Wende vom vierten zum dritten Jahrhundert v. Chr. bedeutete für das antike Judentum ebenso wie für alle anderen Kulturen in Syrien, Mesopotamien und Ägypten eine unbeschreibliche Herausforderung, die große Chancen, aber auch große Gefahren in sich barg.[1] Mit den griechischen Herrscherhäusern in Syrien und Mesopotamien, den Seleukiden, und in Ägypten, den Ptolemäern, kamen Soldaten und ihre Familien sowie andere griechische Kolonisten in den Vorderen Orient, die ihre Kultur, ihre Religion, ihre sozialen und politischen Ordnungen, ihre Werte und ihren Lebensstil mitbrachten. Schon bald fand eine Durchmischung mit der einheimischen Bevölkerung statt, die für beide Seiten neue soziale, wirtschaftliche und politische Aufstiegsmöglichkeiten eröffnete und neue Bildungshorizonte erschloss. Beide Seiten sahen sich aber auch vor das Problem gestellt, ihre angestammte, eigene Identität zu wahren und sich in der neuen Situation zurechtzufinden.

In diesem Prozess waren insbesondere die Eliten wie Priester und Schreiber gefragt, die das Wissen, aber auch die nötige soziale Stellung und den politischen Einfluss hatten, um die neue Situation richtig einzuordnen und in geeigneter Weise auf sie zu reagieren. In Juda waren es insbesondere die hohepriesterliche Familie der Oniaden und die mit ihr verschwägerte Familie der Tobiaden, die es bestens verstanden, sich auf die neuen Verhältnisse und wechselnden Herrscher einzustellen – die Ptolemäer im dritten, die Seleukiden im zweiten und ersten Jahrhundert und ab 63 v. Chr. die Römer. Sie vermittelten zwischen ihnen und der eigenen Bevölkerung, wahrten dabei ihre ethnische, jüdische Identität, was auch immer man darunter zu verstehen hat, und zogen gleichzeitig ihren persönlichen Nutzen aus ihrer Stellung.

Neben den Eliten und ihrer – je nach politischer Konstellation – schwankenden Vermittlungspolitik gewann aber auch der Bereich des Privatlebens mehr und mehr an Bedeutung für die eigene Identität. In ihm suchten die verschiedenen ethnischen und sozialen Gruppen Orientierung und besannen sich dazu entweder verstärkt auf die eigenen Traditionen oder pflegten den Austausch zwischen den verschiedenen Bevölkerungsschichten und Kulturen. Eine wichtige Funktion kam dabei Privatvereinen zu, die – außer in Griechenland selbst – vor allem im ptolemäischen Ägypten, aber auch in Kleinasien, auf den griechischen Inseln und vermutlich auch in Palästina entstanden.[2]

Die privaten Vereine dienten verschiedenen Zwecken. Die meisten waren einer Gottheit gewidmet, andere dem Andenken an ein verstorbenes Familienoberhaupt oder auch der Pflege einer ethnischen Gemeinschaft. Auch philosophische Schulen organisierten sich in solchen Vereinen oder Freundeskreisen. In der Regel handelte es sich um städtische, lokal begrenzte Gründungen ohne überregionale Strukturen. Sie gaben sich ihre Statuten selbst, wobei die städtischen Ordnungen vielfach das Vorbild abgaben. Die Vereine dienten nicht der Errichtung einer Parallelgesellschaft oder gar Gegenkultur, sondern im Gegenteil der Förderung des städtischen Gemeinwesens sowie der Integration von Zuwanderern in das Gemeinwesen.

Manches spricht dafür, dass die Gemeinschaft von Qumran, die sich selbst «Rat der Gemeinschaft», «Versammlung der Gemeinschaft», «Bund» oder kurz «die Gemeinschaft» *(ha-jachad)* nannte und auf freiwilliger Mitgliedschaft basierte, aus dem griechischen Vereinswesen hervorgegangen ist oder, richtiger gesagt, in Anlehnung daran organisiert war. Denn die Gemeinschaft von Qumran hatte zwar vieles mit den griechischen Vereinen gemeinsam, doch war die Ausrichtung eine komplett andere. In ihr fanden sich Angehörige der Eliten (Priester und Schriftgelehrte) mit Menschen aus anderen sozialen Schichten zusammen, die sich von der großen Politik der Weltmächte und den einheimischen politischen, religiösen und wirtschaftlichen Führungskreisen innerlich, mehr und mehr auch äußerlich distanzierten und ihre Identität und Orientierung ausschließlich in der biblischen Überlieferung und dem aus ihr abgeleiteten Selbstverständnis als «Israel» fanden. Der Zweck der Vereinigung, die sich aus dem gemeinsamen Privatvermögen finanzierte und interne Solidarität praktizierte, bestand in der Etablierung einer biblisch fundierten und eschatologisch ausgerichteten Gegenwelt zur Realität des Hellenismus und der mit ihm verschmelzenden judäischen und samarischen Kultur. Das Gemeinwesen, für das man arbeitete, war nicht die politische Einheit der Provinz, die Kultgemeinschaft des Tempels oder die herrschende Klasse in Juda und Samaria, es war auch nicht eine jüdische Kolonie in der Diaspora, sondern das biblische «Israel» und das Reich Gottes.

2. Männer der Tora

Die privaten Vereine gaben sich selbst Statuten, die in manchen Fällen auch ethische Anweisungen zur Lebensführung umfassten. Solche Statuten sind uns für die Gemeinschaft von Qumran vor allem in zwei Werken überliefert: der Gemeinschaftsregel *(Serekh Ha-Jachad)* und der Damaskusschrift.[3] Die ältere der beiden Ordnungen ist die Gemeinschaftsregel, die ihrerseits verschiedene ältere Traditionen enthält und diverse literarische Wachstumsstufen durchlaufen hat.[4] Einige dieser Wachstumsstufen kann man in den erhaltenen Handschriften aus der Höhle 4 (4Q255–264) nachvollziehen, die verschiedene, voneinander abweichende Fassungen desselben Werkes dokumentieren (siehe Tafeln 4 und 5). Den Anfang des Werkes bildete ursprünglich der Text in Kolumne V der Handschrift 1QS und lautet in der älteren Textfassung der Handschriften 4Q256 und 4Q258:

> Belehrung eines Einsichtigen über die Männer der Tora, die sich freiwillig hingeben, umzukehren von allem Bösen und festzuhalten an allem, was Er (Gott) geboten hat, sich von der Versammlung der Männer des Frevels zu trennen und eine Gemeinschaft zu bilden in der Tora und im Besitz, und die

> der Weisung der Vielen Folge leisten in jeder Angelegenheit von Tora und Besitz, um Demut zu üben sowie Gerechtigkeit und Recht, gütige Liebe und demütigen Wandel auf allen ihren Wegen. (4Q256 5,1–4 [DJD XXVI 4Q256 IX 4,1–4] und 4Q258 1 i,1–3 [DJD XXVI 4Q258 I 1a i,1–3])

Die Überschrift ist nicht ganz leicht zu verstehen. «Belehrung eines Einsichtigen» ist nur eine von mehreren Übersetzungsmöglichkeiten des hebräischen Ausdrucks *midrasch le-maskil*. Das Wort *midrasch* hat ein weites Bedeutungsspektrum und kann Erklärung, Auslegung, Studium oder Lehre bedeuten; *maskil* kann ein Einsichtiger sein, aber auch einer, der Einsicht vermittelt, also ein Lehrer oder «Unterweiser»; die Belehrung kann der grammatischen Form nach «für ihn» bestimmt sein oder von ihm selbst stammen. Vermutlich ist an einen Eingeweihten gedacht, der eine besondere Stellung, vielleicht auch ein Führungsamt in der Gemeinschaft innehatte und hier entweder selbst instruiert wird oder seine Instruktionen weitergibt. «Männer der Tora» bezeichnet die Mitglieder der Gemeinschaft, die sich dem mosaischen Gesetz verschrieben haben. Der Titel kündigt also Instruktionen über die Gemeinschaft von Qumran an. Die Handschrift 1QS, die eine jüngere Fassung des Werkes repräsentiert, verdeutlicht, worum es geht: «Dies ist die Ordnung der Männer der Gemeinschaft, die ...»

Der Jachad, wie die Gemeinschaft auf Hebräisch heißt, verstand sich selbst als eine Umkehrbewegung, die sich von anderen Teilen der Bevölkerung abwandte. Es ist nicht leicht zu sagen, wer mit der abschätzigen Bezeichnung der Gegner als «Versammlung der Männer des Frevels» konkret gemeint war. Es handelt sich entweder um andere Vereine, z. B. hellenistische Kultvereine, oder auch die – teilweise auch in solchen Vereinen aktive – eigene, judäische Bevölkerung. In Frage kommen auch die einheimischen Eliten am Tempel und in der Provinzverwaltung, die einer anderen als der von der Gemeinschaft propagierten Lehre folgten. Für den Jachad sind zwei Dinge konstitutiv: «die Tora», das heißt das mosaische Gesetz in den fünf Büchern Mose, als verbindliche göttliche Lehre, und «der

Besitz», das meint persönliches und gemeinsames Vermögen, das in einer Art Gütergemeinschaft verwaltet wurde, wie sie auch unter den frühen Christen praktiziert worden zu sein scheint (Apg 4,32–37). Als Richtschnur der Lebensführung galt die «Weisung der Vielen», womit entweder der Wille aller Mitglieder oder die Führung durch ein kollektives Entscheidungsgremium gemeint ist.

Mit der Tora knüpft der Jachad an die biblische Überlieferung an. Er stellt sich selbst in die Tradition des biblischen «Israel» und betrachtet sich als eine von zwei Parteien in einer Auseinandersetzung innerhalb des eigenen Volkes, von der bereits die biblische Tradition in relativ späten Partien der Hebräischen Bibel – vor allem in den Propheten, den Psalmen und den Weisheitsschriften (Sprüche, Hiob, Kohelet) – zeugt. Es sind die Parteien der Gerechten und der Frevler, derer, die das Gesetz des Mose, die Tora, halten, und derer, die es – sei es tatsächlich, sei es aufgrund einer anderen, von «den Gerechten» abgelehnten Auslegung – ignorieren oder sogar verachten. Kurz und einprägsam ist dieser Gegensatz im ersten der biblischen Psalmen formuliert, auf den in der ältesten Fassung der Gemeinschaftsregel auch angespielt wird:

> Wohl dem, der nicht wandelt im Rat der Frevler noch tritt auf den Weg der Sünder noch sitzt, wo die Spötter sitzen, sondern seine Lust hat am Gesetz JHWHs und über seine Tora sinnt Tag und Nacht. (Ps 1,1–2; vgl. Jos 1,8 sowie 1QS VI,6–7)

Auch in Psalm 1 ist von bestimmten Organisationsformen der beiden widerstreitenden Parteien die Rede, die an die Gemeinschaftsregel und das griechische Vereinswesen erinnern: dem «Rat der Frevler» und der «Versammlung der Gerechten», sowie von dem «Weg», dem unterschiedlichen Lebenswandel, der die beiden Gruppen unterscheidet und von denen nach Auffassung des Psalms der eine zum Heil, der andere ins Verderben führt.

Der Gerechte wird in Psalm 1 mit einem Baum verglichen, der an einem wasserführenden Kanal gepflanzt ist und Früchte trägt (vgl.

Jer 17,8). Damit sind die guten Werke gemeint, die zum «Weg» der Gerechten gehören und auch in dem oben zitierten Programm der Gemeinschaft von Qumran nicht fehlen: «um Demut zu üben sowie Gerechtigkeit und Recht, gütige Liebe und demütigen Wandel auf allen ihren Wegen.» Die Formulierung spielt auf ein Wort aus dem Buch des Propheten Micha an: «Es ist dir gesagt, Mensch, was gut ist und was der Herr von dir fordert, nämlich Gottes Wort halten und Liebe üben und demütig sein vor deinem Gott.» (Mi 6,8) Zur Bibel der Gerechten, die gelegentlich selbst die «Demütigen» oder «Armen» und «Elenden» heißen, gehörte demnach nicht nur die Tora, sondern gehörten auch die Bücher der Propheten. Ihnen entnahm man das soziale Ethos, das sich im Umgang mit dem «Besitz» oder «Mammon» äußert, wie es an anderer Stelle in der Gemeinschaftsregel und später im Neuen Testament heißt. Der «Besitz» ist die zweite Säule des Jachad, der neben der Tora allen Mitgliedern der Gemeinschaft zugutekommen soll. Die guten Werke gelten dem «Nächsten», doch nicht jedermann, sondern in erster Linie dem «Nächsten» innerhalb der eigenen Gemeinschaft. Ob die von Josephus für die Essener seiner Zeit beschriebene Unterstüzung von Bedürftigen außerhalb der Gemeinschaft auch für die Gemeinschaft von Qumran zutrifft, wissen wir nicht.

Der Gegensatz zwischen Gerechten und Frevlern in Psalm 1 ist mehr oder weniger identisch mit dem Gegensatz zwischen den «Männern der Tora» und den «Männern des Frevels» in der Gemeinschaftsregel. Der historische Hintergrund des Konflikts sind soziale, politische und religiöse Verwerfungen innerhalb der jüdischen Bevölkerung, die in Folge der Umwälzungen im Übergang von der persischen zur hellenistischen Zeit aufkamen. Ein entscheidender Faktor war die Steuerpolitik, die unter ptolemäischer Herrschaft intensiviert und perfektioniert wurde. Während einige wenige einheimische Familien wie die Oniaden und Tobiaden davon profitierten, wurden andere an den Rand der Gesellschaft gedrängt. Auch wenn wir keine direkten Belege dafür haben, scheint es so, als habe sich unter diesen Verhältnissen im Laufe des dritten, spätestens Anfang des zweitens Jahrhunderts v. Chr. die Gemeinschaft von Qumran, der Jachad, als Auffangbecken für die Verlierer dieser Entwicklung gebildet.

Die Gründung des Jachad hat zur Voraussetzung, dass unter den geschilderten Umständen – jedenfalls in manchen Kreisen – auch die Tora des Mose, die Propheten und die übrigen biblischen Schriften an Verbreitung und Bedeutung gewonnen haben. Das war keineswegs selbstverständlich. Ob die Reformen des Esra, der um die Mitte des fünften Jahrhunderts v. Chr. das Gesetz des Mose in Juda (wieder) eingeführt und das Volk darauf verpflichtet haben soll (Esra 7–10, Nehemia 8), tatsächlich durchgeführt wurden und nicht nur eine programmatische literarische Fiktion sind, ist unsicher. Jedenfalls scheinen sie, sofern sie historisch sind, nicht nachhaltig gewesen zu sein. Die anhaltende Polemik der Bibel, nicht zuletzt der darin geschilderte Konflikt zwischen Gerechten und Frevlern, aber auch inschriftliche Zeugnisse, wie die Dokumente jüdischer Siedlungen in Babylonien (Al Jahudu) und Ägypten (Elephantine), lassen darauf schließen, dass in persischer und frühhellenistischer Zeit die Tora des Mose für weite Teile des jüdischen Volkes keine große Rolle spielte, sei es, dass sie nicht beachtet wurde, sei es, dass sie nicht bekannt war.[5]

Wie es in Palästina, am judäischen Tempel in Jerusalem oder am samarischen Heiligtum auf dem Berg Garizim, zur gleichen Zeit aussah, wissen wir nicht.[6] Um die Wende vom dritten zum zweiten Jahrhundert v. Chr. scheint die Tora jedoch auch hier immer noch nicht zum Allgemeinwissen gehört zu haben. Aus diesem Grund schrieb der Schriftgelehrte (Simon bzw. Jesus) Ben Sira das nach ihm benannte Sirachbuch, das für die biblischen Lehren und ihr Studium wirbt und im «Lob der Väter» (Sirach 44–49) eine kurze Zusammenfassung der biblischen Geschichte gibt. Um 100 v. Chr. wurde das Buch von seinem Enkel ins Griechische übersetzt, um die biblischen Schriften und Lehren auch unter dem griechischsprachigen, hellenisierten Judentum bekannt zu machen.

Im Jachad haben sich diejenigen zusammengefunden, die mit der

Tora und den übrigen biblischen Schriften in Berührung gekommen sind und sie zur Basis ihres Lebenswandels gemacht haben. Daneben hat es sicher auch andere Gruppen gegeben, die sich, wie die «Frommen» (Asidäer) zur Zeit der makkabäischen Revolte gegen Antiochos IV. oder die Essener, in ähnlicher Weise als Verein oder Gesinnungs- und Lebensgemeinschaft organisiert haben. In den Texten vom Toten Meer erfahren wir zum ersten Mal aus erster Hand, wie eine solche Organisationsform aussah.

3. Der Rat

Die älteste Ordnung des Jachad ist in den Kolumnen V–VII der Gemeinschaftsregel 1QS (und Parallelen in 4Q255–264) enthalten (siehe Tafeln 4 und 5). An den letzten Satz der oben zitierten Einleitung aus Kolumne V, «und demütigen Wandel auf allen ihren Wegen», schloss ursprünglich vermutlich einmal der Übergang zu den Regeln an:

> In diesen (den im Folgenden beschriebenen Wegen) sollen sie wandeln an allen ihren Niederlassungen, wo auch immer sich ein jeder mit seinem Nächsten befindet. Der Geringere soll dem Höheren gehorsam sein in Bezug auf Arbeit und Vermögen (Mammon). Gemeinschaftlich sollen sie essen, gemeinschaftlich den Segen (Lobpreis) sprechen und gemeinschaftlich beraten. (1QS VI,1b–3a)

Der Jachad war demnach nicht ortsgebunden. Er war weder ein Kloster noch eine feste Kolonie von Eremiten, die sich «in der Wüste» in der Siedlung Ḥirbet Qumran angesiedelt haben. Der Jachad war vielmehr eine Art Dachorganisation, der mehrere lokale Gruppen «an allen ihren Niederlassungen» unter sich vereinigte. Eine lokale Gruppe bestand aus mindestens zehn Mitgliedern, «Männern vom Rat der Gemeinschaft». Die Bestimmung erinnert an die spätere rabbinische Vorschrift für einen Minjan, die Versammlung von mindestens zehn mündigen jüdischen Männern, die nötig ist, um einen Gottesdienst abzuhalten. Da nur von «Männern der Gemeinschaft» die Rede ist, hat man gemeint, der Jachad habe das Ideal der Ehelosigkeit praktiziert, so, wie es Plinius und Josephus für die Gruppe der Essener berichten. Doch davon ist in den Texten selbst nirgends die Rede. Es dürfte sich bei den lokalen Gruppen anfänglich tatsächlich um Männervereine gehandelt haben, was aber keineswegs ausschließt, dass die Männer verheiratet waren und Familien hatten. Jüngere Ordnungen wie 1QSa und die Damaskusschrift schließen Frauen und Kinder ausdrücklich mit ein.

Innerhalb der lokalen Gruppen herrschte eine strenge Rangordnung. Von den zehn Männern musste einer ein Priester sein, der den Vorrang vor allen anderen hatte. Bei den regelmäßigen gemeinsamen Mahlzeiten streckte er als Erster die Hand zum Segen aus. Neben dem Priester musste auch wenigstens ein Schriftkundiger anwesend sein, «der Tag und Nacht die Tora erforscht». Danach kamen die übrigen Mitglieder, die «Vielen». Auch sie waren berechtigt und aufgefordert, die Tora zu erforschen und den Segen bzw. den Lobpreis zu sprechen. Doch auch unter ihnen galt eine strenge Hierarchie, wer in welcher Reihenfolge in den Versammlungen das Wort ergreifen durfte.

> Und an jedem Ort, wo zehn Männer vom Rat der Gemeinschaft sind, darf unter ihnen kein Priester fehlen. Und sie sollen ein jeder seiner Rangstufe entsprechend vor ihm sitzen, und so sollen sie in jeder Angelegenheit um ihren Rat gefragt werden. Und wenn sie den Tisch zubereiten, um zu essen, oder den Most, um zu trinken, soll zuerst der Priester seine Hand ausstrecken, um den Segen zu sprechen über dem Erstling des Brotes und des Mosts. Und an dem Ort, an dem zehn (Männer) sind, soll nicht einer fehlen, der die Tora erforscht Tag und Nacht, fortwährend, ‹einer nach dem anderen›. Und die Vielen sollen den dritten Teil aller Nächte des Jahres gemeinsam wachen, um im Buch zu lesen und Recht zu suchen und gemeinsam den Segen zu sprechen. (1QS VI,3b–8a)[7]

An der Spitze der «Vielen» wiederum stand ein «Aufseher». Für ihn werden in der Gemeinschaftsregel verschiedene hebräische Ausdrücke verwendet *(mebaqqer, paqid)*, so dass nicht ganz deutlich ist, ob es sich um ein und dasselbe oder mehrere Ämter handelt. Die Aufgabe eines «Aufsehers» bestand darin, die Geschäfte des Jachad zu führen, als Schatzmeister das gemeinsame Vermögen zu verwalten, die Aufnahme neuer Mitglieder zu überwachen, die Versammlungen zu leiten und auf die Einhaltung der Statuten zu achten.

Des Weiteren ergab sich die Rangfolge durch den Status eines Mitglieds, das ein mehrstufiges Aufnahmeverfahren zu durchlaufen hatte. Wer dem Jachad beitreten wollte, musste sich zunächst einer Eingangsprüfung «hinsichtlich seiner Einsicht und seiner Werke (in der Tora)» durch den «Aufseher» unterziehen. In einer Probezeit sollte der Kandidat Umkehr üben, sich von allem Bösen abwenden und die Statuten der Gemeinschaft kennenlernen. Bewährte er sich, durfte er sich, nach Befragung durch die «Vielen» und einem Losentscheid, der Gemeinschaft nähern, jedoch noch nicht an der «Reinheit» (den Mahlzeiten) und dem Besitz der Gemeinschaft teilhaben. Nach Vollendung eines Jahres und erneuter Prüfung durch die «Vielen» sollte er der Gemeinschaft seinen Besitz übereignen, der ihm gutgeschrieben und noch nicht für die Gemeinschaft verausgabt werden durfte. Auch durfte der Kandidat den «Trank der Gemeinschaft» noch nicht berühren. Nach Ablauf eines zweiten Jahres wurde er erneut geprüft und, wenn «das Los» (die Entscheidung) zu seinen Gunsten ausfiel, «in die Ordnung seines Ranges eingeschrieben», das heißt als Vollmitglied aufgenommen.

Die Zusammenkünfte der lokalen Gruppen des Jachad bestanden aus gemeinsamen Mahlzeiten, Gottesdiensten und Versammlungen, in denen gemeinsam die Tora studiert, Recht gesprochen und alle anderen Angelegenheiten des Jachad verhandelt und entschieden wurden. Die Rechtsprechung basierte auf der Tora des Mose und leitete daraus direkt oder indirekt die Richtlinien für die aktuellen Belange der Mitglieder ab. So ist in der Gemeinschaftsregel eine Liste von Tatbeständen und Strafen, in der Forschung «Penal Code» genannt, überliefert, der sich als Fortsetzung der biblischen Gesetzgebung vom Sinai versteht und in Anlehnung an eine Überschrift im sogenannten Bundesbuch (Ex 21,1) eingeleitet wird mit «Dies sind die Rechtssätze, nach denen sie in gemeinschaftlicher Untersuchung den Fällen entsprechend richten sollen» (1QS VI,24–VII,25).[8]

Die hier aufgeführten Fälle behandeln drei Kategorien von Vergehen: Fehlverhalten im Umgang der Mitglieder untereinander, Verletzung der Anstandsregeln bei den Versammlungen und Vergehen gegenüber der Gemeinschaft als Ganzer. Die erste Kategorie umfasst absichtliche oder versehentliche Falschaussagen und betrügerisches Verhalten in Bezug auf den Besitz, gegenüber dem Nächsten und dem Priester, sowie den Missbrauch des Gottesnamens beim Fluchen.

> Wenn unter ihnen einer gefunden wird, der falsche Angaben macht bezüglich des Besitzes wider sein Wissen, so soll man ihn aus der Reinheit der Vielen auf ein Jahr ausschließen, und er soll mit (dem Entzug von) einem Viertel seiner Essensration bestraft werden. Und wer seinem Nächsten in Halsstarrigkeit antwortet oder im Jähzorn spricht, so dass er die Grundlage seiner Genossenschaft zerbricht, indem er der Weisung seines Nächsten widerstrebt, der vor ihm eingeschrieben ist, der hat sich mit eigener Hand geholfen. Er soll für ein Jahr [mit Ausschluss] bestraft werden. (1QS VI, 24–27 usw.)

Die zweite Kategorie handelt von der «Sitzung der Vielen» und erinnert an die Tischsitten, die in den ägyptischen und biblischen Weisheitslehren sowie im Buch des Ben Sira empfohlen werden. Jemandem ins Wort fallen, einschlafen, sich unerlaubt entfernen, ausspucken, die Blöße zeigen, laut lachen und mit der Hand herumfuchteln gelten als Vergehen, die mit befristetem Ausschluss und Essensentzug bestraft werden.

> Und für denjenigen, der mitten in die Worte seines Nächsten hineinredet, zehn Tage. Und wer sich während der Sitzung der Vielen hinlegt und schläft, dreißig Tage; ebenso für den, der sich während der Sitzung der Vielen ohne Genehmigung entfernt. Und wer bis zu dreimal während einer Sitzung einschlummert, der soll mit zehn Tagen bestraft werden; und wenn sie stehen, und er entfernt sich, so soll er mit dreißig Tagen bestraft werden. (1QS VII,9–12 usw.)

Die dritte Kategorie betrifft den Jachad als Ganzen und Mitglieder, die sich gegen die «Vielen» auflehnen oder von den Lehren abtrünnig werden.

> Und wer seinen Nächsten verleumderisch hintergeht, den soll man auf ein Jahr ausschließen von der Reinheit der Vielen, und er soll bestraft werden. Und wer die Vielen verleumderisch hintergeht, den soll man von ihnen fortschicken, und er darf nicht zurückkehren. Und wer gegen die Grundlage der Gemeinschaft *(ha-jachad)* murrt, den soll man fortschicken, und er darf nicht zurückkehren. (1QS VII,15–17 usw.)

Die Strafen richten sich nach der Schwere des Vergehens und reichen von der Reduktion der Essensrationen über den zeitlich begrenzten Ausschluss von den Mahlzeiten oder der Gemeinschaft bis hin zum Verlust der Mitgliedschaft. Am schwersten wiegen die Vergehen gegen die «Grundlage der Gemeinschaft». Die Abtrünnigen müssen entweder das Aufnahmeverfahren noch einmal durchlaufen oder werden, sofern sie mehr als zehn Jahre der Gemeinschaft angehörten, ebenso wie solche, die mit ihnen weiter Umgang pflegen, endgültig ausgeschlossen. Bei leichteren Verstößen gegen die Statuten ist in den Handschriften die Tendenz zu beobachten, das Strafmaß zu erhöhen.

Dass die Statuten tatsächlich angewendet wurden, geht aus einer leider nur sehr fragmentarisch überlieferten Liste aus Höhle 4 hervor (4Q477). In ihr sind Personen namentlich aufgeführt, die aufgrund irgendeines Fehlverhaltens «zurechtgewiesen» wurden. Unter den Vergehen finden sich solche, die dem Strafkatalog von 1QS recht ähnlich sind, etwa Ungeduld und Eitelkeit, Störung des Gemeinschaftssinnes, Inzest oder der Hang zum «guten», angenehmen Leben.

Von dem Besitz der Gemeinschaft zeugt vielleicht die Kupferrolle aus Höhle 3 (3Q15). Es handelt sich dabei um ein Verzeichnis von Verstecken, an denen große Schätze verborgen sein sollen, mit Hinweis auf eine anderswo deponierte Zweitschrift.[9] Die in vielerlei Hinsicht exzeptionelle Rolle hat in der Forschung wie in der Öffentlichkeit große Erwartungen geweckt, aber auch enttäuscht, da bisher niemand zu sagen weiß, was es mit dieser ausnahmsweise in Metall gestanzten Liste auf sich hat und ob es sich um ein urkundliches oder literarisches Dokument handelt.

4. Der Bund

Die lokalen Gruppen des Jachad waren offenbar mehr oder weniger autonom. Ob und in welcher Weise sie auch überregional organisiert waren, wissen wir nicht. Doch muss es eine Kommunikation zwischen den lokalen Gruppen und vermutlich auch ein zentrales Führungsgremium oder gewisse Führungsfiguren gegeben haben, die für den Zusammenhalt sowie die Einheit der Lehren und der Rechtsprechung sorgten. Darüber scheint es – wie bei den frühen Christen – innerhalb der Gemeinschaft auch zu Auseinandersetzungen gekommen zu sein, wie sich Andeutungen in der Damaskusschrift und den Pescharim entnehmen lässt. Am ehesten waren die Schriftgelehrten, die «Tag und Nacht die Tora erforschten», in der Lage, sich als Schulhäupter zu etablieren und eine die lokalen Gruppen übergreifende Bedeutung zu erlangen. Jedenfalls sehen wir in den beiden wichtigsten Dokumenten zur Organisation, der Gemeinschaftsregel und der Damaskusschrift, und anderen Schriften der Gemeinschaft, dass sowohl die Strukturen der Organisation als auch die Lehren und die Rechtsprechung fortgeschrieben und verändert wurden, ohne dass der Zusammenhang mit den Anfängen und älteren Stadien der Überlieferung verloren gegangen wäre. Trotz der Abweichungen zwischen den Handschriften, insbesondere der Gemeinschaftsregel, ist die Textüberlieferung erstaunlich stabil. Diese Entwicklung ist ohne den Kontakt zwischen den lokalen Gruppen und irgendwelche übergreifenden Autoritäten kaum denkbar.

Die Fortschreibung der älteren Ordnung lässt sich mit Händen greifen, wenn man den Kurztext der Gemeinschaftsregel in den Handschriften aus Höhle 4 mit der jüngeren Langfassung in 1QS vergleicht, die eine Fülle von Zusätzen aufweist. Hieß es ursprünglich, dass die Mitglieder der «Weisung der Vielen in jeder Angelegenheit von Tora und Besitz» folgen, heißt es nun (Zusätze kursiv):

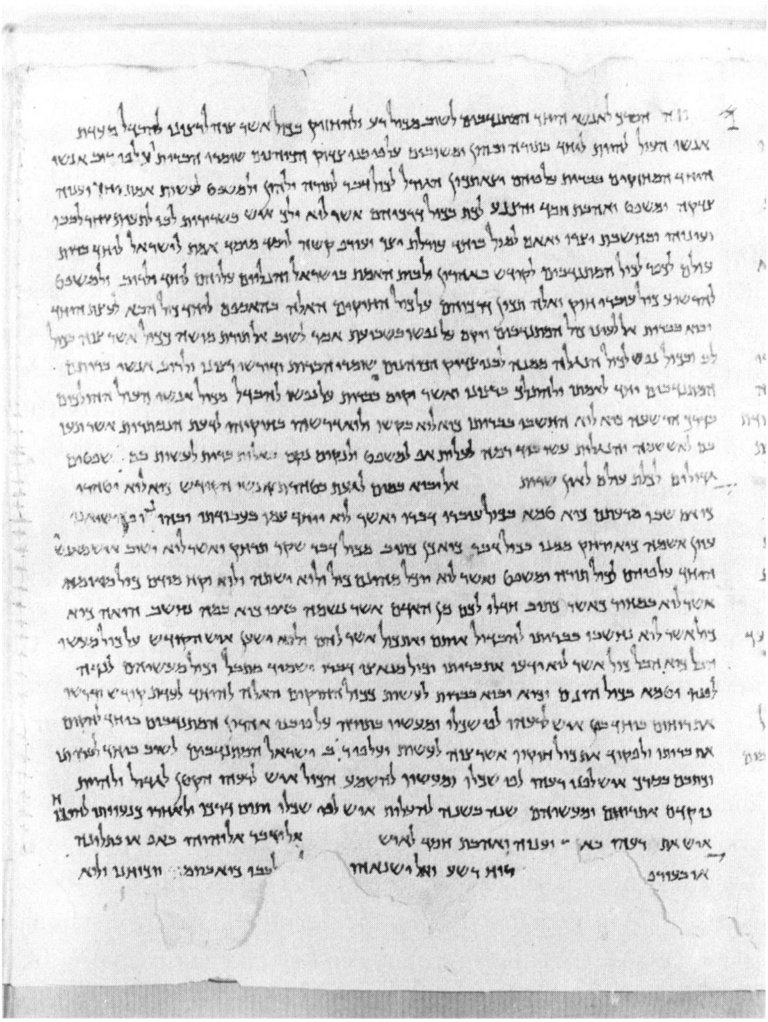

Manuskript der Gemeinschaftsregel (*Serekh Ha-Jachad*, 1QS Kol. V). Die Abbildung zeigt den ursprünglichen Anfang der Schrift gemäß der Parallelhandschrift 4Q258 (4QS[d]) in der jüngeren Fassung von 1QS.

Dies ist die Ordnung für die Männer der Gemeinschaft, die sich freiwillig hingeben, umzukehren von allem Bösen und festzuhalten an allem, was Er (Gott) *nach seinem Willen* geboten hat, sich von der Versammlung der Männer des Frevels zu trennen und eine Gemeinschaft zu bilden in der Tora und im Besitz, und die Folge leisten *der Weisung Zadoks, der Priester, die*

> *den Bund wahren, und* der Weisung der Vielen *der Männer der Gemeinschaft, die am Bund festhalten. Gemäß ihrer Weisung ergeht die Festsetzung des Loses (der Entscheidung)* in jeder Angelegenheit von Tora und Besitz *und Recht,* um *Wahrheit in Gemeinschaft und* Demut zu üben sowie Gerechtigkeit und Recht, gütige Liebe und demütigen Wandel auf allen ihren Wegen. (1QS V,1–4)

Die Zusätze schlagen einen neuen Ton an. Sie verstärken nicht nur die Autorität der Priester, sondern definieren die Gemeinschaft selbst und ihre Ordnung nach priesterlichen Kategorien und gleichen sie der biblischen Bundesvorstellung an. Noch deutlicher zeigt sich diese Tendenz in den literarischen Erweiterungen der Gemeinschaftsregel, die sich im vorderen (1QS I–IV) wie im hinteren Teil der Handschrift (1QS VIII–XI, 1QSa, 1QSb) allmählich angelagert haben. Die Fortschreibungen identifizieren den «Bund» des Jachad (1QS VI,14–15) mit dem Bund Gottes, den dieser am Sinai mit dem Volk Israel geschlossen hat (1QS I,1–III,12), und schreiben in dieser Perspektive sukzessiv das Programm und die Statuten der Gemeinschaft fort (1QS V, VIII–IX).

Im Rahmen dieses Konzepts nehmen Priester und Leviten als Mittler des Bundes eine besondere Stellung ein. In 1QS I–III führen sie die Eingangsliturgie eines jährlichen Bundeserneuerungsfestes an. In den Ergänzungen der Kolumnen V und VIII–IX wird der Jachad selbst als Heiligtum beschrieben, dem die Aufgabe zukommt, Sühne für Israel zu schaffen; auch hier nimmt die Bedeutung der Priester im «Rat der Gemeinschaft» von Ergänzung zu Ergänzung zu (1QS VIII,1–19; VIII,20–IX,11). Signifikant für den Bedeutungszuwachs ist der Vergleich der Ständeliste in 1QS VI,8–9, die Priester, Älteste und das Volk Israel umfasst, mit der Liste in 1QS II,19–22, in der die Gemeinschaft aus Priestern, Leviten und Israel besteht. Die Regeln werden damit (implizit) auf das gesamte Volk Israel ausgedehnt (bes. 1QS I–III) und auf die Tora des Mose selbst bezogen (VIII,22), eschatologisch ausgerichtet (1QS IX,11) und zunehmend in biblischen Kategorien und biblischer Sprache zum Ausdruck gebracht.

Darüber hinaus entfernen sich einige der literarischen Erweiterungen in 1QS von den konkreten Regeln und bewegen sich auf Spekulationen über die Ordnung der Zeit und die kosmologischen Geheimnisse Gottes zu, die dem Eingeweihten von Gott offenbart wurden (1QS IX,12–21a; IX,21b–XI,22). Dabei nimmt der Gegensatz zwischen Gerechten und Frevlern, «Männern der Tora» und «Männern des Frevels», «Söhnen des Lichts» und «Söhnen der Finsternis» usw. immer schärfere Konturen an. Die in den Statuten vorgesehene Prüfung der Gesinnung der Mitglieder bei ihrer Aufnahme und im jährlichen Bundeserneuerungsfest ist der Anlass, um auch die Unterscheidung der Geister in der sogenannten «Lehre von den zwei Geistern» schöpfungstheologisch zu begründen (1QS III,13–IV,26). Vielleicht ist es kein Zufall, dass diese Partien dem Maskil, einem in besonderer Weise in die Geheimnisse Gottes eingeweihten «Einsichtigen» oder «Unterweiser», zugeschrieben werden.

Auf derselben Schriftrolle, die die Gemeinschaftsregel enthält, sind noch zwei weitere Ordnungen «für den Maskil» überliefert, die meist als eigene Werke betrachtet werden, vielleicht aber auch eine Art Fortschreibung der Gemeinschaftsregel in 1QS darstellen.

Der erste der beiden Anhänge, *Serekh Ha-'Eda,* «Ordnung der Gemeinde», 1QSa (hier «Gemeinderegel» genannt), ist eine weitere Variante einer Sammlung von Vorschriften für die Gemeinschaft. Der Anfang liest sich wie eine Zusammenfassung der Einleitungen in der Gemeinschaftsregel (1QS I–III und V) und bringt die Neuausrichtung in Form von Zusätzen und Erweiterungen auf den Punkt: Es handelt sich um die «Ordnung der ganzen Gemeinde Israels am Ende der Tage». Mit dem «Ende der Tage» ist nicht ein fernes Ende gemeint, sondern die Gegenwart der Verfasser, die ihre Zeit als das «Ende der Tage» begreifen. Die Ordnung beschreibt die idealtypische Karriere eines Mitglieds im Laufe seines Lebens und regelt den Eintritt in die Dienste der Gemeinschaft. Wer unrein ist oder einen körperlichen Schaden hat, ist von den Diensten, Versammlungen und anderen Aktivitäten ausgeschlossen. Schließlich werden die

Sitzordnung und das Ritual der gemeinsamen Mahlzeiten unter dem Vorsitz eines Priesters und der Anwesenheit des Messias beschrieben.

> Und [wenn] sie sich versammeln zum gemeinsamen [Ti]sch [oder um den Mo]st [zu trinken], und der gemeinsame Tisch ist zubereitet, [und] der Most [ist gemischt] zum Trinken, [so darf keiner] seine Hand [ausstrecken] nach dem Erstling des Brotes und [des Mostes] vor dem Priester; denn [er soll] den Segen sprechen über dem Erstling des Brotes und des Most[es. Und er soll] zuerst seine Hand [ausstrecken] nach dem Brot, und dana[ch soll] der Messias Israels seine Hände nach dem Brot ausstrecken. [Und danach] sollen sie [den Segen] sprechen, die ganze Gemeinde der Gemeinschaft, je[der entsprechend] seiner Würde. Und nach dieser Ordnung sollen sie handel[n] bei jeder Zu[rüstung, wenn sich ver]sammeln wenigstens zehn Män[ner]. (1QSa II,17–22 in Aufnahme und Reformulierung von 1QS VI)

Der zweite Anhang, «Segensworte», *Divre Berakha* (1QSb), ist eine Art Ritual, das den priesterlichen Segen von Numeri 6,24–26 entfaltet und vielleicht als Vorlage oder Ergänzung für die Segensworte im Bundeserneuerungsfest von 1QS I–III (II,2–4) dienen sollte. Der Segen gilt den Gottesfürchtigen in Israel, den Priestern und dem «Fürsten der Gemeinde», dem Messias. Die Gemeinschaft und insbesondere die Priester werden als Heilige bezeichnet und bewegen sich unter den Engeln im himmlischen Reich.

> Es erhebe der Herr sein Angesicht auf dich [und möge riechen] den Wohlgeruch [deiner Schlachtopfer], und alle, die bei deinem Prie[ster]amt bleiben, möge er erwählen, und er habe acht auf alle deine Heiligen und auf die Fest[zeiten ...] all deine Nachkommenschaft. Er [erhebe] sein Angesicht auf deine ganze Gemeinde. Er setze auf dein Haupt [die Krone ...] in [ewiger] Herrlichkeit. [Und] er heilige deine Nachkommenschaft mit ewiger Herrlichkeit. Er erhe[be sein Angesicht ...] ewigen Fr[ieden] gebe er dir und Königsherrschaft [...] vom Fleisch, und mit heil[igen] Engeln [...] streite er [vor] deinen Tausendschaften [gegen] das Geschlecht des Frevels. (IQSb III,1–7)

Beide Anhänge, die Gemeinderegel (1QSa) und die Segensworte (1QSb), gehen wie selbstverständlich davon aus, dass der Jachad mit dem Bund Gottes und dem biblischen Israel identisch ist, und reden folglich nicht nur von einer kleinen lokalen Gruppe in Israel, sondern von dem biblischen Volk Israel im Ganzen, das nach militärischen Abteilungen zu Tausenden, Hunderten, Fünfzig und Zehn sowie nach Sippen und Familien anwesend ist und folglich auch Frauen und Kinder umfasst. An diese Vorstellung schließt die Kriegsregel *(Serekh Ha-Milchama)* an, die den endzeitlichen Krieg Israels gegen den Rest der Welt schildert. Es ist aber auch die Vorstellung der Damaskusschrift, die das Volk des Bundes in «Lagern» wohnen lässt und damit die Vorstellung der Lagerordnung der Wüstenzeit in den Büchern der Tora, besonders dem Buch Numeri, aufgreift.

5. Die Lager

Die Damaskusschrift ist seit dem neunzehnten Jahrhundert etwa zur Hälfte aus zwei sich überlappenden mittelalterlichen Handschriften bekannt, die aus dem Depot für abgelegte Texte (Geniza) der Ben-Esra-Synagoge in Alt-Kairo stammen. In den einleitenden Mahnreden wird an einigen Stellen ein «neuer Bund im Lande Damaskus» erwähnt, der der Schrift ihren Namen gegeben hat (CD VI,19; VIII,21; XIX,33–34; XX,12; vgl. auch VI,5; VII,13–15.18–19). Sie wird als CD für Cairo Damascus Document abgekürzt und zitiert. Weitere Teile wurden in Handschriften aus der Höhle 4 von Qumran gefunden, die zeigen, dass die Reihenfolge der Seiten des mittelalterlichen Kodex und folglich auch die Zählung der Kolumnen von CD falsch sind und dem Aufriss angeglichen werden müssen, den die Qumranhandschriften nahelegen (siehe Tafeln 6 und 7).

Danach besteht das Werk aus drei Teilen: einem ersten Teil mit vier programmatischen Mahnreden (4Q266–268 sowie CD I–XX), einem zweiten Teil mit Gesetzen für das Leben in den «Lagern» (4Q266–273 + CD XV–XVI + IX–XIV) und einem dritten Teil, der in der Hauptsache den aus 1QS bekannten Strafkatalog (Penal Code) enthält (CD XIV + 4Q-Parallelen). Besonders der erste und der dritte Teil weisen enge Berührungen mit der Langfassung der

Gemeinschaftsregel in 1QS auf. Die Berührungen erklären sich am leichtesten mit der Annahme, dass es sich bei der Damaskusschrift um eine Reformulierung und Neufassung der Gemeinschaftsregel handelt, die Fortschreibungen an beiden Orten in wechselseitiger Abhängigkeit nach sich gezogen hat.[10]

Im Vergleich mit der Gemeinschaftsregel fällt auf, dass der Begriff des Jachad in der Damaskusschrift gänzlich fehlt. Stattdessen ist von Israel und dem Bund die Rede. Damit ist sowohl der Bund Gottes mit seinem Volk Israel, von dem die Hebräische Bibel spricht (Genesis 17, Exodus 24 u. ö.), also das biblische Israel, gemeint als auch die gegenwärtige Vereinigung der Gemeinschaft von Qumran. Was es mit dem «neuen Bund im Lande Damaskus» auf sich hat, der in den Mahnreden der Damaskusschrift erwähnt wird, wissen wir nicht. Die Damaskusschrift selbst spricht von diesem «neuen Bund» in den höchsten Tönen und betrachtet ihn als eine frühere Gründung im faktischen oder imaginierten Exil von Damaskus, aus der die Gruppe, für die die Schrift bestimmt ist, hervorgegangen sei. Der auf eine prophetische Weissagung (Am 5,26–27) zurückgeführte «neue Bund im Lande Damaskus» tritt hier gewissermaßen an die Stelle des älteren Jachad. Vielleicht handelte es sich ursprünglich um einen dem Jachad vergleichbaren Verein (sei es in Juda, sei es im Gebiet von Damaskus), der ähnliche oder dieselben Ziele verfolgte und dem Jachad – von Anfang an oder ab einer gewissen Phase – assoziiert war. Dies würde die gemeinsame Überlieferung des Strafkatalogs (Penal Code) erklären, der sowohl in der Gemeinschaftsregel (1QS VI–VII) als auch in der Damaskusschrift (CD XIV,18–23 + 4Q266 und 4Q270) enthalten ist und vermutlich das älteste Zeugnis des Jachad darstellt. Das verbindende Element ist die Vorstellung des «Bundes». Beide Vereinigungen gehen in dem Bund Gottes mit Israel auf, von dem sowohl die Langfassung der Gemeinschaftsregel in 1QS als auch die Damaskusschrift handelt.

Die soziale Struktur und Organisation des «Bundes» für das Wohnen Israels in den «Lagern» sind in der Damaskusschrift stark ausdifferenziert und mitunter verwirrend, was vermutlich darauf zurückzuführen ist, dass auch diese Schrift keine literarische Einheit ist. Eine große Rolle spielt auch hier das Amt des «Aufsehers» und des Maskil, des «Einsichtigen» oder «Unterweisers». Wie es scheint, ist Letzterer vor allem für die allgemeinen Gesetze im zweiten Teil der Damaskusschrift (4Q266 5 i; CD XII,20–21) sowie für die Lehre der Gemeinschaft (CD XIII,22) verantwortlich, Ersterer für die speziellen Regeln im dritten Teil (CD XIII,7–19), was in etwa der Aufgabenverteilung in der Gemeinschaftsregel entspricht.

Priester und Leviten stehen hier wie in 1QS I–III an der Spitze des Volkes Israel und der Versammlungen (CD XIV,4–5.6–7). Sie nehmen auch sonst eine herausgehobene Stellung ein, wie aus der Zusammensetzung des Richterkollegiums (CD X,4–6) und der Lagerordnung (CD XII,22–XIII,7) hervorgeht, die in beiden Fällen von den Bestimmungen in der Gemeinschaftsregel (1QS VI,3–8; VIII,1; IX,7–8) und der Gemeinderegel (1QSa II,22) abweicht. Auch die übrige Sozialstruktur weicht von der Gemeinschaftsregel ab, indem die «Lager Israels» Frauen und Kinder umfassen und neben den drei Ständen der Priester, Leviten bzw. Ältesten und übrigen Israeliten (1QS II,19–22; VI,8–9) auch der «Fremdling» als vierter Stand zur Gemeinschaft gehört (CD XIV,4; anders 4Q174). Die Unterschiede lassen sich an dem Beispiel der Gremien von Zehn verdeutlichen:

Gemeinschaftsregel (1QS VI,1b–3a):
In diesen (den im Folgenden beschriebenen Wegen) sollen sie wandeln an allen ihren Niederlassungen, wo auch immer sich ein jeder mit seinem Nächsten befindet. Der Geringere soll dem Höheren gehorsam sein in Bezug auf Arbeit und Vermögen. Gemeinschaftlich sollen sie essen, gemeinschaftlich den Segen sprechen und gemeinschaftlich beraten.

Gemeinschaftsregel (1QS VI,3b–8a):
Und an jedem Ort, wo zehn Männer vom Rat der Gemeinschaft sind, darf unter ihnen kein Priester fehlen. Und sie sollen ein jeder seiner Rangstufe entsprechend vor ihm sitzen, und so sollen sie in jeder Angelegenheit um ihren Rat gefragt werden. Und wenn sie den Tisch zubereiten, um zu essen, oder den Most, um zu trinken, soll zuerst der Priester seine Hand ausstrecken, um den Segen zu sprechen über dem Erstling des Brotes und des Mosts.

Und an dem Ort, an dem zehn (Männer) sind, soll nicht einer fehlen, der die Tora erforscht Tag und Nacht, fortwährend, ‹einer nach dem anderen›. Und die Vielen sollen den dritten Teil aller Nächte des Jahres gemeinsam wachen, um im Buch zu lesen und Recht zu suchen und gemeinsam den Segen zu sprechen.

Damaskusschrift (CD X,4–8a):
Und dies ist die Regel für die Richter der Gemeinde: Es sollen zehn Männer sein, ausgewählt aus der Gemeinde für eine bestimmte Zeit, vier vom Stamm Levi und Aaron, und aus Israel sechs. Sie sollen wohlunterrichtet sein im Buch Hagi (der Tora als Gegenstand des «Nachdenkens» *hgh*? vgl. Ps 1,2) und in den Grundlagen des Bundes, im Alter von fünfundzwanzig Jahren bis zu sechzig Jahren. Aber es soll nicht hintreten, der im Alter von sechzig Jahren und darüber ist, um die Gemeinde zu richten.

Damaskusschrift (CD XII,22b–XIII,4):
Und dies ist die Regel des Wohnens für [die] La[ger]: Darin sollen sie wandeln in der Zeit der Gottlosigkeit bis zum Auftreten des Gesalbten aus Aaron und Israel, in Gruppen zu mindestens zehn Mann, nach Tausenden, Hunderten, Fünfzig und Zehn. Und an einem Ort von zehn Leuten soll nicht ein Priester fehlen, der im Buch Hagi bewandert ist; seinem Geheiß sollen sich alle fügen. Und wenn er nicht in allen Dingen erfahren ist, aber einer von den Leviten darin erfahren ist, dann soll die Entscheidung auf sein Geheiß hin erfolgen für das Ein- und Ausgehen aller Lagerangehörigen.

Sowohl im zweiten als auch im dritten Teil der Damaskusschrift stehen priesterliche Themen der Reinheit und Heiligkeit im Vordergrund und sind gegenüber der Gemeinschaftsregel deutlich vermehrt. Auch die eschatologischen Akzente werden vermehrt und aus den biblischen Schriften abgeleitet. Die biblischen Bezüge nehmen deutlich zu. Sie werden teilweise durch Zitationsformeln («Wie geschrieben steht» u. ä.) explizit gemacht, die in regelrechte Schriftauslegungen übergehen. Mit alldem sieht sich die Damaskusschrift selbst an einem gewissen Endpunkt angekommen. So mündet die Neufassung des Strafkatalogs aus der Gemeinschaftsregel (1QS VI–VII) in der Damaskusschrift (CD XIV,18–23 + 4Q266, 4Q270) in eine fulminante Abschlussformulierung, die der Ausweitung der Statuten des Jachad auf die gesamte Tora des Mose und das ganze Volk Israel

Rechnung trägt: «Siehe, das alles ist geschrieben über die letzte Auslegung der Tora.»

Ob es bei dieser «letzten Auslegung» geblieben ist, ist jedoch fraglich. Neben den beiden Fassungen des Penal Code in der Gemeinschaftsregel und der Damaskusschrift existiert nämlich noch ein weiteres Fragment, von dem angenommen wird, dass es sich entweder um eine ältere Vorlage oder um die dritte Variante einer gemeinsamen Tradition handelt. Der fragliche Text (4Q265) könnte jedoch ebenso eine jüngere Variante darstellen, die von Gemeinschaftsregel und Damaskusschrift abhängig ist. Der Fall wirft die Frage auf, wie die vielen Variationen der Eintrittsbestimmungen und Regeln des Zusammenlebens, die sich in den Qumranschriften finden (1/4QS, 1QSa, 1QSb, CD), zu erklären sind.

Gewöhnlich werden die Texte ohne chronologische oder historische Differenzierung auf die Gemeinschaft von Qumran bezogen. Dies ist allerdings nur möglich, wenn man die Unterschiede in der sozialen Struktur und Organisation für wenig gravierend hält oder auf mancherlei Weise miteinander harmonisiert. Alternativ lassen sich die Unterschiede aber auch als individuelle, lokale Ausprägungen einer gemeinsamen, älteren Tradition begreifen, die gleichzeitig nebeneinander existierten. Da die Ungereimtheiten und Widersprüche jedoch nicht nur zwischen einzelnen Ordnungen (Gemeinschaftsregel, Gemeinderegel, Damaskusschrift) und verschiedenen Handschriften desselben Werkes, sondern in den Werken selbst bestehen, reicht diese Erklärung nicht aus.

Aus diesem Grund legt sich eine andere Möglichkeit nahe: Die Differenzen sind Zeichen einer historischen Wandlung der Sozialstruktur, die sich in der literarischen Wachstumsgeschichte von Gemeinschaftsregel und Damaskusschrift widerspiegelt. Die Frage ist dann allerdings, in welcher Richtung die Entwicklung verlief. So hat man gelegentlich den Ordnungen für das biblische «Israel» in den drei Ordnungen der Handschrift 1QS (1QS I–III und VIII–IX, 1QSa, 1QSb) und vor allem in der Damaskusschrift Priorität vor der Ordnung des Jachad (1QS V–VII) eingeräumt und in ihnen die ältesten

Dokumente aus der Zeit der Gründung der Gemeinschaft durch den «Lehrer der Gerechtigkeit» gesehen.[11] Demgegenüber seien die Stücke der Gemeinschaftsregel, die die Gemeinschaft weniger stark in die biblische Geschichte einordnen, jünger und zeigten eine zunehmende Tendenz zur Sektenbildung. Doch leuchtet nicht ein, warum man in jüngeren Partien auf die «biblischen» Begründungen und vieles mehr, das die älteren Partien bereits enthielten, verzichtet haben soll. Im Übrigen kommt der «Lehrer der Gerechtigkeit» in den Ordnungen von 1QS, 1QSa und 1QSb nicht vor.

Wenn man mit einer Entwicklung rechnen darf, scheint mir daher die umgekehrte Richtung plausibler zu sein. Demzufolge stand die Ordnung des Jachad in der Gemeinschaftsregel (1QS V–VII, in der älteren Textfassung der Handschriften 4Q256 und 4Q258) am Anfang der Entwicklung. Sie wurde anschließend auf das biblische, priesterlich geprägte (ganze) Israel, den Bund und die Lager ausgeweitet und mit Schriftbezügen aus Tora und Propheten untermauert. Der literarische Ausbau von Gemeinschaftsregel und Damaskusschrift mag schon in vormakkabäischer Zeit, in der ersten Hälfte des zweiten Jahrhunderts v. Chr., begonnen haben, fand jedoch im Wesentlichen in der zweiten Hälfte des zweiten Jahrhunderts statt. Die Entwicklung dürfte einen entscheidenden Impuls von der makkabäischen Erhebung und Etablierung der hasmonäischen Dynastie erhalten haben, die sich die Tora auf ihre Fahnen schrieb und sich als Wiederherstellung des biblischen Ideals des Reiches Israel verstand. Auch die eschatologischen und messianischen Erwartungen sowie die weitergehenden Spekulationen über die kosmische Ordnung und den Lauf der Zeiten als späteste Ausläufer dieser Entwicklung fügen sich so ins Bild. Auch sie sind in der zweiten Hälfte des zweiten[12] und vor allem im Laufe des ersten Jahrhunderts v. Chr. ausgearbeitet worden und spiegeln, wie besonders deutlich in den Kommentaren zu den Propheten, den Pescharim, zu erkennen ist, teilweise den Eintritt Roms in die Geschichte Palästinas wider.

Die Vorstellungen, die dabei, gestützt auf biblische Referenzstellen, entwickelt werden, nehmen immer utopischere Züge an. Man stelle sich nur vor, wie das Volk Israel in Abteilungen von Tausenden, Hunderten, Fünfzig und Zehn aufmarschiert, um jährlich das Bundeserneuerungsfest zu begehen (1QS I–III) oder an dem Mahl mit dem Messias teilzunehmen (1QSa). Welche Realität sich hinter dem Ideal verbirgt, lässt sich daher immer schwerer sagen. Doch das ist in den Texten vom Toten Meer nicht anders als in den biblischen Schriften selbst, auf die sie sich beziehen. Der Realität am nächsten kommt wahrscheinlich das Gründungsdokument des Jachad, das in 1QS V–VII eingegangen ist. Alles andere verdankt sich zweifellos der weiteren historischen Entwicklung der Gemeinschaft, die mit der Zeit weitere Regeln entwickelt und andere Organisationsformen angenommen haben wird. Biblisches Ideal und historische Wirklichkeit traten dabei immer weiter auseinander.

VI. «Wir aber sagen» Die Auslegung der Tora

1. Der mosaische Diskurs

Die beiden wichtigsten Statuten der Gemeinschaft von Qumran, Gemeinschaftsregel und Damaskusschrift, verhalten sich zueinander wie Text und Auslegung und sind beide eine produktive Entfaltung des biblischen Gesetzes, der Tora des Mose. Damit nehmen sie an einem Prozess teil, der bereits im Pentateuch selbst begonnen hat und den man als «mosaischen Diskurs» (Hindy Najman) bezeichnen kann.[1] In der späteren rabbinischen Tradition heißt dieser Prozess der Gesetzesauslegung Halacha.

In der Hebräischen Bibel beginnt der mosaische Diskurs damit, dass das in Israel und Juda praktizierte, zu Schulungszwecken kodifizierte Recht Gott selbst in den Mund gelegt wird, was im Alten Orient keineswegs selbstverständlich war, und als göttliche Offenbarung an Mose im Kontext der heiligen Geschichte Israels verortet wird. Auch wenn das herkömmliche Recht von Hause aus religiöse Konnotationen hatte und es daneben immer auch eine Kultordnung der Priester gab, die heilige Orte, Festzeiten und Rituale zum Gegenstand hatte, bedeutete die Umwandlung von beidem in eine Gottesrede und die narrative Einbettung in die biblische Geschichte eine fundamentale Veränderung. Mit diesem Schritt wurde aus dem Recht und der Kultordnung Israels und Judas das «Gesetz» im theologisch qualifizierten Sinne: der Wille Gottes, dessen Beachtung über Leben und Tod des Volkes und jedes Einzelnen entscheidet.

Das Gesetz ist in der biblischen Literatur von Anfang an mit der Person des Mose verbunden, die dadurch zur Gründerfigur des Judentums wurde und den mosaischen Diskurs im Laufe des siebten Jahrhunderts v. Chr. in Gang setzte.[2] Wer oder was «Israel» nach dem Untergang Samarias und des Reiches Israel um 720 v. Chr. sein sollte, hing für diejenigen, die für die Abfassung der biblischen Schriften verantwortlich waren und sich ihnen verpflichtet fühlten, von nun an – neben der Abstammung aus Israel oder Juda – davon ab, wer das dem Mose auf dem Berg Sinai offenbarte Gesetz befolgen würde. Der sich daran entzündende mosaische Diskurs lässt sich an einer (scheinbaren) Äußerlichkeit festmachen: der Wahl des Sprechers.

So ist das Bundesbuch im Rahmen der Sinaiperikope in Exodus 19–24 aus einer Sammlung unpersönlicher, kasuistischer Rechtssätze (Mischpatim) in Exodus 21–23 hervorgegangen, die nach demselben Muster formuliert sind: «Wenn ein Mann» dieses oder jenes tut, dann soll er diese oder jene Strafe erhalten. Die Sammlung wurde um die Kultordnung als Rahmen (Altar, Feste) erweitert und in den Kontext der biblischen Exoduserzählung eingeordnet. Im Zuge dessen wurde aus den unpersönlichen Rechtssätzen eine direkte Rede Gottes im Ich-Stil an eine 2. Person Singular (Mose oder das Volk), teilweise auch an eine 2. Person Plural (das Volk). Nachdem Israel 720 v. Chr. seinen politischen und kultischen Mittelpunkt verloren hatte, sollten die heilige Geschichte und das Gesetz vom Sinai der in Samaria verbliebenen oder ins Reich Juda geflohenen Bevölkerung eine neue Identität verleihen. Es ist die Identität eines Volkes, das sein Gott JHWH aus Ägypten befreit, ins gelobte Land geführt und mit den nötigen Vorschriften ausgestattet hat, um das Zusammenleben des Volkes zu regeln und Gott an den Heiligtümern des Landes zu verehren und seinen Segen zu erlangen (Ex 20,24). Der Name «Bundesbuch» ist dem Gesetzeswerk in Exodus 24 zugewachsen, wo die Gabe des Gesetzes mit einem Opfer als Zeichen des Bundes Gottes mit Israel besiegelt wird. Die berühmte Episode vom «goldenen Kalb» in Exodus 32–34 schildert anschließend den ersten Bruch des Bundes sowie die Erneuerung von Bund und Gesetz.

Die rhetorische Situation des Bundesbuchs ist im Buch Deuteronomium vorausgesetzt, das entweder – so die Mehrheitsmeinung, die der biblischen Darstellung in 2 Könige 22–23 folgt – gegen Ende des siebten Jahrhunderts unter König Joschija oder – so die historisch begründete Alternative – im sechsten Jahrhundert nach der Zerstörung

Jerusalems und dem Untergang des Reiches Juda 587 v. Chr. entstanden ist. Das Deuteronomium ist als Rede des Mose an eine 2. Person Singular, in jüngeren Schichten auch an eine 2. Person Plural formuliert. Die narrative Fiktion besagt, dass Mose dem Volk im Lande Moab – kurz bevor es von Schittim aufbricht, um den Jordan zu überschreiten und in das gelobte Land zu ziehen (Num 25,1; Jos 1,1–2; 2,1; 3,1) – das Gesetz verkündet, das ihm von Gott auf dem Berg Sinai in Exodus 19–24 offenbart wurde. Mit dieser rhetorischen Konstruktion präsentiert sich das Deuteronomium selbst als Wiedergabe des Bundesbuches, das heißt des Gesetzes vom Sinai in Exodus 19–24 und 32–34, was in gewisser Weise auch tatsächlich der Fall ist. Denn das Deuteronomium ist nichts anderes als eine Novellierung des Bundesbuches, insbesondere seiner Kultgesetze, die unter ein neues Vorzeichen gestellt werden.

Das neue Vorzeichen ist die Zentralisation des Kultus. Nicht überall im Land, sondern nur an dem einen Ort, den JHWH selbst erwählen wird, sollen Opfer für JHWH dargebracht und die Feste gefeiert werden (vgl. Ex 20,24 mit Dtn 12,13 ff., Ex 23,14–17 mit Dtn 16,16–17). Die vielen lokalen Heiligtümer im Lande werden damit profaniert. Auch wenn es nicht ausdrücklich gesagt ist, spricht manches dafür, dass mit dem erwählten Ort die Stadt Jerusalem gemeint ist, die nach dem Untergang des Reiches Israel (720 v. Chr.), vielleicht auch erst nach dem Untergang Judas (587 v. Chr.) zum Zentrum aller JHWH-Verehrer in den Provinzen von Samaria und Juda erklärt werden sollte. Der Zentralisation des Kultus entspricht die Auffassung, dass auch der Gott JHWH lokal nicht teilbar, sondern nur «einer» für alle in «Israel» sei (Dtn 6,4). In den Zehn Geboten, dem Dekalog, der etwas später in Exodus 20 und Deuteronomium 5 eingefügt wurde, wird die Einheit JHWHs im Sinne seiner Ausschließlichkeit für Israel gegenüber «anderen Göttern» verstanden. In Deuteronomium 4 schließlich wird die Einheit JHWHs zur Einzigkeit dieses Gottes, außer dem es keinen anderen Gott gibt. Fluch und Segen beschließen die deuteronomische Gesetzgebung und weisen sie – Exodus 24 entsprechend – als Bund Gottes mit seinem Volk Israel aus.

Aus der narrativen Fiktion des Deuteronomiums als Wiedergabe des Gesetzes vom Sinai geht hervor, dass es nicht, wie manche meinen, das ältere Bundesbuch ersetzen und verdrängen, sondern dieses vielmehr auslegen und mit eigenen, neuen Akzenten komplementieren wollte. Da das Deuteronomium anfänglich nicht mehr als eine Handvoll Verse enthielt und erst nachträglich allmählich fortgeschrieben und ausgebaut wurde, dürften die Proportionen zum Bundesbuch jedoch nie ganz stimmig gewesen sein. Sie gerieten vollkommen aus den Fugen, als im Laufe des fünften Jahrhunderts v. Chr. noch ein drittes Gesetzeskorpus in den Kontext der heiligen Geschichte eingefügt wurde, das den mosaischen Diskurs auf seine Weise fortsetzte. Zwischen der Sinaiperikope Exodus 19–24, 32–34 und der Abschiedsrede des Mose im Deuteronomium wurde nach und nach das Kultgesetz der sogenannten Priesterschrift (Exodus 25–40, Levitikus, Numeri) eingefügt, dessen Offenbarung ebenfalls am Berg Sinai (bis Num 10), in der Wüste (Numeri 10–20) und in den Gefilden Moabs lokalisiert wird (Numeri 26–36, vgl. 36,13).

Der Beitrag der priesterlichen Gesetze besteht in detaillierten Vorschriften zur Ausführung des Kultus, zu Bauten und Geräten, zum Personal, zu den heiligen Zeiten, zu den Opfern und vielen anderen Belangen des religiösen und alltäglichen Lebens. Im Zentrum befindet sich das sogenannte Heiligkeitsgesetz (Levitikus 17–26), das eine Reformulierung des Deuteronomiums im priesterlichen Geist darstellt und ganz bewusst davor als göttliche Kundgabe an Mose im Zeltheiligtum am Sinai platziert ist. Die Zentralisation des Kultus und das Erste Gebot sind durchweg vorausgesetzt und werden durch strengere Sanktionen noch verschärft. Alles dreht sich um die Würde des Lebens, die kultische Reinheit und die Heiligkeit des Volkes vor dem Angesicht Gottes und im Umgang mit dem Nächsten: «Ihr sollt heilig sein, denn ich bin heilig, der Herr, euer Gott» (Lev 19,2). Fluch und Segen beschließen auch hier die Gesetzgebung.

Auch wenn das Deuteronomium als Wiedergabe des Gesetzes vom Sinai mit der Zeit erheblich erweitert und hier und dort angeglichen wurde, so enthält es – insbesondere nach Einfügung der priesterschriftlichen Gesetzgebung in den Büchern Exodus, Levitikus und Numeri – bei weitem nicht alles, was vorher offenbart, und andererseits auch vieles andere, was der narrativen Fiktion zufolge nicht am Sinai offenbart wurde. Dies ist der Ansatzpunkt für die Fortsetzung des mosaischen Diskurses in der Tempelrolle von Qumran (11QT), die die Ungereimtheiten auszugleichen versucht. Bei diesem Werk handelt es sich um eine Neufassung sowohl der priesterlichen Gesetze über die Anlage des Tempels, das Personal und die Opfer in Exodus und Levitikus als auch der kultischen und bürgerlichen Gesetze des Deuteronomiums, die streckenweise wörtlich übernommen, aber auch modifiziert und um neue Gesetze ergänzt wurden.[3]

Der mosaische Diskurs lässt sich wiederum am Sprecher festmachen. Es ist JHWH selbst, der in der Tempelrolle spricht und die Gesetze, die im Deuteronomium von Mose in der Er-Form zitiert werden, in der Ich-Form verkündet. Diese Änderung korrespondiert mit der narrativen Fiktion der Tempelrolle. Wie aus den Resten von Kolumne II der Handschrift 11Q19 und einem entsprechenden Rückverweis in Kolumne LI («die ich dir mitteile auf diesem Berg») hervorgeht, werden die Gesetze in der Szene von Exodus 34 auf dem Berg Sinai, bei der Erneuerung des Bundes nach dem Sündenfall des goldenen Kalbs, mitgeteilt. Die Tempelrolle schreibt sich damit gewissermaßen selbst in die Tora ein, um klarzustellen, dass alles, was Mose teilweise schon in den Büchern Exodus und Levitikus und sodann im Deuteronomium dem Volk als Gebote Gottes mitteilt, und manches darüberhinaus ihm auch tatsächlich auf dem Berg Sinai von Gott offenbart wurde, auch wenn es sich so nicht im biblischen Bericht findet.

Die narrative Fiktion der Tempelrolle bildet auch den Rahmen des Jubiläenbuches.[4] Hier wird die Geschichte von der Schöpfung bis zum Sinai, wie sie in den Büchern Genesis und Exodus erzählt wird, in der Szene von Exodus 19–24, der ersten Sinaiperikope, Mose von Gott bzw. seinem Engel in die Feder diktiert und bei dieser Gelegenheit im Lichte des Gesetzes vom Sinai neu erzählt. Auf diese Weise wird die überlieferte Tora auf einen göttlichen «Urtext» zurückgeführt, der von allerhöchster Autorität ist und auch der überlieferten Tora Autorität verleiht. Auf ähnliche Weise wird in den «Worten des Mose», *Divre Moshe* (1Q22), auch die Wiedergabe der sinaitischen Gesetze vor dem Volk, die hier nach Deuteronomium 32,48–49 auf dem Berg Nebo lokalisiert wird, Mose ausdrücklich von Gott befohlen. Die Modifizierungen und Ergänzungen, die das Gesetz im Zuge solcher Reformulierungen erfahren hat, sind nicht als sektiererische Sondertraditionen oder subversive Polemik, sondern als Entfaltung und Komplettierung dessen gemeint, was in der Tora ausdrücklich oder – nach Auffassung der Verfasser der Tempelrolle, des Jubiläenbuches oder der «Worte des Mose» – implizit gesagt ist.

Tora als der absolut verbindliche Wille Gottes umfasst demnach mehr als nur den überlieferten Wortlaut eines schriftlichen Gesetzestextes, und sei es des Pentateuchs. Dieses «Mehr» verschafft sich in dem mosaischen Diskurs Ausdruck, der in der Literargeschichte der biblischen Gesetzeskorpora und der Tempelrolle zu greifen ist, und findet seine Erklärung in der späteren rabbinischen Unterscheidung zwischen «schriftlicher» und «mündlicher Tora», womit zum einen das von Mose im Pentateuch aufgezeichnete Gesetz, zum anderen die von ihm mündlich überlieferte Auslegung der schriftlichen Tora bezeichnet wird, die sich in der rabbinischen Literatur findet. Beides, so die Meinung, wurde ihm von Gott auf dem Berg Sinai offenbart.

2. Die Werke des Gesetzes

Der mosaische Diskurs im Pentateuch und in der Tempelrolle von Qumran verfolgt sowohl ein exegetisches als auch ein praktisches Interesse. Er legt die eine Tora im Zuge ihrer Reformulierung aus und trägt dabei zugleich den aktuellen, praktischen Bedürfnissen ihrer Anwendung Rechnung. Dieses doppelte Interesse setzt sich in den Ordnungen der Gemeinschaft von Qumran, der Gemeinschaftsregel und der Damaskusschrift, fort, die an die Tora anknüpfen, um die konkreten Belange der Gemeinschaft in ihrem Sinne zu regeln, getreu der Zielsetzung der Gemeinschaft: «umzukehren von allem Bösen und festzuhalten an allem, was Er (Gott) geboten hat, sich von der Versammlung der Männer des Frevels zu trennen und eine Gemeinschaft zu bilden in der Tora und im Besitz».

Bei der Neufassung der Gemeinschaftsregel ging die Damaskusschrift einen erheblichen Schritt weiter als ihre Vorlage. Bevor im dritten Teil der Strafkatalog (Penal Code) aus der Gemeinschaftsregel mit seinen speziellen Bestimmungen für das Zusammenleben der Gemeinschaft folgt, bietet sie im zweiten, mittleren Teil eine umfangreiche Sammlung von allgemeinen Gesetzen in Anlehnung an die Tora des Mose. Dieser Mittelteil ist nur teilweise in dem mittelalterlichen Kodex CD und hauptsächlich in den Handschriften aus Höhle 4 von Qumran erhalten. In der Mehrzahl handelt es sich um Bestimmungen zur Unterscheidung «zwischen dem Reinen und Unreinen sowie dem Heiligen und Profanen» (CD XII,19–20), wie sie vor allem im Buch Levitikus zu finden sind: über Aussatz, Ausfluss, Blutungen und andere Umstände oder Objekte, die die Reinheit von Opfern und Heiligtum beeinträchtigen, über Ernte und Abgaben für die Priester sowie den Sabbat. Auch Ehegesetze und Bestimmungen über das Gerichtswesen – Rache, Schwur, Zeugenschaft und Gelübde – berühren den Bereich des Heiligen und werden daher in diesem Kontext behandelt.[5]

Auf diese Weise nimmt die Damaskusschrift unmittelbar an dem mosaischen Diskurs teil und weist bis in die Einzelheiten eine große Nähe zur Tempelrolle auf. Der Grund für die Aufnahme der biblischen Gesetze und die Vermehrung von Schriftzitaten liegt auf der Hand: Gemäß der Damaskusschrift ist die Gemeinschaft nicht nur auf die lokalen Tora-Vereine von mindestens zehn Männern begrenzt, die sich als Umkehrbewegung in «Israel» verstehen, sondern umfasst das Volk des biblischen «Israel» als Ganzes, einschließlich der Frauen und Kinder, die in den «Lagern» wohnen.

Es ist von daher auch kein Zufall, dass sich gerade in der Damaskusschrift die meisten Aussagen finden, die über die Stellung der

Frau in der Gemeinschaft von Qumran Auskunft geben.[6] Hier wie auch in der Tempelrolle und manchen anderen Zeugnissen finden sich gesetzliche Bestimmungen zu Heirat, Scheidung und Polygamie, verbotenen sexuellen Handlungen sowie der rituellen Reinheit bei Geschlechtsverkehr, Menstruation und Schwangerschaft. Auffallend dabei ist, dass die Frau eine stärkere Berücksichtigung findet als in den biblischen Gesetzen, etwa wenn ausdrücklich gesagt ist, dass das Verbot des Inzests zwar für Männer geschrieben sei, aber ebenso für Frauen gelte (CD V,9–10). In Fragen der Einehe und Scheidung sowie der Wiederverheiratung nach Scheidung oder Tod der Frau scheinen die Bestimmungen sehr viel strenger gewesen zu sein als im sonstigen antiken Judentum (CD IV,20–21; 11Q19 LVII,24–26 [alte Zählung 17–19]), auch wenn mit der Möglichkeit der Scheidung durchaus gerechnet wurde (CD XIII,17). Interessant sind auch die Bestimmungen zur Berechtigung von Frauen zu Schwur, Gelübde und Eid in Angelegenheiten der Gemeinschaft (CD XVI,10–12; 1QSa I,11) und anderen rechtlichen Fragen wie ihrer Jungfräulichkeit (4Q271 3,13–15; 4Q159 2–4,8–10).

Umstritten ist, ob Frauen auch selbst Mitglieder der Gemeinschaft werden und den «Eid des Bundes» (CD XV,6) leisten konnten. Dass sie in der Gemeinschaftsregel 1QS nicht vorkommen, besagt nicht, dass die Männer des Jachad nicht verheiratet sein durften und zölibatär leben mussten, wohl aber, dass Frauen nicht aktiv an den Versammlungen teilnahmen. Dies könnte sich im Laufe der Geschichte der Gemeinschaft geändert haben. Darauf scheinen einige wenige Stellen in jüngeren Schriften hinzudeuten, etwa die Unterweisung vor den Ohren von Frauen und Kleinkindern in der Gemeinderegel (1QSa I,4) oder die (möglichen) Ehrentitel «Mütter» und «Väter» im Penal Code der Damaskusschrift (4Q270 7 i, 13–15). In der Hauptsache war der «Bund» jedoch die Sache von Männern, über die auch ihre Frauen und Kinder Teil des durch die Gemeinschaft repräsentierten Volkes «Israel» wurden. Weisheitliche (4Q184, 4Q415–418, 1QGenAp XX) und poetische Texte (1QH[a] XI,8–13 [III,7–12], Lied der Mirjam in 4Q365) spiegeln Rollenbilder von Frauen wider, die teilweise bildlich (für die Weisheit, die Torheit oder Schmerzen) gebraucht werden.

Außer der Damaskusschrift und der Tempelrolle sind noch eine ganze Reihe von teilweise sehr fragmentarischen Handschriften erhalten, die mit gesetzlichen Themen befasst sind oder darauf basierende Rituale beschreiben (4Q159, 4Q274, 4Q276–277, 4Q278, 4Q284, 4Q512, 4Q524 u. a.). Darunter befindet sich ein Dokument, das einzigartig ist. Es gewährt Einblick in die praktische Anwendung des mosaischen Diskurses und stellt das älteste Zeugnis einer jüdischen Halacha, das heißt der von einer Lehrautorität erteilten Gesetzesunterweisung, dar. Das Dokument sagt selbst, wovon es handelt, und wurde in der Forschung dementsprechend benannt: wörtlich «Einige der Werke der Tora», *Miqṣat Maʿase Ha-Torah* (4QMMT), hier zitiert als «Von den Werken der Tora». Der Form nach handelt es sich um den Brief eines in den erhaltenen Partien nicht genannten Autors an einen ebenfalls anonymen Adressaten, der wenigstens in sechs (4Q394–399) Handschriften überliefert ist (siehe Tafel 8 und 9).[7]

Das Schreiben besteht aus drei Teilen: einem nur mit einer Zeile erhaltenen ersten Teil, der Fragen des Kalenders behandelt haben dürfte; einem zweiten Teil, der «von den Werken der Tora» handelt; und einem dritten, paränetischen Teil, der an die einstige Königszeit in Israel erinnert und den Adressaten ermahnt, die Gesetzesbelehrungen des Schreibens einzuhalten – «zum Guten für dich und dein Volk Israel» (4QMMT viii,14.18 [C27.31–32]).

Im Blick auf den Fortgang des mosaischen Diskurses ist vor allem der zweite Teil von Interesse. In ihm werden einzelne, zwischen Absender und Adressat strittige Fälle mit der Formel «betreffend» aufgerufen und der Reihe nach abgehandelt: diverse Opferarten, die Opferstätte, das Opfertier, Ausschluss unreiner Personengruppen aus der Gemeinschaft und vom Kult, der Umgang mit Flüssigkeiten, Hunde im heiligen Bezirk, Abgaben an die Priester, Aussatz und andere Arten der Verunreinigung, wie etwa die Vermischung von zweierlei Arten bei der Paarung von Tieren, den Geweben von Kleidern oder der Eheschließung von Priestern. Hier ein Beispiel:

Und weiter betreffend der Aussätzigen sagen wir, dass sie nicht in Berührung kommen sollen mit der Reinheit des Heiligen (des Opferfleisches), sondern für sich allein sollen sie sein [...].
Und es steht auch geschrieben (Lev 14,8–9), dass von der Zeit an, da er sich geschoren und gewaschen hat, er wohnen soll außerhalb [von seinem Zelt sieben] Tage. Doch jetzt, während noch ihre Unreinheit an ihnen haftet, [kommen die Aussätzigen in Berührung] mit der Reinheit des Heiligen im Haus.
Und ihr wisst, [dass derjenige, der aus Versehen sündigt] und es ist ihm entgangen, der soll ein Sündopfer darbringen (Lev 5,2–3; Num 15,27–29).
Und betreffs [dessen, der aus Vorsatz handelt,] steht geschrieben, dass er ein Verächter und Lästerer ist (Num 15,30–31). [Und auch solange] an ihnen die Unreinheiten des Aussatzes haften, soll man sie nicht essen lassen von den heiligen Dingen, bis die Sonne untergegangen ist am achten Tag. (4QMMT iv,14–v,2 [B64–72])

Zum Vergleich hier einige verwandte Bestimmungen aus der Damaskusschrift und der Tempelrolle (siehe Tafeln 6, 7 und 10):

Damaskusschrift (CD XIII,4–7):
Und wenn bei einem Mann ein Rechtsfall über den Aussatz vorliegt, so soll der Priester kommen und sich im Lager hinstellen, und es soll ihn der Aufseher unterweisen über die genaue Bestimmung des Gesetzes. Und selbst wenn er (der Priester) ein Tor ist, soll er ihn (den Aussätzigen) ausschließen, denn ihnen (den Priestern) steht das Urteil zu (Dtn 21,5).

Damaskusschrift (4QD) über den Aussatz (4Q266, mit Par. 4Q269, 4Q272, 4Q273):
Wenn die Anschwellung oder Krätze tiefer ist als die Haut [...] und der Priester sieht etwas wie lebendiges (rohes) Fleisch, dann ist es Aussatz, der die lebendige Haut erfasst hat. Und entsprechend diesem Gesetz [...] und der Priester inspiziert es am siebten Tag, und hat das Lebendige (Fleisch) zugenommen zum [Abgestorbenen], ist es ein bösartiger [Aus]satz.
Und das Gesetz für die Krätze des Kopfes und des Bartes [...] und der Priester inspiziert es, und wenn der Geist eingedrungen ist in den Kopf und den Bart, indem er die Arterie erfasst, und [die Krankheit hat sich ausgebreitet] unter dem Haar und hat sein Aussehen verwandelt zu hellem Gelb, dass es wie eine Pflanze ist, unter der eine Made ist, und sie trennt seine Wurzel ab und lässt seine Blüte vertrocknen, so ist gesagt (Lev 13,33): Der Priester soll anordnen, dass man den Kopf scheren soll, doch die Krätze soll man nicht abscheren, damit der Priester die abgestorbenen und die lebenden Haare abzählen und erkennen kann, ob etwas zugenommen hat vom Lebendigen zum

Abgestorbenen in sieben Tagen – (was bedeutet) er ist unrein. Doch wenn nichts zugenommen hat vom Lebendigen zum Abgestorbenen, und die Ader ist durchblutet und der Lebensgeist geht auf und ab, ist die Plage [geheilt].
Das ist das Gesetz der Tora für den Aussatz für die Söhne Aarons, um zu unterscheiden […].
(Es folgen das «Gesetz des Ausflussbehafteten mit seinem Ausfluss» und über Reinheit/Unreinheit bei der Geburt.)

Tempelrolle (11Q19 XLV,23–26, alte Zählung 15–18):
Und jedermann, der von seinem Ausfluss rein wird, soll für sich sieben Tage für seine Reinigung abzählen und am siebten Tag seine Kleider waschen und seinen ganzen Körper in fließendem Wasser baden; danach darf er zur Stadt des Heiligtums kommen. Und keine mit Totenunreinheit Behafteten dürfen sie betreten, bis sie sich gereinigt haben. (*vacat*)
Und keine Aussätzigen und keine (mit einer Hautkrankheit) Geschlagenen dürfen sie betreten, bis sie sich gereinigt haben. Und wenn er sich gereinigt hat, dann soll er (ein Opfer) darbringen.

Tempelrolle (11Q19 XLVI,24–26, alte Zählung 16–18):
Und du sollst drei voneinander getrennte Orte einrichten im Osten der Stadt, zu denen die Aussätzigen und die mit Ausfluss Behafteten und die Männer, die einen Samenerguss hatten, kommen sollen.

Tempelrolle (11Q19 XLVIII,23–26, alte Zählung 14–17):
Und in jeder einzelnen Stadt sollt ihr Plätze anlegen für die, die geschlagen sind mit Aussatz und mit Ausschlag und mit Krätze, damit sie nicht zu euren Städten kommen und sie verunreinigen. Und auch für die, die mit Ausfluss behaftet sind, und für die Frauen während ihrer Menstruationsunreinheit und während ihrer Gebärunreinheit, damit sie nicht Unreinheit verursachen in ihrer Mitte durch ihre sexuelle Unreinheit.

Die Nähe der Themen und Einzelbestimmungen zum Mittelteil der Damaskusschrift wie auch zur Tempelrolle ist offenkundig und lässt den Schluss zu, dass die drei Schriften demselben Milieu entstammen.[8] Wie schon in der Damaskusschrift werden die einzelnen Bestimmungen auch in dem Lehrschreiben «Von den Werken der Tora» fast durchweg auf Schriftstellen in der Tora zurückgeführt, sei es durch implizites Zitat oder ausdrücklich durch die Formel «Wie geschrieben steht».

In dem oben zitierten Beispiel (4QMMT iv,14–v,2 [B64–72]) findet sich beides. Mit «Und es steht geschrieben» wird Levitikus 14,8–9 aufgerufen:

> Der aber, der sich (von Aussatz) reinigt, soll seine Kleider waschen und alle seine Haare abscheren und sich mit Wasser abwaschen, so ist er rein. Danach gehe er ins Lager; doch soll er sieben Tage außerhalb seines Zeltes bleiben. Und am siebten Tage soll er alle seine Haare abscheren auf dem Kopf, am Bart, an den Augenbrauen, dass alle Haare abgeschoren seien, und soll seine Kleider waschen und seinen Leib mit Wasser abwaschen, so ist er rein.

Die Schriftstelle wird in dem Lehrschreiben nicht wörtlich und vollständig zitiert, sondern lediglich durch markante Formulierungen in Erinnerung gerufen und kommentiert («wir sagen»):

> Und weiter betreffend der Aussätzigen sagen wir, dass sie nicht in Berührung kommen sollen mit der Reinheit des Heiligen (des Opferfleisches), sondern für sich allein sollen sie sein […].
> Und es steht auch geschrieben (Lev 14,8–9), dass von der Zeit an, da er sich geschoren und gewaschen hat, er wohnen soll außerhalb [von seinem Zelt sieben] Tage. Doch jetzt, während noch ihre Unreinheit an ihnen haftet, [kommen die Aussätzigen in Berührung] mit der Reinheit des Heiligen im Haus.

Der Kommentar stellt unter Berufung auf die Schrift, aber gegen die zitierte Schriftstelle klar, dass der Aussätzige während der siebentägigen Frist, die er nach der Reinigung und dem Eintritt in das Lager «außerhalb seines Zeltes», das meint seines Hauses, verbringen soll, keineswegs schon «rein» ist und daher auch nicht mit Reinem in Berührung kommen und vom Heiligen (Opferfleisch) essen darf, wie es in den Kreisen des Adressaten der Fall gewesen zu sein scheint.

Um diese Meinung zu untermauern, wird zunächst – für den Fall der unbewussten Übertretung des Gebots – implizit, anschließend – für den Fall der Übertretung aus Vorsatz – explizit auf zwei weitere Schriftstellen angespielt, die die Bestimmung unter Strafe stellen:

> Und ihr wisst, [dass derjenige, der aus Versehen sündigt] und es ist ihm entgangen, der soll ein Sündopfer darbringen (Lev 5,2–3; Num 15,27–29). Und betreffs [dessen, der aus Vorsatz handelt,] steht geschrieben, dass er ein Verächter und Lästerer ist (Num 15,30–31). [Und auch solange] an ihnen die Unreinheiten des Aussatzes haften, soll man sie nicht essen lassen von den heiligen Dingen, bis die Sonne untergegangen ist am achten Tag.

Im Hintergrund der Halacha dürfte eine aktuelle Diskussion über die gängige, in dem Lehrschreiben kritisierte Praxis den Anstoß zur Gesetzeserläuterung gegeben haben, hinter der sich ein exegetisches Problem verbirgt. Die Formulierung der Halacha führt nämlich auch auf die Stelle Levitikus 13,46. Danach soll der Aussätzige während der ganzen Zeit seiner Unreinheit abgesondert «außerhalb des Lagers» wohnen. Das wirft, zumal wenn unter dem «Lager» Jerusalem verstanden wird, für Levitikus 14,8–9 die Frage auf, ob der Aussätzige nach seiner ersten Reinigung und seinem Wiedereintritt ins Lager tatsächlich schon rein ist oder nicht, wenn er doch weitere sieben Tage außerhalb seines Zeltes (seiner Wohnung) verbringen und sich ein weiteres Mal reinigen muss, um danach ein zweites und nach dem Opfer am achten Tag (Lev 14,10–20) ein drittes Mal für rein erklärt zu werden. Das Lehrschreiben löst das Problem, indem der Aussätzige mit Levitikus 13,46 die ganze Zeit isoliert bleiben muss, die Isolation aber – wohl innerhalb des Lagers (der Stadt) – auf die Absonderung von allem Reinen und Heiligen in der Stadt, im Tempel wie in den Wohnhäusern bezogen und damit gegenüber der bei den Adressaten üblichen Praxis verschärft wird. Zur Verschärfung trägt auch die zeitliche Präzisierung «bis zum Sonnenuntergang am achten Tag» bei (vgl. Lev 22,4–8).

Ein Rätsel gibt das explizite Schriftzitat im Lehrschreiben «Von den Werken der Tora» auf, das eine Schriftstelle zitiert, die es in der Hebräischen Bibel nicht zu geben scheint (4QMMT iii,2–9, B34–38).

> [...]schlachten sie [nicht] im Heiligtum [... W]ir aber mein[en, dass man nicht schlachten soll] das Muttertier und das Junge an einem Tag [...] [Und betreffs] des Verzehrs meinen wir, dass man das Junge verzehren soll [...] so ist es, und die Sache steht geschrieben im Hinblick auf das Trächtige.

Johann Maier findet in seiner deutschen Ausgabe der Texte vom Toten Meer in dem Ausdruck «im Hinblick auf das Trächtige» ein nichtbiblisches wörtliches Zitat und übersetzt: «Und (es steht) das Wort geschrieben: ‹ein Trächtiges/ihr(en) Fötus›.»[9] Elisha Qimron fasst die Formel «es steht geschrieben» als Verweis auf die vorher assoziierte Schriftstelle Levitikus 22,28 auf und übersetzt: «And the ruling refers (to) a pregnant animal.»[10] Letzteres liegt nahe, da es in der Halacha tatsächlich um den in Levitikus 22,28 behandelten Fall geht, dass ein Muttertier und sein Junges nicht am selben Tag geschlachtet und geopfert werden dürfen. Der Fall wird in dem ominösen Zitat auf das trächtige Tier übertragen und darüber hinaus im Blick auf den Verzehr der Leibesfrucht geregelt. Die Halacha stützt sich auf eine Bestimmung der Tora, die im Text wörtlich anklingt und eingeleitet mit «Wir meinen, dass» regelrecht erklärt wird. Der Anlass könnte eine Diskussion über den Stellenwert des ungeborenen Lebens gewesen sein. Die Formel würde demnach hier kein Zitat einleiten, sondern sich auf den zuvor angeführten Bibeltext beziehen, der auf einen neuen Fall Anwendung findet: «Und das Wort (oder: die Sache) ist (auch) geschrieben von einem schwangeren (Tier).» Es handelte sich um den Fall, dass eine schriftkonforme Auslegung der Schrift unter das Schriftzitat fiele.

Anders sieht die Sache allerdings aus, wenn man die – mit Levitikus 22,27–29 sachlich verwandte – Stelle Exodus 23,19 (par. Ex 34,26; Dtn 14,21) in der samaritanischen Fassung des Pentateuchs samt einigen aramäischen und griechischen Versionen mit in Betracht zieht. Hier findet sich in Exodus 23,19 ein seltsamer Zusatz, der das Verbot, «das Böcklein in der Mutter Milch zu kochen», als «Zorn» *(ʿæbrah)* oder «Übertretung» *(ʿaberah)* gegen den Gott Jakobs bezeichnet. Bei dem Wort *ʿbrh* handelt es sich um ein Homonym, das auch als «Schwangere, Trächtige» *(ʿabarah, ʿubbarah)* oder «ihr Fötus» *(ʿobara)* gelesen werden kann. Der Zusatz bezog sich entweder schon ursprünglich auf das Schlachten eines Fötus zusammen mit einem schwangeren Mutterschaf oder ließ sich in der Tradition leicht darauf beziehen, wie die Tempelrolle (11Q19 LII,12–14 [alte

Zählung 5–7]) und ein Fragment der Damaskusschrift (4Q270 2 ii,15) zeigen. Sollte Exodus 23,19 in «Von den Werken der Tora» mit im Blick sein, handelte es sich also doch um ein wörtliches Zitat, nur eben nicht der masoretischen, sondern einer (proto-)samaritanischen Fassung der Tora.[11]

An einer Stelle des Lehrschreibens ist ein Schriftzitat selbst Gegenstand der Torabelehrung: «Betreffend dass geschrieben steht...» (4QMMT ii,15-iii,1 [B27–33]).[12] Es geht um die legitime Opferstätte und die Frage, wo der in Levitikus 17,3–4 genannte «Eingang des Zeltes» im «Lager» gelegen ist. Das «Lager» sowie der in Deuteronomium 12 geforderte zentrale Kultort, der «Ort, den JHWH erwählt hat», werden ausdrücklich mit der Stadt Jerusalem identifiziert, was angesichts der samaritanischen Identifikation des erwählten Ortes mit dem Berg Garizim keineswegs selbstverständlich ist. Außerdem werden die beiden Schriftstellen, Levitikus 17 und Deuteronomium 12, dahingehend zum Ausgleich gebracht, dass das Heiligtum in Jerusalem der legitime Ort für die Darbringung der Opfer ist, Jerusalem als erwählter Ort, in dem das Heiligtum liegt und der Name JHWHs wohnt, jedoch ebenfalls eine besondere Stellung gegenüber den übrigen Städten («Lagern» in Levitikus 17, «Toren» in Deuteronomium 12) einnimmt. Das Lehrschreiben «Von den Werken der Tora» präzisiert damit die Auslegung von Deuteronomium 12 in der Tempelrolle, die den «Ort, den JHWH erwählen wird» (11Q19 LII,16.23 [alte Zählung 9.16]) nicht mit der ganzen Stadt, sondern nur mit dem Heiligtum identifiziert. Es schließt so die mögliche, in der späteren rabbinischen Tradition auch belegte Konsequenz aus, dass innerhalb der Stadt Jerusalem dieselben weniger strengen Regeln gelten wie in den übrigen Städten.[13]

Mit dieser Auslegung setzt das Lehrschreiben den mosaischen Diskurs fort, der in den drei gewichtigsten biblischen Gesetzeskorpora, dem Bundesbuch (Ex 20,24), dem Deuteronomium (Deuteronomium 12) und dem Heiligkeitsgesetz (Levitikus 17), sowie in der Tempelrolle (Kol. LII–LIII) über den legitimen Kultort geführt wurde. Ausgeschlossen sind damit sämtliche anderen, dem eigenen Anspruch nach ebenso legitimen JHWH-Heiligtümer im Land und in der Diaspora, das samarische Heiligtum auf dem Berg Garizim ebenso wie der Tempel von Leontopolis in Ägypten, den ein Mitglied der hohepriesterlichen Familie in Jerusalem im zweiten Jahrhundert v. Chr. gegründet hatte. Ausgeschlossen sind ebenfalls weniger strenge Auslegungen, was die Schlachtung und den Verzehr von Opfertieren in Jerusalem anbelangt.

Das Lehrschreiben nimmt damit eine besonders strikte Position in der Auslegung der Tora ein, was auch auf andere Fälle zutrifft. So gilt etwa nicht nur das Fleisch unreiner Tiere, sondern gelten auch die Haut und die Knochen als unrein und dürfen nicht zu Geräten verarbeitet werden. Die Berührung mit dem Knochen eines verstorbenen Menschen, ganz gleich, in welchem Zustand der Knochen ist, verursacht Unreinheit. Ein Gefäß, dessen Inhalt durch Ausguss der Flüssigkeit mit Unreinem in Berührung gekommen ist, gilt als unrein. Ein ungeborener Fötus im Leib eines trächtigen Opfertieres darf nicht mit dem Muttertier verzehrt, sondern muss eigens geschlachtet und als Opfer dargebracht werden. Der Aussätzige, der alle vorgeschriebenen Reinigungsriten durchlaufen hat, muss bis Sonnenuntergang warten, bis er für rein erklärt wird, selbst wenn in der Tora die Frist nicht vorgesehen ist.

Anders als in den biblischen Gesetzeskorpora, der Tempelrolle und der Damaskusschrift wird die Auseinandersetzung in dem Lehrschreiben «Von den Werken der Tora» allerdings nicht stillschweigend, sondern offen mit einem Gegenüber geführt. Dem Gegenüber, das gelegentlich mit «Ihr wisst» angesprochen und am Ende des Schreibens in der Du-Form zu Einsicht und Umkehr aufgefordert wird, tritt das «Wir aber meinen» oder «Wir aber sagen» entgegen, das die strikte Toraauslegung fordert. Der Anspruch, mit dem der Autor auftritt, ist dem der Bergpredigt Jesu im Matthäusevangelium vergleichbar: «Ihr habt gehört, dass zu den Alten gesagt ist» – «Ich aber sage euch». Hier wie dort richtet sich der Satz «Wir aber sagen» oder «Ich aber sage euch» nicht gegen die Tora, sondern setzt im Gegenteil die Tora gegen eine als zu leicht angesehene Auslegung ins Recht und verschärft sie noch. Wie es scheint, ist die Gemeinschaft von Qumran mittlerweile nicht (mehr) die einzige Gruppe, sondern sieht sich einer anderen oder mehreren Gruppen gegenüber, die sich im Rahmen des biblischen Judentums an dem mosaischen Diskurs beteiligen. Auffallend ist, dass dieses Gegenüber nicht etwa als «Frevelpriester» oder «Männer der Lüge» abgetan, sondern sehr ernst genommen wird und ein Lehrschreiben gewidmet bekommt, das auf Einigung zielt:

> Und weiter haben wir dir einiges von den Werken der Tora geschrieben, wovon wir meinen, dass sie zum Guten sind für dich und dein Volk, da wir bei dir Weisheit und Wissen der Tora gesehen haben. Bedenke dies alles und erbitte von Ihm (Gott), dass er deinen Ratschluss gerade richte und dich von den Plänen des Bösen und dem Rat Belials fernhalte, damit du dich am Ende der Zeit freust, wenn du findest, dass einige unserer Worte zutreffen. Und es soll dir angerechnet werden zur Gerechtigkeit, wenn du das Gerade und das Gute tust vor Ihm, zum Guten für dich und für Israel. (4QMMT viii,12–18 [C26–32])

Doch wer war dieses Gegenüber, an das sich das Lehrschreiben richtet, das ebenso wie die Mitglieder der Gemeinschaft von Qumran «Weisheit und Wissen der Tora» besaß und sich dem biblischen Volk «Israel» verpflichtet fühlte?

3. Jüdische Religionsparteien

In der Forschung kursiert die suggestive Spekulation (siehe Kap. II), wonach es sich bei dem Autor des Lehrschreibens «Von den Werken der Tora» um niemand anderen als den Gründer der Gemeinschaft von Qumran handelt, den «Lehrer der Gerechtigkeit», und bei dem Adressaten um den damaligen Anführer des judäischen Volkes, den Makkabäer Jonatan. Letzterer hatte nach dem erfolgreichen Aufstand gegen Antiochos IV. und dem Intersacerdotium von 159–152 v. Chr. das Amt des Hohepriesters an sich gerissen und sollte dazu veranlasst werden, die Kultpraxis am Jerusalemer Tempel im Sinne der Gemeinschaft von Qumran zu ändern, das Amt des Hohepriesters wieder an den «Lehrer der Gerechtigkeit» als den legitimen Amtsinhaber zurückzugeben und sich auf die politische Führung zu beschränken.[14]

Als Beleg für diese Hypothese hat man sich auf eine Stelle in einem späteren Pescher zu den Psalmen (4Q171) berufen. Darin heißt es zur Stelle von Psalm 37,32–33, dass der «Frevelpriester» ein Attentat auf den «Lehrer der Gerechtigkeit» geplant hatte, «um ihn zu töten, und zwar [wegen Reichtum]s und der Tora, die dieser ihm gesandt hatte». Sollte die unsichere Konjektur «wegen Reichtums» zutreffen, könnte es sich um den Tempelschatz handeln, über den der amtierende Hohepriester *(ha-kohen ha-ro'sch*, verballhornt als *ha-kohen ha-rascha'*, «Frevelpriester»*)* verfügen konnte und den er unter Missbilligung des «Lehrers» für seine militärischen Unternehmungen nutzte. Für die «Tora» oder «Weisung», die ihm von dem «Lehrer der Gerechtigkeit» gesandt wurde, hat man den Schluss gezogen, dass es sich um nichts anderes als das Lehrschreiben «Von den Werken der Tora» handelte, das allerdings sein Ziel verfehlt und im Gegenteil zur vertieften Feindschaft zwischen Jonatan und dem «Lehrer der Gerechtigkeit» geführt habe.

Man kann diese attraktive These nicht ausschließen, aber auch nicht beweisen, da sie mit zu vielen Unbekannten und methodisch fragwürdigen Zusatzannahmen wie der Identifikation des «Lehrers» mit dem rechtmäßigen Hohepriester und der Zuständigkeit des Hohepriesters für die Auslegung der Tora behaftet ist. Auch die Tatsache, dass das Lehrschreiben in mehreren Kopien enthalten ist, bedarf der Erklärung und könnte darauf hindeuten, dass es vielleicht an mehrere Adressaten versandt wurde und internen Zwecken diente, bevor einige Kopien im Zuge der Notlagerung während der römischen Besatzung in Höhle 4 von Qumran gelangten. Auf alle Fälle sollte die Frage, in welche historische Konstellation das Schreiben gehört und wer sich möglicherweise hinter Absender und Adressat verbirgt, nicht vorschnell auf eine passend erscheinende historische Situation bezogen, sondern anhand der Angaben im Text selbst beantwortet werden.

Der oder die Absender des Schreibens vertreten eindeutig die Position der Gemeinschaft von Qumran, und zwar in einem fortgeschrittenen Stadium der Entwicklung dieser Gemeinschaft und der Auslegung der Tora, wie es auch in den späten Partien der Gemeinschaftsregel und insbesondere in der Damaskusschrift zu greifen ist. Des Weiteren setzt die gesamte Argumentation in dem Lehrschreiben voraus, dass auch der oder die Adressaten ernsthaft mit der Auslegung der Tora befasst sind und nicht etwa zum «Rat der Gottlosen» gehören, der sich darum nicht kümmert, und dass Absender und Adressat bei allen Meinungsverschiedenheiten gewisse Grundannahmen teilen. Dies ist auch dem oben zitierten Schluss des Lehrschreibens zu entnehmen, der dem Adressaten ausdrücklich «Weisheit und Wissen der Tora» bescheinigt. Demselben Passus ist schließlich zu entnehmen, dass der Adressat eine führende Position einnimmt, in der er für «sein Volk» bzw. «für Israel» verantwortlich ist.

Sieht man sich in der Geschichte des zweiten und ersten Jahrhunderts v. Chr. um, kommen tatsächlich am ehesten die Makkabäer, die aus der Priesterfamilie des Hasmon stammen und darum auch Hasmonäer heißen, als Adressaten in Frage. Soweit wir sehen, haben sie zum ersten Mal die Tora zum Fundament der Herrschaft über ein politisch selbstständiges Territorium und ein Volk mit dem biblischen Namen «Israel» gemacht. Wie es vor dem Aufstand der Makkabäer um die Mitte des zweiten Jahrhunderts v. Chr. in Jerusalem und an den anderen Tempeln im Land und in der Diaspora ausgesehen hat, wissen wir nicht. Hier dürfte ebenso wie in der breiten Bevölkerung nach wie vor das nichtbiblische Judentum tonangebend gewesen sein, das schwer zu greifen ist, aber auch danach sicher nicht plötzlich zu existieren aufgehört hatte. Während des Aufstandes und nach dem Sieg der Makkabäer (Hasmonäer) über die seleukidische Herrschaft etablierten sich jedoch die religiösen Parteien, die künftig das Feld beherrschten. Da sind zunächst die Gruppen, die aus dem biblischen Judentum hervorgegangen sind und eine strenge Toraobservanz vorlebten. Dazu gehörten die «Frommen» (Chasidim, Asidäer), die Essener und die – mit beiden vielleicht verbundene, ihnen jedenfalls nahestehende – Gemeinschaft von Qumran. Daneben gab es die Priesterklasse der Sadduzäer, die sich teilweise ebenfalls dem biblischen Judentum angeschlossen haben, sowie die Pharisäer, die unter der politischen Führung der Hasmonäer die Tora am Jerusalemer Tempel implementierten, aber auch für das breitere Volk erklärten und für das alltägliche Leben praktikabel machten. Später kamen die Zeloten und Freiheitskämpfer gegen Rom sowie die frühen Christen hinzu.

Vor diesem historischen Hintergrund ist es vorstellbar, ja höchst wahrscheinlich, dass die Auslegung der Tora ab der zweiten Hälfte des zweiten Jahrhunderts v. Chr. zum Gegenstand von Auseinandersetzungen zwischen den einzelnen Religionsparteien und sozialen Gruppen wurde. Das Lehrschreiben «Von den Werken der Tora» ist in dieser Hinsicht überaus erhellend. So hat sich gezeigt, dass die Position, gegen die es argumentiert, in vielen Punkten der pharisäischen Auslegung der Tora entspricht, die sich in der späteren rabbinischen Tradition durchgesetzt hat. Demgegenüber befindet sich das Lehrschreiben selbst in auffallender Übereinstimmung mit der Position, die in den späteren rabbinischen Quellen als «sadduzäisch» bezeichnet wird. Ist die Gemeinschaft von Qumran also nicht mit den Essenern, sondern mit den Sadduzäern zu identifizieren?[15]

Gegen eine vorschnelle Identifizierung spricht der Umstand, dass der Begriff der «Sadduzäer» in den alten Quellen recht schillernd gebraucht wird.[16] Laut Josephus handelte es sich um eine eher pragmatische, dem Wortlaut der Tora verpflichtete, aber auch gegenüber dem Hellenismus aufgeschlossene und den Hasmonäern gegenüber loyale Priesterklasse am Jerusalemer Tempel. In rabbinischen Quellen erscheint der Begriff «Sadduzäer» *(ṣadduqin)* neben «Boethusier» *(baitusin)* als Sammelbegriff für die Häretiker und umfasst Positionen, die der pharisäischen (rabbinischen) Richtung *(peruschin)* widersprechen und in manchem eher auf die Essener und die Gemeinschaft von Qumran zutreffen. Der Grund für die unterschiedlichen Charakterisierungen ist, dass es sicher solche und andere Sadduzäer wie auch solche und andere Pharisäer, Essener oder Angehörige der Gemeinschaft von Qumran gegeben haben wird. Außerdem ist zu bedenken, dass die Quellen, die uns zur Verfügung stehen (Josephus, das Neue Testament und die rabbinische Tradition), die verschiedenen Gruppen nicht neutral, sondern jeweils in ihrer Zeit und aus ihrer Perspektive beschreiben und, sofern sie diese überhaupt erwähnen, aus polemischen Gründen verzerrt darstellen.

Nach allem könnte es, sofern es sich bei dem Lehrschreiben um einen wirklichen Brief gehandelt hat, so gewesen sein, dass sich ein Vertreter der Gemeinschaft von Qumran an das Herrscherhaus der Hasmonäer oder eher an eines oder mehrere Lehroberhäupter der für sie tätigen Sadduzäer und/oder Pharisäer gewandt hat, um sie in Lehrstreitigkeiten «über einige Werke der Tora» für die eigene, strengere Position zu gewinnen. Dabei kann offen bleiben, ob der Autor an eine genuin «sadduzäische» Position erinnert, mit der er die Sadduzäer am Jerusalemer Tempel gewinnen und gegen die Pharisäer stärken wollte, oder eine genuin qumranische Position vertritt, die sich gegen die herrschende «pharisäische» Richtung von Sadduzäern und Pharisäern am Jerusalemer Tempel richtete.

Angesichts des Selbstverständnisses der Gemeinschaft von Qumran als Umkehrbewegung und wahres Israel, das in Distanz, wenn nicht Opposition zum überwiegenden Teil des Judentums steht, mag es erstaunen, dass sie mit den führenden Eliten von Jerusalem (Hasmonäern, Sadduzäern und Pharisäern) überhaupt Kontakt aufgenommen haben soll. Ganz so abwegig, wie es auf den ersten Blick erscheint, ist der Gedanke jedoch nicht. Unter den Texten von Qumran hat sich überraschenderweise ein Preislied auf einen König namens Jonatan erhalten, den manche mit besagtem Jonatan (160–143 v. Chr.) identifizieren, der zwar der erste hasmonäische Hohepriester, aber noch kein König war, andere mit Alexander Jannaios (103–76 v. Chr.), der den Königstitel trug und auf Münzen Jonatan heißt (siehe Tafel 11).

Der viel beachtete Lederbogen (4Q448), der erst im Jahr 1992 bekannt wurde, ist der Anfang eines ansonsten nicht erhaltenen Schriftstückes, das im oberen, mit nur einer Kolumne beschriebenen Register einen apokryphen Halleluja-Psalm, eine Variante des aus der Psalmenrolle 11QPs[a] und der syrischen Überlieferung bekannten Psalms 154, enthält. Im unteren Register befinden sich – in anderer Schrift – zwei schmalere Kolumnen mit einem Gebet, das an zwei Stellen den Namen Jonatan nennt, beim ersten Mal ganz sicher mit dem Zusatz «der König»: «Erwache, Heiliger, für Jonatan den König und die ganze Versammlung Deines Volkes Israel!»

Der Text wirft viele Fragen auf und ist in der Forschung höchst umstritten. So wissen wir nicht, wer ihn verfasst hat, ob er überhaupt in der Gemeinschaft von Qumran entstanden ist oder aus einer anderen Quelle stammt. Nicht nur die Identität des «Königs Jonatan» ist umstritten, sondern auch die Frage, ob der Text für oder gegen Jonatan sei. Darf man den Text jedoch mit der Gemeinschaft von Qumran in Verbindung bringen und folgt der üblichen Deutung als «Preislied für Jonatan», wofür vieles spricht, wirft er ein neues Licht auf das Verhältnis zu den Hasmonäern.

Handelte es sich bei dem Adressaten um den älteren Jonatan[17] und sollte es sich nicht nur um eine nichtssagende captatio benevolentiae handeln, könnten ihm seine Erfolge gegen die herrschende Jerusalemer Aristokratie, die «Hellenisten», und die anfängliche Freude darüber, dass die Makkabäer ihren Kampf im Namen der Tora führten, die Sympathien der Gemeinschaft von Qumran eingetragen haben. In diesem Fall müsste man allerdings darüber hinweggesehen haben, dass auch der Makkabäer Jonatan in der Hauptsache politisch taktierte und mit den hellenistischen Seleukiden gemeinsame Sache machte, um seine Familie der Hasmonäer an die Macht zu bringen, sowie schließlich mit Unterstützung der Seleukiden das Amt des Hohepriesters besetzte, obwohl er dazu durch seine Herkunft nicht berechtigt war. Im Übrigen trug er noch nicht den Titel «König».

Für den späteren König und Hohepriester Alexander Jannaios sprachen aus der Sicht der Gemeinschaft von Qumran seine militärischen Erfolge gegen die seleukidische Fremdherrschaft und sein feindliches Verhältnis zu den Pharisäern, das er laut Josephus am

Ende seines Lebens aus taktischen Gründen allerdings wieder zu glätten versucht haben soll. Sein brutales Vorgehen gegen Aufständische im eigenen Volk, von denen er achthundert bei lebendigem Leib kreuzigen ließ,[18] wird von der Gemeinschaft von Qumran in ihrem Kommentar zum Buch Nahum (4QpNah 3–4 i,5–6) – über Josephus hinaus – auf die Pharisäer bezogen. Das Vorgehen von Alexander Jannaios, der mit dem «Zorneslöwen» aus Nahum 2,13 identifiziert wird und am Ende selbst von Gott zur Rechenschaft gezogen werden soll, wird nicht ausdrücklich befürwortet, aber auch nicht als solches verurteilt. Zu alldem passt die antipharisäische Tendenz in dem Lehrschreiben. Es könnte also durchaus sein, dass die Gemeinschaft von Qumran die Gunst der Stunde genutzt hat, in der die Pharisäer bei den Hasmonäern in Ungnade gefallen waren, um die Hasmonäer von ihrer Interpretation der Tora zu überzeugen.

Vor diesem Hintergrund rückt die Vermutung eines hasmonäischen Adressaten des Lehrschreibens «Von den Werken der Tora» zumindest in den Bereich des Möglichen. So hat man sogar vermutet, dass das Gebet für Jonatan der verlorene Anfang des Lehrschreibens sei.[19] Auch wenn diese Annahme sehr gewagt und vielleicht ein wenig zu spekulativ ist, weist sie doch auf die Besonderheit, die beide Texte – neben einer Reihe paläographischer und sprachlicher Erscheinungen – gemeinsam haben: ein positives bis freundliches Verhältnis zu herrschenden Eliten und Autoritäten ihrer Zeit, in denen man am ehesten die Hasmonäer und die sie tragenden Religionsparteien der Sadduzäer und Pharisäer erkennt, wer auch immer sich historisch hinter dem «Ihr» und dem «Du» im Lehrschreiben sowie «dem König Jonatan» in dem «Preislied für Jonatan» verbergen mag.

So gab es Momente oder Phasen in der Geschichte der Gemeinschaft von Qumran, in denen sie den Kontakt zum hasmonäischen Herrscherhaus und seinen religiösen Autoritäten suchte, um sich über die richtige Auslegung der Tora zu einigen. Nach allem, was wir wissen, hatte dies wenig Erfolg, was zur Verhärtung der Fronten und einer zunehmenden Weltflucht in der Gemeinschaft von Qumran führte. Das Lehrschreiben, dessen Abschriften aus herodianischer Zeit stammen, wurde vermutlich innerhalb der Gemeinschaft weiter als Orientierung für Lehre und Leben verwendet.

Ebenso wie die Tempelrolle, die Damaskusschrift und viele andere Dokumente unter den Schriftrollen vom Toten Meer rechnet auch das Lehrschreiben mit einer aktiven Teilhabe am Jerusalemer Tempelkult. Solange dort die Tora nicht in der Weise Anwendung fand, wie es die Gemeinschaft von Qumran verlangte, war dies für die Mitglieder der Gemeinschaft und gleichgesinnten Gruppen jedoch unmöglich. Als Ersatz dafür betrachteten sie das «Heiligtum von Menschen» (4Q174 1–2 i,6), das heißt das Praktizieren der Tora im Leben der Gemeinschaft, und die Teilhabe am himmlischen Kult (siehe Kapitel IX). Doch der Tempel in Jerusalem, der von den Hasmonäern und den sie tragenden Priestern und Schriftgelehrten kontrolliert wurde, gehört nun einmal zum Ideal des biblischen Israel, und so blieben die Vorstellung und der Wunsch nach Teilhabe am Jerusalemer Tempelkult im Denken der Gemeinschaft von Qumran präsent und wurden nie aufgegeben.

Welchen Stellenwert Jerusalem und der Tempel für die Gemeinschaft besaß und welche Hoffnungen sie damit verknüpfte, geht aus der eschatologischen Vision des «Neuen Jerusalem» (4Q554–555, 11Q18) hervor, einem aramäischen Text, von dem wir zwar nicht wissen, ob er von der Gemeinschaft selbst verfasst wurde, der sich aber unter den Beständen der von ihr tradierten Schriftrollen befand. Während die Tempelrolle wie ihre biblischen Vorlagen im Pentateuch einen zwar idealen, aber in der biblischen Geschichte verorteten Tempelbau beschreibt, steht der Text des «Neuen Jerusalem» in der Tradition der utopischen Entwürfe der heiligen Stadt und des Tempels, wie sie in Ezechiel 40–48 begegnet. Der Visionär wird – vermutlich von einem Engel – von außen nach innen durch die Anlage der Stadt und die vielen heiligen Tore und Hallen geführt, für die genaue Maße angegeben werden. Leider ist der Text stark zerstört. Nur in einem Fragment (4Q554 2 iii) wird deutlich, dass in der eschatologischen Schau auch den feindlichen Völkern (Edom, Moab, Ammon, Babylon) eine bestimmte Rolle zukommt. Der Text erinnert von Ferne an die Vision vom Neuen Jerusalem in der Apokalypse des Johannes im Neuen Testament (Kapitel 21–22), in der allerdings Gott selbst der Tempel ist und er und «das Lamm» (Christus) – wie in Jesaja 60 Zion–Jerusalem – die Erde mit seiner Herrlichkeit erleuchten, so dass die Völker der Erde in seinem Licht wandeln und der Stadt ihren Tribut zollen.

VII. «Wir und unsere Väter vor uns» Die Aneignung der heiligen Geschichte

1. Die heilige Geschichte

Die Gemeinschaft von Qumran ist aus Kreisen des antiken Judentums hervorgegangen, die dem Gesetz des Mose, der Tora, verpflichtet waren und es sich zur Aufgabe machten, ihr Leben nach der Tora auszurichten und in Juda und Samaria für sie einzutreten. Wie es scheint, waren diese Kreise und so auch die Gemeinschaft von Qumran nach dem Vorbild griechischer Vereine organisiert. Mit der Zeit entwickelte sie sich zu einer Umkehrbewegung, die sich selbst als das biblische Israel verstand und für sich in Anspruch nahm, ganz «Israel» zu repräsentieren. Neben der Tora gewannen so auch die Schriften der Propheten an Bedeutung, die sowohl die geschichtlichen Bücher Josua, Richter, Samuel und Könige als auch die eigentlichen Propheten umfassen: die drei großen (Jesaja, Jeremia, Ezechiel) und die zwölf kleinen Propheten (Hosea, Joel, Amos, Obadja, Jona, Micha, Nahum, Habakuk, Zefanja, Haggai, Sacharja, Maleachi). Auch Daniel und David, der als der Verfasser der Psalmen galt, wurden unter die Propheten gerechnet.

Im Zusammenhang gelesen, erzählen die fünf Bücher Mose, gefolgt von Josua bis Könige, eine *historia sacra*, die «heilige Geschichte» des Gottes JHWH und seines Volkes Israel von der Schöpfung bis zum Untergang des Reiches Juda. Die Propheten begleiten diese Geschichte und kommentieren sie, rufen zum Gehorsam gegen Gott auf und geben einen Ausblick auf den Ausgang der Geschichte nach der Katastrophe. Die parabiblische Literatur knüpft an diese heilige Geschichte an, reformuliert sie, schmückt sie aus und schreibt sie bis in die je eigene Zeit hinein fort. In der späteren rabbinischen Tradition setzt sich dieser Vorgang fort und heißt Haggada.

Es ist diese in den biblischen Büchern erzählte heilige Geschichte, die auch von der Gemeinschaft von Qumran vergegenwärtigt wird, um die eigene Identität als Israel zu definieren und der Umkehr zur Tora eine geschichtliche Begründung zu geben. Das Lehrschreiben «Von den Werken der Tora» bringt den Sachverhalt auf den Punkt (siehe Tafeln 8 und 9). Dem Adressaten, der auf seine Verantwortung für «sein Volk» und «das Volk Israel» angesprochen wird, werden die «Werke der Tora» mitgeteilt, «damit du Einsicht gewinnst in das Buch des Mose und in die Bücher der Propheten (und des David)». Dementsprechend folgt auf die Halacha nach dem «Buch des Mose» eine Schlussparänese, die an die Geschichte Israels von den «Tagen Salomos, des Sohnes Davids» und den «Tagen Jerobeams, des Sohnes Nebats, bis zur Wegführung Jerusalems und Zedekijas, des Königs von Juda» erinnert und in den «Propheten» zu finden ist: «Gedenke der Könige Israels und bedenke ihre Taten», und: «Gedenke des David, der ein Mann der Gnaden war, er wurde gerettet aus vielen Nöten und ihm wurde Vergebung zuteil.»[1]

Folgt man der von Hartmut Stegemann und John Strugnell – gegen den Herausgeber Elisha Qimron – vorgeschlagenen materiellen Rekonstruktion und Anordnung der Fragmente, setzt die Schlussparänese mit einem Geschichtsrückblick ein (4QMMT vi,5–12 [C18–24], gefolgt von Kol. vii,13–viii,18 [C1–18.25–32]). Nicht von ungefähr erinnert das Lehrschreiben den Anführer des Volkes an die Zeit der Könige Israels, die in zwei Epochen eingeteilt wird: die Epoche der Segnungen im vereinten Großreich Israel unter David und Salomo (1 Samuel 16 – 1 Könige 11) und die Epoche der Flüche von Jerobeam bis Zedekija, von der Trennung der beiden Reiche Israel und Juda (1 Könige 12) bis zum Untergang Judas und Jerusalems (2 Könige 25). Die Geschichte der Könige wird somit unter dem Vorzeichen von Segen und Fluch betrachtet, die Mose im Buch Deuteronomium (Kapitel 28–32) für die Zukunft des Volkes im gelobten Land angekündigt hat, je nachdem, ob Israel die Tora halten würde oder nicht.

> [...] in den Tagen Salomos, des Sohnes Davids, und auch die Flüche, [die] eingetreten sind in den Tagen [Jero]beams, des Sohnes Nebats, und bis zur Wegführung Jerusalems und Zedekijas, des Königs von Juda, [die] Er (Gott) bringen wird [...]. Und wir wissen, dass einige der Segnungen und der Flüche eingetreten sind, wovon geschrieben steht im B[uch des Mos]e, und dies ist das Ende der Tage, die kommen werden über Israel/da sie umkehren werden in Israel zu [der Tora? ...]. Und sie werden nicht wieder zurückweichen, und die Frevler werden frevelhaft [handeln]/als Frevler [behandelt] werden (Dan 12,10) und [...]. Gedenke der Könige Israe[ls] und bedenke ihre Taten: Wer von ihnen ist ehrfürchtig gewesen [...], wurde aus ihren Bedrängnissen gerettet [und sie sind Erforscher?] der Tora. (4QMMT vi,5–12 [C18–24])

Und so schließt sich der Kreis zu dem Lehrschreiben selbst: Wie einst das Volk Israel und die Könige Israels und Judas, so steht nun auch der Anführer «seines Volkes» vor der Entscheidung, sich zu bekehren und die Tora – in der im Lehrschreiben «Von den Werken der Tora» empfohlenen Auslegung – zu halten oder zu verwerfen und, je nachdem, den Segen oder den Fluch des Mose auf sich und sein Volk zu ziehen. Denn beide sind in der Zeit der Könige Israels zwar bereits eingetreten, weisen aber schon im Deuteronomium selbst (Dtn 30,1–3; 32,29) und ebenso nach dem Lehrschreiben, das hierfür auch Daniel (12,10) anklingen lässt, über die Zeit der Könige Israels hinaus auf die Gegenwart und Zukunft «am Ende der Tage». Mit der Geschichte Israels tut sich zugleich der Blick in Gegenwart und Zukunft «Israels» auf.

> Wir haben dir [geschrieben], damit du Einsicht gewinnst in das Buch des Mose [und] in die Bücher der Propheten und in Dav[id? ...] von Geschlecht zu Geschlecht. Und in dem Buch/Brief steht geschrieben [... für] dich und die früheren Dinge [... für] dich. Und es steht auch geschrieben (Dtn 31,29), dass Du [abweichen] wirst von dem Wege und dir das Unheil widerfährt. Und es steht geschrieben (Dtn 30,1–3): Und es wird geschehen, wenn über dich kommen werden alle diese Dinge am Ende der Tage, der Segen [und] der Fluch, [dann wirst du es] dir zu Herz[en nehmen] und du wirst umkehren zu Ihm (Gott) mit deinem ganzen Herzen und mit [deiner] ganzen Seele am Ende [der Tage ... im Buch] des Mose und in den Büche[rn der Prophet]en, dass sie kommen werden [...] Sünden. Gedenke des David, der ein Mann der Frommen war, [und] auch er [wurde geret]tet aus vielen Nöten und ihm wurde Vergebung zuteil. (4QMMT viii,2–12 [C10–26])

Das Lehrschreiben knüpft damit nahtlos an das historiographische Grundprinzip im Buch Deuteronomium und der biblischen Geschichte insgesamt an. Denn auch sie will nicht nur erzählen, wie es einmal war, sondern vergegenwärtigt die Geschichte Israels, um den Adressaten und Lesern ihre Gegenwart und Zukunft vor Augen zu halten. So etwa erinnert Deuteronomium 5 an den Bund Gottes am Sinai (Horeb), doch «nicht mit unseren Vätern hat er diesen Bund geschlossen, sondern mit uns, die wir heute hier sind und alle leben». In der historischen Fiktion des Buches Deuteronomium ist damit die Generation gemeint, die den Sinai sowie den Tod der Generation in der Wüste hinter sich und den Eintritt in das gelobte Land vor sich hat. In der Rezeption des Buches ist jede Generation gemeint, wo und wann auch immer sie das Buch aufschlägt und darin liest: «Nicht mit unseren Vätern hat er diesen Bund geschlossen, sondern mit uns, die wir heute hier sind und alle leben.»

Die Erinnerung der Geschichte ist aus ihrem Verlust erwachsen. Die Zerstörung Samarias (720 v. Chr.) und Jerusalems (587 v. Chr.) bedeutete das Ende der Geschichte für die beiden Reiche Israel und Juda und für ihre geographisch, politisch und religiös begründete Symbiose mit dem Reichsgott JHWH. Wie in vergleichbaren Fällen, etwa bei den Nachbarn Ammon und Moab, hätte es auch in Israel und Juda an nichts weiter als die Vergangenheit zu erinnern gegeben, hätten nicht die Propheten bzw. diejenigen, die für die Überlieferung ihrer Worte verantwortlich waren, im Laufe des siebten Jahrhunderts v. Chr. damit begonnen, zunächst für Israel, anschließend, im sechsten Jahrhundert, auch für Juda das Ende der Geschichte zum Willen des Gottes JHWH zu erklären. Indem JHWH selbst die Geschichte der beiden Reiche für beendet erklärte, wurde das Ende zum Anfang einer neuen Geschichte: der Geschichte des Gottes JHWH mit seinem Volk «Israel», das Israel und Juda umfasst. Es musste das Gericht Gottes über sich ergehen lassen, weil es das Volk JHWHs ist und immer bleiben wird. Im Rahmen der biblischen Überlieferung wurde diese neue Geschichte in die Vergangenheit verlegt, um aus ihr eine neue Perspektive für die Gegenwart und Zukunft nach dem Gericht zu gewinnen. Die literarische Entwicklung, die damit in Gang gesetzt wurde, könnte man den «Israel-Diskurs» nennen.

Die Ausformulierung dieser neuen Geschichte oder *historica sacra* in den Schriften der Hebräischen Bibel ging in mehreren Etappen vor sich.[2] Zunächst wurden Lokaltraditionen von einzelnen Stämmen, Familien, Städten und aus unterschiedlichen politischen Regionen gesammelt und aus ihnen über mehrere Zwischenstufen eine fortlaufende Geschichtserzählung in den Büchern Genesis bis Josua konstruiert, die von der Schöpfung des Menschen über die Erzväter und den Exodus aus Ägypten unter Mose bis zur Landnahme unter Josua reichte. In dieser Erzählung wurde Jakob zum Stammvater der zwölf Stämme, einschließlich Judas, erklärt und in «Israel» umbenannt (Gen 32,29; 35,10), in dem sich die Segensverheißung an Abraham (Gen 12,1–3) erfüllen sollte (Gen 28,13–15). Die Umbenennung Jakobs in «Israel» kreiert eine neue Identität und ist die Geburtsstunde des biblischen «Israel».

Mehr oder weniger gleichzeitig wurden in diesem Sinne auch die Überlieferungen über die beiden Reiche Israel und Juda in den Büchern Samuel (bis einschließlich 1 Könige 2) zu einer fortlaufenden Geschichtserzählung zusammengestellt. In ihr werden David und Salomo, die Könige von Juda, als legitime Nachfolger Sauls, des ersten Königs von Israel, dargestellt, um die Einheit «Israels» auch politisch zu begründen. Beide Erzählungen, die Volksgeschichte und die Geschichte des Königtums, sind Ursprungserzählungen, also Mythen, die in den Anfang verlegen, was in der Geschichte der beiden Reiche nicht galt, aber in der Gegenwart und Zukunft gelten soll.

Dasselbe trifft auf das Gesetz zu, das den Bund zwischen Gott und seinem Volk Israel stiftet und nach und nach Eingang in die historische Erzählung über das Volk Israel und die beiden Reiche Israel und Juda gefunden hat (siehe Kapitel VI). Unter dem Einfluss des Gesetzes wurden die historischen Überlieferungen vielfältig bearbeitet und zu einer Großerzählung verbunden, die von der Schöpfung der Welt (Genesis 1) bis zum Untergang des Reiches Juda (2 Könige 25) reicht. Als Scharnier zwischen der Volksgeschichte in den

Büchern Genesis bis Josua und der Geschichte des Königtums in den Büchern Samuel und Könige dient die eigens dafür konstruierte Epoche der Richter Israels im Richterbuch.

Die Geschichte wurde daran bemessen, ob das Volk und die Könige Israels und Judas das Gesetz in seinen mannigfachen – deuteronomisch-deuteronomistischen und priesterlichen – Ausprägungen gehalten haben oder nicht. Der Identität des einen Volkes «Israel» entspricht die Identität des einen Gottes JHWH: «Höre Israel, JHWH ist unser Gott, JHWH ist einer» (Dtn 6,4), und: «Ich bin JHWH, dein Gott, der dich aus Ägypten, dem Sklavenhaus, herausgeführt hat, du sollst keine anderen Götter haben neben mir» (Exodus 20, Deuteronomium 5). Der Ausgang, das Ende der Geschichte der beiden Reiche, stand fest und diente als Beweis dafür, dass Gesetz und Bund Gottes (Genesis 17, Exodus 24, Exodus 34, Levitikus 26, Deuteronomium 28–29) bis auf wenige Ausnahmen nicht gehalten wurden. Sowohl die Übertretung des Gesetzes und ihre katastrophalen Folgen für Israel und Juda als auch die Ausnahmen sind aus der Perspektive der nachfolgenden Generationen formuliert. Die Geschichte wird vergegenwärtigt, um Maßstäbe für Gegenwart und Zukunft zu etablieren und den Bund zu erneuern: «Nicht mit unseren Vätern hat er diesen Bund geschlossen, sondern mit uns, die wir heute hier sind und alle leben.»

An diesem Punkt des Israel-Diskurses innerhalb der Hebräischen Bibel setzt das Lehrschreiben «Von den Werken der Tora» an, das auf «das Buch des Mose und die Bücher der Propheten (und des David)» verweist. In der Forschung hat man zu Recht darauf hingewiesen, dass sich unter den biblischen Manuskripten von Qumran überwiegend die Tora, die hinteren Propheten (Jesaja, Jeremia, Ezechiel und die Zwölf) und der Psalter finden, doch nur verhältnismäßig wenige Fragmente und Exemplare der vorderen Propheten (Josua, Richter, Samuel und Könige). Aber wie die zahlreichen Fragmente des Buches Samuel belegen, dürfte der Befund eher dem Zufall der Erhaltung als einer Geringschätzung und absichtlichen Vernachlässigung der historischen Bücher durch die Gemeinschaft von Qumran zuzuschreiben sein. Im Übrigen war den Schreibern der Verlauf der heiligen Geschichte auch aus anderen Quellen bekannt, den Psalmen (Psalm 104–106 oder 135–136), Bußgebeten wie Daniel 9 (vgl. auch Esra 9, Nehemia 9, 4Q504) oder dem «Lob der Väter» im Buch des Ben Sira (Sirach 44–49), die unter den Handschriften vom Toten Meer belegt sind. Die Schlussparänese des Lehrschreibens «Von den Werken der Tora» beweist ebenso wie die geschichtlichen Paränesen in der Damaskusschrift, dass man in der Gemeinschaft von Qumran mit der biblischen Geschichte vertraut war und aus ihr die Lehren für die eigene Gegenwart zog.

2. Die Reformulierung der heiligen Geschichte

Die Kenntnis der heiligen Geschichte beruhte in der Gemeinschaft von Qumran allerdings nicht nur auf den nachmals biblischen Büchern, sondern in gleichem Maße und mit gleicher Autorität auf den vielen parabiblischen Schriften, die die heilige Geschichte in den Büchern Genesis bis Könige auf ihre Weise reformulieren und sich dadurch zu eigen machen. Das biblische Beispiel hierfür sind die beiden Bücher der Chronik. In ihnen werden die Bücher Genesis–Richter bis einschließlich der Saulgeschichte in 1 Samuel 1–10 in Stammbäumen zusammengefasst und anschließend die Königsgeschichte Judas aus den Büchern Samuel und Könige exzerpiert und neu erzählt.[3] Auch die Chronik und die Fortsetzung der biblischen Geschichte in Esra und Nehemia sind in Qumran – aus welchen Gründen auch immer – handschriftlich nur spärlich bezeugt, obwohl die priesterlich gefärbte Neufassung und Fortschreibung der biblischen Geschichte dem Selbstverständnis der Gemeinschaft von Qumran sehr nahesteht. Dafür sind andere Werke des Typs der *rewritten bible* vielfach vertreten. Von diesen sind viele ebenso wie die biblischen Schriften nicht in der Gemeinschaft von Qumran selbst entstanden, doch bilden sie den Nährboden, aus dem die Gemeinschaft erwachsen ist, und wurden in ihr, soweit wir sehen, nicht geringer geschätzt als die später kanonisierten biblischen Bücher.

Beispiele dieser Art von «biblischer» bzw. parabiblischer Literatur haben wir bereits kennengelernt. Eines ist das Jubiläenbuch, das vollständig nur in jüngeren äthiopischen (christlichen) Fassungen überliefert ist und von dem sich Fragmente des hebräischen Originals in Qumran gefunden haben. Im Rahmen der Sinaiperikope von Exodus 19–24 wird darin die Geschichte von Adam bis zum Auszug aus Ägypten, literarisch gesprochen von Genesis 1 bis Exodus 14, neu erzählt und dabei das Gesetz vom Sinai in die vormosaische Zeit eingetragen. So etwa muss Abraham zunächst einmal den alten Glauben an die Götter seiner Väter ablegen, sich zu dem einen Gott bekehren und von den Engeln die Sprache Gottes, das Hebräische, erlernen, bevor er in Genesis 12,1–3 von Gott berufen wird, sein Land zu verlassen und in das gelobte Land zu ziehen.[4] Im Buch Genesis lesen wir, wie Abraham auf seinem Weg durch das gelobte Land fast überall, wo er hinkommt, einen Altar baut und den Namen Gottes anruft. Im Jubiläenbuch kann man nachlesen, was man im biblischen Text vergeblich sucht: Abraham bringt auf dem Altar ein Opfer dar und spricht ein Gebet, so, wie es das Gesetz des Mose vorschreibt.

Das Werk wird mit einem Geschichtsüberblick eingeleitet, der weit über die Zeit Abrahams und Moses hinaus bis zum Babylonischen Exil und zur Wiederherstellung Israels am Ende der Zeiten blickt. Ähnliche Ausblicke bis in die Gegenwart des Verfassers, die Zeit der makkabäischen Erhebung gegen Antiochos IV. im zweiten Jahrhundert v. Chr., begegnen auch an anderen Stellen im Jubiläenbuch und machen deutlich, dass das Erinnern an die biblische Geschichte auf die eigene Gegenwart und Zukunft zielt. Auch der Lauf der Zeiten folgt dem Gesetz. Er wird nach Sabbaten berechnet, also nach der Zeiteinheit, die der Welt seit ihrer Schöpfung in sieben Tagen innewohnt und die Grundlage für das Sabbatgebot darstellt: 7 Tage zählt eine Woche, 52 Wochen ein Jahr von 364 Tagen, 7 Jahre bilden eine Jahrwoche, 7 Jahrwochen, 49 Jahre, ein Jubiläum, das heißt ein Jubeljahr, nach dem gemäß Levitikus 25 alle Sklaven befreit werden. Im Jubiläenbuch ist aus dem 50. Jahr das 50. Jubiläum geworden, in dem Israel aus der Knechtschaft Ägyptens befreit wird und das Land betritt – doch nicht das Israel der Vergangenheit, sondern der Gegenwart und der Zukunft. Es ist das «Israel» des zweiten Jahrhunderts v. Chr., für das der Verfasser des Jubiläenbuchs schreibt. Die Gemeinschaft von Qumran, die zu derselben Zeit lebte, ließ sich davon ansprechen und zitierte das «Buch der Einteilungen der Zeiten nach Jubiläen und Jahrwochen» in der Damaskusschrift (CD XVI,3–4), so, als würde sie die biblische Erzählung zitieren.

So wie Abraham, der erst einmal Hebräisch lernen musste, bevor er Gott verstehen konnte, ging es vermutlich den meisten Mitgliedern der Gemeinschaft von Qumran und ihren Zeitgenossen. Wir wissen nicht, ob das Hebräische in ihrer Zeit noch eine gesprochene Sprache oder – wie das Lateinische im Mittelalter und bis ins neunzehnte Jahrhundert – nur die Sprache der heiligen Schriften sowie der Priester und Gelehrten war. In der persischen Zeit setzte sich das dem Hebräischen verwandte Aramäische als Verwaltungssprache wie auch als gesprochene Sprache durch. In hellenistischer Zeit kam das Griechische, später das Lateinische hinzu. Daher verwundert es nicht, dass die biblischen und parabiblischen Schriften auch ins Aramäische und Griechische übersetzt wurden. So haben sich in Qumran eine aramäische Übersetzung (Targum) des Buches Hiob (11Q10, 4Q157) und die griechische Übersetzung der Zwölf Propheten (8HevXII gr) erhalten. Manche Bücher wurden in zwei Sprachen überliefert, wie das Buch Tobit, von dem sowohl aramäische als auch hebräische Fragmente gefunden wurden (4Q196–199 und 4Q200). Der Pentateuch ist in allen drei Sprachen, Hebräisch, Aramäisch (4Q156) und Griechisch (4Q119–122), belegt.

Aber auch Reformulierungen, Paraphrasen und Fortschreibungen biblischer Texte wurden sowohl in hebräischer als auch in aramäischer Sprache vorgenommen. Gelegentlich fühlt man sich dabei an den Sprachwechsel und die aramäischen Partien in Esra und Daniel erinnert. Das ist etwa in dem aramäischen «Gebet des Nabonid» (4Q242) der Fall.[5] Es handelt sich um eine Variante der Erzählung von der Belehrung des babylonischen Königs Nebukadnezar in Daniel 4–5, in der der babylonische König allerdings nicht Nebukadnezar, sondern Nabonid heißt, der der letzte neubabylonische König und tatsächlich der Vater des durch Heinrich Heine berühmt gewordenen Belsazar war. An die babylonisch-medischen Hofgeschichten des Danielbuches (Daniel 1–6) und das persische Kolorit in Esra-Nehemia und Ester erinnert eine aramäische Erzählung über Juden am Hof des Königs Dareios (4Q550–550e).

Ob der Sprachunterschied auch inhaltlich oder im Blick auf die Autorität der Texte etwas zu bedeuten hat, ist schwer zu sagen.[6] Auf den ersten Blick scheint es so, dass Apokryphen und Pseudepigraphen, die biblische Stoffe wiedergeben und Themen wie Israel und das Gesetz behandeln, in hebräischer Sprache, und solche, die sich von der biblischen Literatur weiter entfernen, diese frei ausspinnen und entweder die vormosaische Zeit (Henoch, Noach, Levi, Amram, Qahat, Testamente der zwölf Patriarchen) oder die Diaspora (Daniel, Nabonid, Dareios) behandeln, auf Aramäisch verfasst wurden. Doch gibt es auch Ausnahmen von der Regel, wie etwa einen hebräischen Text über Josef (4Q371–373), das Jubiläenbuch, Pseudo-Jubiläen (4Q225–227), einen Kommentar zur Genesis A (4Q252) oder eine aramäische Liste falscher Propheten (4Q339).

Eine Ausnahme von der Regel stellt auch das aramäische Genesis-Apokryphon (1QGenAp oder 1Q20) dar, das sich streckenweise sehr eng an den biblischen Text hält und in einer Mischung von Übersetzung (Targum) und Auslegung (Midrasch) die Erzählung der Genesis wiedergibt.[7] Erhalten haben sich von dem durch die chemische Zusammensetzung der Tinte stark lädierten Manuskript Reste der Urgeschichte und der Abrahamgeschichte bis Genesis 15, doch umfasste das Werk ursprünglich sehr viel mehr. Anders als das Jubiläenbuch, das sich als Offenbarung Gottes und Rede des Engels ausgibt, lässt das Genesis-Apokryphon die biblische Geschichte zunächst von ihren Helden selbst in der Ich-Form erzählen, bevor es in Kolumne XXII (bei Genesis 14) in den biblischen Er-Stil wechselt. Man hat es also mit dem Phänomen der Pseudepigraphie, der Abfassung unter «falschem» Namen, zu tun.

Dem erbaulichen Werk konnte die Gemeinschaft von Qumran

entnehmen, wie sie manche anstößige Erzählung der heiligen Geschichte unter den Bedingungen ihrer Zeit verstehen und mit ihren Vorstellungen von Anstand und Moral vereinbaren konnte. Ein solcher Fall ist die kuriose Geschichte von der Ahnfrau, die von ihrem Mann an einem fremden Ort als seine Schwester ausgegeben und der Gefahr des Ehebruchs ausgesetzt wird, um sich auf diese Weise selbst zu schützen. Dreimal wird die Geschichte in der Genesis erzählt, zweimal von Abraham und Sara (Genesis 12 und 20) und einmal von Isaak und Rebekka (Genesis 26). Der Stoff dürfte aus dem Namen Isaaks *jiṣḥaq* (der Rebekka «liebkost» *meṣaḥeq*) gesponnen sein, und so ist Genesis 26,7–14 nicht nur die kürzeste, sondern wohl auch die älteste Fassung der Erzählung. Nach ihrem Vorbild wurde das Motiv auf Abraham und Sara in Genesis 12,10–20 übertragen, wovon wiederum die Fassung in Genesis 20,1–18 abhängig ist, die in Vers 13 auf Genesis 12 verweist und das Täuschungsmanöver zur Regel erklärt. Ist Genesis 12 in Ägypten lokalisiert und liest sich wie ein Vorverweis auf den Exodus, so spielen Genesis 26 und Genesis 20 in Gerar im Land der Philister unter dem König Abimelech und enden in einer friedlichen Einigung mit dem König.

In der nachbiblischen Literatur ist man mit der Mehrfachüberlieferung in Genesis 12, 20 und 26 auf verschiedene Weise umgegangen.[8] Das Jubiläenbuch erwähnt die Episode in Genesis 12 nur knapp und geht über Genesis 20 und 26 ganz hinweg. Einen anderen Weg hat das Genesis-Apokryphon (Kol. XIX–XX) eingeschlagen. Hier werden die beiden Fassungen von Genesis 12 und 20 (und 26) im Zuge der Wiedergabe von Genesis 12 miteinander harmonisiert und breit ausgeführt. Das Apokryphon geht dabei so vor, dass es einzelne Verse aus Genesis 12,10–20 der Reihe nach aufgreift und ins Aramäische überträgt (unten in Normalschrift übersetzt) und jeweils dazwischen zusätzliche Ausführungen einschiebt, die teilweise aus Genesis 20 und 26 stammen, teilweise frei ergänzt sind (in Kusivschrift paraphrasiert).

> Hier überschritten wir unser Land und zogen ins Land der Söhne Hams, ins Land Ägypten. (Gen 12,9–10)

«Und ich, Abram, hatte einen Traum»: Es folgt der Traum von Zeder und Dattelpalme, «eine sehr schöne» *(Gen 12,11), die aus einer Wurzel kommen, was das Geschehen vorwegnimmt und auf die Verwandschaft zwischen Abraham und Sara weist (Gen 20,12). Abraham wacht auf, erzählt seiner Frau von dem Traum und erklärt ihr die Bedeutung.*

und sa[g]te: […] die mich töten wollen, um dich übrig zu lassen. [Und nun] das ist die ganze Wohltat, [welche du mir erweisen sollst:] An jedem Ort, an dem [wir sein werden, sag über mich], «er ist mein Bruder», dann werde ich dank deiner am Leben bleiben und meine Seele wird dank deiner gerettet […] dich wegzune[hm]en von mir und mich zu töten. (Gen 12,12–13; 20,13)

Abraham und Sara werden von den Großen Ägyptens aufgesucht und tauschen Weisheiten aus, Abraham liest aus der «Schrift der Worte Henochs».

…] wie glänzend und schön ihres Antlitzes Aussehen. (Gen 12,14–15)

Es folgt eine ausführliche Beschreibung von Saras körperlicher Schönheit und ihrer Weisheit.

Nachdem der König die Worte des ḤR QNWŠ (Eigenname dessen, der Sara beschrieben hat) vernommen hatte, gewann er sie sehr lieb und schickte hin in Eile, um sie herzubringen. Und er sah sie an und erstaunte über all ihre Schönheit und nahm sie sich zur Frau. (Gen 12,15; 20,2)

Sara gibt sich als Schwester aus und rettet so Abrahams Leben. Gebet Abrahams mit seinem Neffen Lot.

In jener Nacht schickte der Höchste Gott einen Plagegeist, um ihn zu schwächen, und zu jedem Mann seines Hauses, einen bösen Geist, und der schwächte ihn und alle Männer seines Hauses. (Gen 12,17)

Die Plagen halten über zwei Jahre an, die Weisen und Beschwörer und Medizinmänner Ägyptens können nichts ausrichten. Ein Beamter des Pharao bittet Abraham für den Pharao zu beten (Gen 20,7) und berichtet von einem Traum des Pharao (Gen 20). Lot erklärt die Situation, der Bote klärt den Pharao auf, dass die Plagen wegen Sara, Abrahams Frau, anhalten.

Da rief er mich zu sich und sagte zu mir: Was hast du mir angetan wegen [Sar]aj, als du sagtest zu mir: meine Schwester ist sie, da sie doch deine Frau war, und ich sie mir zur Frau nahm? (Gen 12,18–19; 20,10). Da, nimm deine Frau und bring sie weg und geh und entferne dich aus dem ganzen Reich Ägyptens. (Gen 12,19)

Abraham betet für den Pharao und wendet die Plage ab. Abrahams Familie wird reich belohnt. (Gen 20,14–17; anders 12,16)

Er übergab sie mir und benannte für mich zur Begleitung Männer, die [mich] hinaus[führen sollten aus Ägypten]. (Gen 12,20)

Wegzug Abrahams, Lot nimmt sich eine ägyptische Frau.
(1QGenAp XIX–XX)

In der Tendenz knüpft das Apokryphon an die jüngste Fassung der Erzählung in Genesis 20 an. Wird schon in ihr ausdrücklich festgestellt, dass der ausländische König mit Gottes Hilfe Sara nicht berührt habe (Vers 4, 6) und sie über die väterliche Linie tatsächlich eine Schwester Abrahams sei (Vers 12), so ist es ein besonderes Anliegen des Apokryphons, Abraham und Sara von jedem Verdacht moralischer und physischer Unlauterkeit freizusprechen.

Des Weiteren zeichnet das Apokryphon, wiederum in Aufnahme von Genesis 20, hier besonders des Ehrentitels «Prophet» in Vers 7, ein neues Bild Abrahams. Dieser besitzt die Fähigkeit, Träume zu erhalten und zu deuten, mit den Fachleuten für das Zauberwesen in Ägypten zu wetteifern und zu obsiegen. Wie im Jubiläenbuch (12,27) ist er auch hier in den Schriften des Henoch bewandert, mit denen er – ebenso wie Sara mit ihrer Schönheit und Weisheit – die Weisen Ägyptens beeindruckt. Was nicht aus Genesis 20 aufgenommen wird, ist der freundliche Ton gegenüber dem Fremdherrscher, der Abrahams Befürchtungen (Vers 11) durch sein Handeln widerlegt und sich dadurch als Gottesfürchtiger erweist. In dieser Hinsicht schlägt das Apokryphon einen härteren Ton an und hebt die gewalttätige Seite der ägyptischen Fremdherrschaft hervor.

Vermutlich machte sich der Verfasser des Apokryphons ebenso wenig wie die Gemeinschaft von Qumran Gedanken über die literarhistorische Genese und Reihenfolge der drei biblischen Fassungen. Doch griff er intuitiv auf Genesis 20, die jüngste Version in der Genesis, zu, die ihm von der Aussage her am nächsten lag. Nicht anders wird es der Gemeinschaft von Qumran gegangen sein, die in allen drei biblischen Varianten der Erzählung die Moral des Genesis-Apokryphons gefunden hat, welche sich mit ihren Vorstellungen von den Gründerfiguren Israels deckte.

Was die Gemeinschaft selbst über die Erzväter dachte, geht aus einem ungewöhnlichen, hebräischen Text hervor, der Passagen des Buches Genesis in einer Mischung aus Paraphrase und Kommentar reformuliert (4Q252). Am Übergang von der Noach- zur Abrahamgeschichte ist die Bemerkung eingefügt: «Das Land hat Er (Gott) Abraham, seinem Freund, gegeben.» Bei der Titulierung Abrahams als «Freund Gottes» haben 2 Chronik 20,7 und Jesaja 41,8 als biblische Referenzstellen Pate gestanden. Mit der Zwischenbemerkung wird der Schwierigkeit Rechnung getragen, dass das Land, in dem Abraham, Isaak und Jakob (Israel) wohnen sollen, zwar nach dem Enkel Noachs und Sohn Hams «Kanaan» heißt, aber der Erzvater Israels als Eigentümer vorgesehen ist. Vorher wird eigens erklärt, warum Noach nach der Schandtat Hams von Genesis 9 nicht den Übeltäter selbst, sondern dessen Sohn Kanaan verfluchte, da Gott die Söhne Noachs, Ham, Sem und Jafet, in Genesis 9 bereits gesegnet hatte. Kaum hat Abraham seine Heimat verlassen und ist in das Land Kanaan gezogen (Gen 11,31–32), ist er diversen Prüfungen ausgesetzt. In rascher Folge werden Verse aus Genesis 15, 18 und 22 zitiert, Texte, in denen der Erbe Abrahams und sein Gehorsam gegen Gott auf dem Prüfstand stehen. Als «Freund Gottes» erweist sich Abraham dadurch, dass er Gott «geglaubt» (Gen 15,6) und «auf die Stimme Gottes gehört» (Gen 22,18) und so die Prüfungen bestanden hat. Seinem Gehorsam kommt der Gesetzesgehorsam der «Männer der Gemeinschaft» gleich, auf den in einem weiteren Fragment die Auslegung des Juda-Segens von Genesis 49,10 zielt.

> *Nicht wird weichen ein Herrschender aus dem Stamm Juda* (Gen 49,10a) – wenn Israel Herrschaft besitzt [wird nicht] einer abgeschnitten sein, der für David auf dem Thron sitzt, den *der Stab*, das ist der Bund des Königtums, [und die Tau]sendschaften Israels, sie sind *die Füße* (Gen 49,10b). *(vacat)*

> Bis dass ankommt der Gesalbte der Gerechtigkeit, der Spross Davids, denn ihm und seiner Nachkommenschaft ist der Bund des Königtums seines Volkes auf ewige Generationen gegeben, weil er bewahrt hat [... der Erforscher] der Tora mit den Männern der Gemeinschaft. (4Q252 1 v [DJD XXII 4Q252 V (frg. 6)])

Das Jubiläenbuch und ein weiterer Text, der ihm ähnlich ist und darum als «Pseudo-Jubiläen» bezeichnet wird (4Q225), geben Einblick in die himmlischen Hintergründe des Geschehens, von denen weder der biblische Text noch die Paraphrase in 4Q252 wissen. Die Prüfungen Abrahams sind demnach durch den «Versucher» verursacht, Mastema genannt, ein sprachlicher Ableger des aus dem Hiobbuch bekannten Satan, der nicht nur Hiob oder Abraham, sondern Gott selbst versucht. Von ihm soll das Ansinnen stammen, Abraham «wegen Isaak» zu versuchen und von ihm die Opferung seines Sohnes, des Erben und Vaters Israels und Levis, zu verlangen (Genesis 22). Am Altar stehen sich die Engel des Herrn und die Engel des Mastema gegenüber, weinend die einen, triumphierend die anderen. Nachdem Abraham in Genesis 15 von Gott «für treu und gerecht befunden wurde», soll erneut geprüft werden, ob er «als Lügner und nicht für treu befunden wird».

> Da kam der Fürst der Anfein[du]ng (Mastema) [zu Got]t und feindete Abraham wegen Isaak an. Da sprach [G]ott [zu Abra]ham: Nimm deinen Sohn, den Isaak, [deinen] Einzigen [den du liebst?] und bringe ihn dar für [mich] als Brandopfer auf einem der Berg[e, der hoh]en [... den ich] dir [ansagen werde].
> ...
> Heilige [Engel] stehen an den Tagen [...] seine Söhne von der Erde und die Engel des [Mastema ...] freuen sich und sagen: Nun geht zugrunde [...] wird er in Leugnung befunden, und wenn er nicht als treu befunden wird [...] (4Q225 2 i-ii)

Die Prüfungen Abrahams, des «Freundes Gottes», und die Rivalität der himmlischen Chöre ließen sich unmittelbar auf den Gesetzesgehorsam der Gemeinschaft von Qumran und ihre Auseinandersetzungen mit ihren Zeitgenossen übertragen, wie aus einer Stelle in der Damaskusschrift hervorgeht:

> Abraham wandelte nicht darin (in der Verstocktheit des Herzens) und wurde als Freund geachtet, weil er die Gebote Gottes hielt und nicht den Willen seines eigenen Geistes wählte. Und er gab (die Gebote) weiter an Isaak und Jakob, und sie bewahrten (sie) und wurden aufgeschrieben als Freunde Gottes und als Herren des Bundes für immer. (CD III,2–4)

3. Die Fortschreibung der heiligen Geschichte

Dass mit der biblischen Geschichte und ihrer Reformulierung in den Texten des Typs der *rewritten bible* die eigene Gegenwart und Zukunft gemeint ist, geht aus der Selbstdarstellung der Gemeinschaft von Qumran in den (jüngeren) Fassungen der Ordnungen (1QS, 1QSa, 1QSb, CD) und vielen anderen Schriften hervor. Wenn in der Gemeinschaftsregel (1QS I–III) Priester, Leviten und das ganze Volk Israel auftreten, um in einem jährlichen Ritual den Bund Gottes mit seinem Volk zu erneuern, in der Gemeinderegel (1QSa) die Heeresabteilungen zu Tausenden, Hunderten, Fünfzig und Zehn aufziehen und in der Damaskusschrift das Volk in «Lagern» wohnt, ist nicht zu übersehen, dass sich die Gemeinschaft von Qumran mit dem Israel der biblischen Geschichte identifiziert. Die Identifikation wird im Eintritts- und Erneuerungsritual von 1QS I–III ausdrücklich vollzogen. Priester verkünden die gerechten Taten und Gnadenerweise Gottes an Israel, Leviten zählen die Sünden Israels auf, und alles Volk stimmt ein: «Wir haben Unrecht begangen, gefrevelt und gesündigt, gottlos gehandelt, wir und unsere Väter vor uns.» (1QS I,24–25) Segen und Fluch, wiederum verteilt auf Priester und Leviten, schließen das Ritual ab, das – in Anlehnung an das Buch Deuteronomium – den in der Geschichte geschlossenen Bund Gottes mit seinem Volk Israel für den Eintritt in die Gemeinschaft von Qumran aktualisiert.

Was in der Gemeinschaftsregel (1QS I–III) angedeutet ist, führen die Mahnreden der Damaskusschrift aus, die von den «Werken Gottes» in Geschichte, Gegenwart und Zukunft handeln (CD I,1–2; II,14–15; vgl. auch XIII,7–8). Insbesondere die vierte und längste Mahnrede (CD II,14–VIII,21) ist voll von Beispielen aus der biblischen Geschichte: «Und nun, ihr Söhne, hört auf mich, ich will euch eure Augen auftun, um die Werke Gottes zu sehen und zu verstehen und um zu wählen, woran er Wohlgefallen hat, und zu verwerfen, was er hasst.» (CD II,14–15) Ein historischer Abriss von Noach bis zu den Königen Israels schildert den Abfall vom Bund Gottes und das anschließende Gericht. Von den drei Erzvätern (Abraham, Isaak und Jakob) abgesehen, ist ganz Israel – die «Ersten, die in den Bund eingetreten sind» (CD III,10) – abgefallen. Doch mit den Übrigen, die an den Geboten Gottes festhielten und das Gericht überstanden, habe Gott, so heißt es, in Gedenken an den früheren Bund einen ewigen Bund für Israel aufgerichtet. Mit diesem neuerlichen oder – richtiger gesagt – erneuerten Bund ist der «neue Bund im Lande Damaskus» gemeint, als dessen Erbe sich die Gemeinschaft von Qumran versteht.

Nicht ohne Grund spielt der Eingang der vierten Mahnrede auf den Verstockungsbefehl des Propheten Jesaja an, der dem Volk das Herz verstocken, die Ohren verstopfen und die Augen verschließen soll, damit es mit seinen Augen nicht sieht, mit seinen Ohren nicht hört und sein Herz nicht versteht (Jes 6,10). Während der Prophet im Auftrag Gottes die Beziehung Gottes zu seinem Volk für beendet erklärt, führt die Mahnrede der Damaskusschrift mit dem Rekurs auf die «Werke Gottes» in der Geschichte des Volkes Israel nun positiv aus, worin der einst geschlossene Bund Gottes mit seinem Volk bestand und in der eigenen Gegenwart und Zukunft weiterhin bestehen soll. Zahlreiche Auslegungen einzelner Schriftstellen insbesondere aus den Propheten, aber auch aus der Tora im Stil der (späteren) Pescharim sowie weitere historische Beispiele aus der biblischen Geschichte sollen belegen, dass die Gemeinschaft, für die die Damaskusschrift spricht, den alten und neuen Bund Gottes mit dem Volk Israel repräsentiert.

Dieses Selbstverständnis geht auch schon aus der zweiten Mahnrede der Damaskusschrift (CD I) hervor, in der die Gemeinschaft ihre eigene Geschichte in die biblische Erzählung einzeichnet und auf diese Weise die heilige Geschichte fortschreibt (siehe Tafel 7):

> Und nun hört alle, die ihr die Gerechtigkeit kennt, und achtet auf die Werke Gottes ... Denn als sie ihren Treuebruch begingen und ihn verließen, verbarg er sein Angesicht vor Israel und seinem Heiligtum und gab sie dem Schwert preis. Doch da er des Bundes mit den Vorfahren gedachte, ließ er einen Rest übrig für Israel und gab sie nicht der Vernichtung preis. Und in der Zeit des Zorns, 390 Jahre nachdem er sie in die Hand Nebukadnezars, des Königs von Babel, gegeben hatte, suchte er sie heim (oder: suchte er sie auf) und ließ aus Israel und Aaron eine Wurzel der Pflanzung sprießen, um sein Land in Besitz zu nehmen und üppig zu werden durch die Güte seines Ackerbodens. Und sie sahen ihr Unrecht ein und erkannten, dass sie schuldig waren, doch sie waren wie Blinde und solche, die nach dem Weg tasten zwanzig Jahre lang. Und Gott achtete auf ihre Taten, denn sie suchten ihn mit vollkommenem Herzen, und ließ für sie einen gerechten Lehrer (oder: Lehrer der Gerechtigkeit) aufstehen, um sie auf dem Weg seines Herzens zu führen. (CD I,1–11)

Die berühmte Stelle diente in der Forschung lange als glaubwürdige historische Quelle, um die Entstehung und Geschichte der Gemeinschaft von Qumran zu rekonstruieren.[9] Ihr entnahm man, dass es eine Vorgängergemeinschaft (die «Wurzel der Pflanzung») gegeben habe, die man mit dem an anderer Stelle erwähnten «neuen Bund im Lande Damaskus» identifizierte. Bei ihr habe der «Lehrer der Gerechtigkeit» Zuflucht gefunden, als er von Jonatan aus dem Amt des Hohepriesters vertrieben worden sei. Von seinem syrischen Exil aus habe er um 150 v. Chr. die Union der Essener in Juda gegründet, die rund fünfzig Jahre später, um 100 v. Chr., die Siedlung Ḥirbet Qumran bezogen und als ihr Zentrum ausgebaut habe. Des Weiteren identifizierte man in dem kurz nach unserer Stelle in der Damaskusschrift genannten «Mann des Spotts» (siehe auch «Mann der Lüge» in CD XX,15, «Männer des Spotts» XX,11) einen internen Rivalen, der sich der Autorität des «Lehrers» nicht habe unterordnen wollen und eine Splittergruppe gebildet habe, aus der die Partei der Pharisäer hervorgegangen sei.

Als besonders verlockend erschien die Möglichkeit, die im Text genannten Jahreszahlen in eine absolute Datierung zu überführen und eine Chronologie zu etablieren, in der sowohl Gründung und Geschichte der Gemeinschaft als auch das Leben und Wirken des «Lehrers der Gerechtigkeit» ihren Platz fanden.[10] Mit den 390 Jahren Exils- und Strafzeit, berechnet von 587 v. Chr. an, und einer Korrektur um weitere 27 Jahre auf der Basis von Berechnungen des jüdisch-hellenistischen Historikers Demetrios, erreicht man das Jahr 170 v. Chr. Es ist das Jahr, in dem der Hohepriester Onias III. ermordet wurde und für das man mit einer keimenden Widerstandsbewegung gegen Antiochos IV. und die «Hellenisten» in Jerusalem rechnet – der Beginn der Vorgängergemeinschaft, die «Wurzel der Pflanzung», von der die Damaskusschrift spricht. Addiert man die 20 Jahre des Irrens, gelangt man in das Jahr 150 v. Chr., in dem der von Jonatan aus seinem Amt vertriebene «Lehrer der Gerechtigkeit» die Union der Essener gegründet haben soll.

Ein weiterer Fixpunkt für die Chronologie ergibt sich scheinbar, wenn man die 390 Jahre Exil und Strafe (CD I) mit den 70 Jahrwochen oder 490 Jahren korreliert, die gemäß Daniel 9 und dem eschatologischen Melchisedek-Midrasch (11Q13) seit dem Exilsbeginn bis zum künftigen Endgericht verstreichen sollten. Demzufolge hätte die Gemeinschaft das Ende im Jahr 70 v. Chr. erwartet. Hierzu scheinen die ca. 40 Jahre zu passen, die in der Damaskusschrift (CD XX,13–17, vgl. XIX,33–XX,1) als Frist vom Tod des Lehrers bis zum Ende genannt werden. Damit lässt sich das Todesdatum auf das Jahr 110 v. Chr. berechnen. Addiert man die 390 Jahre Strafzeit mit den 20 Jahren des Irrens und den 40 Jahren zwischen dem Tod des Lehrers bis zum Ende und gesteht dem Lehrer eine auf weitere 40 Jahre geschätzte Wirkungszeit seit Gründung der Gemeinschaft zu, sind die 490 Jahre aus Daniel 9 komplett. Die Gründung der Siedlung Ḥirbet Qumran, in der die Hauptschriften der Gemeinschaft (1QS, CD, Pescharim) entstanden sein sollen, wird anhand archäologischer Befunde auf die Zeit um 100 v. Chr. und also nach dem Tod des Lehrers datiert.

So schlüssig diese Berechnungen auf den ersten Blick auch erscheinen mögen, so halten sie doch einer kritischen Prüfung nicht stand. Sie basieren auf einer Kombination unterschiedlicher Quellen und Informationen, die nichts miteinander zu tun haben. Schon der Ausgangspunkt der Berechnungen bei 587 v. Chr., dem Jahr der Zerstörung Jerusalems und des Tempels, ist fraglich, sind doch Juda und Jerusalem bereits 597 v. Chr. in die Hand Nebukadnezars gefallen. Im Übrigen trägt die historische Konstruktion der Tatsache zu wenig Rechnung, dass es sich in der Damaskusschrift (CD I) um einen schematisierten Bericht und zumindest in drei von vier Fällen um symbolische Zahlen aus der biblischen Literatur handelt. Die 390 Jahre stammen aus Ezechiel 4,5.9, die damit korrelierten 70 Jahrwochen oder 490 Jahre aus Daniel 9, die rund 40 Jahre (CD XX) aus Deuteronomium 2,14. Lediglich die 20 Jahre zwischen dem Irren der «Wurzel der Pflanzung» und dem Auftreten des «Lehrers» könnten eine historische Phase beziffern, könnten aber ebenso gut von der auf die 390 «Tage» (Jahre) in Ezechiel 4,5 folgenden, vielleicht auf die Zeit vor und nach dem Lehrer verteilten und darum halbierten Phase von 40 «Tagen» (Jahren) für Juda in Ezechiel 4,6 abgeleitet sein – wir wissen es nicht.

Was an historisch verwertbaren Informationen bleibt, ist nicht gerade viel. Aufschlussreich ist der Hinweis auf eine Vorgeschichte der Gemeinschaft, die dem weiten Spektrum der Gruppe der «Frommen» (Chasidim, Asidäer) angehörte, in dem es neben dem Jachad offenbar weitere Toravereine wie den «neuen Bund im Lande Damaskus» gab. Eine wichtige Rolle in der Geschichte der Gemeinschaft scheint auch die Gestalt oder das Amt eines Lehrers gespielt zu haben, der einem dieser Vereine oder der gesamten Bewegung Orientierung gab. Schließlich wird es sicher auch rivalisierende Gruppen und Richtungsstreitigkeiten gegeben haben. Auf sie weisen der «Mann des Spotts», der «Lügenmann» und die «Lügenmänner», die «nach glatten Dingen suchen», womit eine weichere Auslegung der Tora gemeint ist. Denkt man an die Auseinandersetzung im Lehrschreiben «Von den Werken der Tora» und bezieht das Zeugnis der Pescharim mit ein, könnten sie tatsächlich etwas mit den Pharisäern oder einer ihnen nahestehenden Gruppe zu tun haben. Von einer Auseinandersetzung um das Amt des Hohepriesters verlautet in der Damaskusschrift (CD I) jedoch nichts. Was es mit dem «Lehrer» und seinen Gegnern, dem «Lügenmann» und dem «Frevelpriester», auf sich hat, ist umstritten[11] und wird im Zusammenhang der Pescharim noch einmal zu bedenken sein (siehe Kapitel VIII).

Lassen sich die historischen Fragen kaum beantworten, ist die historiographische Bedeutung der zitierten Stelle der Damaskusschrift umso aufschlussreicher. Sie besteht darin, dass die Gemeinschaft ihre eigene Geschichte unmittelbar an die biblische Geschichte Israels anschließt und diese weiter fortschreibt. Die Damaskusschrift bewegt sich damit auf einer Ebene mit anderen Schriften, die dasselbe tun, aber andere Gruppen im Blick haben. Die Bücher Esra und Nehemia etwa schreiben die heilige Geschichte der Bücher Genesis bis Könige und der beiden Chronikbücher für die Provinz Juda in persischer Zeit fort. Die beiden Makkabäerbücher (1 und 2 Makkabäer) und auf seine Weise auch das Buch Judit schreiben die biblische Geschichte für die Hasmonäer und das von ihnen errichtete israelitische Königtum in hellenistischer Zeit fort. Der Historiker Flavius Josephus führt dieselbe Geschichte bis zu den Jüdischen Kriegen gegen Rom im ersten Jahrhundert n. Chr. weiter.

Man kann sich fragen, warum diese Werke, von winzigen und im Übrigen fraglichen Resten der Bücher Chronik, Esra und Nehemia abgesehen, unter den Handschriften von Qumran nicht belegt sind. Am Alter kann es schwerlich gelegen haben. Josephus, der um 100 geschrieben hat, kommt vielleicht etwas zu spät, doch sind Chronik, Esra und Nehemia kaum älter und die Makkabäerbücher nur wenig jünger als das Buch Daniel, dessen letzte Fassung um die Mitte des zweiten Jahrhunderts v. Chr. entstanden und in Qumran gut bezeugt ist und reichlich zitiert wird. Auch die konzeptionellen Unterschiede reichen als Erklärung kaum aus. Zwar ist nicht zu übersehen, dass die eschatologische Ausrichtung des Danielbuchs und seine Distanz zur makkabäisch-hasmonäischen Realpolitik, die in Daniel 11,34 nur als «kleine Hilfe» bezeichnet wird, den Überzeugungen der Gemeinschaft von Qumran näher standen als die projudäische und propersische Pragmatik von Chronik, Esra und Nehemia oder die prohasmonäische Propaganda in den beiden Büchern der Makkabäer und in Judit. Doch gibt es auch eine Reihe von konzeptionellen Gemeinsamkeiten, wie etwa die priesterliche Prägung und das Eintreten für die Tora, die hinreichend Anknüpfungspunkte für eine Rezeption geboten hätten. Im Falle von Chronik, Esra und Nehemia sind die Berührungen bis hin zur Sprache und Terminologie sogar derart eng, dass man auch ohne die materielle Evidenz irgendeine Art von Beziehung annehmen möchte.[12] So ist es vielleicht reiner Zufall, dass diese Schriften entweder nicht in die Hände der Mitglieder der Gemeinschaft oder auch nur nicht in die Höhlen von Ḥirbet Qumran gelangt sind.

4. Endzeitliche Historiographie

Eine Fortschreibung der heiligen Geschichte fand auch in den Weissagungen der biblischen Propheten statt. Sie konnten entweder bis in die eigene Zeit der hellenistischen Epoche fortgeführt oder durch Interpretation auf sie bezogen und in die eschatologische Endzeit hinein verlängert werden, in der die Geschichte zu ihrem von Gott bestimmten Ziel führen würde.

Die Forschung ist sich nicht einig in der Frage, inwieweit sich unter den Schriftrollen von Qumran historiographisches Material findet.[13] Die Antwort hängt nicht zuletzt davon ab, was man erwartet und unter Geschichte und Historiographie versteht. Die Erwähnung einzelner historischer Namen und Daten, die sich gelegentlich in den Texten vom Toten Meer, namentlich in den Pescharim, finden, machen noch keine Geschichtsschreibung. Sie besagen auch nichts darüber, ob die Gemeinschaft von Qumran Zugang zu historiographischen Quellen hatte, sondern können auch auf allgemeiner, vager Kenntnis des Zeitgeschehens oder dem Hörensagen beruhen. Dagegen war für sie die biblische Geschichte einschließlich der Propheten eine historiographische Quelle ersten Ranges. Aus ihr bezog die Gemeinschaft von Qumran ihre Kenntnis und vor allem das Verständnis ihrer eigenen Gegenwart und Zukunft. Eine Geschichtsschreibung im eigentlichen Sinne, die ihrem Gegenstand und ihren Quellen distanziert, wenn nicht kritisch gegenübersteht und zumindest den Anspruch auf Objektivität erhebt, hat es, nach allem, was wir sehen, in Qumran dagegen nicht gegeben.

Der Anschluss an die biblische Überlieferung lässt sich sehr schön an der Liste mit Namen «falscher Propheten, die in Israel aufgestanden sind» beobachten (4Q339). Der Form nach handelt es sich um ein Exemplar gelehrter Historiographie nach altorientalischem wie hellenistischem Muster. Die historischen Informationen stammen jedoch, soweit erhalten, aus den biblischen Schriften. Von der letzten Zeile sind lediglich die Endbuchstaben -*ʿon* erhalten. Hinter ihr steckt entweder der Rest der Filiation des zuletzt genannten Falschpropheten Hananja, Sohn des Azur, der Prophet aus Gibe-*ʿon* (Jer 28,1) oder der Name des Johanan ben Shim-*ʿon* (Johannes Hyrkanos I.), von dem Josephus berichtet, er habe eine prophetische Gabe besessen. Träfe die letztere Ergänzung zu, wäre die biblische Geschichte der falschen Propheten mit einer Figur des aktuellen Zeitgeschehens fortgeschrieben worden.

Ein ähnlicher Fall könnte bei der Liste mit Namen von Tempelsklaven (Netinim) vorliegen (4Q340). Eine solche Liste ist auch in Esra 2 und Nehemia 7 überliefert, wo die Netinim unter den Rückkehrern aus Babylon aufgeführt werden. Allerdings findet sich hier keine Namensübereinstimmung. Daher liegt die Vermutung nicht fern, dass es sich in der Liste aus Qumran um zeitgenössische Personen handelt. Über den Zweck der Liste kann man nur mutmaßen. Sollte die spätere rabbinische Auffassung schon gegolten haben, wonach die Netinim den Bastarden (Mamsern) gleichgestellt sind, würde es sich – wie bei den falschen Propheten – um eine aktuelle polemische Liste handeln, die im Stil der biblischen Listen Personen fremder Herkunft aufführt, die weder kult- noch heiratsfähig sind (vgl. Esr 10,18–44; 4Q174 1–2 i,4).

Einer Historiographie nach hellenistischem oder altorientalischem Muster kommt eine kleine Gruppe von Handschriften am nächsten, in denen historische Namen und Ereignisse nach den Dienstzeiten von Priesterklassen datiert werden (4Q331–333, vielleicht auch 4Q322a). In ihnen ist von dem Aufstand des Hyrkanos (II.) die Rede, der mit seinem Bruder Aristobulos um die hasmonäische Königsherrschaft stritt. Beide waren Söhne der Schlomzion (Alexandra Salome), die von 76 bis 67 v. Chr. den hasmonäischen Thron innehatte und ebenfalls namentlich in den Fragmenten erwähnt wird. Ferner ist von Morden die Rede, die von einem Führer der «Kittim» genannten (griechisch-römischen) Fremdvölker von den Inseln und Küsten des Mittelmeeres (vgl. Dan 11,30; 1 Makk 1,1; 8,5) bzw. einem gewissen «Amlios» begangen wurden, bei dem es sich um den römischen Statthalter in Syrien Marcus Aemilius Scaurus handeln dürfte; in einem weiteren Fragment ist ein «judäischer Mann» erwähnt.

Die Fragmente weisen eine große Nähe zu den *Mischmarot*-Texten auf, den Dienstordnungen der 24 Priesterabteilungen nach 1 Chronik 24 (4Q319–330, 4Q334). Üblicherweise sind die Dienstordnungen mit dem 364-Tage-Kalender koordiniert und enthalten gelegentlich Hinweise auf bestimmte Festtage, etwa so:

> (Der erste Tag des) siebten (Monats fällt in die Dienstzeit des) Maozja, dies ist der Tag der Erinnerung; in (die Dienstzeit des) Jojarib in demselben (Monat fällt) der Versöhnungstag; in (die Dienstzeit des) Jedaja in demselben (Monat fällt) das Laubhüttenfest usw. (4Q321 2 ii,2 [DJD XXI 4Q321 V,1–2, frg. 4])

So hat man gemeint, die historischen Fragmente hielten – ähnlich der aramäischen Chronik *Megillat Taʿanit* (Fastenrolle) aus dem ersten Jahrhundert n. Chr. – jährlich wiederkehrende Gedenktage fest. Doch die erwähnten Ereignisse passen dazu nicht. In der Forschung gehen deshalb die Meinungen auseinander, ob es sich primär um kalendarische oder historische Texte handelt. Die einen sind der

Auffassung, die historischen Notizen seien nachträglich in die *Mischmarot*-Texte eingearbeitet worden, andere meinen, die Priesterordnung diene nur zur Datierung der historischen Information. Eine genaue Grenze lässt sich jedoch nicht ziehen, beide sind im Recht. Die historiographische Form erinnert an die astronomischen Beobachtungstexte aus Babylon (Astronomical Diaries), die in der Regel astronomische und meteorologische Phänomene festhalten, hier und da besondere Vorkommnisse, wie etwa das Auftauchen eines Fuchses in den Straßen Babylons, notieren und gelegentlich, zum Beispiel anlässlich der Eroberung Babylons durch Alexander den Großen, zu größeren historischen Exkursen ausholen. In den Texten vom Toten Meer geben nicht Astronomie und Meteorologie, sondern der Kultkalender und die Priesterordnung den Rahmen für die historiographischen Notizen ab. Wenn man möchte, kann man dies als priesterliche Historiographie bezeichnen.

Das Fragment einer weiteren Gruppe von Handschriften, die von der Forschung zu den «historischen Texten» gezählt werden (4Q468e–f), erwähnt einen Mann namens Potlais, bei dem es sich vielleicht um den Juden Peitholaos handelt, der laut Josephus im Jahre 57 v. Chr. mit dem römischen Feldherrn Gabinius gegen Alexander, den Sohn des Aristobulos, zu Felde zog (4Q468e). Das Fragment wurde ebenfalls mit den *Mischmarot*-Texten in Verbindung gebracht, doch ist es zu klein, um Näheres sagen zu können. Es könnte sich ebenso gut um den Ausschnitt eines eschatologischen Geschichtsabrisses handeln, in dem zeitgeschichtliche Ereignisse verarbeitet wurden. Dasselbe könnte für ein weiteres Fragment aus der Gruppe der «historischen Texte» zutreffen, auf dem dreimal hintereinander der Name Ptolemaios zu lesen und «sein Sohn» erwähnt ist (4Q578).

Wie die eigene Epoche in die biblische Geschichte und die eschatologischen Erwartungen der Gemeinschaft von Qumran eingebunden wurden, kann man einem aramäischen Text entnehmen, der mit dem Namen des Propheten Daniel verbunden ist (4Q245 Pseudo-Daniel). Hier finden sich, wiederum in Form einer Liste, zunächst die Namen der Hohepriester von Levi bis Simeon und anschließend die Namen der israelitischen und judäischen Könige von David bis Joasch, dem die weiteren bis Zedekija gefolgt sein dürften. Die Namen sind der biblischen Überlieferung entnommen, für die Liste der Hohepriester dürfte 1 Chronik 5, ergänzt um zusätzliche Informationen aus den Büchern Samuel, Könige und Chronik (Abjatar neben Zadok), Pate gestanden haben. Jedoch fällt das Ende der Liste der Hohepriester aus der Reihe. Als letzte Namen sind Onias und Simon erhalten. Dazwischen klafft eine Textlücke. Für beide Namen kommen verschiedene Personen in Frage, die der rechtmäßigen Linie der Zadokiden angehörten. Doch unmittelbar vor dem Namen Simon sind die Reste des Namens Jonatan zu lesen, so dass die Liste offenbar mit den beiden Brüdern und hasmonäischen Hohepriestern Jonatan (152–143 v. Chr.) und Simon (142–135 v. Chr.) schloss. Sie werden wie selbstverständlich und ohne erkennbare Polemik in die Reihe der Hohepriester eingeordnet, obwohl sie nicht der legitimen (zadokidischen) Linie der Hohepriester entstammten. Doch das will nicht viel heißen. Der narrative Rahmen macht deutlich, dass es um etwas anderes geht. Es ist eine Offenbarung an Daniel, dem ein Buch mit den Namenslisten übergeben wird. Am Ende ist von «Frevel», «Blindheit und Irrtum» und von den «Heiligen» die Rede, was darauf hindeutet, dass es um das Ende der Geschichte geht. Nur zu diesem Zweck wird die Aktualisierung der biblischen Geschichte durch zeitgeschichtliche Details vorgenommen. Biblische Geschichte und Zeitgeschichte verbinden sich zu einer endzeitlichen Historiographie.

Von dieser Art der eschatologischen Historiographie sind in Qumran viele Beispiele erhalten. Sie knüpfen an biblische Propheten an, unter deren Namen die biblische Geschichte bis in die eigene Gegenwart fortgeführt wird, die die Gemeinschaft von Qumran als Anbruch der Endzeit wahrnahm. Neben Daniel (4Q243–245) sind hierfür Ezechiel und Jeremia beliebt (4Q383–391), auch wenn die Zuordnung der Handschriften nicht immer leichtfällt und daher in der Forschung umstritten ist. An Daniel erinnern auch andere Texte, die im Stil von Daniel 2 und 7 von den vier Weltreichen und ihrem Sturz (4Q552–553a, 4Q246) oder im Stil von Daniel 11 von den «Taten eines griechischen Königs» (4Q248), vermutlich Antiochos IV., handeln. Im Blick auf das Neue Testament ist besonders der Text 4Q246 von Interesse, in dem ein Herrscher die Titel «Sohn Gottes» und «Sohn des Höchsten» trägt. Da dieselben Titel in Lukas 1,31–35 Jesus beigelegt werden, meinen viele, es könne sich auch in 4Q246 nur um den Messias handeln. Doch ist auch hier eher der weltliche Herrscher des vierten, letzten und bösen Reiches, Antiochos IV., gemeint, der sich diese Bezeichnung nach Meinung des Verfassers von 4Q246 zu Unrecht angemaßt und damit Gotteslästerung begangen habe. Dasselbe hat man auch Jesus vorgeworfen (Mt 27,23; Lk 22,70; Joh 10,33.36; 19,7), der – wie Antiochos in den Augen der Seinen – in den Augen der frühen Christen die Titel im Unterschied zu den weltlichen Herrschern jedoch ganz zu Recht trug.[14]

Dies alles sind Geschichtsüberblicke, die die biblische Geschichte bis zur Gegenwart der Verfasser und dem von ihnen erwarteten Ende der Zeiten in Form eines *vaticinium ex eventu*, einer «Weissagung vom Ereignis her», rekapitulieren und in diese Weissagung auch zeitgeschichtliche Informationen einfließen lassen. Die Weissagungen reden in Bildern und verwenden Metaphern und Chiffren zur Umschreibung der historischen Umstände, so dass nicht immer deutlich ist, auf wen oder was sie sich beziehen. So etwa wird, wie eben gerade besprochen, der «Sohn Gottes» und «Sohn des Höchsten» in 4Q246 von den einen mit einem weltlichen Herrscher, von den anderen mit dem endzeitlichen Messias identifiziert. Ebenso wird der «Sohn des Belial» in 4Q386 von den einen mit Antiochos IV., von anderen mit Pompeius identifiziert, der 63 v. Chr. das Seleukidenreich endgültig geschlagen und Palästina unter römische Herrschaft gebracht hat.

Die Geschichtsüberblicke in den Qumrantexten bewegen sich meist auf zwei Ebenen, der Ebene der irdischen Ereignisse und der Ebene der himmlischen Welt, von der nach Auffassung der Verfasser und damaligen Leser die irdischen Ereignisse geplant und gesteuert werden. Die Vorstellung begegnet vor allem in der Kriegsregel

Tafel 13 Das lose Blatt mit den Testimonia (4Q175) enthält eine Auswahl von Schriftstellen zur messianischen Erwartung (Deuteronomium 5,28–29; 18,18–19; Numeri 24,15–17; Deuteronomium 33,8–11).

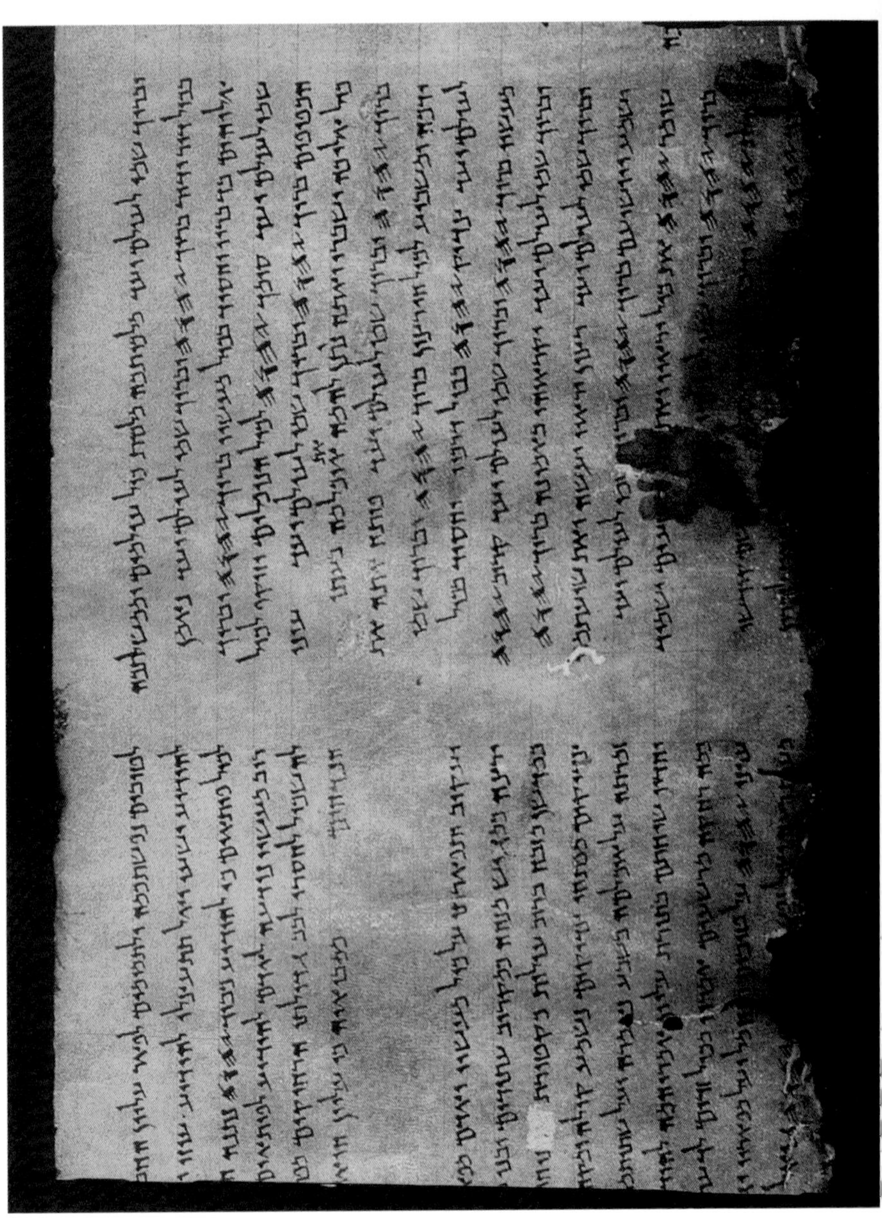

Tafel 14 Die Psalmenrolle 11QPs^a: Zu sehen sind die Kolumnen XVII (Ps 145,12–21) und XVIII (Apokrypher Syrischer Psalm II).

Tafel 15 Fragment der «Lieder zum Brandopfer am Sabbat» (*Schirot ʿOlat Ha-Schabbat,* 4Q403 1 i–ii)

Tafel 16 Fragmente der Rolle 4Q Instruction (4Q417 2) mit den Kolumnen i–ii (Zählung nach DJD 34)

(Serekh Ha-Milchama). Darin wird ein heiliger Krieg geschildert, der gleichzeitig auf der Erde und im Himmel stattfindet. In ihm stehen sich Israel und die Völker der Erde gegenüber: die «Söhne des Lichts», die Israel und die heiligen Engel repräsentieren, gegen die «Söhne der Finsternis», die als «Kittim» bezeichneten feindlichen Völker und das Heer Belials, des Inbegriffs des Bösen (1QM I, X–XIX). Hier der Beginn der Kriegsregel:

> Für den Mas[kil die Regel] des Krieges: Der Anfang ist, wenn die Söhne des Lichts Hand anlegen, um zu beginnen gegen das Los der Söhne der Finsternis, gegen das Heer Belials, gegen die Schar von Edom und Moab und der Söhne Ammons und das Hee[r …] der Philister und gegen die Heerscharen der Kittim von Assur, die von den Frevlern am Bunde Unterstützung erhalten. Gegen sie kämpfen die Söhne Levis und die Söhne Judas und die Söhne Benjamins, die Verbannten der Wüste, […] mit all ihren Heerscharen, wenn die Verbannten der Söhne des Lichts aus der Wüste der Völker zurückkehren, um in der Wüste von Jerusalem zu lagern. Und nach dem Krieg ziehen sie von dort ge[gen alle Scharen] der Kittim in Ägypten. Und zu seiner Zeit zieht er aus mit großem Grimm, um gegen die Könige des Nordens zu kämpfen, und sein Zorn ist darauf aus, das Horn [Belials/Israels?] zu vernichten und auszurotten. [Das] ist die Zeit des Heils für das Volk Gottes und die Zeit der Herrschaft für alle Männer seines Loses, aber ewige Vernichtung für das ganze Los Belials. Und es wird g[roße] Bestürzung sein [für] die Söhne Jafets. Es fällt Assur, aber keiner ist da, der ihm hilft. Die Herrschaft der Kittim weicht, damit Frevel niedergerungen werde ohne Rest und es keine Rettung gebe [für alle Söh]ne der Finsternis. (1QM I,1–7)

Die Vorstellung von himmlischen Repräsentanten der irdischen Kriegsparteien geht auf das Danielbuch zurück (Daniel 8 sowie 10–12) und wurde dort ebenso wie in der Kriegsregel im Zuge einer Überarbeitung nachgetragen. Im Unterschied zur Kriegsregel wird in Daniel und anderen Beispielen der endzeitlichen Historiographie jedoch nicht nur die Endzeit beschrieben, sondern auch der Verlauf der biblischen Geschichte bis zum Ende auf den beiden Ebenen der irdischen und der himmlischen Welt.[15]

Die endzeitliche Historiographie in den Texten vom Toten Meer reiht sich somit in eine biblische und parabiblische Tradition ein, die in der zweiten Hälfte des zweiten Jahrhunderts v. Chr. nach der makkabäischen Erhebung aufgekommen zu sein scheint. Das biblische Vorbild sind die Visionen des Danielbuches (Kapitel 7 und 8–12). Sie ereignen sich in der narrativen Fiktion während des Babylonischen Exils und rekapitulieren die Geschichte vom Untergang Jerusalems unter Nebukadnezar (597 v. Chr.) bis zum Tod von Antiochos IV. (164 v. Chr.) und dem anschließenden Ende der Zeiten. Tatsächlich handelt es sich um ein *vaticinium ex eventu*, was bedeutet, dass die Visionen im Wissen um die eingetretenen Ereignisse von einer vorhergehenden Prophezeiung erzählen. Noch früher setzt das parabiblische Henochbuch (1 Henoch) an, das den vorsintflutlichen Helden Henoch die Ereignisse der Weltgeschichte von den Anfängen der Welt bis in die Gegenwart voraussagen lässt.[16] In der Zehnwochenapokalypse (1 Henoch 91–93) wird die Weltzeit in 10 Epochen, in der Vision von den 70 Hirten im Rahmen der Tiervision (1 Henoch 85–90) in die «70 Jahre» eingeteilt, die aus Jeremia 25 und 29 stammen und wie in Daniel 9 als Jahrzeiten (Jahrwochen, Jubiläen) berechnet werden. Beide Bücher sind in Qumran belegt.

In diesen wie den übrigen Beispielen sind die eschatologischen Erwartungen, wie sie in den biblischen Propheten, in parabiblischen Werken wie dem Jubiläenbuch oder in den jüngeren Kompositionen der Gemeinschaft von Qumran (1QS, 1QSa, 1QSb, CD, 1QM) zum Ausdruck kommen, in endzeitliche Historiographie überführt, das heißt in den Verlauf der heiligen Geschichte eingeordnet, der genauestens nach Wochen, Monaten, Jahren, Jahrwochen und Jubiläen berechnet und von prophetischen Gestalten aus der biblischen Tradition vorausgesagt wird. Dasselbe Ziel verfolgen auch die Kommentare über Propheten und Psalmen, die Pescharim. Auch sie schreiben die biblische Geschichte in die eigene Gegenwart und eschatologische Zukunft fort, doch gehen sie mit anderen Mitteln vor. Sie lassen nicht (nur) die Propheten sprechen, sondern sagen selbst, was die Propheten ihrer Auffassung nach meinten.

VIII. «Seine Deutung ist»
Die Kommentierung der Propheten

1. Der prophetische Diskurs

Im Danielbuch lesen wir, wie Daniel im ersten Jahr des Königs Dareios, des Sohnes des Xerxes aus medischem Geschlecht, über «den Schriften» brütet. Was ihm Kopfzerbrechen bereitet, sind die siebzig Jahre, von denen Gott im Buch des Propheten Jeremia gesprochen hat. Es sind die Jahre, in denen Jerusalem in Trümmern liegen sollte. Sowohl das Jeremiabuch (Jer 25,12; 29,10) als auch die Bücher Chronik und Esra (2 Chr 36,21–22; Esr 1,1) verstehen darunter die Zeit des Babylonischen Exils, das im ersten Jahr des Perserkönigs Kyros beendet sein würde. Gemäß der narrativen Fiktion des Danielbuches befindet sich Daniel im Exil und dient am Hof der babylonischen Könige Nebukadnezar und Belsazar sowie des Meders Dareios bis zum Herrschaftsantritt des Persers Kyros (Dan 1,1.21; 6,1.29). Daniel 9 spielt zur selben Zeit wie Daniel 6 unter Dareios, kurz bevor die Zeit Daniels in Babylon vorüber ist und die siebzig Jahre des Jeremia im ersten Jahr des Kyros abgelaufen sind. Aus diesem Grund studiert Daniel die Schriften und möchte wissen, was es mit der Zahl auf sich hat.

In einem Gebet wendet sich Daniel an seinen Gott, der den Engel Gabriel schickt, um ihm die Bedeutung der siebzig Jahre zu offenbaren. Die Zahl wird von Gabriel als Jahrwochen, das heißt 7 × 70 = 490 Jahre berechnet und auf drei Phasen zu 7 + 62 + 1 Jahrwochen verteilt. Die Frist wird somit gestreckt und zielt auf eine letzte Jahrwoche von 7 Jahren, die mit Daniel 7,25 noch einmal in zwei Hälften zu je 3 1/2 Jahren geteilt wird. Wie auch immer die 490 Jahre berechnet worden sein mögen, so ist deutlich, dass die letzte Jahrwoche die Vorgänge in Jerusalem unter dem seleukidischen König Antiochos IV. in der Mitte des zweiten Jahrhunderts v. Chr. umfasst, von denen die Visionen in Daniel 7–12 handeln. Es ist die Zeit der Verfasser des Danielbuches, die die religionspolitischen Umwälzungen in Jerusalem unter Antiochos IV. sowie die makkabäische Revolte gegen ihn erlebt haben. Für sie erhält der Daniel des Danielbuches im Babylonischen Exil Ende des sechsten Jahrhunderts v. Chr. von Gott selbst, vermittelt durch Gabriel, Auskunft darüber, auf welche Zeit und welche Personengruppen sich die Weissagung des Jeremia über die siebzig Jahre bezieht. Daniel muss sich noch gedulden, doch die später Geborenen können hoffen.

In der Szene in Daniel 9 begegnen wir dem Fall, dass die Weissagung eines Propheten als solche thematisiert wird und ein Rätsel darstellt, das mittels des Schriftstudiums und der Offenbarung durch einen Engel gelöst wird. Des Rätsels Lösung liegt in der Aktualisierung der prophetischen Weissagung, die auf eine neue Zeit und einen anderen Adressatenkreis bezogen wird. Die Danielstelle markiert damit den Übergang vom biblischen Buch zum Kommentar, Midrasch oder Pescher genannt. Doch die Auslegung und Aktualisierung der Prophetenworte hat es auch vorher schon gegeben. Nur hat sie sich bis dahin in den Büchern der Propheten selbst abgespielt, die über Jahrhunderte überliefert und im Namen des Propheten permanent ergänzt und fortgeschrieben wurden. In Anlehnung an den Israel-Diskurs und den mosaischen Diskurs kann man den Prozess der Entstehung und Fortschreibung der Prophetenbücher als den prophetischen Diskurs bezeichnen.[1]

Propheten und Prophetinnen hat es zu allen Zeiten im Alten Orient gegeben. Neben den Priestern, die für den reibungslosen Ablauf des täglichen Kults zuständig waren, hatten die Propheten Zugang zum Willen der Götter für die Gegenwart und Zukunft, der sie in Form von Auditionen und Visionen erreichte oder unter Anwendung bestimmter Techniken wie der Sternenbeobachtung und der Leberschau ermittelt wurde. Als Prognostiker wurden sie vor allem in Kriegszeiten oder bei inneren Krisen von Königen aufgesucht und nach dem Willen der Götter befragt. Ihre Botschaften wurden entweder mündlich übermittelt oder von professionellen Schreibern in

Briefen, auf Inschriften oder Sammeltafeln aufgezeichnet, in Archiven abgelegt und dort bei Gelegenheit erneut konsultiert. Auch zu Schulzwecken dürften prophetische Texte reproduziert und verwendet worden sein. Damit setzt eine Sekundärverwendung der prophetischen Orakel ein, die kaum auf die Propheten selbst, sondern auf eine Schul- und Schreibertradition zurückgeht. Aus einer solchen Tradition sind auch die biblischen Prophetenbücher hervorgegangen. Diese haben sich jedoch in eine Richtung entwickelt, die ganz und gar untypisch für das Phänomen der altorientalischen Prophetie ist und sowohl quantitativ als auch qualitativ alles überbietet, was wir an Analogien aus dem Alten Orient und der näheren Umgebung sowie aus Israel und Juda selbst kennen.

Der prophetische Diskurs in der Hebräischen Bibel ging dem Israel-Diskurs und dem mosaischen Diskurs voran und hat für beide den Anstoß gegeben. Er setzte damit ein, dass der Untergang des Reiches Israels zum Willen des Gottes JHWH erklärt wurde, der über kurz oder lang auch den Untergang des Reiches Juda vorsah (vgl. etwa Jes 8,1–4, gefolgt von 8,5–8). Der definitive Bruch des Gottes JHWH mit den beiden Monarchien führte in der biblischen Überlieferung zu einer Neubestimmung sowohl des Namens Israel als auch der Beziehung zwischen Israel und der Gottheit JHWH. Unter «Israel» verstand man hinfort nicht mehr nur das (untergegangene) Reich im Norden, sondern das Volk des Gottes JHWH, das auch das Reich Juda umfasste und dessen Identität sich allein über die unbedingte Verpflichtung seinem Gott gegenüber definierte. Diese Neubestimmung «Israels» und seiner Beziehung zu JHWH setzte nicht nur den Israel-Diskurs über die Identität Israels und den anschließenden mosaischen Diskurs über den verpflichtenden Willen Gottes in Gang. Auch die prophetische Überlieferung selbst trat in einen Diskurs ein, wer oder was Israel ist oder sein sollte, warum es dem Gericht Gottes verfallen ist, was es nach dem Gericht zu erwarten hat und was JHWH von seinem Volk Israel verlangt.

Die Entwicklung der prophetischen Literatur reicht vom ausgehenden achten Jahrhundert v. Chr. bis in die hellenistische Zeit und ist sehr vielfältig. Für die einzelnen Prophetenbücher lässt sich keine absolute Datierung vornehmen, sondern nur ein *terminus a quo* angeben, der Zeitpunkt, in dem die Überlieferung einsetzte und von dem an sie allmählich angewachsen ist. So war das Ende des Reiches Israel unter Assur im ausgehenden achten Jahrhundert (720 v. Chr.) der Auslöser für den prophetischen Diskurs in den Büchern Jesaja (Kapitel 1–39), Hosea, Amos und Micha.[2] Ausgangspunkt ist die Interpretation des Unterganges der beiden Monarchien als Gericht Gottes. Als Gründe werden vor allem soziale und kultische Vergehen genannt. Könige, Richter, Priester und Propheten, kurz: sämtliche tragenden Säulen der monarchisch verfassten Gesellschaft, gelten als korrupt – und das umso mehr, als sie sich auf JHWH berufen – und ziehen damit das gesamte Volk Israel mit in den Untergang. In den Büchern Jesaja und Micha trat mit der Zeit der Zion (Jerusalem) in den Fokus, der als einzig verbleibendes Symbol der Gottesgegenwart zum Dreh- und Angelpunkt sowohl der Gerichtsprophetie als auch der eschatologischen Heilserwartungen für Israel und die Völker wurde. In Hosea wurde die heilige Geschichte Israels im Lichte der Gerichts- und Heilsprophetie bedacht. Aufgrund der Innovation der biblischen Gerichtsprophetie bildete sich auch ein neues Bild des Propheten heraus, der als Einziger seines Standes für den wahren Gott, die Entrechteten und die Armen eintritt und deswegen unter Ablehnung und Verfolgung von seiten des Volkes und seiner Eliten leidet.

Das Ende des Reiches Juda unter babylonischer Herrschaft im frühen sechsten Jahrhundert (597 bzw. 587 v. Chr.) setzte einen zweiten Schub der literarischen Produktion in den Büchern der Propheten in Gang. Die anfängliche Freude über den Niedergang der neuassyrischen Fremdherrschaft, die sich in den Orakeln des Propheten Nahum spiegelt, hielt nicht lange an. Sie wich den Befürchtungen über den «Tag JHWHs» bei Zefanja (1,14–16) und den Klagen des Propheten Jeremia über die bevorstehende Katastrophe, die durch einen ominösen «Feind aus dem Norden» verursacht werden sollte, hinter dem sich das neubabylonische Reich verbirgt (Jer 4,7.11.13.19–21; 6,1.22–23). Nach dem Vorbild der älteren Überlieferung sind die

Klagen nachträglich zu Voraussagen des göttlichen Gerichts gegen «Israel» umgeschrieben worden. Im Anschluss an die Lieder über den «Feind aus dem Norden» (Jeremia 4–6) kreisen die Sprüche, Symbolhandlungen und langen Predigten des Propheten Jeremia um den Bund JHWHs mit Israel sowie den unbedingten Gehorsam gegen JHWH und seine Gebote. Hier hat die Rede vom «neuen Bund» ihren Ursprung (Jer 31,31–33). Ausführliche Leidenserzählungen und persönliche Konfessionen widmen sich dem persönlichen Schicksal des Propheten und seinem Verhältnis zu seinem Gott. Darin wird der neue Typus des biblischen Propheten als theologisches Problem bedacht. Zur Debatte steht, warum es Frevlern und Gottlosen gut geht, während der Gerechte leidet. Die universale Geltung der Weissagungen unterstreichen die umfangreichen Völkerorakel, die in der griechischen Fassung des Buches in der Mitte, in der hebräischen Fassung am Ende stehen.

Die nächste Zäsur markiert der Wiederaufbau des Tempels von Jerusalem unter den Persern. Er gab den Anstoß für die Überlieferung in den Büchern Haggai, Sacharja (1–8) und Maleachi und löste einen dritten, gewaltigen Schub der literarischen Produktion in den Prophetenbüchern aus.[3] Unter dem Datum des zweiten Jahres eines Königs Dareios (vermutlich Dareios I., das heißt 520 v. Chr.) sind im Buch Haggai zwei Orakel überliefert, die zum Wiederaufbau des Tempels aufrufen und vom Einzug der Herrlichkeit JHWHs künden (Hag 1,1.4.8 und 1,15b/2,1.3.9a). Darin ist der Tempelbau als Zeichen des anbrechenden Heils verstanden. Für andere war die persische Baugenehmigung und finanzielle Unterhaltung des Tempels jedoch die Fortsetzung der Fremdherrschaft, und sie erwarteten mehr vom Bau des Zweiten Tempels und der inneren Neukonstitution des Gottesvolkes Israel. Dieser Erwartung sind viele Einträge in den älteren Prophetenbüchern zu verdanken, vor allem Völkerorakel und Heilsorakel für Israel, die in manchen Büchern die Oberhand gewinnen (Jesaja 40–66, Micha 5–7, Haggai 1–2, Sacharja 1–8). Sie knüpfen an die alte, vorexilische Tradition der Heilsprophetie an oder greifen – wie in Haggai – rezente Orakel der alten Art auf. Doch setzen sie durchgängig den älteren prophetischen Diskurs über das Gericht Gottes voraus und entwerfen auf dieser Basis ihre Visionen vom künftigen Heil Israels.

Dies gilt nicht zuletzt von dem Buch Ezechiel, eine Art Midrasch zu den Propheten, der in extensiver Weise von den älteren, bereits vorliegenden Prophetenbüchern literarischen Gebrauch macht, um das Idealbild einer Prophetenvita zu entwerfen. Darüber hinaus greift Ezechiel verstärkt auch auf den Israel-Diskurs und den mosaischen Diskurs in der übrigen biblischen Überlieferung aus und verbindet, dem Heiligkeitsgesetz in Levitikus 17–26 ähnlich, Anliegen des Deuteronomiums mit denen der priesterlichen Tradition im Pentateuch. Das Buch handelt von der Zerstörung Jerusalems, bedenkt in langen Reden die Gründe und theologischen Hintergründe dieses Ereignisses und endet in der Vision des neuen Jerusalem, um die Einzigkeit, Selbigkeit und Heiligkeit JHWHs bzw. seines Namens zu erweisen.

Schriftgelehrsamkeit und Zitate biblischer Bücher sind Merkmale eines fortgeschrittenen Stadiums des prophetischen Diskurses. Mit demselben Mittel wird auch die nächste wichtige historische Zäsur verarbeitet, der Zusammenbruch des persischen Reiches nach dem Tod Alexanders des Großen um 330 v. Chr., dessen Nachfolger, die Diadochen, sich um das Erbe stritten. Aus dieser Zeit stammen die Texte, die von einem universalen Gericht über alle Völker und vom universalen Heil reden sowie einen neuen Himmel und eine neue Erde ankündigen (Jesaja 24–27, 34–35, 63–66, Sacharja 9–14, Joel, Obadja). In diesen späten Stadien der prophetischen Literatur werden die wachsenden inneren Spannungen im Gottesvolk Israel zwischen «Gerechten», «Auserwählten» und «Frommen» auf der einen Seite, «Frevlern» und «Sündern» auf der anderen Seite sichtbar, bevor der prophetische Diskurs in den Prophetenbüchern gegen Ende des dritten Jahrhunderts v. Chr. zum Stillstand kommt. Es formierte sich das Corpus Propheticum, die Sammlung der drei großen und zwölf kleinen Propheten, und schließlich der Kanonteil Nebiim «Propheten», der im vorderen Teil die Bücher Josua bis Könige und im hinteren die prophetischen Bücher umfasst. Der Verweis auf das

Gesetz des Mose in Josua 1,7–8 und Maleachi 3,22 bildet eine Klammer um das Ganze. Die «Propheten» traten so neben den ersten und älteren Teil autoritativer «heiliger» Schriften, den Kanonteil Tora. An die Stelle der literarischen Fortschreibung als Mittel der Auslegung und Aktualisierung traten das Studium und die Erklärung «der Schriften», womit der prophetische Diskurs außerhalb der Prophetenbücher fortgesetzt wurde. Das ist die Aufgabe eines Schriftgelehrten, wie er im Buch des Ben Sira beschrieben wird (Sir 39,1–3):

> Wer sich aber vorgenommen hat, über das Gesetz des Höchsten nachzusinnen, der muss die Weisheit aller Alten erforschen und in den Propheten studieren. Er muss die Geschichten berühmter Leute kennen und über die Sprüche nachdenken, was sie bedeuten und lehren. Er muss den verborgenen Sinn der Gleichnisse erforschen und mit Rätselsprüchen vertraut sein.

2. Fortschreibung und Pescher

Der prophetische Diskurs, der sich in Fortschreibung und Aktualisierung der prophetischen Literatur widerspiegelt, beruht auf der Überzeugung, die von Anfang an maßgebend gewesen sein muss, dass in den Propheten und ihren Büchern das Wort Gottes enthalten sei (Jer 1,9.12). Sinnbildlich ausgedrückt findet sich diese Überzeugung im Berufungsbericht des Ezechiel, der eine Schriftrolle zu essen bekommt (Ez 2,8–3,3; vgl. Jer 15,16). Die Aufzeichnung des Wortes Gottes in den Prophetenbüchern trägt der Auffassung Rechnung, dass dieses Wort eine die Zeit überdauernde, bleibende Bedeutung hat (Jes 30,8; 40,8) und seine Wirkung nicht auf eine Zeit beschränkt ist (Jes 9,7; 55,10–11). So stellte sich für die Überlieferer der prophetischen Literatur immer wieder die Frage, wen das Wort Gottes in den prophetischen Weissagungen meint und auf welche Zeit es zielt. Die Schreiber haben sich darum berechtigt, ja genötigt gesehen, das Wort Gottes in den Büchern der Propheten immer wieder auf sich und ihre Zeit zu beziehen. Sie taten dies manchmal mit, manchmal auch gegen den Wortlaut des überlieferten Textes, der, wie sie meinten, die volle Wahrheit enthält und somit auch sie betrifft, auch wenn er es nicht explizit sagt. Die Fortschreibung der Bücher machte explizit, was die Schreiber im Text für ihre Zeit impliziert fanden.

Der Vorgang ist nicht leicht zu verstehen, insbesondere deswegen, weil er zweierlei zusammenbringt, was sich nach unserem Empfinden ausschließt: die unbedingte Treue zum überlieferten, göttlich inspirierten Text und die Freiheit, nach eigenem Belieben in diesen einzugreifen. Für die Verfasser der Prophetenbücher war dies kein Gegensatz. Göttliche Inspiration und schriftgelehrte Interpretation fielen für sie zusammen. Die Fortschreibung war in ihren Augen nicht weniger inspiriert als der zugrundeliegende Text, da die Interpretation, die in den Text des Propheten eingetragen wurde, sich aus der Inspiration desselben speiste. Nach dem Selbstverständnis der Überlieferung übermittelten weder die namengebenden Propheten noch die anonymen Schreiber ihre eigenen Worte, sondern das Wort Gottes, das dieser dem Propheten, seinen Kindern und Kindeskindern bis in Ewigkeit in den Mund legte (Jes 59,21), in die Feder diktierte oder als Schriftrolle zu essen gab.

Nachdem die literarische Produktion der prophetischen Bücher selbst zum Erliegen gekommen war, hörte man nicht auf zu fragen, auf welche Zeit sich die prophetischen Weissagungen beziehen und auf wen sie zutreffen. Der Beantwortung dieser Frage sind die Prophetenkommentare von Qumran, die sogenannten Pescharim, gewidmet (siehe Tafel 12).[4] Aus einem dieser Kommentare, dem Pescher zum Buch Habakuk (1QpHab VI–VII), geht hervor, dass die Auslegung der Propheten als Entschlüsselung der «Geheimnisse Gottes» verstanden wurde, die in dem überlieferten Text verborgen sind und nicht einmal dem Propheten selbst bekannt waren. Das «Geheimnis» besteht in nichts anderem als der Erklärung, auf welche Zeit und auf wen sich die prophetischen Weissagungen beziehen. Um das Geheimnis zu entschlüsseln, bedarf es jedoch einer besonderen Technik und Form der Auslegung. Der Fachterminus dafür heißt *pescher*, «Deutung», und hat eine lange Vorgeschichte im Alten Orient, die in den Bereich der professionellen Traum- und Rätseldeutung (vgl.

Daniel 2–5) sowie der Omenwissenschaft und divinatorischen Gelehrsamkeit weist. Die Form erinnert an philologische Kommentare der hellenistischen Gelehrsamkeit, die in derselben Zeit eine große Blüte erlebten und vielleicht als Vorbild dienten.[5]

Im Pescher Habakuk kommt als spezielle Voraussetzung der Auslegung eine aktuelle göttliche Offenbarung hinzu, die einem Priester (1QpHab II) bzw. – möglicherweise erst in einem Nachtrag – dem «Lehrer der Gerechtigkeit» (1QpHab VI–VII) zuteilgeworden sein soll. Gott habe ihm, so heißt es in dem Pescher, die Geheimnisse kundgetan und Einsicht verliehen, um die Worte der Propheten zu deuten. Auf der Grundlage dieser Sonderoffenbarung legt der Pescher das Buch Habakuk und legen andere Pescharim andere Prophetenbücher aus, und zwar im Blick auf die Frage, auf welche Zeit und welchen Personenkreis sich die Weissagung des Propheten bezieht. So lautet die Auslegung von Habakuk 2,1–3 (Bibeltext in Kursivschrift):

> *Auf meine Wache will ich treten und mich auf meine Warte stellen und spähen, um zu schauen, was er zu mir spricht und [was er erwidern wird au]f meine Klage. Und JHWH antwortete mir [und sprach: Schreibe das Gesicht auf und grabe es ein] auf die Tafeln, damit ei[len kann, wer es liest. (Hab 2,1–2).* Seine Deutung ist ...] Und Gott sprach zu Habakuk, er solle aufschreiben, was kommen wird über das letzte Geschlecht. Aber die Vollendung der Zeit hat er ihm nicht kundgetan. Und wenn es heißt: *Damit eilen kann, wer es liest*, so bezieht sich seine Deutung auf den Lehrer der Gerechtigkeit, dem Gott kundgetan hat alle Geheimnisse der Worte seiner Knechte, der Propheten. *Denn noch ist eine Schau auf Frist, sie eilt dem Ende zu und lügt nicht.* (Hab 2,3) Seine Deutung ist, dass sich die letzte Zeit in die Länge zieht, und zwar weit über alles, was die Propheten gesagt haben; denn die Geheimnisse Gottes sind wunderbar. (1QpHab VI,12–VII,8)

Die Vorstellung von einer Sonderoffenbarung, die den hermeneutischen Schlüssel zur Interpretation der Propheten an die Hand gibt, erinnert an die Erklärung der jeremianischen Jahre durch den Engel Gabriel in Daniel 9. Mit oder ohne hermeneutisches Medium handelt es sich bei der Auslegung der Propheten in Qumran also um eine professionelle und zugleich inspirierte Tätigkeit der Schriftgelehrsamkeit, in der sich mehr oder weniger nahtlos fortsetzt, was wir schon bei der Entstehung der biblischen Prophetenbücher und ihrer Fortschreibung sehen.

Der Übergang vom einen zum anderen geschah nicht von heute auf morgen, sondern hat sich allmählich vollzogen. Die Auslegung und Aktualisierung der Propheten nahm bei der Textüberlieferung ihren Anfang, wie das Beispiel von Jesaja 8,11 zeigt, wo die Rolle 1QJes[a] liest: «und uns vom Wandeln auf dem Weg dieses Volkes abbringt», und damit die Aussage auf die Überlieferer bezieht, in denen sich die Gemeinschaft von Qumran wiederfinden konnte (siehe Kapitel III.3). Das Nächste waren implizite und explizite biblische Zitate, die in den Schriften von Qumran im Laufe der Zeit erkennbar zunahmen und hier ausgelegt wurden. Die Tendenz lässt sich an einer Stelle in der Gemeinschaftsregel erkennen, an der in der Handschrift 1QS und der Parallelhandschrift 4Q259 ein Zitat von Jesaja 40,3 steht (1QS VIII,14), das in einer anderen Handschrift (4Q258) noch fehlt, um auszudrücken, dass der Weg der Gemeinschaft «in die Wüste» zum Studium der Tora die Erfüllung einer prophetischen Weissagung ist (Abweichungen in Kursivschrift).

4Q258 2,6–9 (DJD XXVI 4Q258 VI 3a–d,6–9), ergänzt nach 4Q259:
Wenn dies [in Israel] geschieht, so sollen sie ausgesondert werden aus [der Mitte des Wohnsitzes] der Männer [des Frevels, um in die Wüste zu gehen, um dort den Weg der Wahrheit zu bereiten. Das ist das Studium der Tor]a, [welches] er durch [Mose] befohlen hat, [zu t]un alles, [was geoffenbart ist von Zei]t zu Zeit, und wie die Propheten offenbart haben durch seinen heiligen Geist.

1QS VIII,12–16:
Wenn dies *für die Gemeinschaft* in Israel geschieht, so sollen sie *entsprechend diesen Festsetzungen* ausgesondert werden aus der Mitte des Wohnsitzes der Männer des Frevels, um in die Wüste zu gehen, um dort den Weg *des ER* (Gott) zu bereiten, *wie geschrieben steht: In der Wüste bereitet den Weg* JHWHs, *macht eben in der Steppe eine Bahn unserem Gott.* (Jes 40,3) Das ist das Studium der Tora, [welches] er durch Mose befohlen hat, zu tun *gemäß allem*, was geoffenbart ist von Zeit zu Zeit, und wie die Propheten offenbart haben durch seinen heiligen Geist.

Deutlich mehr explizite Zitate aus den Propheten enthält die jüngere Damaskusschrift. In ihr sehen wir, wie sich die Pescher-Methode entwickelt, auch wenn der Begriff im erhaltenen Text nur einmal gebraucht wird (CD IV,14). So legt CD VII,10–13 eine Zitatkombination aus Jesaja 7,17 und 8,14 auf die künftige Bestrafung der Gottlosen und Verächter der Tora aus. Wie im Buch Jesaja selbst dient die Reichsteilung unter Salomo und Jerobeam I. als historisches Vorbild für das künftige Gericht. Gilt dieses im Jesajabuch dem judäischen Königshaus zur Zeit des Königs Ahas im achten Jahrhundert v. Chr., so wird dasselbe Gericht hier den zeitgenössischen Gegnern der Gemeinschaft von Qumran an der Wende vom zweiten zum ersten Jahrhundert v. Chr. angedroht.

> Aber über alle Verächter wird, wenn Gott das Land heimsucht, die Vergeltung der Frevler kommen, wenn das Wort eintrifft, das in den Worten des Propheten Jesaja, des Sohnes des Amos, geschrieben steht, der gesagt hat: Es werden Tage kommen über dich und über dein Volk und über das Haus deines Vaters, wie sie (nicht) gekommen sind seit dem Tage, an dem Efraim von Juda abgefallen ist (Jes 7,17). Als sich die beiden Häuser Israels trennten (Jes 8,14), fiel Efraim von Juda ab. (CD A VII,10–13)

In etwa dasselbe sagt die zweite Handschrift (CD B), die an derselben Stelle nicht aus Jesaja, Amos und Numeri, sondern aus Sacharja und Ezechiel zitiert:[6]

> Aber allen, die die Gebote und Satzungen verachten, soll die Vergeltung der Frevler heimgezahlt werden, wenn Gott das Land heimsucht, wenn das Wort eintrifft, das geschrieben ist durch den Propheten Sacharja: Schwert, wache auf … (Sach 13,7). (CD B XIX, 5–9)

In immer neuen Anläufen versucht die Gemeinschaft von Qumran, ihre Geschichte und ihre gegenwärtige Situation «am Ende der Tage» im Lichte biblischer, besonders prophetischer Zitate zu rekonstruieren und zu deuten, aus denen sie auch die Perspektiven für die Zukunft gewinnt.

Im ersten Jahrhundert v. Chr. verselbstständigten sich die Zitate und ihre Auslegung und wuchsen sich zu regelrechten Exzerpttexten und ganzen exegetischen Traktaten aus, die um bestimmte, meist eschatologische Themen kreisen. Man spricht darum von thematischen Midraschim. Berühmte Vertreter dieser Textgattung sind die beiden Exzerpte biblischer Zitate 4Q175 (Testimonia, siehe Tafel 13) und 4Q176 (Tanchumim) sowie die exegetischen Werke 11Q13 (Melchisedek) und 4Q174 (Florilegium); Letzteres hat Annette Steudel mit 4Q177 (Catena A) zu einem Werk, dem Midrasch zur Eschatologie (4QMidrEschat), zusammengeschlossen.[7]

Die thematischen Midraschim bilden die Vorläufer der Gattung der kontinuierlichen Pescharim, bei der der Bibeltext Vers für Vers oder Abschnitt für Abschnitt zitiert und kommentiert wird. Der Übergang vom Text zum Kommentar ist durch eine feste Formel markiert: *pischro,* «seine Deutung (ist)», *pischro ʿal,* «seine Deutung (bezieht sich) auf», oder *pescher dabar ʿal,* «die Deutung des Wortes/der Sache (in Bezug) auf». Der Unterschied zu den thematischen Midraschim besteht vor allem in der formalen Anlage: Interpretiert wird nicht eine Auswahl von biblischen Zitaten oder Textpassagen zu einem Thema, sondern der Bibeltext in seinem überlieferten Zusammenhang und in der vorgegebenen Reihenfolge. Außerdem sind die Pescharim ausschließlich auf Propheten und Psalmen konzentriert.

Eindeutig identifiziert sind insgesamt siebzehn Exemplare solcher kontinuierlichen Pescharim: sechs Handschriften zum Buch Jesaja (3Q4, 4Q161–165), je zwei zu Hosea (4Q166–167), Micha (1Q14, 4Q168) und Zefanja (1Q15, 4Q170), je eine zu Nahum (4Q169) und Habakuk (1QpHab), drei zu den Psalmen (1Q16, 4Q171 und 173). Von den meisten Handschriften sind nur Bruchstücke erhalten; nahezu unversehrt ist nur der Pescher Habakuk (1QpHab), in weiten Teilen auch der Pescher Nahum (4QpNah). Beide gehören zu den jüngsten Vertretern ihrer Gattung und repräsentieren sie in einer besonders ausgereiften Form.

3. Text und Kommentar

Ganz gleich, welches Prophetenbuch oder welcher Psalm in den Pescharim ausgelegt wird und welcher Abschnitt aus dem biblischen Buch zugrunde liegt, lautet die Auslegung des Pescher oft sehr ähnlich. Von äußeren Feinden aus den Völkern ist die Rede, die als «Kittim» bezeichnet und nur ganz selten beim Namen genannt werden. Daneben ist viel von inneren Feinden die Rede, die der Gemeinschaft von Qumran das Leben schwer machen. Auch die inneren Feinde haben Decknamen: Efraim und Manasse, Haus Absalom und Haus Peleg, «die nach glatten Dingen suchen», «Frevelpriester», «Lügenmann» und «Lügenprediger». Und schließlich ist in den Pescharim von der Gemeinschaft die Rede, die sich selbst «die Erwählten», «Täter der Tora» oder einfach «die Gemeinschaft» nennt, den «Lehrer der Gerechtigkeit» zu ihrem Gründer und Lehrmeister erklärt und sich als das wahre Juda oder das wahre Israel sieht.

Die Mehrzahl dieser Selbst- und Fremdbezeichnungen in den Deuteteilen der Pescharim stammen direkt aus dem biblischen Sprachgebrauch oder lassen sich davon ableiten. Gleichzeitig werden damit aber nicht einfach biblische Geschichten nacherzählt, sondern offenbar aktuelle Auseinandersetzungen zwischen rivalisierenden Gruppen beschrieben, wobei die Pescharim ganz eindeutig für nur eine Gruppe, die Gemeinschaft von Qumran, Partei ergreifen und gegen die äußeren und inneren Gegner in Juda und Jerusalem polemisieren. Das Ziel der Auseinandersetzung ist die große, nach Meinung der Pescharim in den Prophetenschriften geweissagte und kurz bevorstehende Wende «am Ende der Tage», in der Gott die Feinde endgültig zu Fall bringen und seine Getreuen, die Mitglieder der Gemeinschaft, aus allem Übel retten wird.

Angesichts dieses Befundes stellt sich die Frage, wie sich der biblische Referenztext aus den Prophetenbüchern zu den biblischen Metaphern in den Auslegungsteilen verhält und welche Rolle der historische Kontext bei der Auslegung spielt. Als Beispiel mag ein Abschnitt aus dem Pescher zum Buch Nahum dienen:[8]

> *Wehe der Blutstadt, ganz Lüge, von Raub (?) ganz voll.* (Nah 3,1) Seine Deutung: Dies ist die *Stadt* Efraims, derer, die nach glatten Dingen suchen am Ende der Tage, die in *Lüge* und Betrügereien wandeln.
> …
> *Und ich werfe Unrat auf dich, erniedrige dich und mache dich abstoßend* (MT *zum Schauspiel); und alle, die dich sehen, werden vor dir fliehen.* (Nah 3,6–7a) Seine Deutung bezieht sich auf diejenigen, die nach glatten Dingen suchen, deren böse Taten am Ende der Zeit ganz Israel offenbar gemacht werden. Und viele werden ihre Sünden erkennen und werden sie hassen und *abstoßend* finden wegen ihres schändlichen Übermuts. Und wenn die Herrlichkeit (Ehre) Judas offenbar ist, werden die Einfältigen Efraims aus der Mitte ihrer Gemeinde *fliehen* und ihre Verführer verlassen und sich Israel anschließen.
> *Und sie werden sagen (*MT *und man sagt): Ninive ist zerstört! Wer wird um sie klagen? Wo soll ich Tröster für dich suchen?* (Nah 3,7b)
> Seine Deutung bezieht sich auf diejenigen, die nach glatten Dingen suchen, deren Rat zugrunde gehen und deren Versammlung zerstreut werden wird. Und sie können nicht fortfahren, die Gemeinde zu verführen, und die Einfältigen werden ihren Rat nicht mehr unterstützen.
> *Bist du besser als No-Amon, das an den (Nil-)Strömen lag?* (Nah 3,8)
> Seine Deutung: *Amon*, das ist Manasse, *die Ströme*, das sind die Großen Manasses, die Geehrten … (4QpNah 3–4 ii,1–2 und iii,1–9)

Aus der Perspektive des heutigen Lesers haben der biblische Text (in Kursivschrift), der Vers für Vers zitiert wird, und die Auslegung des Pescher, die sich, eingeleitet mit «Seine Deutung ist …», jeweils anschließt, wenig miteinander zu tun. Der biblische Text des Nahumbuches stammt in seinem Grundbestand aus dem ausgehenden siebten Jahrhundert v. Chr. Die Prophetenschrift enthält in allen drei Kapiteln und so auch in dem hier zugrundeliegenden Abschnitt Nahum 3,1–8 eine Weissagung gegen Ninive, die Hauptstadt des neuassyrischen Reiches, die 612 v. Chr. gefallen ist. Ihr Schicksal wird in einer rhetorischen Frage ironisierend mit dem Schicksal der ägyptischen Stadt No-Amon (Theben) verglichen, die 664 v. Chr. von Assurbanipal, also von den Assyrern selbst, vernichtend geschlagen und eingenommen wurde. In den prophetischen Orakeln gegen die «Blutstadt» Ninive drückt sich die Freude und der Triumph Judas und seines Gottes JHWH über den Niedergang des einstigen Unterdrückers aus.

In der Deutung des Pescher ist von alldem keine Rede. Vielmehr werden die Verse – ganz im Sinne der hermeneutischen Regel im Pescher Habakuk – auf die eigene Zeit und die eigene Gruppe der Gemeinschaft von Qumran bezogen. Efraim und Manasse heißen die Gegner, die mit der «Blutstadt» Ninive und mit No-Amon identifiziert werden und «die nach glatten Dingen suchen», die die «Einfältigen Efraims» sowie «die Gemeinde» verführen. Der Untergang Ninives ist der Untergang dieser Gegner, der für das bevorstehende «Ende der Tage» erwartet wird, an dem die «Herrlichkeit Judas» offenbar werden wird. Dann sollen sich «die Einfältigen Efraims» bekehren und sich dem wahren Israel anschließen.

Aus der Perspektive des antiken Schreibers und jüdischen Schriftgelehrten stellt sich die Sache jedoch anders dar. Er liest den Text des Nahumbuches nicht wie wir (primär) als historisches Zeugnis aus dem ausgehenden siebten Jahrhundert, sondern als Wort Gottes, das einen verborgenen Sinn für seine Zeit enthält. Der Text gleicht gewissermaßen dem Menetekel in Daniel 5, das dem Schriftgelehrten ein Rätsel aufgibt, das es zu lösen gilt. In dieser Perspektive sind offensichtliche und versteckte Bezüge zwischen dem biblischen Text und seiner Auslegung aufschlussreich, die von den Verfassern hergestellt wurden. Sie bestehen in gemeinsamen Stichwörtern, die oben wie der Bibeltext in Kursive gesetzt sind. Diese Stichwörter fließen auf zweierlei Weise in die Deutung ein: entweder durch direkte Identifizierung («Seine Deutung: Dies ist die Stadt Efraims ...») oder im Rahmen einer pauschalen Gleichung («Seine Deutung bezieht sich auf ...»), die mit dem Wortmaterial der Bibelstelle arbeitet. Dazu kommen weitere Verbindungen, die nur am hebräischen Text zu sehen sind, wie Assonanzen, Paronomasien, Homonyme, Synonyme sowie Stichwortverbindungen zu vorhergehenden Pescher-Teilen, die den vorhergehenden Bibelversen gewidmet sind. Dahinter verbirgt sich ein ausgetüfteltes Regelwerk der Textauslegung, deren subtile Techniken bis in die Literargeschichte der biblischen Bücher zurückreichen und in der späteren rabbinischen Tradition wie auch im Neuen Testament weiter verwendet und verfeinert wurden.

Die Auslegungstechniken lassen erkennen, auf welchem Wege der Verfasser des Pescher auf seine Auslegung gekommen ist. Sie erklären jedoch nicht den inneren Zusammenhang, der zwischen dem biblischen Referenztext und seiner Kommentierung besteht. Allerdings ist es nicht ausgemacht, ob ein solcher Zusammenhang überhaupt intendiert ist. Die Qumranforschung scheint in dieser Hinsicht wenig zu erwarten. In ihr hat es sich eingebürgert, die Pescher-Teile für sich zu betrachten, sie auf mehr oder weniger deutliche Hinweise auf historische Sachverhalte zu befragen und darin die Aussageabsicht des Pescher zu erkennen. Die Anspielungen in den Pescharim und anderen Schriften vom Toten Meer auf die historische Situation zur Zeit ihrer Entstehung werden mit Nachrichten in anderen zeitgenössischen jüdischen Quellen, besonders Flavius Josephus, kombiniert. Daraus erschließt man die historische Situation im ersten Jahrhundert v. Chr. und erklärt damit wiederum die Auslegung der biblischen Prophetenbücher in den Pescharim.

Grundlage dieser Erklärung ist der Umstand, dass nicht nur die erhaltenen Handschriften der Pescharim, sondern auch diese selbst im ersten Jahrhundert v. Chr. entstanden sind und zahlreiche Anspielungen auf Personen und Ereignisse aus dem späten zweiten und ersten Jahrhundert v. Chr. enthalten. So nennt gerade der Pescher Nahum, dessen Handschrift anhand der Paläographie in die Zeit zwischen 50 und 25 v. Chr. datiert werden kann, die Akteure teilweise beim Namen. An einer Stelle spricht der Pescher von «den Königen Jawans von Antiochos bis zum Auftreten der Herrscher der Kittim» und steckt damit einen Zeitraum ab, der sich auf die Zeit von Antiochos IV. Epiphanes (175–164 v. Chr.) bis zur Einnahme Jerusalems durch die Römer unter dem Feldherrn Pompeius 63 v. Chr. datieren lässt. Im selben Zusammenhang ist ein seleukidischer König mit Namen Demetrios erwähnt, bei dem es sich um

Demetrios III. Eukairos (95–88 v. Chr.) handeln dürfte. Zu seiner Zeit herrschte in Jerusalem der Hasmonäerkönig Alexander Jannaios (103–76 v. Chr.), der im Pescher in Auslegung von Nahum 2,13 «Löwe des Zorns» heißt. Gegen ihn erhoben sich führende Kreise des damaligen Judentums, vermutlich unter Beteiligung der Pharisäer, die sich im Pescher hinter den Chiffren «Efraim» und «die nach glatten Dingen suchen» verbergen. Die Aufständischen hatten sich zeitweise mit Demetrios III. verbündet und wurden dafür von Alexander Jannaios auf grausame Weise bestraft: Bei lebendigem Leib wurden sie ans Kreuz geschlagen, was ebenfalls im Pescher erwähnt und von Flavius Josephus bestätigt wird. Hinter der Chiffre «Manasse» scheinen sich die Sadduzäer zu verbergen, die führende Priesterpartei am Jerusalemer Tempel.

Der Pescher Nahum lässt sich historisch damit ziemlich präzise einordnen und in die Zeit nach 63 v. Chr. datieren. Doch die zentrale Aussage des Pescher und das Verhältnis zu seiner biblischen Vorlage sind damit noch nicht hinreichend erfasst, weil noch nicht erklärt ist, warum die Bezüge auf die eigene Zeit in biblisch geprägten Chiffren und Bildern erfolgen und man nicht ohne den Umweg über die Auslegung der Propheten geschrieben hat, was man zu sagen hatte. Doch die kommentierenden Teile greifen nicht selten auch auf biblische Wendungen und implizit auf Zitate aus anderen biblischen Büchern zurück. Das legt die Vermutung nahe, dass sich die Pescharim von Qumran in ihren Anspielungen auf die eigene Zeit ganz in der Welt des biblischen Israel bewegen und sich primär in der heiligen Geschichte verorten wollen.

4. David als Prophet

Bevor wir uns den wichtigsten biblischen Chiffren in den Pescharim und ihrer Entschlüsselung näher zuwenden, sei zunächst ein Blick auf die Pescharim zu den Psalmen geworfen. Aus ihnen geht hervor, dass auch David als Prophet angesehen wurde. Die ihm zugeschriebenenen Psalmen galten als Weissagung für die Gegenwart der Gemeinschaft von Qumran (vgl. 11Q5 XXVII,11). Unter den Pescharim zu den Psalmen ist die Kommentierung von Psalm 37 (4Q171) am besten erhalten. Der Pescher enthielt eine Auslegung ausgewählter Psalmen. Außer Psalm 37 sind Reste der Auslegung von Psalm 45 und 60 vorhanden. Die Handschrift stammt aus herodianischer Zeit, das Werk selbst dürfte im Laufe des ersten Jahrhunderts v. Chr. entstanden sein.[9] Das Manuskript teilt den ausgelegten biblischen Referenztext Psalm 37 durch Leerstellen *(vacat)* in neun Abschnitte ein, die die folgenden Verse umfassen: (6)7–10a, 10b–11, 12–15, 16–20a, 20b–22, 23–27 und 28–31, 32–34, 35–40. Die Logik dieser Einteilung ist nicht ohne weiteres ersichtlich. Die alphabetische Anordnung der Strophen, die den Psalm gliedert, hat dabei keine Rolle gespielt. Die Einteilung scheint vielmehr inhaltlichen Gesichtspunkten zu folgen.

Den Anknüpfungspunkt bildet die in den vierzig Versen von Psalm 37 thematisierte Auseinandersetzung gegensätzlicher Parteien im Judentum der ausgehenden persischen und hellenistischen Zeit, aus der der Psalm stammt. Im Hintergrund stehen offenbar soziale Konflikte, die sich um das Rechtswesen (Vers 6, 33), die Durchsetzung von Gruppeninteressen (7, 12, 14, 32, 35), die Verteilung von Macht und Wohlstand (14, 16, 19, 21, 25–26, 35) und vor allem um den Besitz des Landes drehen (9, 11, 22, 29, 34; vgl. auch Vers 18). Auch die Gruppe der «Armen» (11, 14) weist auf einen sozialen Hintergrund der Auseinandersetzung.

Doch der soziale Konflikt wird durch einen religiösen überlagert, wodurch die soziale Terminologie zur Metapher für die sogenannte «Armenfrömmigkeit» wird. Wie aus der wiederholten Verheißung des Landbesitzes hervorgeht, sind die «Armen» (11) mit denjenigen identisch, die «auf JHWH hoffen» (9), die JHWH «segnet» (22) und die in dem Psalm ansonsten die «Gerechten» (29), die «Geraden» (14, 37), die «Vollkommenen» (18, 37) oder auch «seine Frommen» (28) heißen.

Dass es sich in der Hauptsache um einen Konflikt um die religiöse

Haltung und Lebensführung handelt, lässt sich auch an den Gruppenbezeichnungen der Gegner in Psalm 37 ablesen. Diese werden «Übeltäter» (1, 9), «Ränkeschmiede» (7), «Feinde JHWHS» (20) und «Sünder» (38) genannt, die im Unterschied zu den «Gerechten» nicht «gesegnet», sondern «verflucht» sind (22). Sie alle gehören der Gruppe der «Frevler» oder auch «Gottlosen» an, die das Gegenüber zur Gruppe der «Gerechten» und «Frommen» bilden.

Wer sich hinter den «Frevlern» konkret verbirgt, wissen wir ebenso wenig wie bei den «Gerechten». Es handelt sich um zwei Parteien innerhalb der judäischen Bevölkerung. Da wir die Zuschreibung zu einer der beiden Gruppen nur aus späten biblischen Texten und der Perspektive derer, die sich selbst zu den «Gerechten» zählen, kennen, ist eine historische Identifizierung so gut wie unmöglich. Wir können nur vermuten, dass der zunehmende Druck der finanziellen Abgaben in persischer und hellenistischer Zeit und die Rivalität zwischen den beiden Provinzen Juda und Samaria wie auch zwischen einzelnen Familien innerhalb der Provinzen um Macht und Einfluss zu sozialen Verwerfungen geführt haben, bei denen es Gewinner und Verlierer gab. In den biblischen Texten und so auch in Psalm 37 vernehmen wir die Stimme der Verlierer. Sie nennen sich selbst die «Armen» und «Gerechten», die die «Tora Gottes» im Herzen tragen (Vers 31) und denen nichts anderes bleibt als das Vertrauen auf Gott. Aus ihrer Sicht sind alle anderen «Frevler», die sich gegen Gott stellen und seine Tora nicht halten.

Der Pescher zu Psalm 37 scheint sich im Besonderen an diesem Gegensatz zwischen «Gerechten» und «Frevlern» entzündet zu haben. Die Einteilung des Referenztextes durch Leerstellen bildet Abschnitte, die entweder von den Guten oder von den Bösen handeln. Der Gegensatz zwischen «Gerechten» und «Frevlern» schlägt sich so schon in der graphischen Darstellung des Textes und seiner Auslegung nieder.

Im Einzelnen folgt die Struktur der Auslegung dem Schema, das auch in den Pescharim zu den Propheten üblich ist: Lemma (Zitat der Psalmverse) – Pescher-Formel – Auslegung. Dabei kommen die ausgefeilten Techniken zum Tragen, deren sich die Pescharim bedienen, um den biblischen Referenztext auf die Gemeinschaft von Qumran und ihre eigene Gegenwart zu beziehen. Sie werden hier auf die Psalmen angewendet.

Die Auslegung beginnt bereits mit der Wiedergabe des Referenztexts. Die Zitate aus Psalm 37 stimmen in dem Pescher nicht immer mit dem Wortlaut überein, der uns im masoretischen Text überliefert ist. Es ist unklar, ob der Kommentator eine andere Textfassung vor sich hatte oder bewusst in den Text eingegriffen hat. Teilweise handelt es sich lediglich um orthographische Varianten, die für die Aussprache und Sprachgeschichte zwar nicht unwichtig sind, aber inhaltlich keinen Unterschied machen. An einigen Stellen begegnen aber auch Wörter, die etwas anderes besagen als der masoretische Text. So heißt es etwa in Psalm 37,13, dass Gott sieht, dass der Tag des Frevlers «kommen wird» *(jabo᾽)*; in der Wiedergabe des Textes durch den Pescher lesen wir jedoch, dass der Tag «im Kommen ist» oder schon «gekommen ist» (beides lautet *ba᾽*), eine Variante, die auch in einigen Handschriften des biblischen Referenztextes begegnet. Eine Wortvariante findet sich auch in Vers 40, in dem der Referenztext zweimal dasselbe hebräische Wort für «retten» verwendet (*plṭ*, Piel), während das Zitat im Pescher zwei verschiedene Verben für «retten» nennt *(mlṭ, plṭ)*. Gewichtiger sind Zusätze, wie im Falle von Vers 36, bei dem auch die griechische Übersetzung der Septuaginta einer anderen hebräischen Vorlage folgt (Abweichungen in Kursive):

Masoretischer Bibeltext:
Und *er (man)* ging vorüber, und siehe er (der Frevler), er war nicht mehr da, und ich suchte ihn, doch er war nicht zu finden.

Septuaginta:
Und *ich* ging vorüber, und siehe, er war nicht mehr da, und ich suchte ihn, doch *sein Ort* war nicht zu finden.

4Q171 1–10 iv,13–14:
Und *ich* ging *an seinem O[r]t* vorüber, und sie[he, er war nicht mehr] da, und ich [suchte ihn], doch er war nicht zu finden.

Besonders gravierend ist die Abweichung in Vers 20:

Masoretischer Bibeltext:
Denn die Frevler werden zugrunde gehen, und die Feinde JHWHS, *(sie sind) wie prächtige Weiden*, sie vergehen, im Rauch vergehen sie.

Septuaginta:
Denn die Sünder werden zugrunde gehen, die Feinde des Herrn aber, *während sie geehrt und erhöht werden*, vergehen völlig (wörtlich: vergehend vergehen sie) wie Rauch.

4Q171 1–10 iii,2–8:
Denn die Frevler werden zugrunde gehen.
... (Deutung auf diejenigen, die nicht der Gemeinde der Erwählten angehören)
Und die JHWH lieben, sind wie kostbare Weiden/Lämmer (über der Zeile von zweiter Hand nachgetragen)
... (Deutung auf Häupter und Führer und ihre Herden)
Sie vergehen wie Rauch, *sie alle*
... (Deutung auf Führer der Frevler)

Der biblische Referenztext ist an dieser Stelle nicht leicht zu verstehen und vermutlich nicht richtig überliefert. Deutlich ist jedoch, dass es sich um eine negative Aussage über die Frevler handelt. Die Septuaginta versucht, den Schaden zu heilen, indem sie «wie prächtige Weiden» zum temporalen Nebensatz macht und sinngemäß wiedergibt; statt der Präposition *be*, «im Rauch», hat der Übersetzer die Vergleichspartikel *ke*, «wie Rauch», gelesen oder in seiner Vorlage vorgefunden. Letzteres wird durch den Pescher bestätigt, ferner ist hier das zweite «sie vergehen» *(kalu)* als adverbieller Zusatz «in seiner Gesamtheit» *(kullo)* aufgefasst. Vor allem aber sind in dem Pescher aus den «Feinden JHWHS» *('oyebe yhwh)* die «Freunde JHWHS» *('ohabe yhwh)* geworden, zu denen die «prächtigen Weiden» bzw. «Lämmer» (*karim* bzw. *korim*) – das zugrundeliegende Wort kann im Hebräischen beides bedeuten – besser zu passen scheinen, wie die Auslegung zeigt, die die Weiden oder Lämmer auf Führer und Kleinviehherden bezieht. Ob es sich um einen Schreibfehler handelt, der Auswirkungen auf die Deutung hatte, oder ob die Deutung zu einer bewussten Textänderung geführt hat, ist schwer zu sagen.

Im Verhältnis von Text und Kommentar lassen sich im Pescher zu Psalm 37 vier Techniken unterscheiden, in der Auslegung der Verse 8–9 (4Q171 1–10 ii,1–5) finden wir alle vier beisammen:

> *Steh ab vom Zorn und lass den Grimm, ereifere dich nicht, damit du nicht Böses tust, denn die Bösen werden ausgerottet.*
>
> Seine Deutung bezieht sich auf alle, die umkehren zum Gesetz, die sich nicht weigern, umzukehren *von ihrer Bosheit, denn* alle, die sich sträuben, umzukehren von ihrer Sünde, *werden ausgerottet werden.*
>
> *Die aber auf JHWH harren, werden das Land erben.*
>
> Seine Deutung bezieht sich auf die Gemeinde seiner Erwählten, die seinen Willen tun.

Eine erste Technik besteht in Stichwortbeziehungen zwischen dem kommentierten Bibeltext und der Auslegung, die in den allermeisten Fällen vorkommen und eine unmittelbare Verbindung zwischen Bibeltext und Auslegung herstellen. In unserem Beispiel sind sie durch Kursivierung kenntlich gemacht («Böse», «ausrotten»).

Eine zweite Auslegungstechnik besteht darin, einen Stichwortbezug zu einer anderen Textstelle im selben Psalm und damit eine Verbindung zwischen den Psalmversen in der Auslegung herzustellen. So rekurriert sowohl die Auslegung in unserem Beispieltext («Seine Deutung bezieht sich auf alle, die umkehren zum Gesetz») als auch die Auslegung von Vers 16 («[Seine Deutung bezieht sich auf den] Täter des Gesetzes») offenkundig auf Vers 31, die einzige Stelle in dem Psalm, an der die Tora im Herzen des Gerechten, also das Gesetz, erwähnt ist.

Eine dritte Technik verwendet Zitate aus anderen biblischen Kontexten. In unserem Beispieltext stammen die Formulierungen «alle, die umkehren zum Gesetz» und «die seinen Willen tun» aus Psalm 40,9 (vgl. Jes 42,1 und 65,9).

Eine vierte Technik sehe ich in den internen Stichwortbeziehungen zwischen den Auslegungsteilen verschiedener Textstellen desselben

Bibeltextes. In unserem Beispiel besteht eine klare Beziehung zwischen den Auslegungsteilen zu den Versen 8–9 («alle, die umkehren zum Gesetz») und denen zu Vers 16 («Täter des Gesetzes»). Beide wenden außerdem die zweite Technik an, die Anspielung auf eine andere Textstelle im selben biblischen Referenztext, hier auf Vers 31.

Von diesen vier Techniken folgen wenigstens die ersten drei, unter gewissen Voraussetzungen auch die vierte, dem alten, von Martin Luther treffend auf den Begriff gebrachten Grundsatz, dass die Schrift ihr eigener Interpret sei *(sacra scriptura sui ipsius interpres)*. Das ist allerdings nicht so zu verstehen, dass es nur auf die wörtlichen Verbindungen ankäme. Die Stichwortbeziehungen sind lediglich ein Indiz dafür, dass aus Sicht der Ausleger die eine Textstelle durch die andere erhellt und sachlich erklärt wird. Der Bezug auf die historische Situation des Auslegers ist natürlich eingetragen. Doch die Techniken der Selbstauslegung der Schrift sollen suggerieren, dass auch diese Aussagedimension im überlieferten Text bereits vorhanden ist und sie nur explizit macht.

Mittels dieser Techniken legt der Pescher den Psalm Abschnitt für Abschnitt aus und bezieht ihn auf die eigene Gegenwart. Dabei kristallisieren sich in der Gesamtanlage des Pescher drei Schwerpunkte heraus: In einem ersten Teil scheint es um die Anfänge einer Gemeinschaft von «Gerechten» inmitten ihrer Feinde, der «Frevler», zu gehen (4Q171 1–10 i,25–ii,20 zu Ps 37,7–15). Der zweite Teil handelt von dem Verhältnis der Gemeinschaft zu den übrigen Institutionen und Akteuren im Land (4Q171 1–10 ii,22–iv,6 zu Ps 37,16–31). In einem dritten Teil ist schließlich von der endzeitlichen Zukunft der Gemeinschaft und ihrer Feinde die Rede (4Q171 1–10 iv,7–22 zu Ps 37,32–40). Es ist evident, dass die Gemeinschaft von Qumran, aus der der Pescher stammt, sich selbst mit den «Gerechten» von Psalm 37 und alle anderen im eigenen Volk mit den «Frevlern» identifiziert. Dies wird an der Auslegung der Gruppenbezeichnungen deutlich. Besonders vielfältig ist die Terminologie für die «Gerechten» in den Auslegungsteilen des Pescher (die folgenden Stellenangaben bezeichnen die Verse des Psalms). Nur einmal findet sich der Begriff «Gerechter» (zu 31–32) und einmal die Erwähnung des «Lehrers der Gerechtigkeit» (zu 23–24, 25–26, «Priester» zu 14–15). Mehrheitlich wird aber eine andere Terminologie gebraucht: Vermittler von Wissen (zu 7), Umkehrende hin zur Tora und weg von Bosheit und Sünde (zu 8–9), Gemeinde seines/seiner Erwählten (zu 9, 19–20, 34), Gemeinde der Armen (zu 11, 21–22), Täter der Tora (zu 12–13, 16), Rat der Gemeinschaft (zu 12–13), Männer seines Wohlgefallens (zu 17–18), Umkehrende der Wüste (zu 19), heiliges Volk (zu 20), Erwählte Gottes (zu 35–36), Gemeinde der Gemeinschaft (zu 38). Dies sind die typischen Selbstbezeichnungen der Gemeinschaft von Qumran, die in diesem Pescher ihren «Lehrer der Gerechtigkeit» als Priester bezeichnet (4Q171 1–10 ii,19 und iii,15 zu Ps 37,14–15.23–24).

Für die «Frevler», von denen Psalm 37 spricht, bietet die Auslegung im Pescher hingegen keine große terminologische Variationsbreite, doch wird der Begriff des «Frevlers» in der für Qumran typischen Weise spezifiziert. Die Gegner heißen: Mann des Frevels (zu 10), Frevler von Efraim und Manasse (zu 14–15), Frevelfürsten (zu 20), Frevler von Israel (zu 22), Frevelpriester (zu 32–33). Andere prominente Termini sind der «Lügenmann» (zu 7, 35–36) und die «Gewalttätigen am Bund (die im Hause Juda sind)» (zu 12–13, 22, 28). Zu den Feinden gehören auch die «Gewalttätigen der Völker» (zu 14–15, 32–33), die hier aber als Werkzeuge des Gerichts an den Feinden in Israel und Juda dienen. Streitpunkt zwischen den «Gerechten», sprich der Gemeinschaft von Qumran, und ihren Gegnern, den «Frevlern», ist vor allem die rechte Lehre, hier ausgedrückt in der Opposition von Wahrheit und Lüge (zu 7, 23–24, 30–31, 34, 35–36). Hinzu kommen die Hoheit über das Land und besonders das Heiligtum in Jerusalem (zu 11, 21–22) sowie die Repressalien und Verfolgungen, denen sich die Angehörigen der Gemeinschaft von Qumran ausgesetzt sehen (zu 2–23, 14–15, 20, 32, 35–36).

Wie im Pescher Nahum werden also auch im Pescher zu Psalm 37 Chiffren gebraucht, die die Auseinandersetzungen der verschiedenen Gruppen in der eigenen Zeit widerspiegeln und sie zugleich in die biblische Geschichte einordnen, sodass das eine von dem anderen kaum zu unterscheiden ist.

Mit dem «Haus Juda», der Bezeichnung für die judäische Monarchie, ist die reale Provinz Juda oder das hasmonäische Königtum in hellenistisch-römischer Zeit gemeint, unter dem die Gemeinschaft von Qumran lebte. «Israel» ist der biblische Begriff für das Gottesvolk, das Juda mit einschließt, aber noch mehr umfasst, nämlich alle, die diesem Gottesvolk angehören, ob im Land (Juda und Samaria) oder in der Diaspora. Efraim und Manasse, die das ehemalige Königreich Israel repräsentieren und der biblischen Geschichte zufolge wegen der «Sünde Jerobeams» verworfen und dem Gericht anheimgegeben wurden (2 Könige 17), stehen für die Gruppen der Pharisäer (Efraim) und der Sadduzäer (Manasse) in Juda, die mit den politischen Eliten im hasmonäischen Königtum und am Tempel gemeinsame Sache machten und sich je nach politischer Wetterlage auch mit den rivalisierenden Fremdmächten, Ptolemäern und Seleukiden, arrangierten.

Unter den in Psalm 37 genannten «Frevlern» sind hier also insbesondere die führenden Schichten in den Provinzen Juda und Samaria, die Familien der Oniaden und Tobiaden, Priester (Sadduzäer) und Schriftgelehrte (Pharisäer) gemeint, aber – nach anfänglicher Sympathie, die allerdings nicht lange währte – auch Makkabäer und Hasmonäer, und bald auch die Samaritaner, die ihr kultisches Zentrum der JHWH-Verehrung nicht in Jerusalem, sondern auf dem Berg Garizim hatten. Ihnen allen wird vorgeworfen, die durch Mose vermittelte, in der Hebräischen Bibel überlieferte Tora JHWHs und die anderen autoritativen (biblischen und parabiblischen) Schriften entweder gar nicht zu beachten oder nicht richtig auszulegen. Aus diesem Grund repräsentieren alle diese Gruppen und Segmente der judäischen und samarischen Gesellschaft aus der Sicht der Gemeinschaft von Qumran – sie selbst werden es sicher anders gesehen haben – nicht mehr das biblische Gottesvolk «Israel», dem sie – der biblischen Geschichte zufolge – von Hause aus angehören. Ihnen gilt das endzeitliche Gericht, das in den Prophetenbüchern und Psalmen den Feinden Gottes und der «Gerechten» angedroht wird. In ihm werden die «Frevler» bestraft und die «Gerechten», das heißt allein die Mitglieder der Gemeinschaft von Qumran, gerettet und belohnt, oder, wenn man so möchte, gerechtfertigt werden.

5. Juda, Efraim und Manasse

Die Verortung der Pescharim in der biblischen Geschichte wird nirgends so deutlich wie bei der Verwendung der Namen Juda, Efraim und Manasse als Bezeichnungen für die zeitgenössischen Religionsparteien, die Gemeinschaft von Qumran und ihre gegnerischen Gruppen der Pharisäer und Sadduzäer. Diese Chiffrierung findet sich nicht erst in dem nach 63 v. Chr. entstandenen Pescher Nahum und dem vermutlich etwas älteren Pescher zu Psalm 37, sondern ist in beiden Fällen literarisch abhängig von den Pescharim und anderen exegetischen Werken zu Jesaja, Hosea und Micha. Das sind die biblischen Bücher, in denen der Antagonismus von Efraim und Manasse auf der einen Seite (beides bezeichnet das nördliche Israel, in dem das feindliche Samaria liegt und die konkurrierenden Samaritaner wohnen) und Juda (das südliche Israel mit Jerusalem als Zentrum) auf der anderen Seite eine große Rolle spielt. In den älteren Pescharim scheint der klassische biblische Antagonismus von Efraim und Juda zunächst als historisches Beispiel für innerisraelitische oder innerjudäische Konflikte oder als Mittel der antisamaritanischen Polemik gedient zu haben. Die beiden Pescharim zu Psalm 37 und zum Buch Nahum gehen einen Schritt weiter und übertragen den historischen Antagonismus auf den Streit der verschiedenen Religionsparteien in Juda selbst.

In Psalm 37 dürfte der Gegensatz zwischen «Gerechten» und «Frevlern» der Anlass gewesen sein, um in dem Kommentar einen Bezug zu dem biblischen Konflikt zwischen Efraim und Juda herzustellen. Der spät entstandene Psalm hat bereits mehr oder weniger dieselben Gruppen der hellenistischen Epoche im Blick, mit denen auch die Gemeinschaft von Qmran zu kämpfen hatte. Psalm 37, der aus dem Milieu der «Frommen» (Chasidim) stammt, und der Pescher von Qumran sind geistesverwandt und liegen zeitlich vermutlich nicht weit auseinander.

Anders verhält es sich im Pescher Nahum. Hier hat die Auslegungsgeschichte den Anstoß gegeben, die im Zuge der literarischen Entstehung des Nahumbuches zu beobachten ist. Im Buch Nahum wird der Untergang der Stadt Ninive mit Vorwürfen begründet, die sonst in der Hebräischen Bibel dem eigenen Volk, Samaria oder Jerusalem, Efraim oder Juda, also Israel selbst gemacht werden. Das hat darin seinen Grund, dass dem Buch ältere prophetische Orakel gegen die Feindmacht Assur und Ninive zugrunde liegen, die in diversen Fortschreibungen mit Vorwürfen aus dem Repertoire der klassischen Schriftprophetie gegen Israel garniert und ausgeführt wurden. Das Ergebnis ist, dass der überlieferte Text stark von dieser innerisraelitischen Polemik geprägt ist. Aufgrund unklarer syntaktischer Verhältnisse oder kryptischer Sprache und im Gesamtzusammenhang der biblischen Überlieferung betrachtet, wirft der biblische Text selbst, und zwar in der hebräischen und noch mehr in der griechischen Fassung, ist an vielen Stellen unklar, wer mit den Anklagen gemeint ist: der äußere Feind (Ninive) oder das eigene Volk.

Dies dürfte der Ansatzpunkt für die Auslegung im Pescher über Nahum gewesen sein, die sich vermutlich dieselben Fragen gestellt hat, die schon dem griechischen Übersetzer zu schaffen machten und auch die moderne Wissenschaft noch beschäftigen: An wen richten sich die Ankündigungen von Heil und Unheil in Nahum 1? Wer ist mit der «Blutstadt» in Nahum 3,1 gemeint, von der auch in Jesaja 1 und Habakuk 2,12 die Rede ist und die hier mit Jerusalem oder einer israelitischen Stadt identifiziert wird? Warum wurde Ninive zerstört, wo sich doch die Stadt im Jonabuch zum wahren Gott bekehrt und von der Zerstörung verschont bleibt? Und wer ist «No-Amon», das «Ninive» zur Seite gestellt und in Jeremia 46 oder Ezechiel 30 mit dem Götzendienst in Verbindung gebracht wird? Diese und andere Fragen ergeben sich aus einer genauen Lektüre des Bibeltextes, insbesondere, wenn man den Text nicht – wie wir es gewohnt sind – nur im Zusammenhang des Buches, sondern – wie in der jüdischen Exegese weithin üblich – Vers für Vers bedenkt und quer durch die biblischen Schriften mit anderen Schriftstellen kombiniert.

Es sind solche Fragen, die die Auslegung in dem Pescher ausgelöst oder wenigstens mitbestimmt haben dürften. Um die Fragen zu beantworten und den zitierten Bibelversen einen Sinn abzugewinnen, werden die eigene Gegenwart und andere Schriftstellen bemüht. Eine Hilfe zur Orientierung dürfte dem Verfasser des Pescher Nahum eine der jüngsten literarischen Schichten des Nahumbuches gewesen sein, der Hymnus in Nahum 1,2–8. Der Text führt den Gott ein, der gemäß den folgenden Weissagungen das Gericht an Ninive vollzieht (Nah 2,14; 3,5–6), in dem Hymnus aber einen universalen Charakter annimmt: Es ist der eifernde, rächende und zornige Gott, vor dem die ganze Welt erbebt, wenn er im Gewitter erscheint, ein Gott, der nicht nur gegen Ninive vorgeht, sondern generell zwischen Freund und Feind unterscheidet. Ein noch späterer literarischer Zusatz zu dem Hymnus in den Versen 2–3 unterstreicht den Gegensatz zwischen denen, die Gott lieben, und denen, die ihn hassen. Mit dieser Neuausrichtung des Buches steht das assyrische Ninive auf einer Stufe mit den Feinden JHWHs im eigenen Volk, auf die ihrerseits alles an Anklagen und Gerichtsankündigungen übertragen werden kann, was im Nahumbuch über Ninive gesagt ist.

In Anlehnung an diese Perspektive war es dem Verfasser des Pescher Nahum möglich, Ninive und No-Amon mit innerisraelitischen Gegnern seiner Zeit zu identifizieren. Er griff dafür auf die geprägte, in anderen exegetischen Werken bereits entwickelte Typologie oder Chiffrierung der Gegner als «Efraim» und «Manasse» zurück, auch wenn sie im Pescher Nahum – anders als in den Kommentaren zu Jesaja, Hosea oder Micha – keinen direkten Anhalt im Nahumbuch hat. Diese Auslegung des Bibeltextes scheint von den exegetischen Problemen ausgelöst zu sein, die der überlieferte Bibeltext aufgibt und die durch Rekurs auf die eigene Situation der Gemeinschaft von Qumran gelöst werden, getreu der hermeneutischen Grundregel im Pescher

Habakuk, zu entdecken, auf welche Zeit und auf wen sich die Weissagung der biblischen Propheten bezieht.

Der Pescher setzt somit die innerbiblische Auslegung in der Entstehungsgeschichte des biblischen Buches fort, freilich in einer eigenen Gattung, die Text und Kommentar strikt voneinander trennt. Mit dieser Trennung sind zwei Dinge verbunden, die sich nur scheinbar widersprechen: eine Zunahme an Autorität des biblischen Referenztextes und die Freiheit des Kommentars gegenüber dem biblischen Text, den er im Lichte der eigenen Zeit und ihrer Fragen auslegt.

Juda, Efraim und Manasse sind in dieser Auslegung folglich weder nur geographisch-politische Bezeichnungen noch einfach Chiffren für die Religionsparteien des damaligen Judentums. Vielmehr wird mit ihnen die biblische Geschichte aufgerufen, in der diese Namen eine ideelle Bedeutung haben und für die Taten, das Schicksal und die Hoffnungen stehen, die sich mit ihnen für die Zukunft des biblischen «Israel» verbinden. Die Gemeinschaft von Qumran, die sich als Verkörperung des biblischen Israel verstand, scheint die historische Konstellation der heiligen Geschichte in ihrer eigenen Zeit, den Verhältnissen des zweiten und ersten Jahrhunderts v. Chr., wiederentdeckt zu haben, und schrieb sich selbst in diese Geschichte ein.

Der Konflikt, in dem sich die Gemeinschaft «am Ende der Tage» sah, spielt sich so in einem «Israel» ab, in dem Juda und Efraim (Manasse) miteinander konkurrieren, und wird gleichzeitig im «Haus Juda» lokalisiert, das (das wahre) Israel repräsentiert, gegenwärtig aber – wie das in Verführer und Verführte geteilte Efraim – in Gerechte und Frevler gespalten ist. Erst wenn die «Herrlichkeit Judas» offenbar geworden ist, soll es wieder dem biblischen Ideal von «Israel» entsprechen.

Für diesen Moment am Ende der Zeiten besteht sogar die Hoffnung, dass auch das nördliche Israel, Josef, der Vater Efraims, wieder zum Gottesvolk gehören wird. Mit Blick auf die samaritanische Gemeinschaft vom Garizim, die als abtrünnig angesehen wird, überliefert ein eindrücklicher Text (4Q372) das Gebet Josefs, der sich zum wahren Gott und zur Tora bekennt und um Rettung aus der Hand der Fremden bittet. Es ist eines der wenigen vorchristlichen Gebete, die Gott mit «Mein Vater und mein Gott!» anreden und damit in die Vorgeschichte des «Vaterunsers» gehören.

> Und bei alldem ist Josef [gegeben] in der Hand Fremder, die seine Kraft verzehren und alle seine Knochen brechen bis zur Zeit seines Endes. Er schreit [...] ruft nach dem starken Gott, um ihn aus ihren Händen zu erretten. Und er spricht: Mein Vater und mein Gott! Lass mich nicht in der Hand von Völkern [...] übe Gerechtigkeit an mir, damit die Armen und Bedrängten nicht vergehen. Du bedarfst keiner Nation noch eines Volkes zu irgendeiner Hilfe. Dein Finger ist größer und kraftvoller als alles, was in der Welt ist. Denn Du sonderst die Wahrheit aus und durch Deine Hand gibt es keinerlei Gewalttat. Auch sind Deine Erbarmenserweise zahlreich, und groß sind Deine Gnadenerweise für alle, die Dich suchen. (4Q372 1,14–19)

6. Der «Lehrer der Gerechtigkeit» und seine Gegner

In den vorausgehenden Kapiteln war des Öfteren von dem «Lehrer der Gerechtigkeit» die Rede.[10] Diese Gestalt begegnet in den Texten vom Toten Meer in zwei Textsorten: der Damaskusschrift (CD) und den Pescharim. In beiden Textsorten gilt der «Lehrer» als die höchste Autorität der Gemeinschaft, die für die richtige Auslegung der Tora und der Propheten in Anspruch genommen wird. Er steht also gewissermaßen in der Sukzession von Mose, den Propheten und Esra und gilt als Gesetzeslehrer schlechthin. Als Gegner des «Lehrers» treten ein gewisser «Lügenmann» und ein «Frevelpriester» auf, zwei Gegenfiguren, die eine falsche Lehre vertreten. Sie verführen die Mitglieder der Gemeinschaft («Lügenmann») oder das Volk («Frevelpriester») und bringen sie vom rechten Weg ab. Von dem «Frevelpriester» wird gesagt, dass er den «Lehrer» verfolge und sogar die Absicht hege, ihn zu töten.

Die Forschung hat in allen diesen Figuren stets historische Personen gesehen und versucht, sie zu identifizieren (siehe Kapitel II.2

und VI.3).[11] In dem «Lehrer» hat man den Gründer der Gemeinschaft erkennen wollen, der auch diverse Texte verfasst habe und der legitime Inhaber des Amtes des Hohepriesters um 160 v. Chr. gewesen sei. Der «Lügenmann» gilt als ein Rivale innerhalb der eigenen Gruppe, der zur Spaltung der Gemeinschaft von Qumran beigetragen habe. In dem «Frevelpriester» erkennt man meist den Makkabäer Jonatan, der den «Lehrer» vertrieben habe, bevor er selbst im Jahre 153 v. Chr. das Amt des Hohepriesters übernahm, womit es in die Hände der hasmonäischen Könige fiel.

Diese Hypothese war lange Konsens in der Forschung, wird aber zunehmend in Frage gestellt. Einen Neuansatz brachte die sogenannte Groningen-Hypothese, die zum ersten Mal 1988 von dem damaligen Groninger Qumranspezialisten Florentino Garzía Martínez vorgeschlagen wurde.[12] Danach ist die Gemeinschaft von Qumran, der Jachad, aus der Spaltung einer älteren (vormakkabäischen) Gruppe hervorgegangen, die sich in dem Gegensatz zwischen dem «Lehrer der Gerechtigkeit» und dem «Lügenmann» spiegele. Der «Frevelpriester» sei hingegen nicht eine historische Person, sondern ein Label, das sämtlichen (mehr oder weniger illegitimen) Hohepriestern von Jerusalem in der hasmonäischen Zeit angeheftet worden sei.

Folgt man dieser Spur, liegt es nahe, auch bei den anderen Bezeichnungen, insbesondere dem Titel «Lehrer der Gerechtigkeit», an Funktionen zu denken, die von verschiedenen Personen ausgefüllt werden konnten. Die Funktion des «Lehrers der Gerechtigkeit» könnte als Alternative zu den amtierenden oder um Ämter rivalisierenden Priesterfamilien am Jerusalemer Tempel entwickelt worden sein.

Das Aufkommen des Titels lässt sich in den Texten von Qumran nachvollziehen. Den Ausgangspunkt bildet das Studium der Tora, das von Anfang an ein wesentliches Kennzeichen der Gemeinschaft von Qumran war. So heißt es in der ältesten Ordnung, der Gemeinschaftsregel, dass in der Versammlung von «Zehn» wenigstens einer nicht fehlen darf, der in der Tora forscht *(doresch ba-torah)* Tag und Nacht» (1QS VI,6, siehe Kapitel V). Aus dieser Bestimmung ist in der jüngeren Damaskusschrift das Amt des «Erforschers der Tora» *(doresch ha-torah)* geworden (CD VI,7; VII,18). Daneben wird ein bzw. der «Lehrer der Gerechtigkeit» eingeführt, der mehr und mehr an die Stelle des «Erforschers der Tora» tritt, aber deutlich stärkeres Gewicht erhält und profilierter ist.

Der Übergang vom einen zum anderen ist in Kolumne VI der Damaskusschrift zu greifen. Hier wird neben dem gegenwärtigen «Erforscher des Gesetzes» (VI,7) für die Endzeit «einer, der die Gerechtigkeit lehrt» bzw. «der Lehrer der Gerechtigkeit» verheißen (VI,11) – und nicht wie in einem anderen Qumrantext (4Q174) ein weiterer «Erforscher des Gesetzes». Beide, der «Erforscher des Gesetzes» und der «Lehrer», treten gewissermaßen an die Stelle Gottes, der die Tora gegeben hat und andernorts selbst als «Lehrer» bezeichnet wird (CD III,8 parallel zu «ihr Schöpfer»). Die Ausführungen finden sich in einer interessanten Auslegung, in der Numeri 21,18 auf die Gemeinschaft von Qumran bezogen wird, hier auf den «neuen Bund von Damaskus». Im folgenden Zitat sind der auszulegende Vers aus Numeri 21 kursiv, die beiden Titel, auf die es ankommt, fett ausgezeichnet:

> Gott aber gedachte des Bundes mit den Vorfahren und erweckte aus Aaron einsichtige Männer und aus Israel Weise. Und er ließ sie hören, und sie gruben den Brunnen, *einen Brunnen, den Fürsten gegraben haben, den die Edlen des Volkes ausgeschachtet haben mit dem Stabe* (Num 21,18). Der Brunnen, das ist die Tora, und die ihn gegraben haben, das sind die Bekehrten Israels, die aus dem Lande Juda ausgezogen sind und im Lande von Damaskus in der Fremde weilten, die Gott alle Fürsten genannt hat; denn sie haben ihn gesucht, und ihr Ruhm wurde nicht geschmälert durch eines (Menschen) Mund. Und der Stab ist **der, der das Gesetz erforscht**, von dem Jesaja gesagt hat: Einer, der ein Werkzeug für sein Tun hervorbringt (Jes 54,16). Und die Edlen des Volkes sind diejenigen, die gekommen sind, um den Brunnen auszuschachten mit Hilfe der Stäbe, die der «Stab/Gesetzgeber» befohlen hat (Wortspiel mit dem Wort *mechoqeq*, «Stab» bzw. «Befehlender»), um darin zu wandeln während der ganzen Zeit des Frevels. Und ohne sie werden sie nicht (Belehrung) erlangen bis zum Auftreten **eines Lehrers der Gerechtigkeit** am Ende der Tage. (CD VI,2–11)

Nahe verwandt mit dem Schluss dieses Zitats (VI,11) scheint mir eine Stelle in dem geschichtlichen Rückblick der Damaskusschrift zu sein (CD I, siehe Kapitel VII.3), die davon spricht, dass der Gemeinschaft schon für die Gegenwart, nämlich für die Zeit nach dem Babylonischen Exil, ein (nicht *der*!) «Lehrer der Gerechtigkeit», man kann auch übersetzen ein «gerechter Lehrer», gegeben worden sei.

> Und sie sahen ihr Unrecht ein und erkannten, dass sie schuldige Männer waren, doch sie waren wie Blinde und solche, die nach dem Weg tasten zwanzig Jahre lang. Und Gott achtete auf ihre Taten, denn sie suchten ihn mit vollkommenem Herzen, und er ließ für sie einen **gerechten Lehrer** (oder: **Lehrer der Gerechtigkeit**) aufstehen, um sie auf dem Weg seines Herzens zu führen. (CD I,8–11)

Die beiden Stellen in den Kolumnen I und VI unterscheiden sich terminologisch und vertreten unterschiedliche Konzepte, stammen vielleicht auch von verschiedenen Autoren. Sie schließen sich jedoch gegenseitig nicht aus, sondern ergänzen einander. Seit Beginn der Gemeinschaft nach dem Exil bis zum Ende der Tage soll es einen «Lehrer der Gerechtigkeit» geben, der – wie der «Erforscher des Gesetzes» – für die Unterweisung im Gesetz und die Erteilung von Tora zuständig ist. Beide Stellen etablieren das Amt eines «Lehrers».

Die Wahl des Titels verdankt sich der Exegese zweier prophetischer Stellen: Hosea 10,12 und Joel 2,23. Beide Stellen verheißen für die Endzeit die «Gerechtigkeit» im Bild des «Frühregens».

> *Hosea 10,12:*
> Säet Gerechtigkeit und erntet nach dem Maß der Liebe! Pflügt ein Neues, solange es Zeit ist, JHWH zu suchen, bis er kommt und Gerechtigkeit über euch regnen lässt!

> *Joel 2,23:*
> Und ihr Kinder Zions, freuet euch und seid fröhlich in JHWH, eurem Gott, der euch den Frühregen zur Gerechtigkeit gibt und euch herabsendet Frühregen und Spätregen wie zuvor.

Für den «Frühregen» steht im Buch Joel ein Homonym, das heißt ein Wort, das gleichzeitig auch «Lehrer» bedeuten kann (*joræh* bzw. *moræh* von der Wurzel *jarah*). In Hosea 10 finden wir denn auch fast denselben Wortlaut, wenn es heißt «und regnen lässt Gerechtigkeit über euch *(we-joræh ṣædæq lakhæm)*. Hier ist das Homonym *jarah* verbal gebraucht, in Kolumne VI der Damaskusschrift dagegen partizipial (oder nominal) aufgefasst und bezeichnet einen, «der die Gerechtigkeit lehrt». Ähnlich heißt es in Joel 2,23, dass Gott «den Frühregen zur Gerechtigkeit» *(moræh liṣdaqah)* gibt, woraus die Damaskusschrift in Kolumne I den «Lehrer der Gerechtigkeit» *(moreh ṣædæq)* macht. Beide Verheißungen für die Endzeit werden von der Gemeinschaft von Qumran auf sich und ihre Zeit bezogen und entsprechend umgedeutet.

Das Verständnis von *joræh* bzw. *moræh* nicht als «Frühregen», sondern als «Lehrer» scheint seinerseits durch eine Schriftstelle inspiriert worden zu sein. Im Hintergrund dürfte der Levispruch aus Deuteronomium 33,8–11 stehen, der in Qumran (4Q175) und darüber hinaus (Sir 24,32–33) viel rezipiert wurde:

> Sie hüten dein Wort und bewahren deinen Bund; sie lehren Jakob deine Rechte und Israel dein Gesetz. (Dtn 33,9–10)

In der masoretischen Überlieferung des Texts steht für «lehren» eine Form des Homonyms *jarah*, die auch «regnen lassen» bedeutet *(joru mischpatækhah le-ja'aqob)*. So lag es nahe, dem (priesterlichen) «Erforscher des Gesetzes», der in der Nachfolge des Mose und des Esra die Tora lehrt, in Anlehnung an den Levispruch und in Kombination mit den beiden prophetischen Stellen den Titel «Lehrer der Gerechtigkeit» (*joræh/joreh ha-ṣædæq* bzw. *moreh ṣædæq*) zu verleihen.

Auf dieser Kombination der Schriftstellen in der Damaskusschrift (CD I,11 und VI,11) beruhen alle anderen Erwähnungen des «Lehrers» in der Damaskusschrift und den Pescharim. In den Kolumnen XIX–XX der Damaskusschrift begegnet der «Lehrer» noch viermal und wird hier – anders als in den Kolumnen I und VI – eher als individuelle Gestalt gesehen. Darauf weisen zumindest zwei Belege (XIX,35–XX,1 und XX,14), an denen vom «einzigen Lehrer» sowie vom Tod des «Lehrers» die Rede ist. Die Forschung denkt dabei stets an den Tod des Gründers der Gemeinschaft, der schon länger zurückliegt. Aus diesem Grund wird der Text in den meisten Editionen und Übersetzungen auch geändert, indem man aus dem «einzigen Lehrer» *(moræh/joræh ha-jachid)* kurzerhand den «Lehrer der Gemeinschaft» *(moræh/joræh ha-jachad)* macht. Es kann sich jedoch ebenso gut um einen aktuell amtierenden «einzigartigen Lehrer» handeln, dessen Tod zum Ausgangspunkt der Berechnungen der Endzeit genommen wird. Die beiden folgenden Stellen in Kolumne XX lassen wieder offen, ob hier an eine bestimmte historische Person oder an die Funktion des «Lehrers» an sich gedacht ist.

Die Entwicklung, die sich in der Damaskusschrift anbahnt, setzt sich in den Pescharim fort. Hier ist der Titel «der Lehrer der Gerechtigkeit» zu einem festen Begriff geworden. Darüber hinaus fallen zwei weitere Unterschiede auf.

Erstens gewinnt der «Lehrer» immer mehr (scheinbar) individuelle Züge. Von ihm heißt es jetzt, dass er persönlichen Verfolgungen ausgesetzt sei. Als Feinde treten andere Figuren wie der «Lügenmann» und der «Frevelpriester» auf. Während der «Lügenmann» die Mitglieder zur Irrlehre verführt und die Gemeinschaft in Standhafte und Apostaten spaltet, trachtet der «Frevelpriester» vor allem nach dem Leben des «Lehrers» und seiner Anhänger. Die persönliche Verfolgung bis hin zum Mordanschlag (Ps 40,15) ist ein Topos, der in den Psalmen des Öfteren begegnet, wenn es um die Auseinandersetzung zwischen Gerechten und Frevlern geht.

Die zweite Veränderung hängt mit der Verschärfung des Konflikts zusammen. Als Gegenüber zum Frevelpriester wird auch der «Lehrer» in den Pescharim ausdrücklich als «Priester» bezeichnet (1QpHab II,8; vgl. Pescher Psalmen 4Q171 1–10 ii,19; iii,15). Dieser «Priester-Lehrer» ist nicht mehr nur für die Tora, sondern zusätzlich auch für die Propheten, das heißt für die eschatologischen Weissagungen, zuständig, deren Bedeutung für die eigene Zeit und die eigene Gruppe ihm von Gott direkt offenbart wurde. Dafür sei an die oben zitierte Auslegung von Habakuk 2,1–3 «Auf meine Wache will ich treten» erinnert (1QpHab VI,12–VII,8, siehe Kapitel VIII.2). Die Doppelfunktion als Toralehrer und Ausleger der Propheten teilt der «Lehrer» mit dem Ideal des schriftgelehrten Weisen, wie es Ben Sira in Jesus Sirach 39 zeichnet.

Insgesamt lässt sich also eine Entwicklung beobachten, in der aus der Exegese zweier prophetischer Stellen die Figur eines Auslegers von Tora und Propheten entsteht, die in der Literatur zunehmend persönliche Züge annimmt und in Konflikt mit anderen, gegnerischen Figuren gerät. Gerade angesichts dieser literarischen Entwicklung der Figur des «Lehrers» ist es jedoch höchst zweifelhaft, dass es sich bei ihm und den Gegenspielern um historische Individuen handelt. Sämtliche Figuren sind eher als Chiffren oder Stereotypen zu begreifen, der «Lehrer» als Stereotyp für die reine Lehre, der «Lügenmann» als Stereotyp für die Abtrünnigen innerhalb der eigenen Gruppe, der «Frevelpriester» als Stereotyp für die Priesterschaft am Jerusalemer Heiligtum. Hinter den Stereotypen werden sich vermutlich konkrete historische Erfahrungen verbergen, die hier und dort auch noch durchscheinen mögen. Doch stehen sie stets für ein Kollektiv, das in den Texten auch genannt ist, so dass man auf die individuellen Züge nicht zu viel geben kann.

Welche historischen Entwicklungen haben die Bildung dieser Stereotypen begünstigt? Die jüdische Geschichte im dritten bis ersten Jahrhundert v. Chr. bietet dafür verschiedene Anhaltspunkte: der Streit zwischen Oniaden und Tobiaden, das Eingreifen der Makkabäer, der Aufstieg der Hasmonäer, die Rolle der Sadduzäer und Pharisäer, unter denen sich ehemalige Mitglieder der Gemeinschaft von Qumran befunden haben dürften (die von der Gemeinschaft als «Abtrünnige» betrachtet wurden), sowie die Rolle der ptolemäischen, seleukidischen und schließlich römischen Fremdherrschaft. Die Zuspitzung des Konflikts, in dem sich die Gemeinschaft von Qumran in der Rolle des Wächters über die wahre (biblische) Tradition sah, lässt sich vor diesem Hintergrund leicht erklären.

An der Figur des «Lehrers der Gerechtigkeit» zeigt sich der Wandel im Selbstverständnis der Gemeinschaft von Qumran (siehe Kapitel V). Die ältesten Stadien der Gemeinschaftsregel, in der sich die Gemeinschaft «Männer der Tora» oder einfach «die Gemeinschaft» *(ha-jachad)* nennt, kennen den «Lehrer der Gerechtigkeit» noch nicht. Er taucht zum ersten Mal in der jüngeren Damaskusschrift auf, in der die Gemeinschaft der «neue Bund» oder der «Bund von Damaskus» heißt und sich als Repräsentant des biblischen, nach «Lagern» gegliederten Israel versteht. Hier ist aus dem «Erforscher der Tora» ein «Lehrer der Gerechtigkeit» geworden.

Die noch jüngeren Pescharim, in denen die Selbstbezeichnung «die Gemeinschaft», die in der Damaskusschrift nicht vorkommt, wieder aufgenommen wird, sehen sich zunehmend inneren und äußeren Konflikten ausgesetzt, die sie an den biblischen Chiffren Juda, Efraim und Manasse sowie den Stereotypen des «Lehrers der Gerechtigkeit», des «Lügenmannes» und des «Frevelpriesters» festmachen. In den Pescharim ist der immer stärker werdende Rekurs auf die biblischen Schriften sowie die eschatologische Perspektive auf das «Ende der Zeit», die allmählich in die Gemeinderegel (1QSa) und die Damaskusschrift eindrangen, in eine regelrechte Schriftexegese der Propheten übergegangen. In den Prophetenbüchern und Psalmen Davids fanden die Schreiber, wonach sie in der konfusen Gegenwart vergeblich suchten: eine Orientierung für das «Ende der Zeit» in Geschichte, Gegenwart und nahender Zukunft.

IX. «Gepriesen seist Du»
Die Anbetung Gottes

1. Der davidische Diskurs

Eine religiöse Gruppierung wie die Gemeinschaft von Qumran, die sich von dem Tempel in Jerusalem und anderen Kultstätten in Samaria und Juda distanzierte, wirft unweigerlich die Frage auf, in welcher Form sie ihre Religion praktizierte. Zwar behandelt die Halacha in prominenten Texten wie der Damaskusschrift, der Tempelrolle oder dem Lehrschreiben «Von den Werken der Tora» auch die in der Tora vorgeschriebene Kultpraxis: den Kultort, die Opferpraxis und die Kultteilnehmer. Doch aufgrund der faktischen Distanzierung wird man darin eher theoretische Abhandlungen sehen müssen für eine Zeit, in der der Tempel in Jerusalem auch von der Gemeinschaft von Qumran wieder als kultisch integer akzeptiert und aufgesucht würde. Bis dahin hat die Gemeinschaft ihre religiöse Praxis auf das Studium und die Produktion religiöser Literatur verlegt und in das tägliche Leben integriert, das nach den Vorschriften der Tora ausgerichtet wurde.

In diesem Leben hatte auch die rituelle Verehrung Gottes ihren Ort. Die Gemeinschaft – wie später auch die christliche Gemeinde (1 Kor 3,16–17) – verstand sich selbst als Tempel: als «Heiligtum in Aaron und Haus der Wahrheit in Israel» (1QS V,6), «heiliges Haus für Israel und Gründung des Allerheiligsten für Aaron» (1QS VIII,5–6.8–9; IX,6), ein «Heiligtum von Menschen» (4Q174). Dementsprechend gilt der toragemäße Lebenswandel als Kompensation für das in der Tora vorgeschriebene tägliche Opfer.

Der Kompensation des Opfers und der rituellen Verehrung Gottes dienten aber vor allem Gebete, die als «Opfer der Lippen» bezeichnet werden: «Das Hebopfer der Lippen nach der Vorschrift ist wie der Opferduft der Gerechtigkeit und vollkommener Wandel wie ein wohlgefälliges freiwilliges Opfer» (1QS IX 4–5; vgl. CD XI,21). Aus diesem Grund finden sich unter den Texten vom Toten Meer eine Vielzahl von Hymnen und Gebeten, von denen nicht wenige mit der traditionellen Gebetsformel «Gepriesen seist du» *(barukh ʾattah)* beginnen. Es handelt sich um Abschriften und Bearbeitungen der biblischen Psalmen wie etwa die große Psalmenrolle 11QPs[a], nichtkanonische (apokryphe) Psalmen wie die Langfassung des in der Septuaginta überlieferten Psalms 151 sowie eigene Hymnen und Gebete wie die Sammlung der Loblieder *(Hodajot)*, und nicht zuletzt die große Liturgie eines himmlischen Gottesdienstes in den «Liedern zum Brandopfer am Sabbat» *(Schirot ʿOlat Ha-Schabbat)*.[1]

Bevor diese Texte näher betrachtet werden, müssen wir uns zunächst wieder die biblische Vorgeschichte klarmachen, an die die Gemeinschaft von Qumran anknüpft und ohne die der Befund in Qumran nicht zu verstehen ist. Das Selbstverständnis der Gemeinschaft als Tempel Gottes, in dem das tägliche Opfer durch Gebete und den täglichen Lebenswandel kompensiert wird, ist die Fortsetzung einer Entwicklung, die man bereits in der Hebräischen Bibel beobachten kann.[2]

Eine ältere Tradition der ägyptischen Weisheit (Lehre des Merikare E 129–130), die auch Eingang in die israelitische Weisheit gefunden hat, besagt, dass Gott an Opfern und Gebeten von Sündern kein Gefallen habe (Spr 15,8.29; 17,1; 21,7; 28,9). Im Zweifel sei Gott Recht und Gerechtigkeit lieber als viele Opfer (Spr 21,3; 1 Sam 15,22). Das ist ein Allgemeinplatz der Weisheit, der immer dann aktuell wurde, wenn Spannungen im Volk die selbstverständliche Opfergemeinschaft zu zerstören drohten und zur Unterscheidung von Gut und Böse ethische oder religiöse Sekundärtugenden hinzutraten. Damit sollte der Opferdienst nicht kritisiert, geschweige denn abgeschafft, sondern im Gegenteil aufgewertet werden. Opfer und Wohlverhalten bedingen sich dabei gegenseitig.

Der weisheitliche Allgemeinplatz erhielt in den nationalen Katastrophen von Israel 722 v. Chr. und Juda 587 v. Chr., in denen der zentrale Kult der beiden Monarchien durch die Zerstörung der Tempel in Samaria und Jerusalem zum Erliegen kam, besondere Aktualität. In der sogenannten Kultkritik der Propheten, die auf die Zerstörung der Heiligtümer reagierte, wird das Verhältnis von Kult und Ethik zu einer Antithese zugespitzt. Der Opferkult wird abgelehnt und das Volk zur Umkehr aufgerufen (Jes 1,10–17). Statt vieler Opfer wünscht sich Gott Hingabe und Erkenntnis Gottes (Hos 6,6). Es sind solche Äußerungen, die die Gemeinschaft von Qumran zitiert und für sich reklamiert:

> Womit soll ich mich JHWH nahen, mich beugen vor dem hohen Gott? Soll ich mich ihm mit Brandopfern nahen und mit einjährigen Kälbern? ... Es ist dir gesagt, Mensch, was gut ist und was JHWH von dir fordert: nichts als Recht tun und mit Hingabe lieben und demütig wandeln mit deinem Gott. (Mi 6,6–8, zitiert in 1QS V,3–4)

Auch damit wird der Kult keineswegs grundsätzlich verdammt. Vielmehr zeichnet sich in diesen Äußerungen eine theologische Position ab, die neben dem Tempelkult existieren und sogar zum Ausgangspunkt für eine vertiefte Kultpraxis werden kann. Dies gilt auch für eine Reihe von Psalmen, in denen die Sprache des Kults aufgenommen und mit neuem Inhalt gefüllt wird (Psalm 40, 50, 51). An die Stelle der Opfer treten Gebet und Lob, der fromme Lebenswandel oder das Halten der Tora. Gott wohlgefällig sind ein reines oder «beschnittenes» Herz und ein zerbrochener Geist. Fasten und Buße erfüllen sich in der tätigen Zuwendung zum bedürftigen Nächsten. Die Zuflucht des Beters ist nicht das Heiligtum, sondern JHWH selbst. Von den Anteilen des Opfers wird nicht der Magen, sondern die Seele mit Gutem oder mit Freude und Wonne gesättigt.

Nicht zu Unrecht spricht man im Blick auf solche Äußerungen von einer «Spiritualisierung» des Kults oder von «Psalmen im nachkultischen Raum».[3] Seine Wurzeln hat dieses Phänomen in der prophetischen Kultkritik sowie in der späten, sich zur individuellen Herzens- und Torafrömmigkeit wandelnden Weisheit. Wie das Kompendium dieser Art von Weisheit, das Buch des Ben Sira, zeigt, versteht sich die «Spiritualisierung» allerdings nicht als Gegensatz, sondern als individuelle, auf den praktischen Lebenswandel bezogene Ergänzung zum Opferkult. Daher liegt der Ergänzer von Psalm 51 gar nicht so falsch, wenn er den Beter, der statt Brand- und Schlachtopfern seinen zerbrochenen Geist und sein zerschlagenes Herz als Lobopfer darbringt, weiterbeten lässt:

> Tue Zion Gutes nach deiner Gnade, baue die Mauern Jerusalems auf. Dann hast du Gefallen an rechten Opfern, Brandopfer und Ganzopfer, dann bringt man Stiere auf deinen Altar. (Ps 51,20–21)

Es ist dieselbe Position, die wenig später die Gemeinschaft von Qumran vertritt, die in der Gemeinschaftsregel und dem Sündenbekenntnis 4Q393 den Psalm rezipiert und den «neuen, willigen Geist» von Psalm 51 für sich reklamiert.

Mit der «Spiritualisierung» des Kults ging die Literarisierung der Kultlyrik einher, der wir den biblischen Psalter verdanken.[4] In ihm sind Reste alter Kultlyrik eingegangen, die Bestandteil der rituellen Kultpraxis am Tempel waren. Es handelt sich zum einen um Hymnen, die JHWH als König über die Götter (Psalm 97), Wettergott (Psalm 29, 93) und Erhalter der Welt preisen (Psalm 24, 104), seinen Thronsitz auf dem Zion besingen (Psalm 48) und den irdischen König rühmen (Psalm 21). Zum anderen gehören zu dem alten Bestand der Psalmen Gebete des Einzelnen, die Nöte aller Art als Todesnot beklagen (Psalm 13) und für die Rettung aus dem Reich des Todes danken (Psalm 118), sowie manche anderen Stücke, die sich mit den Mitteln der Bibelkritik rekonstruieren lassen. Alle diese Texte haben altorientalische Analogien und fügen sich nahtlos in die Religion des Alten Israel und Juda ein.

Nach dem Untergang der beiden Reiche und der Zerstörung des Tempels in Jerusalem 587 v. Chr. wurden die Hymnen und Gebete auf vielfache Weise literarisch bearbeitet und erhielten eine neue Funktion. Ein fundamentaler Wandel vollzog sich allein dadurch, dass sie ihres rituellen Kontexts entkleidet wurden, was man vor allem daran sieht, dass – anders als etwa in Mesopotamien – in der

Hebräischen Bibel so gut wie keine (alten) Rituale überliefert sind, in denen die Hymnen und Gebete ihren Ort hatten. Stattdessen wurden ältere Hymnen und Gebete ergänzt und neue Psalmen, wie etwa die Volksklagen, aber auch Hymnen wie die Halleluja-Psalmen (Psalm 145–150) gedichtet und im Laufe der Überlieferung immer weiter fortgeschrieben, um sie der neuen, tempellosen Situation anzupassen.

Allmählich entstanden einzelne Psalmensammlungen, die in mehreren Phasen zum heute vorliegenden Psalter zusammengestellt wurden. In den Überschriften sind die meisten Psalmen dem König David zugeschrieben, wobei die Standardüberschrift *le-dawid* entweder «für David» oder «von David» heißen kann. Die Zuschreibung erfolgte in Anlehnung an die Erzählung von David als Harfenspieler in 1 Samuel 16 und die letzten Worte Davids in 2 Samuel 23,1–7. In den Büchern der Chronik aus spätpersischer und frühhellenistischer Zeit bereitet David alles für den bevorstehenden Tempelbau unter seinem Sohn und Nachfolger Salomo vor. Dazu gehört auch die Installation des Tempelpersonals, unter dem sich die Tempelsänger finden (2 Chronik 25). Schon vorher, so wird in 1 Chronik 16 erzählt, lässt er bei der Überführung der Lade nach Jerusalem von den Leviten und Priestern eine Psalmenkomposition aufführen. In der Tradition ist David so zum Psalmendichter schlechthin geworden, weswegen man auch von dem davidischen Psalter spricht.

Die einzelnen Psalmen und die Komposition des biblischen (davidischen) Psalters haben eine lange und überaus komplexe Geschichte. In ihr lässt sich ein Diskurs über Gott, Welt und Mensch und nicht zuletzt das Volk Israel greifen, dessen Haupttendenzen man unter den Stichwörtern Kollektivierung und Nationalisierung, Universalisierung und Eschatologisierung, Verrechtlichung, Individualisierung und Verinnerlichung zusammenfassen kann.

Kollektivierung und Nationalisierung der älteren Kultlyrik lassen sich vor allem in den Hymnen greifen. Während die alten Hymnen und Gebete sich auf die mythischen Themen des Königtums Gottes und der Überwindung des Todes beschränken, kommen erst in späteren Fortschreibungen und jüngeren Psalmen wie den Volksklagen und Geschichtspsalmen auch das Volk Israel und seine (biblische) Geschichte in den Blick (Psalm 74, 78, 79, 95, 99, 105, 106, 135–136). Gleichzeitig wird der Wirkungsbereich JHWHs erweitert: Er ist nicht mehr nur Erhalter, sondern auch Schöpfer der Welt (Psalm 104), König nicht nur über die Götter, sondern auch über alle Völker, vom Anfang bis zum Ende der Welt (Psalm 48, 96, 98, 145–150). Neben der Kollektivierung und Nationalisierung ist die literar- und theologiegeschichtliche Entwicklung der Psalmen somit auch durch Universalisierung und Eschatologisierung gekennzeichnet.

In den Klage- und Dankliedern ist eine zunehmende Verrechtlichung zu beobachten, die die Notsituation eines Beters zum Anlass nimmt, mit anderen Menschen und mit Gott über Gerechtigkeit zu streiten. Im Zuge dessen gewinnen einzelne Teile des Klage- und Dankschemas wie die Unschuldsbeteuerung (Psalm 26), das Vertrauensbekenntnis (Psalm 23) oder Sündenbekenntnis und Buße (Psalm 51) immer mehr an Gewicht und verselbstständigen sich. Die Klage- und Danklieder des Einzelnen haben dabei eine Tendenz zur Individualisierung und Verinnerlichung des Verhältnisses zwischen dem Beter und seinem Gott. Vielfach spiegeln die späten Texte aber auch Gruppenkonflikte innerhalb der israelitischen (samarischen) bzw. judäischen Gesellschaft zwischen «Frommen» und «Frevlern» wider. Maßstab der «Frömmigkeit» ist dabei das unbedingte Vertrauen auf Gott und der Gehorsam gegenüber seinem Gesetz (Psalm 1, 19, 119). In gleichem Maße wie die Konflikte nimmt auch der Lobpreis der Herrlichkeit und Macht Gottes zu, was von einem größer werdenden Abstand zwischen Mensch und Gott zeugt, den man in den späten, vielfach weisheitlich geprägten Psalmen wahrnimmt (Psalm 139).

Die verschiedenen Tendenzen des davidischen Diskurses in der Literargeschichte der Psalmen prägen auch die Anlage des Psalters. In Anlehnung an die fünf Bücher der Tora ist der Psalter durch formelhafte Lobsprüche, sogenannte Doxologien, am Ende der Psalmen 41, 72, 89 und 106 in fünf «Bücher» unterteilt. Die Doxologien stehen am Schluss eines jeden «Buches» und bestehen aus drei

Bestandteilen: der Eulogie oder Benediktion «Gepriesen bzw. gesegnet sei JHWH» am Anfang, der Ewigkeitsformel («von Ewigkeit zu Ewigkeit») in der Mitte und dem meist zweifachen Amen am Schluss. Eulogie und Amen sind alte kultische Formeln, die im Psalter literarisch geworden sind. Die Doxologien zeigen an, dass auch die private Lektüre des Psalters einen gottesdienstlichen Charakter hat. Sie machen ihn zum tora- und tempelkonformen privaten Gebetbuch und das Lesen des Psalters zu einem liturgischen Akt.

Die Anlage der fünf «Bücher» bildet die Geschichte Israels vom Königtum bis zu seinem Untergang ab, der in das alleinige Königtum JHWHs einmündet. So stehen die ersten beiden Doxologien, die die «Bücher» I und II abschließen, am Ende der Psalmen 41 und 72, die den beiden Gründerfiguren des Königtums, David und Salomo, zugeschrieben sind. Die dritte Doxologie, die «Buch» III abschließt, ist an Psalm 89 angefügt, der den Untergang des Königtums beklagt und Gott an die Davidverheißung erinnert. Die vierte Doxologie am Schluss von «Buch» IV steht am Ende von Psalm 106, einem Bußgebet des Volkes, das die Preisgabe Israels an die Völker beklagt und in Vers 47 um Befreiung und Sammlung aus den Völkern bittet. Das anschließende «Buch» V steht für die Restitution nach dem Untergang des Königtums und der Verbannung unter die Völker und ist durch Lobformeln in drei Abschnitte strukturiert, die drei Phasen abbilden: die Sammlung aus den Völkern (Ps 107,2–3), die sich in Rettungserfahrungen Einzelner konkretisiert (Psalm 107–117); den Weg der Geretteten zum Tempel in Jerusalem mit Dank und Lob (Psalm 118–135); den Weg der Frommen in das Reich Gottes (Psalm 136–150) mit abschließendem Halleluja (Psalm 145–150).

Im Durchgang durch die fünf «Bücher» durchschreitet der Leser und Beter des Psalters die einzelnen, durch die Doxologien markierten Stationen der Geschichte Israels und vollzieht sie erinnernd und bestätigend nach als Stationen seines eigenen, individuellen Lebens. So beschreiben die fünf «Bücher» den Weg von erlittenem Unheil zu erlebtem oder noch erhofftem Heil, von der politischen Verfasstheit des Königtums und seinem Untergang in das Reich Gottes. Dieses

Reich ist für den Beter in der persönlichen Rettungserfahrung, in Toragehorsam und Kult sowie in der Erhaltung seines Lebens schon Wirklichkeit und steht zugleich noch aus. Mit den Doxologien ist die Geschichte Israels, die man in den biblischen Geschichtsbüchern (Samuel–Könige/Chronik sowie Esra–Nehemia) nachlesen kann, in eine doxologisch geprägte Tora-Struktur gebracht.

Dazu passt auch die Rahmung des Psalters durch die Psalmen 1 und 150. In dem Eröffnungspsalm werden die beiden Gruppen der «Gerechten» und der «Frevler» gegenübergestellt. Der «Gerechte» hält sich von den «Frevlern» fern und studiert «Tag und Nacht» die Tora. Darum gelingt ihm alles, und er ist JHWH bekannt. Das Schicksal der «Frevler» hingegen führt ins Verderben. Den Schluss des Psalters bildet das universale Halleluja in Psalm 150: «Alles, was Odem hat, lobe den Herrn.» Der Verweis auf die Tora in Psalm 1 korrespondiert mit der Fünfteilung des Psalters durch die Doxologien und dem abschließenden Halleluja in Psalm 150. Auf die Parallele weist auch der spätere rabbinische Midrasch zu den Psalmen hin:

> Du findest: Alles, was Mose getan hat, hat auch David getan. … Mose gab ihnen die fünf Fünftel der Tora, und David gab ihnen das Buch der Psalmen, in dem es fünf Bücher gibt: Ps 1.42.73.90.107. Mose segnete Israel mit «Wohl dir» (Dtn 33,29), und David segnete mit «Wohl (dem Mann)» (Ps 1,1). (Midrasch Tehillim I,2)

Torafrömmigkeit und Gotteslob bilden somit die beiden Eckpfeiler des Psalters, der ein der Tora gemäßes Leben für den Gerechten empfiehlt und diesem als Gebetbuch dient, um sich die Empfehlung in gottesdienstlicher Form anzueignen und Gott dafür zu preisen.

2. Biblische und parabiblische Psalmen

Unter den Texten vom Toten Meer haben sich 36 Handschriften gefunden, in denen biblische Psalmen zitiert oder überliefert werden. Der biblische Psalter gehört neben Deuteronomium und Jesaja zu den am meisten kopierten biblischen Schriften. Eine kleine Sensation ist die große Psalmenrolle 11QPs[a] (11Q5), von der oben (Kapitel IV) schon einmal die Rede war. Ihre Handschrift wird in die erste Hälfte des ersten Jahrhunderts n. Chr. datiert, doch ist die Komposition sehr viel älter und stammt aus vorchristlicher Zeit. Die Rolle umfasst in ihrem erhaltenen Zustand das letzte Drittel des Psalters (Psalm 101–150), allerdings teilweise in einer anderen Ordnung der Psalmen und ergänzt um Stücke, die nicht im biblischen Psalter enthalten sind. Die Komposition ist aus drei Gründen bemerkenswert.[5]

Erstens zeigt die Psalmenrolle erneut die fließenden Übergänge zwischen biblischen und parabiblischen (apokryphen) Texten. Die eine Bibel oder den einen Kanon der Hebräischen Bibel hat es noch nicht gegeben. Die parabiblischen Texte besitzen dieselbe Dignität und Autorität wie diejenigen Texte, die später in den Kanon der Hebräischen Bibel aufgenommen wurden. Dasselbe gilt für die Textgestalt. Zwar bezeugt die Psalmenrolle in den meisten Fällen denselben Text, den wir auch im Psalter der späteren Hebräischen Bibel finden. Doch gibt es auch Ausnahmen, wie etwa Psalm 145, ein Akrostichon, in dem die Zeilenanfänge dem hebräischen Alphabet folgen (siehe Tafel 14).[6] Im masoretischen Bibeltext fehlt die Strophe zum Buchstaben N *(nun)*, die nur im griechischen Text der Septuaginta überliefert ist. Die Psalmenrolle bietet dazu das hebräische Original, auch wenn es sich dabei vermutlich um eine spätere Ergänzung handelt. Außerdem weicht der Text von Psalm 145 in der Psalmenrolle dadurch ab, dass nach jeder Zeile ein doxologischer Refrain eingefügt ist: «Gelobt sei JHWH, und gelobt sei sein Name für immer und ewig.» Die Fassung des Psalms in der Psalmenrolle ist sicher jünger als die «biblische» Fassung im masoretischen Psalter, doch darum nicht weniger «biblisch» als dieser.

Eine zweite Besonderheit ist die Anordnung der Psalmen. Ob die Rolle den ganzen Psalter, also die Psalmen 1–150, oder nur eine Auswahl enthielt, wissen wir nicht. In dem erhaltenen Bestand folgt sie im Großen und Ganzen der biblischen Anordnung der Psalmen 101–150. Doch sind einige signifikante Umstellungen vorgenommen worden. So etwa fehlt der markante Übergang von «Buch» IV zu «Buch» V in den Psalmen 106–107. Stattdessen sind Psalm 145 und das sogenannte «Kleine Hallel» in den Psalmen 146–150, die den biblischen Psalter beschließen, in der Psalmenrolle von Qumran über den erhaltenen Bestand der Handschrift, die Psalmen 101–150, gleichmäßig verteilt. Die Umstellungen folgen wahrscheinlich einem anderen theologischen Konzept. Am Anfang und am Ende der Rolle stehen Psalmen, die «David» zugeschrieben sind. Davon eingerahmt sind zwei weitere Gruppen, die das Thema der Wallfahrt zum Zion und die Klage über die Zerstörung Zion-Jerusalems zum Inhalt haben. In ihnen spielt das Halten der Vorschriften der Tora eine besondere Rolle, was besonders an der Umstellung der großen Liebeserklärung zur Tora in Psalm 119 zu sehen ist. Im masoretischen Psalter steht Psalm 119 gewissermaßen als Eingangstor zum Zion (Psalm 118) vor den Wallfahrtsliedern, die den Weg zum Zion beschreiben und im Tempel ihr Ziel haben (Psalm 120–134). In der Psalmenrolle folgt Psalm 119 auf Psalm 132, gefolgt von dem Lobpreis in den Psalmen 135–136 und 145. Hier gipfelt die Wallfahrt zum Zion nicht in der Ankunft im Tempel, sondern in der Liebe zur Tora.

Eine dritte Besonderheit der Psalmenrolle sind die zusätzlichen Stücke, die im masoretischen Psalter nicht enthalten sind. Das sind zum einen Psalmen, die wir aus anderen Zusammenhängen schon kannten: drei der fünf sogenannten syrischen Psalmen (151, 154 und 155 oder Syr I–III), die in einigen Handschriften der syrischen Bibel überliefert sind und deren hebräisches Original die Rolle bezeugt (siehe Tafel 14). Einer dieser drei Psalmen, Psalm 151 (Syr I), ist auch in der Septuaginta auf Griechisch überliefert, allerdings in einer anderen, kürzeren und vermutlich ursprünglicheren Textgestalt. Die Psalmenrolle bietet eine bereits erweiterte Fassung der hebräischen Vorlage von Psalm 151 in der Septuaginta.[7] Ebenfalls aus anderem Zusammenhang bekannt ist das Akrostichon aus dem Buch des Ben Sira (Sir 51,13–30), das hier in griechischer und hebräischer Form überliefert ist, wiederum mit zum Teil erheblichen Variationen. Zum anderen enthält die Psalmenrolle aber auch Stücke, die wir bisher nicht kannten: eine «Bitte um Erlösung» (auch bezeugt in 4Q88), ein Akrostichon mit der «Hinwendung zum Zion», ein «Loblied auf den Schöpfer» sowie ein Prosastück, das in der Forschung «Davids Kompositionen» heißt und David als Dichter der Psalmen preist.

Die zusätzlichen Texte in der Psalmenrolle zeigen, dass es neben den biblischen Psalmen eine Fülle weiterer poetischer Hymnen und Gebete gab, die nicht Eingang in die Hebräische Bibel gefunden haben, ihnen aber ebenbürtig sind. Einige dieser außerbiblischen Psalmen sind in der Rolle 11QPs[a] in den Psalter integriert, andere einzeln oder als Sammlung in separaten Handschriften überliefert worden. Dazu gehören die sogenannten «nichtkanonischen Psalmen» in den Handschriften 4Q380 und 4Q381, ein Hymnus über die «Werke Gottes» (4Q392) und ein «kollektives Sündenbekenntnis» (4Q393), die als Teile einer Sammlung angesehen werden, oder auch eine Gruppe von Hymnen und Gebeten, die nach dem Anfang der Sammlung *Barkhi Nafshi*, zu Deutsch «Lobe meine Seele (den Herrn)» (vgl. Ps 103,1; 104,1), benannt ist (4Q434–438).

Was alle diese Stücke – mehr oder weniger ausgeprägt – kennzeichnet und eint, ist die sprachliche Nähe zu den biblischen Psalmen, insbesondere den späten Hymnen und Gebeten im biblischen Psalter. Wie diese sind sie weisheitlich geprägt, das bedeutet, dass es um die Erkenntnis Gottes und Einsicht in seine Geheimnisse geht. Dazu zählen die Schöpfung und die Taten Gottes in Israels Geschichte, die von seiner unermesslichen Größe, Weisheit, Güte und Gerechtigkeit zeugen. Als zentrale Orientierung für den Beter dient die Tora. Ziel ist die Erkenntnis des Beters, der sich der auserwählten Gruppe von Frommen, Gerechten, Knechten und Mägden zurechnet und Gott dafür dankt, dass er ihm Einsicht in sein Tun gewährt.

Die Texte erinnern in vielem an das – ebenfalls in Qumran bezeugte – Buch des Ben Sira, das sich unter den Apokryphen des Alten Testaments findet und eine Art Kompendium der biblischen Schriften und der darin vertretenen theologischen Positionen darstellt. Doch gehen die parabiblischen Psalmen aus Qumran darüber hinaus, indem sie sich an eine begrenzte, elitäre Gruppe richten, die für sich in Anspruch nimmt, ganz Israel zu repräsentieren und im Unterschied zu anderen in Israel zu den Eingeweihten zu gehören. Damit ist entweder schon die Gemeinschaft von Qumran selbst oder eine andere, ältere Gruppierung von «Frommen» (Chasidim) im Blick, aus der die Gemeinschaft von Qumran hervorgegangen ist oder mit der sie auf irgendeine Weise in Verbindung stand.

Ebenso wenig wie der biblische Psalter waren wohl auch die Psalmenrolle 11QPs[a] und die anderen parabiblischen Psalmen für den liturgischen Gebrauch am Tempel bestimmt. Auch sie dienen gewissermaßen als Ersatz für den Tempelkult, dem die Gemeinschaft von Qumran und andere religiöse Gruppen des biblischen Judentums distanziert gegenüberstanden und an dem einige auch nicht teilgenommen haben. Die private oder gemeinsame Lektüre und vielleicht auch die Meditation über diese Texte erfüllte vielmehr einen liturgischen Zweck. Schriftgelehrsamkeit, weisheitliche Erkenntnis, Erfüllung der Gebote der Tora und Gebet traten so an die Stelle des praktizierten Opferkultes am Tempel.

Nicht zuletzt damit setzen die Abschriften und Zitate der biblischen Psalmen sowie die Abfassung und Überlieferung von parabiblischen Psalmen in Qumran den davidischen Diskurs fort, der bereits in den Psalmen der Hebräischen Bibel selbst begonnen hat. Dies wird nirgends so deutlich wie in dem Prosastück «Davids Kompositionen», das sich gegen Ende der Psalmenrolle 11QPs[a] findet und die Dichtung der Psalmen auf David zurückführt.[8]

Nicht alle biblischen und parabiblischen Psalmen sind jedoch David zugeschrieben. Gerade unter den parabiblischen Psalmen finden sich ebenso wie in der Septuaginta auch andere Zuschreibungen wie an den Propheten Obadja oder an andere judäische Könige wie Hiskia, Manasse, Josia und Jojachin (4Q381). Solche Überschriften stellen – meist aufgrund einer midraschartigen Kombination zwischen dem Psalmtext und einer Erzählung in den Büchern

Samuel, Könige oder Chronik – einen historischen Kontext für die Psalmen her. Die Gebete der biblischen Gestalten in bestimmten historischen Situationen dienen als Beispiel für die Frommen, es ihnen gleichzutun.

Doch die Mehrzahl der Psalmen ist schon im biblischen Psalter wie auch in den parabiblischen Psalmen David zugeschrieben. Auch bei ihm verdankt sich die Zuschreibung gelegentlich einer midraschartigen Kombination einer Formulierung in einem Psalm mit einer Stelle in den historischen Büchern Samuel, Könige und Chronik (Psalm 3, 18, 34, 51, 52, 57, 59, 60, 63, 142). In den parabiblischen Psalmen hat sich diese Kombination verselbständigt und neue Psalmen hervorgebracht, wie Psalm 151, der auf die Jugendgeschichte Davids in 1 Samuel 16–17 Bezug nimmt.[9]

Ebenfalls auf einer Stelle in den Samuelbüchern, den letzten Worten Davids in 1 Samuel 23,7, sowie der Rolle Davids als Begründer der Tempelmusik in der Chronik basiert auch das Prosastück «Davids Kompositionen» in 11QPs[a]:

> Und David, der Sohn Isais, war weise und leuchtend wie das Sonnenlicht, ein Schreiber, verständig und vollkommen auf allen seinen Wegen vor Gott und den Menschen. Und JHWH gab ihm einen verständigen und leuchtenden Geist, und er schrieb 3600 Psalmen, und Lieder zu singen vor dem Altar zum regelmäßigen Brandopfer für jeden einzelnen Tag, für alle 364 Tage des Jahres, und für das Sabbatopfer 52 Lieder, und für das Opfer der Anfänge des Monats und für alle Festtage und für den Versöhnungstag 30 Lieder. Und die Gesamtzahl der Lieder, die er gesprochen hat, beträgt 446. Dazu 4 Lieder zu spielen über die Besessenen. So beträgt die Gesamtzahl 4050. All diese sprach er durch die prophetische Gabe, die ihm vom Höchsten gegeben war. (11Q5 XXVII,2–11)

Der David in 11QPs[a] ist nicht der listige Militärführer, strahlende Held und siegreiche König, sondern der weise und erleuchtete Fromme und ein Prophet. Er gilt als von Gott inspirierter Schreiber und Verfasser der Psalmen, die hier – ähnlich wie in der Chronik – als Gesänge für die täglichen Opfer gemäß dem in Qumran geltenden 364-Tage-Kalender sowie für alle Sabbate und andere Festtage bezeichnet werden. Insofern sind die davidischen Psalmen gemäß der Erzählung in «Davids Kompositionen» als Kultgesänge für den Tempel konzipiert und bestimmt. Ist der Tempel jedoch zerstört oder wird der Kult als unrein angesehen, können die Psalmen als Ersatz für den Tempelkult und die Opfer dienen. Und genau dies scheint die Funktion der großen Psalmenrolle 11QPs[a] und der anderen parabiblischen Psalmen in der Gemeinschaft von Qumran gewesen zu sein. Darüber hinaus wurde David die Gabe der Prophetie zugeschrieben, was die Psalmen als Gotteswort qualifizierte und zur Folge hatte, dass sie ebenso wie die prophetischen Bücher als Weissagung für die eigene Gegenwart aufgefasst und in Form des Pescher ausgelegt wurden.

3. Loblieder

Eine Komposition eigener Art ist die Sammlung von Gebeten, die meist mit der Formel «Ich danke Dir/lobe Dich, Herr» *(ʾodekha ʾadonaj)* beginnen und darum mit dem Namen *Hodajot,* «Loblieder» oder im Englischen «Thanksgiving Scroll», bezeichnet werden. Von dieser Komposition haben sich in Höhle 1 von Qumran eine fast vollständige Rolle (1QH[a]), die von mindestens zwei Schreibern angefertigt wurde, und Fragmente einer zweiten Abschrift (1QH[b]) erhalten. In Höhle 4 sind weitere Handschriften gefunden worden, die Teile der Sammlung bezeugen (4Q427–432) oder ähnliche Texte enthalten (*Hodajot*-like-Texte 4Q433–433a, 4Q440–440a, 4Q471b).

In den Ausgaben und Übersetzungen stimmen die Zählung von Kolumnen und Zeilen sowie die Anordnung der Gebete nicht immer überein. Das hat damit zu tun, dass einige Stücke dieser Handschrift zunächst falsch eingeordnet wurden. Durchgesetzt hat sich die materielle Rekonstruktion von Hartmut Stegemann, die der Neuedition von Eileen Schuller (DJD XL) zugrunde liegt und nach der auch hier zitiert wird (mit der alten Zählung der Ausgabe von Eliezer Sukenik in eckigen Klammern). Wenn man eine Ausgabe benutzt, muss man also immer darauf achten, aus welcher Zeit sie stammt und welcher Anordnung sie folgt.[10]

Die Handschrift 1QHa und die meisten Fragmente aus Höhle 4 werden in die zweite Hälfte des ersten Jahrhunderts v. Chr. datiert, einige sind etwas älter und reichen bis zum Anfang des ersten Jahrhunderts v. Chr. zurück. Sowohl die Handschriften aus Höhle 4, die möglicherweise nicht die ganze Komposition, sondern nur Ausschnitte oder Vorstufen enthielten, als auch die *Hodajot*-like-Texte lassen eine literarische Vorgeschichte vermuten.

Dafür sprechen auch stilistische und inhaltliche Unterschiede, die es erlauben, wenigstens zwei Gruppen von Gebeten zu unterscheiden. In der einen Gruppe von Gebeten, die sich nach der neuen Anordnung im Kern der Rolle befinden, wird das betende Ich als eine herausgehobene Einzelperson innerhalb der Gemeinschaft und Mittler der göttlichen Offenbarung stilisiert (1QHa X–XVI [II–VIII], manche rechnen noch weitere Gebete bis Kolumne XIX [XI] dazu). Man meinte, darin die authentische Stimme des «Lehrers der Gerechtigkeit» vernehmen zu können, weswegen diese Gruppe als «Lehrerlieder» bezeichnet wurde.[11] In der anderen Gruppe, die als Rahmen um den Kern der «Lehrerlieder» gelegt ist, steht das betende Ich repräsentativ für jeden Einzelnen innerhalb der Gemeinschaft, weswegen die Gebete die «Gemeindelieder» heißen (1QHa I–X und XVII–XXVIII [I, IX–XIX, Fragmente]). Die Mehrheit der Forschung geht davon aus, dass die Gruppe der «Lehrerlieder» den älteren Bestand darstellen, der sukzessiv um die «Gemeindelieder» ergänzt wurde. Doch so pauschal wird man dies nicht sagen können. Für manche der «Lehrerlieder» gibt es gute Gründe, sie eher einer späteren Phase in der Entwicklung des theologischen Diskurses in der Gemeinschaft von Qumran zuzuweisen.

Auch die Loblieder sind parabiblische Psalmen, die mit Zitaten, Anspielungen und Phrasen aus biblischen Psalmen, aber auch prophetischen Texten formuliert sind. Dennoch haben sie ein eigenes Gepräge. In ihnen hat sich die Tendenz der späten biblischen und parabiblischen Psalmen zur Individualisierung, Verinnerlichung und weisheitlichen Reflexion des persönlichen Gottesverhältnisses verselbständigt. Während die biblischen und parabiblischen Hymnen und Gebete, aufs Ganze gesehen, das Handeln Gottes in seinem Verhältnis zur Welt, zu seinem Volk und zum Einzelnen beschreiben, machen die Loblieder das Gottesverhältnis selbst zum Thema. Sie gewähren Einblick in das religiöse Innenleben des Beters und reflektieren sein Selbstverständnis und Selbstbewusstsein im Verhältnis zu Gott. Dazu gehört auch die Einsicht in die tieferen Beweggründe und Pläne Gottes für sein Handeln, die als «Geheimnis Gottes» bezeichnet werden, in das eingeweiht worden zu sein der Beter von sich behauptet.

Terminologische und inhaltliche Berührungen mit den Statuten der Gemeinschaft von Qumran (Gemeinschaftsregel, Gemeinderegel, Damaskusschrift, «Von den Werken der Tora») und den Pescharim lassen erkennen, dass der Beter für die Mitglieder dieser Gemeinschaft spricht. Die Loblieder spiegeln die innere Verfassung der Gemeinschaft wider, deren äußere Organisation die Regel-Texte definieren. Kennzeichnend für die innere Verfassung ist die Selbstwahrnehmung des Beters als eines elenden Menschen und armen Sünders, eines Gebildes aus Lehm und Staub.

> Und ich bin ein Gebilde von Lehm, vermengt mit Wasser, eine Ansammlung von Scham und eine Quelle von Unreinheit, ein Schmelzofen der Schuld und ein Gebäude der Sünde, ein Geist des Irrtums, verkehrt in Uneinsichtigkeit und aufgeschreckt von gerechten Gerichten. (1QH^{a} IX,23–25 [I,21–23], ähnlich XI,24–26 [III,23–25])

Wie einst bei der Erschaffung des Menschen (Genesis 2) muss Gott dem Beter seinen heiligen Geist eingeben, um ihn zum Leben, und das bedeutet hier: zu einem Leben, wie es die Statuten der Gemeinschaft vorschreiben, zu erwecken und zu befähigen. Der Selbsterniedrigung des Beters korrespondiert die Verherrlichung Gottes: Je tiefer die Niedrigkeit des Beters, desto höher und gewaltiger die schöpferische Macht Gottes.

Das schöpferische Wirken Gottes wird in den Lobliedern auf verschiedene Weise beschrieben. In den «Lehrerliedern» ist es mehr auf den Einzelnen, in den «Gemeindeliedern» auf die Welt und die Menschheit insgesamt bezogen. So sieht sich der Beter in den «Lehrerliedern», ähnlich den Klage- und Dankliedern im biblischen Psalter, ständig den Mächten des Chaos und des Todes ausgesetzt. Die Mächte des Chaos sind hier aber ganz konkret die Gegner der Gemeinschaft von Qumran: «die Gemeinschaft derer, die nach glatten Dingen suchen», «Interpreten der Lüge», ein «Rat des Nichts» und eine «Gemeinde des Belial». Hier zwei Beispiele:

> Ich danke Dir, Herr, dass Du meine Seele in den Beutel des Lebens gelegt und mich vor allen Fallen der Grube beschützt hast. Denn Gewaltige trachteten mir nach dem Leben, während ich mich auf Deinen Bund stützte. Sie sind ein Rat des Trugs und eine Gemeinde Belials. (1QH[a] X,22–24 [II,20–22])

> Ich danke Dir, Herr, dass Dein Auge über mich wacht, da ich meines Lebens beraubt bin, und Du mich gerettet hast vor dem Eifer derer, die Lügen verbreiten. Aus der Gemeinde derer, die nach glatten Dingen suchen, hast Du die Seele des Armen erlöst, den sie zu vernichten gedachten, indem sie sein Blut um des Dienstes für Dich willen vergießen wollten. (1QH[a] X,33–35 [II,31–33])

Das Wort «Belial» begegnet bereits in der Hebräischen Bibel und bedeutet so viel wie «Nichtsnutzigkeit» oder «Bosheit». Mit der Zeit ist die «Bosheit» als Eigenname aufgefasst und personifiziert worden. Wie der Satan im Hiobbuch oder Beliar (2 Kor 6,15) und Beelzebub (griechisch Beelzebul, Mk 3,22) im Neuen Testament wurde auch Belial zu einer überirdischen Gestalt, einem Widersacher Gottes im Himmel. In den Lobliedern befindet man sich auf dem Weg vom einen zum anderen. Noch ist Belial keine Person, doch bezeichnet der Begriff schon das Prinzip des Bösen, das all die beherrscht, die nicht der Gemeinschaft von Qumran angehören.

Die Rettung des Beters aus diesem Chaos geschieht durch den Eintritt in die Gemeinschaft von Qumran. Hier werden ihm der rechte Geist verliehen und die Erkenntnis in die Geheimnisse Gottes gewährt. Auch dazu zwei Beispiele:

> Ich danke Dir, Herr! Denn Du hast mich mit Deiner Stärke gestützt, und Deinen heiligen Geist hast Du über mich ausgegossen, dass ich nicht wanke. (1QHa XV,9–10 [VII,6–7])

> Ich danke [Dir, Herr], denn Du hast mich in Deiner Wahrheit unterwiesen, und Deine wunderbaren Geheimnisse hast Du mir kundgetan. (1QHa XV,29–30 [VII,26–27])

Die Formulierungen erinnern an das Gebet des Pharisäers im Neuen Testament: «Ich danke Dir, Gott, dass ich nicht bin wie die anderen» – nur, dass hier der Gerechte und der arme Sünder als Kontrahenten dargestellt sind (Lk 18,9–14). In den Lobliedern ist es ein und dieselbe Person. Hier weiß sich der Beter zugleich als Gerechter und Sünder: simul iustus et peccator. Ihn stellt Gott auf festen Grund, den gottlosen Frevler übergibt er dem Gericht, um «an mir» zwischen gerecht und gottlos zu unterscheiden (1QHa XV,15 [VII,12]).

«An mir» oder «durch mich»? Die Formulierung kann beides heißen und weist auf eine Besonderheit der «Lehrerlieder» hin. Nur in ihnen ist an einigen Stellen angedeutet, dass der Beter nicht nur zu den Gerechten zählt, sondern auch die Aufgabe hat, seine ihm von Gott offenbarte Erkenntnis an andere weiterzugeben und sie zur Erkenntnis Gottes zu bringen. So sagt der Beter von sich selbst, dass er von Gott «zu einem Zeichen für die Erwählten der Gerechtigkeit und Interpreten für die Erkenntnis der wunderbaren Geheimnisse» gesetzt sei, «um die Männer der Wahrheit zu prüfen und diejenigen auf die Probe zu stellen, die Zucht lieben». Er sei es auch, der die Mitglieder der Gemeinschaft um sich geschart habe und auf den sie hörten, so dass Gott «durch mich» viele erleuchtet habe.[12] Er sei für sie zum «Vater» geworden:

> [... in] Deiner Gerechtigkeit hast Du mich hingestellt für Deinen Bund, und ich stützte mich auf Deine Wahrheit [...] Du setztest mich zum Vater für die Söhne der Gnade und als einen Pfleger für die Männer des Vorzeichens. Sie öffneten den Mund wie ein Säugling [...], wie sich ein Kind ergötzt am Busen seiner Ammen. (1QHa XV,22–25 [VII,19–22])

Wie dem Knecht JHWHs in Jesaja (Jes 50,4–11) habe ihm Gott das Ohr geöffnet und die «Zunge gestärkt», «um zu beleben den Geist der Strauchelnden und zu erquicken den, der zu müde ist zum Reden».[13]

Für seinen Dienst an Gott und der Gemeinschaft zahlt der Beter auch persönlich einen hohen Preis. Wieder gibt der Knecht Gottes im Jesajabuch (Jes 53) das Vorbild ab: So sollte sein Blut vergossen werden – «wegen des Dienstes für Dich» (1QH^a X,35 [II,33]). Wie der Prophet Jeremia (Jeremia 12, 15, 20) sei er von allen, selbst von Freunden und Verwandten, verstoßen und in ein fremdes Land geschickt worden (1QH^a XII,9–10 [IV,8–9]). Er spricht von «meinem Bund» und «meinem Kreis», und selbst hier sei er zur Zielscheibe von Angriffen geworden:

> Und ich wurde [...] zum Gegenstand von Streit und Zank für meine Freunde, von Eifer und Zorn für die, die in meinen Bund eintreten, von Mäkeln und Murren für alle, die sich bei mir versammeln. Sogar die, die mein Brot aßen, haben mir einen Fußtritt versetzt. Alle, die zu meinem Kreis gehören, wendeten sich mit frevelhafter Lippe gegen mich, alle Männer meines Rates empören sich und murren ringsum. (1QH^a XIII,24–27 [V,22–25])

Die Forschung hat aus diesen Aussagen den Schluss gezogen, dass die «Lehrerlieder» von dem Gründer der Gemeinschaft von Qumran, dem «Lehrer der Gerechtigkeit» stammen. Dafür könnte nicht zuletzt die Stelle in der Handschrift 1QH^a sprechen, an der es heißt, dem Beter sei etwas wie der «Frühregen» und eine «Quelle lebendigen Wassers» in den Mund gelegt worden, womit er, wenn er mit igener Hand die Quelle öffne, die Gemeinschaft bewässern und aufblühen oder, wenn er die Hand abwende, sie verdorren lassen könne.

> Du, mein Gott, hast in meinen Mund etwas wie Frühregen getan für alle [...] eine Quelle lebendigen Wassers, die nicht trügt, indem sich auftun die Himmel, die nicht weichen, und sie werden zu einem wogenden Fluss werden üb[er all die Bäume] am Wasser, und zu Meeren ohne Ende. (1QH^a XVI,17–18 [VIII,16–17])

Der Ausdruck für «Frühregen» lautet *joræh gæschæm*, enthält also dasselbe Wort, das auch in Hosea 10,12 und Joel 2,23 begegnet und aus dem der Titel *moreh ṣædæq*, «Lehrer der Gerechtigkeit», abgeleitet ist (siehe Kapitel VIII.5). Doch in den Lobliedern ist der «Frühregen» nichts weiter als ein Bild und noch nicht mit dem «Lehrer» identifiziert. Sollte es einen Zusammenhang geben, so könnte unsere Stelle eher als weitere Quelle für die Konstruktion der Lehrergestalt gedient haben.

Sieht man einmal von der gewagten These ab, dass an diesen Stellen der Gründer der Gemeinschaft spricht, lassen sie sich auf jedes beliebige Mitglied der Gemeinschaft oder auf besonders fortgeschrittene, in der Hierarchie hoch angesiedelte Mitglieder beziehen, die vielleicht auch als religiöse Führer angesehen wurden. Auch der Beter der «Lehrerlieder» weiß sich als Mitglied der von Gott gegründeten Gemeinschaft: «Ich danke Dir, Herr! Denn Du hast mein Angesicht erleuchtet für Deinen Bund» (1QH^{a} XII,6 [IV,5]). Doch als solches nimmt er eine Vorbild- und Mittlerfunktion für sich in Anspruch. Seine Aussagen sind von einem elitären religiösen Selbst- und Sendungsbewusstsein bestimmt, das die eigene Erleuchtung als maßgeblich für die anderen ansieht (1QH^{a} XII,28 [IV,27]). Der Beter sieht sich selbst als «Falle für die Übeltäter» (vgl. Jes 8,14 von Gott!) und «Heilung für alle, die umkehren von der Sünde» (1QH^{a} X,10–11 [II,8–9]). Die vielen Zitate und Anspielungen besonders auf Jesaja, aber auch auf die Konfessionen des Jeremia, machen deutlich, dass sich der Beter in der Nachfolge der Propheten und ihrer «Jünger» sieht, in denen die Lehre des Propheten, das Wort Gottes, gewissermaßen inkarniert ist (vgl. Jes 8,16–18 und dazu 1QH^{a} XIII,13 [V,11]).

Einen Höhepunkt erreicht dieses Selbstbewusstsein in einem exzeptionellen Text, der in zwei voneinander leicht abweichenden Fassungen sowohl in der Sammlung der Loblieder (4Q427 7 i = 1QH^{a} XXVI) als auch in den Fragmenten der Kriegsregel aus Höhle 4 (4Q491 [4QM^{a}] 11 i) überliefert ist. Der Text wird in der Forschung nicht von ungefähr als «Self-Glorification Hymn» bezeichnet und weist an einigen Stellen signifikante Berührungen mit dem Lied vom Gottesknecht in Jesaja 53 auf, der die Sünde der Vielen trägt, für sie leidet und stirbt. In diesem Hymnus ist der Beter nicht nur unter den heiligen Engeln anwesend, sondern wird selbst unter die Göttlichen gezählt. Höher hinauf geht es nicht:

> ... keiner gleicht (mir) und keiner erhebt sich außer mir, und keiner kommt zu mir, denn ich habe Platz genommen auf [...] im Himmel ... Ich, ja ich bin unter die Göttlichen gerechnet und mein Lager ist in der Gemeinde des Heiligen, mein Verlangen ist nicht wie Fleisch, alles, was mir teuer ist, ist in der Herrlichkeit der Stätte des Heiligtums. Wer gedächte, mich zu plündern, wer gleicht mir in meiner Herrlichkeit? ... Wer trägt [alle] Mühen wie ich, wer erträgt Übles wie ich? Und da ist niemand. Ich wurde belehrt und keine Lehre kommt [meiner Lehre] gleich [...] Wer wird mich angreifen, wenn ich öffne [meinen Mund], wer erträgt den Fluss meiner Lippen, wer wird mich vorladen und sich mit meinem Recht messen? ... Denn ich, [meine] Position ist unter den Göttlichen und meine Herrlichkeit ist mit den Söhnen des Königs. (4Q491 11 i,13–18 = 4Q491c)

Auch die «Gemeindelieder» zeugen von einem elitären religiösen Selbstbewusstsein. In ihnen beteuert der Beter seine Niedrigkeit vor Gott:

> Ich danke Dir, mein Gott! Denn Du hast wunderbar am Staub gehandelt und am Gebilde von Lehm Dich überaus herrlich erwiesen. Was aber bin ich, dass Du mich belehrt hast im Rat Deiner Wahrheit und mich unterwiesen hast in Deinen wunderbaren Werken? (1QH[a] XIX,6–7 [XI,3–4])

Zugleich dankt er jedoch auch für die Gabe des rechten Geistes und die Einweihung in die Geheimnisse Gottes:

> Als ein Einsichtiger habe ich Dich erkannt, mein Gott, durch den Geist, den Du in mich gegeben hast, und Zuverlässiges habe ich gehört hinsichtlich Deines wunderbaren Rates durch Deinen heiligen Geist. Du hast mir Erkenntnis im Geheimnis Deines Verstandes geöffnet. (1QH[a] XX,14–16 [XII,11–13])

Im Unterschied zu den «Lehrerliedern» fehlt in den «Gemeindeliedern» allerdings das spezielle, individuelle Sendungsbewusstsein. Auch der Beter der «Gemeindelieder» sieht sich als Knecht Gottes, durch dessen Mund und Zunge Einsicht vermittelt und interpretiert wird. Und auch er spricht von der «Gemeinschaft aller Männer *meines* Rats». Doch die Offenbarung Gottes gilt nicht nur ihm, sondern «allen Söhnen Deines Wohlgefallens, denn Du hast sie belehrt im Rat Deiner Wahrheit, und in Deinen wunderbaren Geheimnissen hast Du sie unterwiesen.»[14] «Vater» und «Pfleger» ist nicht der Beter, sondern Gott selbst:

> Denn mein Vater kennt mich nicht, und meine Mutter hat mich Dir überlassen. Ja, Du bist ein Vater (Jes 63,16) für alle Söhne Deiner Wahrheit und freust Dich über sie wie eine Mutter über ihr Kind, und wie ein Pfleger versorgst Du auf dem Schoß alle Deine Geschöpfe. (1QH^a XVII,34–36 [IX,34–36])

Ein weiterer Unterschied zu den «Lehrerliedern» besteht darin, dass in den «Gemeindeliedern» nicht von Kämpfen mit den Mächten des Bösen und persönlichen Anfeindungen die Rede ist. Auch hier eifert der Gerechte «gegen alle, die Frevel tun, und die Männer des Trugs» (1QH^a VI,25 [XIV,14]). Doch der prophetische Topos des verfolgten Gottesknechts findet sich in ihnen nicht. Stattdessen kämpft der Beter der «Gemeindelieder» mit inneren Konflikten und schmerzvollen Fragen, die sich um seine eigene Sünde, das Böse in der Welt und die Sterblichkeit des Menschen im Allgemeinen drehen.[15] Hier hat die Niedrigkeitsaussage, dass der Beter wie alle Menschen nur ein Gebilde von Lehm und Staub sei, nicht nur die Funktion, die Größe Gottes zu betonen, sondern wird selbst zum Thema.

> Was ist er denn, der Mensch – Ackererde ist er, vom Ton abgekniffen, kehrt er zum Staub zurück –, dass Du ihm Einsicht in Wunder wie diese gibst und ihm den Rat [Deiner] Wahrheit kundtust? Ich bin Staub und Asche. Was soll ich denken, ohne dass Du es willst? Was soll ich planen ohne Deinen Willen? Wie kann ich fest stehen, ohne dass Du mich aufstellst? Wie kann

ich («straucheln», korrigiert in:) einsichtig sein, ohne dass Du es für mich bildest? Wie kann ich reden, ohne dass Du meinen Mund öffnest? Wie kann ich antworten, ohne dass Du mir Einsicht gibst? (1QHª XVIII,5–9 [X,3–7])

Den Fragen des Beters, der sich selbst als «Gebilde von Lehm, vermengt mit Wasser» bezeichnet, begegnet Gott mit der Offenbarung «wunderbarer Geheimnisse» (1QHª IX,23–25 [I,21–23]). Unter den Geheimnissen verstehen die «Gemeindelieder» den verborgenen Plan der Schöpfung, der alle irdischen und alle himmlischen Dinge und Wesen, die Ordnung der Zeiten und nicht zuletzt die Bestimmung jedes Menschen umfasst.

Bevor Du sie (die ewigen Geschlechter) erschufst, kanntest Du (alle) ihre Werke für alle Ewigkeit. Denn [ohne Dich] geschieht nichts, und ohne Deinen Willen wird nichts erkannt. Du, Du hast gebildet jeden Geist und bestimmtest [ihr] Werk und ein Gericht für all ihre Taten … Gemäß ihren Zeiten hast Du ihren Dienst eingeteilt in all ihren Geschlechtern und das Gericht … Und in der Weisheit Deiner Erkenntnis hast Du ihre Bestimmung festgesetzt, bevor sie entstanden. Und nach Deinem Willen entstand alles, und ohne Dich wird nichts getan. (1QHª IX,9–22 [I,7–20])

Auch die Zeiten für die Bestimmung der Menschen stehen fest und sind in himmlischen Büchern aufgezeichnet:

Alles ist aufgezeichnet vor Dir mit einem Griffel des Gedächtnisses für alle ewigen Zeiten, und die Zyklen der Anzahl der Jahre auf ewig mit all ihren bestimmten Zeiten, nicht sind sie verborgen und gehen nicht verloren vor Dir. (1QHª IX,25–27 [I,23–25])

Was der Beter der «Lehrerlieder» an seiner eigenen Person erfährt und was den Beter der «Gemeindelieder» umtreibt, ist hier in einen kosmologischen Rahmen gestellt. Dementsprechend sind das individuelle Geschick von Gerechten und Frevlern und das Schicksal der Welt vorherbestimmt und stehen vor allem Anfang bis zum Ende der

Tage fest. Der Rekurs auf die Protologie, den Anfang der Welt, zieht die Universalisierung der Eschatologie, der letzten Dinge am Ende der festgelegten Zeiten, nach sich.

Der Beter der «Gemeindelieder» und die von ihm repräsentierte Gemeinschaft von Qumran wissen sich – bei aller Selbsterniedrigung und Bekundung der eigenen Sündhaftigkeit – auf der Seite derer, die von Gott seit der Schöpfung dazu bestimmt sind, von ihren Sünden gereinigt und in seine «wunderbaren Geheimnisse» eingeweiht zu werden. In den Loblieder definiert sich die Gruppe selbst und vergewissert sich ihrer Identität in Abgrenzung gegen die anderen. Sie ist es, die den Geist Gottes und die Erkenntnis hat und darum auf dem richtigen Weg ist.

Zu diesem Weg gehört in erster Linie die Befolgung der Tora und der Statuten der Gemeinschaft von Qumran. Denn auch wenn alles in der Schöpfung vorherbestimmt ist und nichts, auch das Böse nicht, ohne Wissen und Zutun Gottes geschieht, ruft der Beter der «Gemeindelieder» alle Weisen und Gerechten dazu auf, das Ihre zu tun, sich in Geduld zu üben und dem Frevel ein Ende zu bereiten (1QH[a] IX,36–39 [I,34–37]).

Umgekehrt sind auch die Statuten der Gemeinschaft, die auf der freiwilligen Entscheidung der Mitglieder beruht, mit der Determiniertheit der Schöpfung nicht außer Kraft gesetzt. Im Gegenteil: Die Gemeinschaftsregel wurde durch ein Gebet ergänzt, das deutlich unter dem Einfluss der Loblieder steht. In diesem Gebet wird die in der Gemeinschaftsregel definierte Ordnung der Gemeinschaft in den Horizont der «Geheimnisse des Gewordenen» gerückt 1QS XI,3–4; vgl. CD II 7–8). So setzt das Gebet die Entscheidung des Beters, den Willen Gottes zu erfüllen, zwar voraus, betont jedoch zugleich, dass diese Entscheidung nur mit Gottes Hilfe und Zutun möglich sei.

> Doch ich gehöre zur ruchlosen Menschheit, zur Menge des frevelhaften Fleisches. Meine Sünden, meine Übertretungen, meine Verfehlungen samt der Verderbtheit meines Herzens gehören zur Menge des Gewürms und derer, die in Finsternis wandeln. Denn nicht beim Menschen steht der Weg,

> kein Mann lenkt seinen Schritt, sondern bei Gott liegt das Gericht, und aus seiner Hand (kommt) vollkommener Wandel. Durch sein Wissen ist alles entstanden, und alles, was ist, lenkt er nach seinem Plan, und ohne ihn geschieht nichts. (1QS XI,9–11)

Die kosmologische Definition des Selbstverständnisses der Gemeinschaft in den Lobliedern bringt noch eine weitere Aufgabe mit sich. Als Teil der Schöpfung stimmt die Gemeinschaft – zusammen mit den Himmlischen – ein in das seinerseits bei der Schöpfung vorherbestimmte Lob des Schöpfers und Königs des Himmels und der Erde:

> Du hast geschaffen den Hauch auf der Zunge und erkanntest ihre Worte und setztest Frucht der Lippen fest, bevor sie entstanden, und bestimmtest Worte mit einer Messschnur und den Klang des Hauchs der Lippen mit Maß. Und Du ließest Laute hervorgehen nach ihren Geheimnissen und die Klänge der Atemstöße nach ihrer Berechnung, um kundzutun Deine Herrlichkeit, und Deine Wunder zu erzählen in allen Taten Deiner Treue und Deiner gerechten Gerichte und zu rühmen Deinen Namen durch den Mund aller, die Dich kennen. (1QH^{a} IX,29–33 [I,27–31])

Damit schließt sich der Kreis zu den biblischen und parabiblischen Psalmen. Sie wurden als Ausdruck dieses in der Schöpfung verankerten Gotteslobes verwendet und erhielten im Lichte der Loblieder eine neue, kosmologische Dimension. Zugleich ist damit der Ton angestimmt für eine weitere Komposition von Psalmen, die den Beter am Gottesdienst der Himmlischen teilhaben lässt.

4. Lieder zum Brandopfer am Sabbat

In den Psalmen wird Gott als einer gepriesen, der «über den Lobgesängen Israels thront» (Ps 22,4). Diese merkwürdige Formulierung evoziert die Vorstellung eines himmlischen Königs, dessen Thron von Lobgesängen getragen wird. Gott thront im Himmel,

Israel befindet sich auf Erden. Im Tempelkult gehen jedoch irdische und himmlische Sphäre ineinander über, so dass die «Lobgesänge Israels» auf Erden gewissermaßen das Fundament von Gottes Thron im Himmel bilden. Die Komposition der *Schirot ʿOlat Ha-Schabbat*, der «Lieder zum Brandopfer am Sabbat», gewährt einen Einblick in das Geschehen im Himmel und offenbart, dass den «Lobgesängen Israels» im Tempel göttliche Lobgesänge im Himmel entsprechen, die nicht nur den Thron Gottes, sondern auch den himmlischen Tempel konstituieren.

Die Komposition trägt ihren Namen nach den Überschriften der Lieder, etwa: «Für den Maskil: Lied des Brandopfers des siebten Sabbats am sechzehnten (Tag) des Monats» (4Q403). Von dieser Komposition haben sich Fragmente von zehn Abschriften gefunden, acht in Höhle 4 (4Q400–407), eine in Höhle 11 (11Q17) und ein Fragment in Masada (Mas1k). Die Anordnung der Fragmente und Lieder ist schwer zu bestimmen, da nicht alle Überschriften erhalten sind. Nach einem weithin akzeptierten Vorschlag[16] handelt es sich um einen Zyklus von 13 Liedern für die ersten 13 der insgesamt 52 Sabbate des Jahres, der am Anfang die Einsetzung von Priesterengeln (Lieder 1–5) und gegen Ende das himmlische Heiligtum (9–13) beschreibt. Im Zentrum stehen drei Gesänge (6–8), die den Lobpreis und die Segensworte der himmlischen Heerscharen und ihrer Anführer wiedergeben:

> Lobt, Gottheiten der Höhen (oder: Lobt den Gott der Höhen), ihr Hohen unter allen Göttlichen von Erkenntnis! Die göttlichen Heiligen sollen groß machen (oder: heiligen) den König der Herrlichkeit, der alle seine Heiligen mit Heiligkeit heiligt. (4Q403 1 i,30–31)

Merkwürdigerweise ist hier zwischen Gott und den zum Lob aufgerufenen himmlischen Wesen kaum unterschieden, beide heißen *ʾælohim*, was wörtlich «Götter» im Plural bedeutet, in der Hebräischen Bibel und in diesen Texten aber auch als Singular zur Bezeichnung des einen und einzigen Gottes verwendet wird. Aus diesem

Grund kann der Anfang des zitierten Liedes auch verschieden übersetzt werden, entweder mit den «Gottheiten der Höhen» als Subjekt oder mit dem «Gott der Höhen» als Objekt des Lobpreises. Erst die Fortsetzung schafft Klarheit: «Alle Göttlichen von Erkenntnis» und die «göttlichen Heiligen» (wörtlich: «die Heiligen der Götter/Gottes») sollen «den König der Herrlichkeit» preisen.

Als würden wir uns in einem polytheistischen Pantheon bewegen, sehen wir den einen göttlichen König umgeben von anderen Göttern, die seinen Thronrat bilden und ihm huldigen (vgl. Ps 29,1–2). Wie in dem alten kanaanäischen Mythos vom Königtum Gottes, der im Alten Orient wie auch in Israel und Juda weit verbreitet war, wird Gott in den Liedern als «Gott der Götter» und «König der Könige» tituliert. Gilt der höchste Gott in dem alten Mythos als der «Vater der Götter», wird er hier als deren Schöpfer gepriesen:

> Gemäß den Worten seines Mundes entstehen [alle Göttlichen], gemäß den Aussprüchen seiner Lippen alle ewigen Geister, gemäß dem Willen seiner Erkenntnis alle seine Werke in dem, wozu sie geschickt sind. (4Q403 1 i,35–36)

Die göttlichen Wesen, Heiligen und Geister sind gewissermaßen als Emanationen Gottes verstanden. Aus dem «Gott der Götter» sind Gott und die Göttlichen geworden.[17] Sie bevölkern den Himmel, dienen als Bauelemente des himmlischen Heiligtums und zelebrieren den himmlischen Kult. So wie die Hymnen und Gebete für die Gemeinschaft von Qumran an die Stelle des irdischen Kultes im Tempel treten (können), so bilden die «Lieder zum Brandopfer am Sabbat» den himmlischen Kult ab, an dem die Gemeinschaft – mit oder ohne Partizipation am realen Tempelkult – durch diese Texte teilnimmt. Um einen Eindruck von dieser fremden Welt des himmlichen Gottesdienstes zu vermitteln, sei der ganze Abschnitt wiedergegeben, aus dem die bisherigen Zitate genommen sind (siehe Tafel 15):

Für den Maskil: Lied des Brandopfers des siebten Sabbats am sechzehnten des Monats.

Lobt, Gottheiten der Höhen (oder: Lobt den Gott der Höhen), ihr Hohen unter allen Göttlichen von Erkenntnis! Die göttlichen Heiligen sollen groß machen (oder: heiligen) den König der Herrlichkeit, der alle seine Heiligen mit Heiligkeit heiligt.

Häupter der Lobpreisungen aller Gottheiten, preist den Gott der Lobpreisungen mit Hoheit. Denn in der Pracht der Lobpreisungen besteht die Herrlichkeit seines Königtums. In ihm sind die Lobpreisungen aller Gottheiten samt der Pracht seines ganzen König[tums]. Und erhebt seine Erhebung zur Höhe, ihr Gottheiten von den Göttlichen der Höhe, seine herrliche Gottheit hoch über die hohen Höhen. Denn er [ist der Gott der Göttlichen] für alle Häupter der Höhen und König der Köni[ge] für alle ewigen Ratsversammlungen nach dem Willen seiner Erkenntnis. Gemäß den Worten seines Mundes entstehen [alle Göttlichen], gemäß den Aussprüchen seiner Lippen alle ewigen Geister, gemäß dem Willen seiner Erkenntnis alle seine Werke in dem, wozu sie geschickt sind.

Jubelt, die ihr bejubelt [seine Erkenntnis] mit Jubel unter den wunderbaren Gottheiten. Und sprecht seine Herrlichkeit aus mit der Zunge aller, die die Erkenntnis seines wunderbaren Jubels aussprechen, mit dem Mund aller, die aussprechen [... er ist] Gott für alle, die Erkenntnis auf ewig bejubeln, und Richter in seiner Macht über alle Geister von Einsicht.

Lobt, alle Göttlichen von Hoheit, den König der Hoheit, denn alle Göttlichen von Erkenntnis loben seine Herrlichkeit und alle Geister der Gerechtigkeit loben seine Wahrheit. Und es möge Gefallen finden ihre Erkenntnis in die Bestimmungen seines Mundes und ihre Loblieder, wenn seine mächtige Hand zurückkehrt von Vergeltungs-Gerichten.

Spielt dem Gott der Stärke mit dem Anteil des Geistes vom obersten Rang [zu einem Psalm] mit göttlicher Freude, und es sei ein Jauchzen unter allen Heiligen zu wunderbaren Gesängen in ewiger Freude. In alledem sollen loben die Grundfesten des Allerheiligsten, die Stützpfeiler der allerhöchsten Wohnung (oder der Wohnung des Allerhöchsten) und alle Ecken seines Gebäudes.

Spielt, Gott[heiten, furchtbar an] Kraft, alle Geister von Erkenntnis und des Lichts, um gemeinsam das Firmament des Allerreinsten für sein heiliges Heiligtum zu tragen. Und [preist] ihn, göttliche Geister, um [in alle Ewig]keiten zu loben das Firmament, die oberste Höhe, alle Bal[ken] und seine Mauern, seinen ganzen Bau, die Werke des Bau[planes – Gei]ster des Allerheiligsten, lebendige Gottheiten, heilige [Gei]ster der Ewigkeit droben von allen Heili[gen, Allerwunderbarstes, Hoheit und Pracht. Wunderbar ist der Gott der] Herrlichkeit in hellstem Licht der Erkennt[nis. ... in allen wunderbaren Heiligtümern sind göttliche Geister rings um die Wohnung des Königs (von) Wahrheit und Gerechtigkeit (sind) alle seine Mauern ...]. (4Q403 1 i,30–46)

Die Teilhabe der Gemeinschaft am himmlischen Kult und an der himmlischen Welt insgesamt zeigt sich auch noch an einer anderen Besonderheit der Lieder. Die vielen göttlichen Wesen tragen neben der Bezeichnung als «Götter» oder «Göttliche» eine Fülle von weiteren Namen, die ihre Eigenschaften zum Ausdruck bringen: Hauptfürsten, Häupter der Lobpreisungen, Häupter der Höhen, Heilige, Geister, Göttliche der Erkenntnis, Wunder-Gottheiten, Göttliche von Hoheit, Geister der Einsicht, Geister der Gerechtigkeit, Geister der Erkenntnis und des Lichts, heilige Geister. Sie alle umgeben Gott ebenso wie die Qualitäten, die sie repräsentieren und die zugleich Eigenschaften Gottes selbst sind: Einsicht und Erkenntnis, Hoheit und Licht, Gerechtigkeit und Wahrheit. Gott selbst wird als Richter tituliert, der im Besitz der Wahrheit ist. Die Relation von Gott und Göttlichen wird darin sichtbar, dass sich die Erkenntnis der Göttlichen auf «die Bestimmungen seines Mundes» und die Loblieder auf seine «Gerichte der Vergeltung» beziehen.

Es ist diese Terminologie, die den Unterschied zum alten Mythos ausmacht und eine Verbindung der Lieder sowohl zur biblischen Überlieferung als auch zur Literatur der Gemeinschaft von Qumran erkennen lässt. Die Verbindung zur biblischen Überlieferung wird etwa in einem Vergleich mit Psalm 89 deutlich. Hier sind es «Gnade und Treue», die zusammen mit den «Göttlichen» und der «Versammlung» bzw. dem «Rat der Heiligen» den Gott JHWH umgeben; ebenso wie die Eigenschaften Gerechtigkeit, Wahrheit, Licht und Erkenntnis in den Liedern erfüllen sie die himmlische Welt und sollen zugleich Eigenschaften des Verehrerkreises dieses Gottes auf Erden sein. In Psalm 89 ist es das Volk Israel, in den Qumranschriften die Gemeinschaft von Qumran, die Anteil an dem «Los der Heiligen» und den «Söhnen des Himmels» haben (1QS XI) bzw. selbst eine «Versammlung der Heiligen» bilden (1/4QH) und mit den «Engeln des Angesichts» verkehren (1QSb).

An diesen Formulierungen kann man das sich wandelnde Selbstverständnis der Gemeinschaft von Qumran ablesen. Aus einer Gruppe von Toratreuen, die sich für das wahre Israel hielt und sich ihre eigene

Ordnung gab, ist die «Gemeinschaft der Heiligen» geworden, die an der himmlischen Welt, wie sie in den «Liedern zum Brandopfer am Sabbat» beschrieben wird, partizipiert. Unter anderen Vorzeichen trifft man dasselbe Selbstverständnis im frühen Christentum an, das den alten Mythos vom Königtum Gottes in seiner biblischen und qumranischen Transformation auf sich bezieht und mit Jesus und den Seinen den Anbruch des Reiches Gottes auf Erden proklamiert. Im späteren Judentum leben die Vorstellungen der Lieder von der Königsherrschaft Gottes und der himmlischen Welt in liturgischen Dichtungen (Pijutim) und in der jüdischen Mystik (Kabbala) fort.

5. Religiöse Gebrauchstexte

Außer den biblischen und parabiblischen Psalmen und den großen Kompositionen der «Loblieder» *(Hodajot)* und der «Lieder zum Brandopfer am Sabbat» *(Schirot ʿOlat Ha-Schabbat)* sind in Qumran auch eine Reihe von kleineren, spezifischeren Sammlungen religiöser Gebrauchstexte erhalten. Unter ihnen nehmen Kalendertexte eine besondere Rolle ein (4Q317, 4Q319–330).[18] Die Berechnung des Kalenders war aus verschiedenen Gründen von größter Wichtigkeit für die Gemeinschaft von Qumran, und nicht nur für sie. Der Kalender ist ein Teil der Kosmologie und Ausdruck der Weltordnung. Seine Berechnung war von alters her nicht nur eine Sache von Spezialisten, den Astronomen, sondern wurde auch von den Königen als Hütern der Weltordnung überwacht und verordnet, um ihre politische Herrschaft mit der kosmologischen Ordnung in Einklang zu bringen. Sodann hing vom Kalender die Berechnung der religiösen Festtage und Opfer- bzw. Gebetszeiten ab, die nicht minder von kosmologischer Bedeutung waren, weswegen sich auch Priester damit befassten.

In der Antike wurde entweder nach dem Sonnenjahr (mit 365 Tagen und 6 Stunden) oder nach dem Mondjahr (mit 354 Tagen und 8 Stunden) oder nach einem gemischten lunisolaren Kalender gerechnet. Im biblischen Judentum hat sich daneben eine religiös begründete Berechnung etabliert, die auch arithmetisch ihre Vorzüge hatte: Der 364-Tage Kalender. Er richtet sich nach dem Schöpfungsbericht in Genesis 1, wonach die Woche 7 Tage hat, von denen der siebte Tag ein Ruhetag (Sabbat) ist. Den Bezug zur Schöpfung stellt ein Text ausdrücklich her, der von den in Genesis 1,14 genannten «(Himmels-)Zeichen» (Otot) handelt und sich in einer frühen Fassung der Gemeinschaftsregel findet (4Q319 in 4QS^e^). Das Jahr wurde demnach in 52 Wochen mit je sieben Tagen und insgesamt 364 Tagen eingeteilt, was ziemlich genau dem Sonnenjahr entspricht. Zur Bestimmung von Neumond und Vollmond wurden dabei allerdings auch die Mondphasen genau beachtet (4Q317). Die 52 Wochen wurden in vier Jahreszeiten zu je drei Monaten eingeteilt, von denen die beiden ersten Monate 30, der dritte 31 Tage zählte. Dieser Kalender ist im astronomischen Buch des Ersten Henoch (1 Henoch 72–82) sowie im Jubiläenbuch für das dritte und zweite Jahrhundert v. Chr. bezeugt. Fragmente von beiden Schriften wurden in Qumran gefunden. Wie weit der Kalender in der Geschichte Israels und Judas zurückreicht, ist umstritten. Der Vorteil dieser Berechnung ist, dass das Jahr immer am gleichen Wochentag beginnt und somit auch die Festzeiten immer auf den gleichen Wochentag und nie auf einen Sabbat fallen.

Der Kalender war also von eminenter kosmologischer und liturgischer Bedeutung. Daraus erklärt sich, dass er in der Gemeinschaft von Qumran als sakrosankt angesehen wurde und ein heiß umkämpfter Streitpunkt mit anderen Gruppen in Israel darstellte, die einem anderen (babylonischen oder seleukidischen) Kalender folgten. Von solchen Streitigkeiten berichtet das Buch Daniel, in dem Antiochos IV. vorgeworfen wird, «Zeiten und Gesetz» geändert und damit in die Kultordnung eingegriffen zu haben (Dan 7,25). Damit ist vermutlich eine seleukidische Kalenderreform gemeint. Aber auch innerhalb der jüdischen Gruppen gab es Streit über die Festzeiten. Davon zeugt vielleicht die Auslegung von Habakuk 2,15 im Pescher Habakuk (1QpHab XI,2–8), die den Vorwurf erhebt, der

«Frevelpriester» habe den «Lehrer der Gerechtigkeit» am höchsten jüdischen Feiertag, «zur Zeit des Festes der Ruhe, am Versöhnungstag», aufgesucht, um ihn zu Fall zu bringen. Der Vorwurf impliziert entweder, dass der «Frevelpriester» seinen eigenen Festkalender missachtete oder dass er einem anderen Kalender folgte und darum aus seiner Sicht keinen Kultfrevel beging.

Neben der Berechnung der Festzeiten hatte der Kalender noch eine ganz andere praktische Bedeutung für den Tempelkult. Nach ihm wurden die Dienstzeiten *(Mischmarot)* der 24 Priesterfamilien berechnet, die laut 1 Chronik 24 für den Tempeldienst vorgesehen sind (siehe Kapitel VII.4). Da von den Dienstzeiten auch die Rechte an den Opfergaben abhingen, hatte der Kalender neben seiner kosmologischen und liturgischen auch eine ökonomische Bedeutung für die Priesterfamilien. Damit jede Familie einmal an einem der großen Feste Dienst tun und davon profitieren konnte, wurde ein Zyklus von sechs Jahren eingeführt.

Es mag erstaunen, dass man sich in der Gemeinschaft von Qumran, die ein distanziertes Verhältnis zum Tempelkult ihrer Zeit hatte, über den Tempeldienst der Priester Gedanken gemacht und diesbezügliche Berechnungen angestellt hat. Doch die Distanz zum Tempelkult war keiner prinzipiellen Ablehnung geschuldet. Ebenso wie die Texte, die vom Tempel, den Festen und den Opfern handeln (Tempelrolle, «Von den Werken der Tora», «Neues Jerusalem»), beschreiben auch die *Mischmarot*-Texte das Ideal und sind von der Erwartung getragen, dass es am Tempel einst wieder mit rechten Dingen zugehe und die Gemeinschaft von Qumran als Repräsentant des wahren Israel daran teilhaben wird. So ist es kein Zufall, dass auch das Lehrschreiben «Von den Werken der Tora», das die Kultgesetze der Tora auslegt, mit Ausführungen zum 364-Tage-Kalender begonnen hat, von denen allerdings nur die letzten beiden Zeilen, die die 364 Tage erwähnen, erhalten sind.[19]

Doch auch für die religiöse Praxis der Gemeinschaft von Qumran war der Kalender von großer Bedeutung, wie der schon erwähnte Text «(Himmels-)Zeichen» in einer der Handschriften der Gemeinschaftsregel zeigt (4Q319 = 4Q259Otot), der in späteren Fassungen durch einen Hymnus ausgetauscht wurde (1QS X–XI). Der Kalen schon erwähnte der war nicht zuletzt darum für die Gemeinschaft wichtig, weil er die Zeiten für die Gebete festlegt, die an die Stelle des Tempelkults traten. In dem Prosastück «Davids Kompositionen» in der Psalmenrolle 11QPs[a] sowie in einem der Kalendertexte (4Q334Ordo) sind Hymnen und Gebete den Tagen und Festzeiten des 364-Tage-Jahres zugeordnet. Andere Handschriften enthalten Sammlungen von Gebeten zu bestimmten Tages- und Festzeiten.[20]

So ist eine Sammlung von Abend- und Morgengebeten für jeden Tag eines bestimmten Monats erhalten (4Q503). Die Gebete beginnen mit der Zeitangabe: «Am soundsovielten des Monats, am Abend» oder «Und wenn die Sonne aufgeht, um auf die Erde zu leuchten». Darauf folgt die Benediktion: «Da sollen sie preisen und anheben und sprechen: Gepriesen sei der Gott Israels.» Der eigentliche Gebetsteil ist nur in Resten erhalten. Er spricht von Gott als dem Herrn über Tag und Nacht, Licht und Finsternis. Tag und Nacht sind in Tore, Lose oder Abteilungen des Lichts und der Finsternis (der Nacht) eingeteilt, womit die zu- und abnehmenden Mondphasen gemeint sein dürften. Die Gebete enden mit der Formel «Friede sei über dir, Israel». Ob es eine solche Sammlung für jeden Monat des Jahres gab, wissen wir nicht, es ist aber anzunehmen.

Eine andere Sammlung mit dem Titel «Worte der Himmelskörper», *Divre Ha-Me'orot* (4Q504–506), enthält Gebete für jeden der sieben Wochentage. Sie beginnen dementsprechend mit «Gebet am soundsovielten Tag» und der Eingangsformel «Gedenke, JHWH». Das Gedenken wird in den Gebeten dadurch ausgeführt, dass sie innerhalb der sieben Tage durch die Stationen der biblischen Geschichte Israels von der Schöpfung bis zum Babylonischen Exil und der Restauration führen und dabei um Erleuchtung, Umkehr und Vergebung der Sünden bitten. Darin sind sie den Geschichtspsalmen im biblischen Psalter oder den Sündenbekenntnissen in Esra 9, Nehemia 9 und Daniel 9 ähnlich. Das Gebet am siebten Tag, dem Sabbat, unterscheidet sich von den vorhergehenden sechs Wochentagen und ruft zum himmlischen und irdischen Lobpreis Gottes und seines heiligen Namens auf, was an die «Lieder zum Brandopfer am Sabbat» erinnert. Den Abschluss der Gebete bildet die Formel «Gepriesen sei Gott, der uns zur Ruhe gebracht hat» o. Ä., worauf die Kultgemeinde mit «Amen, Amen» antwortet (vgl. Ps 106,48).

Den «Worten der Himmelskörper» steht eine Sammlung von Gebeten für bestimmte Festzeiten nahe, die ebenfalls die Formel «Gedenke, Herr» und Reminiszenzen an die biblische Geschichte enthalten sowie mit den Gebetsformeln «Gepriesen sei der Herr» und «Amen, Amen» enden (1Q34 und 1Q34bis, 4Q507–509, 4Q505?). In den erhaltenen Resten sind zwei Feste genannt: der Versöhnungstag (Jom Kippur) und das Wochenfest (Bikkurim).

Die Formeln zur Ein- und Ausleitung der Gebete wie auch manche inhaltlichen Formulierungen erinnern sowohl an (späte) biblische Psalmen als auch an spätere rabbinische Gebete und die synagogale Liturgie. Sie entstammen der Tempelliturgie und sind zur festen Gebetssprache im Judentum und Christentum geworden. Sie zeugen unmittelbar von der religiösen Praxis, die aus den biblischen und parabiblischen Psalmen sowie den Kompositionen der Loblieder und der «Lieder zum Brandopfer am Sabbat» nur indirekt erschlossen werden kann. Die Psalmen und Gebete lassen auf eine liturgisch geartete Form von Gottesdienst in der Gemeinschaft von Qumran schließen. Allerdings wissen wir nicht, wie dieser genau aussah: wo die Gebete stattfanden, welchen Ort sie in der Liturgie hatten und wer sie gesprochen hat. Da die ersten Synagogen sogenannte «Gebetshäuser» (auf Griechisch *proseuche*) waren, könnte man an eine Form von synagogalem Gottesdienst denken, doch Belege dafür besitzen wir nicht. So wissen wir auch nicht, ob, wie in der späteren Synagoge üblich, mit den Gebeten eine Schriftlesung aus Tora und Propheten verbunden war.

Neben den täglichen Gebeten sind eine Reihe von gebetsartigen Ritualen zu besonderen Anlässen erhalten, die weiteren Einblick in die religiöse Praxis der Gemeinschaft von Qumran gewähren. In den Statuten der Gemeinschaft und anderen Texten ist viel von

Waschungen und Reinigungsriten die Rede. Entsprechende Ritualtexte wurden auf der Rückseite zweier Manuskripte gefunden: 4Q414 auf der Rückseite der Handschrift 4Q415 (Instruction[a]) sowie 4Q512 auf der Rückseite von 4Q503 (Daily Prayers). Anders als bei den biblischen Reinigungsriten und den späteren rabbinischen Vorschriften üblich, enthalten diese Texte Gebete, die bei der Reinigung durch Wasser zu bestimmten Anlässen körperlicher und moralischer Unreinheit gesprochen werden sollen. Der Reinigungsvorgang betrifft eine Einzelperson, die Gebete sind jedoch im Plural formuliert und machen den Vorgang damit zu einem kollektiven liturgischen Akt.

Einen solchen kollektiven liturgischen Akt hat man auch in dem sogenannten Bundeserneuerungsritual der Gemeinschaftsregel (1QS I–III) vermutet, das jährlich vollzogen werden soll und bei dem vor dem versammelten Volk Priester und Leviten die Taten Gottes preisen, die Sünden des Volkes bekennen und anschließend Segen und Fluch sprechen, abgeschlossen durch das gemeinsam gesprochene «Amen, Amen».

Das Formular von Segen und Fluch geht zurück auf Deuteronomium 27–28 und bildet auch die Grundlage für die Komposition der «Segnungen», *Berakhot* (4Q286–290). In ihnen ist die Liturgie von Segen und Fluch über 1QS I–III hinaus mit den Engelchören in der himmlischen Welt korreliert, was an die Gemeinderegel (1QSa) und die «Lieder zum Brandopfer am Sabbat» erinnert. Ob es sich bei der in 1QS I–III beschriebenen Zeremonie und den «Segnungen» um einen tatsächlich praktizierten oder nur um einen imaginierten liturgischen Akt handelt, ist schwer zu sagen, aber für ein bestimmtes, spätes Stadium in der Geschichte der Gemeinschaft von Qumran, in der das literarische Programm zur kultischen Praxis geworden ist, ist die erste Möglichkeit auch nicht ausgeschlossen.

Konkreter sind wieder die Gebete zur Austreibung von Dämonen, die mit den Ritualen der körperlichen Reinigung durch Wasser und Gebet verwandt sind. Der Kampf der guten und bösen Engel, oft als «Geister» oder auch «Wächter» bezeichnet, ist ein prominentes Thema der jüdischen Apokalyptik und hat daher auch Eingang in die Schriften von Qumran gefunden. Ein prominentes Beispiel ist die sogenannte Zwei-Geister-Lehre (1QS III–IV), die in die Gemeinschaftsregel eingeschrieben wurde und davon handelt, dass die guten wie die bösen Geister in der Welt und im Menschen von Gott geschaffen wurden.[21] Es verwundert darum nicht, dass man in Qumran auch magische Texte entdeckt hat, die sich mit der Austreibung der bösen Geister beschäftigen. Die Magie beruht auf gelehrter Spekulation und Theologie, ist aber von volkstümlicher Zauberei kaum zu unterscheiden. Das ist insofern bemerkenswert, als Magie und Zauberei ebenso wie Astrologie nach der biblischen Tora verboten sind und gemäß dem Buch der Wächter im Ersten Henoch (1 Henoch 6–36) zu den Künsten der gefallenen, bösen Engel gehören, die die Menschen zur Sünde verführen. Doch das wirksamste Mittel gegen die bösen Mächte (Engel, Geister, Wächter) bestand für die Gemeinschaft von Qumran offenbar darin, den Teufel mit dem Beelzebub auszutreiben.

Zwei Texte, «Beschwörung» (4Q444) und «Lieder des Weisen» (4Q510–511), stehen in unmittelbarem Zusammenhang mit den eigenen Schriften der Gemeinschaft von Qumran und beschreiben den Kampf der Mitglieder der Gemeinschaft gegen alle bösen Geister. Sie werden dabei durch einen «Einsichtigen» (Maskil) und offenbar besonders befugten Sachverständigen vertreten. Mit den bösen Geisern sind hier nicht nur die Feinde der Gemeinschaft gemeint, die gelegentlich als «Söhne der Finsternis» bezeichnet und vom «Geist der Finsternis» geleitet werden, sondern alle möglichen dämonischen Mächte, die zu Anfechtungen in der Gemeinschaft führen und von den Gebeten zu Gott als dem Herrn der Geister abgeschreckt werden sollen.

Dazu fügen sich zwei weitere Texte magischen Inhalts. Das «Magische Büchlein» (4Q560) ist ein aramäischer Exorzismus, der männliche und weibliche Dämonen aufzählt und mit Beschwörungsformeln gegen sie aufwartet. Es handelt sich um eine Vorform der

Kapsel aus Leder (Phylakterium) zur Aufbewahrung von vier winzigen Schriftröllchen, die an Gebetsriemen (Tefillin) festgemacht wurde, Fundort unbekannt.

magischen Zauberbücher und Zauberschalen, die man im Judentum des Mittelalters wiederfindet. Am besten erhalten ist die Komposition 11QapocrPs (11Q11), die vier Psalmen Davids enthält, drei parabiblische Dichtungen und eine Version von Psalm 91. Wie aus den erhaltenen Formulierungen hervorgeht, dienten diese Psalmen dem magischen Zweck der Abwehr von bösen Dämonen:

> Von David [... Be]schwörung im Namen JHW[HS. Rufe zu jede]r Zeit zum Him[mel. Wenn] er zu dir kommt in der Na[cht, dann sa]ge du zu ihm: Wer bist du [Abkömmling von] einem Menschen und vom Samen der Hei[lig]en? Dein Angesicht ist [...] und deine Hörner sind Traumhörner. Finsternis bist du und nicht Licht, Unrecht und nicht Gerechtigkeit [...] der Oberste des Heeres JHWHS wird dich [herunterbringen] in die tiefe [Unterwelt und wird schließen] die Kupfer[to]re.

Auch diese magischen Gebete enden mit einem «Amen, Amen».

Eine magische Bedeutung haben schließlich auf gewisse Weise auch die in Qumran gefundenen Phylakterien und Mezuzot. Als Phylakterien bezeichnet man Kapseln für winzige Schriftröllchen oder Zettel mit Bibelversen an den Gebetsriemen (Tefillin), die um Handgelenk und Stirn gebunden werden (4Q128–148 u. a.); ähnliche Behältnisse für Schriftzitate, die an Türpfosten angebracht werden, heißen Mezuzot (4Q149–155 u. a.).

Die bis heute übliche Sitte von Tefillin und Mezuzot folgt einem Gebot der Tora, wonach das Grundbekenntnis «Höre Israel, JHWH ist unser Gott, JHWH ist einer» nicht nur im Herzen getragen und an die Kinder weitergegeben sowie im Sitzen, Gehen, beim Hinlegen und Aufstehen aufgesagt, sondern auch an Handgelenk und Stirn und an jeder Tür angebracht werden soll:

> Und du sollst sie binden zum Zeichen auf deine Hand und sie sollen dir ein Merkzeichen zwischen deinen Augen sein, und du sollst sie schreiben auf die Pfosten deines Hauses und an deine Tore. (Dtn 6,8–9; vgl. 11,20; Ex 13,9.16)

Als Zitate begegnen – wie auch später im rabbinischen Judentum üblich – die Abschnitte Exodus 13,1–16, Deuteronomium 6,4–9 und 11,13–21, aber auch Auszüge aus Deuteronomium 5,1–6,3 (Dekalog), 10,12–11,21 und Deuteronomium 32 (Moselied). Wie schon die im Neuen Testament verwendete griechische Bezeichnung *phylakterion*, «Schutzmittel», besagt (vgl. Mt 23,5), dienten die Kapseln mit den Schriftzitaten an den Gebetsriemen gewissermaßen als Amulette und die Mezuzot als Bewahrungs- und Schutzmittel für das Haus oder die Stadt gegen Gefahren aller Art.

Die Phylakterien und Mezuzot aus Qumran sind (bisher) die ältesten Belege für die bis heute übliche Sitte. In der Forschung wird gerätselt, wie alt sie sei. Es wäre nicht sehr verwunderlich, wenn sie in Kreisen der «Frommen» (Chasidim) wie der Gemeinschaft von Qumran, die dem biblischen Judentum angehörten und ihr Leben nach den Geboten der Tora des Mose führten, überhaupt erst entstanden ist.

X. «Das Geheimnis des Gewordenen» Die Erforschung von Himmel und Erde

1. Der salomonische Diskurs

Verbinden sich die Hymnen und Gebete mit dem Namen David, so Sprüche und Erzählungen der Weisheit mit dem Namen Salomo. Sowohl das biblische Sprüchebuch (Proverbien) als auch Kohelet (Prediger) und sogar das Hohelied sind unter dem Namen Salomos überliefert. In der parabiblischen Überlieferung setzt sich diese Zuschreibung fort. Besonders bekannt ist die Weisheit Salomos (Sapientia Salomonis), die in griechischer Sprache verfasst ist.

Die Verbindung der Weisheitsliteratur mit dem Namen Salomo geht auf Salomos Gebet um Weisheit in 1 Könige 3 zurück. Salomo darf sich etwas von Gott wünschen. Er wünscht sich nicht das, was für einen König typisch ist, nämlich langes Leben, Reichtum und den Tod der Feinde (vgl. Psalm 21), sondern ein «hörendes Herz», das ihn dazu befähigt, sein Volk zu richten und um Gut und Böse zu wissen. Gott ist darüber so erfreut, dass er ihm nicht nur ein «weises und verständiges Herz», sondern alles andere dazu schenkt.

Das «weise und verständige Herz» stellt Salomo gleich anschließend mit dem «salomonischen Urteil» im Fall der zwei Frauen, die sich um ein Kind streiten, unter Beweis: Die Frau, die es lieber der anderen überlassen würde, als es zerteilen zu lassen, erweist sich als die Mutter. In 1 Könige 5 wird Salomo dafür gepriesen, dass er von seiner Weisheit auch literarisch ausgiebig Gebrauch gemacht habe:

> Und Gott gab Salomo sehr große Weisheit und Verstand und einen Geist, so weit, wie der Sand am Ufer des Meeres liegt, und die Weisheit Salomos war größer als die Weisheit aller, die im Osten wohnen, und die Weisheit der Äypter. Und er war weiser als alle Menschen … und er dichtete dreitausend Sprüche und tausendundfünf Lieder. Er dichtete von Bäumen, von

> der Zeder auf dem Libanon bis zum Ysop, der aus der Wand wächst. Auch dichtete er von den Tieren des Landes, von Vögeln, vom Gewürm und von Fischen. Und aus allen Völkern kam man, zu hören die Weisheit Salomos, und von allen Königen auf Erden, die von seiner Weisheit gehört hatten. (1 Kön 5,9–14; vgl. 1 Kön 10,1–13)

Die Weisheit Salomos ist dadurch sprichwörtlich geworden (Mt 6,29// Lk 12,27; Mt 12,42//Lk 11,31). Aus diesem Grund spreche ich hier von einem salomonischen Diskurs, der allerdings Überlieferungen mit einschließt, die nicht auf Salomo, sondern andere Autoritäten wie Hiob, Daniel, Tobit, Henoch zurückgeführt oder, wie im Falle des Buches des Ben Sira, ausnahmsweise unter dem Namen des Autors tradiert wurden.

Mit dem Begriff «Weisheit» werden nicht nur ein Überlieferungsbereich und die dazugehörigen Literaturgattungen bezeichnet, sondern eine geistige Welt, die sich durch eine bestimmte Art der intellektuellen Wahrnehmung und Erschließung der Welt auszeichnet und sich auf vielfältige, mit der Zeit sich wandelnde Weise in der Weisheitsliteratur niedergeschlagen hat.[1] Die Weisheit war seit jeher eng mit dem Königshof verbunden. Sie war die geistige Heimat und Schule der Schreiber. Deren erste und vornehmste Aufgabe bestand in der Verwaltung von Hof, Tempel und sonstigen Bereichen der öffentlichen und privaten Administration. Darüber hinaus wurden in den Schreiberschulen jedoch auch sämtliche Traditionen und Wissensbestände der israelitischen und judäischen Kultur aufgezeichnet, bearbeitet und gelehrt. Darunter befanden sich Überlieferungen, die von Fachleuten, Chronisten, Rechtspflegern, Priestern, Tempelsängern und Mantikern, gepflegt wurden, aber auch andere, spezifisch weisheitliche Überlieferungsbestände wie Erzählungen und Dichtungen über Gott und die Welt, oder richtiger: zunächst die Welt und den Menschen. Denn in der älteren Weisheitsliteratur ist von Gott wenig die Rede, in der jüngeren Weisheitsliteratur dafür umso mehr.

Die Vertreter der älteren Weisheit verstanden sich vor allem auf das Versemachen. In geschliffenen Sprichwörtern und verschiedenen poetischen Gattungen werden die Phänomene und Ordnungen der Natur sowie das menschliche Verhalten und seine Psychologie analysiert und auf den Begriff gebracht. Beispiele dafür finden sich im Grundbestand der älteren Sammlungen des Sprüchebuches, von denen Sprüche 22,17–24,22 eine ägyptische Parallele besitzt. Auch die Naturschilderung in den Gottesreden des Hiobbuchs (Hiob 38–41) steht in dieser Tradition. Die Sprüche handeln nicht von Israel, sondern vom Menschen, erheben Anspruch auf universale Gültigkeit und sind ähnlich auch in anderen Kulturen der alten Welt belegt. Eine Sammlung aramäischer Sprüche, die nicht aus Israel und Juda, sondern aus dem syrisch-mesopotamischen Raum stammt, ist im Achiqar-Buch erhalten, das von den Judäern auf der Nilinsel Elephantine gelesen und später in viele Sprachen übersetzt wurde und sich in der jüdischen, christlichen und islamischen Tradition großer Beliebtheit erfreute.

Lehrerzählungen geben Beispiele für die angewandte Weisheit und die oft verschlungenen, am Ende aber erfolgreichen Lebensläufe von Weisen. In der Hebräischen Bibel wird diese Gattung von der Jotamfabel in Richter 9 und der Josefserzählung Genesis 37–50 repräsentiert. Auch das Achiqar-Buch enthält eine solche Erzählung von dem Aramäer Achiqar am Hof des assyrischen Königs. Daneben gibt es jüngere Erzählungen, wie Daniel 1–6, Hiob 1–2 und 42 oder Tobit, in denen aus dem exemplarischen Weisen der exemplarische Fromme geworden ist und zunehmend auch die Leiden des weisen Frommen an Gott und der Weisheit thematisiert werden. Im Buch Tobit wurde auch der aramäische Achiqar judaisiert und zum Mitglied des Stammes Naftali erklärt.

Im Unterschied zu Überlieferungsbereichen wie den Propheten, den historischen Erzählungen, dem Recht und der Kultlyrik ist die weisheitliche Überlieferung über lange Zeit recht stabil geblieben. Erst verhältnismäßig spät setzt der Vorgang einer zunehmenden Theologisierung und Israelitisierung ein, von dem nicht nur die Lehrerzählungen, sondern auch die Sprüche betroffen sind. Dieser Prozess lässt sich im Vergleich der biblischen Weisheitsschriften untereinander mit Händen greifen. So stellen die Bücher Hiob und Kohelet (Prediger) zweifellos eine jüngere Stufe der Entwicklung dar als das Buch der Sprüche. Doch ist er auch im Buch der Sprüche selbst zu beobachten, und zwar nicht nur im Verhältnis der älteren Sammlungen ab Kapitel 10 zu den jüngeren Lehrreden in den Kapiteln 1–9, sondern auch in der Spruchüberlieferung selbst. Den Ertrag der Theologisierung und Israelitisierung der Weisheit fasst das Buch des (Simon bzw. Jesus) Ben Sira um 200 v. Chr. zusammen, das mit einem dem biblischen Kanon folgenden Lob auf die Väter Israels endet (Sirach 44–49).

Der Wandel von der älteren zur jüngeren Weisheit beginnt mit der theologischen Glossierung der älteren Sprüche und Spruchsammlungen im Buch der Sprüche Salomos (Spr 10,1–22,16; 22,17–24,22 und 24,23–34; 25–29). In diesem «salomonischen Diskurs» lassen sich drei Tendenzen erkennen:

Erstens die Verbindung von Weisheit und Gottesfurcht: Sprüche 24,21 lehrt, dass die Gottesfurcht neben der Furcht vor dem König eine weisheitliche Tugend unter vielen sei. Diese Sicht der alten Weisheit ist der Ausgangspunkt für jüngere Ergänzungen, die neue theologische Maßstäbe setzen: Gottesfurcht und Gottvertrauen werden zur Grundlage älterer weisheitlicher Lebensregeln erklärt; verschiedene weisheitliche Normen werden durch die religiöse Maxime ersetzt; die Furcht Gottes wird so zum Grundprinzip der Weisheit.[2] Die Devise der jüngeren Weisheit lautet: «Die Furcht des Herrn ist der Anfang der Weisheit» (Spr 1,7; 9,10; Ps 111,10; Sir 1,14).

Zweitens der Gegensatz von Gerechten und Gottlosen: Ausgangspunkt sind die vielen Gegensätze in der Natur, im menschlichen Verhalten oder in der Gesellschaft, die in den Sprüchen der alten Weisheit bedacht werden, besonders der Gegensatz von Arm und Reich. Reichtum ist Zeichen des Segens, Armut die Folge von Faulheit. Aus dem sozialen Konflikt wird in den jüngeren Sprüchen ein religiöser Gegensatz, der das Ideal der alten Weisheit theologisch relativiert.[3] Am Ende ist der «Arme» der «Gerechte» (Psalm 37) und der Reiche der «Frevler» (Psalm 49). Doch der religiöse Antagonismus wird auch auf andere Themen bezogen, zum Beispiel auf das weite Feld des rechten Redens und Schweigens; ebenso auf den Zusammenhang von Tun und Ergehen, der als gerechte Vergeltung ausgelegt wird.[4]

Die dritte Tendenz im Prozess der Theologisierung der Weisheit ist die Problematisierung der Erkenntnisfähigkeit des Menschen. In der alten Weisheit wird, bei allem Wissen um Überraschungen (Spr 14,12), die Möglichkeit der Erkenntnis wie selbstverständlich vorausgesetzt (Spr 20,5). In einer Reihe von Sprüchen tut sich jedoch zwischen den Wegen und Planungen Gottes in den gesichteten Phänomenen und der Erkenntnisfähigkeit des Menschen ein immer tiefer werdender Graben auf: Spr 16,9; 19,21; 20,24. Die Sprüche scheinen alle ungefähr dasselbe sagen zu wollen und sind zum Sprichwort geworden: Der Mensch denkt, Gott lenkt. Sieht man jedoch genauer hin, entdeckt man gewisse Variationen, die der Skepsis der späten Weisheit den Weg bereiten. Am Ende steht die Einsicht, dass der Mensch nicht imstande ist, das Handeln Gottes zu begreifen.

Die drei Tendenzen in der theologischen Bearbeitung der Sprüche zeigen Themen an, die in den jüngeren Weisheitsschriften der persischen oder hellenistischen Zeit breit traktiert werden. So gehen die Lehrreden in Sprüche 1–9 von der Gottesfurcht als dem Anfang und Grundprinzip der Weisheit aus (Spr 1,7; 2,1 ff.). Mit der Personalisierung der Weisheit in Sprüche 8 machen sie einen ersten Vorstoß zur Lösung des Vermittlungsproblems zwischen göttlicher Lenkung und menschlicher Erkenntnis (vgl. auch Hi 28, Sir 24). Die Schöpfung und die in ihr sichtbaren Phänomene reichen für die Erkenntnis offenbar nicht mehr aus. Von einer Selbstoffenbarung der Schöpfung kann keine Rede sein. Als Vermittlung der Erkenntnis der Welt setzt sich die Tora durch.

Die Bewährung der Gottesfurcht und die Anfechtung des Gerechten durch die Erfahrung persönlichen Leids bedenken auf verschiedenen theologischen (und literarischen) Ebenen je auf ihre Weise die

Hiobnovelle (Hi 1–2 und 42) sowie die Dialoge des Hiobbuchs. In der Hiobnovelle wird das Ideal der Gottesfurcht von Gott selbst im Pakt mit dem Satan auf eine harte Probe gestellt. In den Dialogen geraten die theologischen Schulmeinungen ins Wanken. Sie werden durch die Erscheinung Gottes und seine Antworten auf Hiobs Anklagen in den Gottesreden (Hi 38–41) relativiert. Sowohl Hiob, der leidende Gerechte, als auch seine Freunde, die Tröster und Vertreter der reinen weisheitlichen Lehre, werden in ihre Schranken gewiesen.

Bei Kohelet schließlich gerät alles in den Sog der Skepsis: die Gottesfurcht, die gerechte Vergeltung und die Fähigkeit zur Erkenntnis. Der Versuch des Predigers, das biblische Gottesbild mit der hellenistischen Popularphilosophie und dem Schicksalsglauben zu vereinen, führt ihn an die Grenzen der jüdischen Frömmigkeit und Theologie. Als Ergebnis seiner geistigen Bemühungen, zu ergründen, was unter der Sonne geschieht, empfiehlt er das carpe diem (Koh 9,7 ff.): Der Mensch soll sein Leben genießen, nicht etwa, weil es Gott nicht gäbe, sondern weil dieser sich der Erkenntnis entzieht.

Gegen diese abgeklärte, nicht unfromme, aber kritische Haltung des Kohelet ist nicht nur in dem Buch selbst Protest laut geworden (Koh 12,9–14). Wie ein Anti-Kohelet liest sich das Buch des Ben Sira, das nur deswegen nicht in den biblischen Kanon gelangt ist, weil es den Namen seines Verfassers nennt und dieser nicht im prophetischen Zeitalter zwischen Mose und Artaxerxes, sondern erkennbar später gelebt und geschrieben hat. Das Buch wurde um 200 v. Chr. in hebräischer Sprache verfasst und gegen Ende des zweiten Jahrhunderts v. Chr. vom Enkel des Verfassers ins Griechische, danach noch in viele andere antike Sprachen übersetzt. In ihm werden die Ideale der alten Weisheit wieder zum Leben erweckt und mit der aus der biblischen Überlieferung gespeisten jüdischen Frömmigkeit untermauert. Weisheit und Tora werden ausdrücklich in eins gesetzt (Sir 24) und sind gemäß Ben Sira sowohl in der Schöpfung als auch in der Hebräischen Bibel, besonders in der Tora des Mose, offenbart. Ein gutes Jahrhundert später, im ersten Jahrhundert v. Chr., geht die griechischsprachige Sapientia Salomonis (Weisheit Salomos) noch einen Schritt weiter und bezieht Traditionen der Stoa und des Mittelplatonismus in den biblisch geprägten salomonischen Diskurs über biblische Weisheit und Tora mit ein. Jüdische Frömmigkeit und hellenistische Popularphilosophie gehen darin eine Symbiose ein. Die Krönung dieser Entwicklung stellt um die Zeitenwende das Werk des jüdisch-hellenistischen Philosophen Philo von Alexandrien dar.

2. Daniel und der henochische Diskurs

Einen anderen Weg geht in etwa gleichzeitig mit den späten Ausläufern des salomonischen Diskurses in den Büchern Ben Sira und Sapientia Salomonis das jüngste Buch des hebräischen Kanons, das Buch Daniel.[5] Es ist aus den älteren, weisheitlichen Lehrerzählungen in Daniel 1–6 hervorgegangen, die beispielhaft demonstrieren, wie sich jüdische Weisheit und standhafte Frömmigkeit in der Diaspora bewähren. Doch im Zuge der kulturellen und religiösen Umwälzungen und der innerjüdischen Verwerfungen in hellenistischer Zeit, besonders während der Regierungszeit von Antiochos IV. in der Mitte des zweiten Jahrhunderts v. Chr., wurde das Konzept von den Überlieferern des Danielbuches aufgegeben. Die nach und nach angefügten Visionen in Daniel 7–12 verlegen die Lösung des Problems der Erkenntnis an das Ende der Zeiten, in denen sich realisieren wird, was in der Schrift verheißen und im Himmel längst beschlossene Sache ist. Statt zu resignieren und sich mit dem carpe diem zu begnügen oder auf gängige Schulmeinungen und die Heilige Schrift zu verweisen, haben die «Einsichtigen» (Maskilim) des Danielbuchs noch einen langen Leidensweg vor sich (Dan 11,33–35) und gelangen erst bei der Auferstehung im allgemeinen Gericht ans Ziel (Dan 12,1–3.10).

Hinter dem Danielbuch steht die Gruppe der «Frommen» (Chasidim), die sich von den jüdisch-hellenistischen Eliten und ihren Schriftgelehrten in Jerusalem vor und nach der makkabäischen Krise abgewandt haben und auf das Eingreifen Gottes warten. Sie sind uns schon mehrfach in der späten biblischen und parabiblischen Literatur begegnet und bilden den Kreis des biblischen Judentums, aus dem auch die Gemeinschaft von Qumran hervorgegangen ist. Es ist daher kein Zufall, dass sich in Qumran Handschriften aller biblischen Weisheitsbücher (Proverbien, Hiob, Kohelet), des Buches Ben Sira und eben auch des Buches Daniel gefunden haben, das sich in Qumran besonderer Beliebtheit erfreute.

Ebenso beliebt wie das Danielbuch, wenn nicht noch beliebter, war eine andere Apokalypse, die wie das Buch Daniel nicht in der Gemeinschaft von Qumran entstanden ist, ihrer Weltanschauung aber sehr nahesteht und in mehreren Handschriften in Qumran überliefert wurde. Wie die Fragmente dieser Handschriften zeigen, war das Werk ursprünglich in Aramäisch verfasst und wurde später in viele Sprachen übersetzt, darunter auch in das Altäthiopische (Geʿez), dessen Fassung als einzige vollständig überliefert ist, da das Buch bis heute zum Kanon der äthiopischen Kirche gehört. Es handelt sich um das Buch oder, richtiger gesagt, die fünf Bücher des Henoch, meist als «äthiopischer Henoch» (äthHen) oder 1 Henoch (1 Hen) bezeichnet.[6] Als Verfasser figuriert der vorsintflutliche Patriarch Henoch, der Siebte nach Adam, der der biblischen Urgeschichte zufolge «mit Gott wandelte» und von Gott in den Himmel aufgenommen wurde (Gen 5,22.24). Er gilt in der jüdischen Überlieferung als der «Gerechte» schlechthin (Sir 44,16; 49,14) und als «erster» Schreiber, der alles Wissen von den Engeln erhielt und aufschrieb (Jub 4,17–19.21–23). Die in 1 Henoch gesammelten fünf Schriften sind über einen längeren Zeitraum in hellenistischer Zeit entstanden und repräsentieren so etwas wie einen henochischen Diskurs, der auch im sogenannten «Buch der Giganten» von Qumran dokumentiert ist und sich in jüngeren, meist mittelalterlichen Henochschriften (slavischer Henoch, hebräischer Henoch u. a.) fortgesetzt hat.

Eine schöne Zusammenfassung von drei der fünf Bücher des 1 Henoch gibt das Jubiläenbuch in Kapitel 4.[7]

> Und er (Henoch) schrieb die Zeichen des Himmels nach der Ordnung ihrer Monate in ein Buch, damit die Menschenkinder die Zeit der Jahre wüssten nach ihren Ordnungen je nach ihren Monaten. Er schrieb als Erster ein Zeugnis auf und bezeugte für die Menschenkinder im Geschlecht auf der Erde. Und die Jahrwoche der Jubiläen sagte er. Und die Tage der Jahre ließ er erkennen. Und die Monate ordnete er. Und die Sabbate der Jahre sagte er, wie wir (die Engel) es ihn wissen ließen. (Jub 4,17–18)

Damit ist vermutlich das astronomische Buch (1 Henoch 72–82) emeint, das sich mit den Gestirnen und der Ordnung der Zeit befasst. Es ist der älteste Bestandteil des 1 Henoch und noch in vormakkabäischer Zeit des dritten oder frühen zweiten Jahrhunderts v. Chr. entstanden. Sodann heißt es in Jubiläen 4:

> Und was war und was sein wird, sah er (Henoch) in einem Gesicht seines Traumes, wie es sein wird unter den Menschenkindern in ihren Generationen bis zum Tage des Gerichts. Alles sah und erkannte er, und er schrieb das Zeugnis und legte es nieder auf der Erde für alle Menschenkinder und ihre Nachkommen. (Jub 4,19)

Damit dürfte das Buch der Traumvisionen (1 Henoch 83–91) gemeint sein, das von der Sintflut als dem Urbild des Endgerichts handelt und in der sogenannten Tiervision eine ausführliche Rekapitulation der biblischen Geschichte Israels bietet, welche der vorsintflutliche Henoch bis zu ihrem Ende in der Mitte des zweiten Jahrhunderts v. Chr. voraussagt.

Während diese beiden Bücher geschrieben worden sein sollen, als Henoch noch auf Erden weilte, wird das nächste Buch in den Himmel bzw. in den Garten Eden verlegt:

> Und Henoch war bei den Engeln Gottes sechs Jubiläen. Und sie zeigten ihm alles, was auf der Erde und was im Himmel ist, die Herrschaft der Sonne. Und er schrieb alles auf. Und er bezeugte den Wächtern, welche sündigten mit den Töchtern der Menschen. Denn jene fingen an, sich zu vereinigen, so

> dass sie sich verunreinigten mit den Töchtern der Menschen. Und es bezeugte Henoch in Betreff ihrer aller. Und er wurde aus der Mitte der Menschenkinder genommen. Und wir (die Engel) führten ihn in den Garten Eden zu Größe und Ehre. Und siehe, er schreibt dort das Gericht und das Urteil der Welt und alle Bosheit der Menschenkinder. (Jub 4,21–23)

Dies ist eine Anspielung auf Genesis 6,1–4 und die folgende Flutgeschichte in Genesis 6–8, die den Ansatzpunkt für das Buch der Wächter (1 Henoch 1–36) darstellt. Auch hier ist die Flut das Urbild des endzeitlichen Gerichts. In zwei Reisen wird Henoch von den Engeln durch die Räume des Himmels, der Erde und der Unterwelt geführt und in die kosmologischen Geheimnisse eingeweiht.

Nicht eigens erwähnt werden im Jubiläenbuch die sogenannten Bilderreden (1 Henoch 37–71), von denen sich als einzigem Buch des 1 Henoch in Qumran kein Fragment gefunden hat und die später entstanden sein dürften. Sie schildern in mehreren Anläufen das Endgericht und das Schicksal von Gerechten und Frevlern. Ebenfalls nicht erwähnt ist das fünfte Buch des 1 Henoch, Henochs Epistel (1 Henoch 92–108), die zwar auch ein Nachtrag zu den drei in Jubiläen 4 erwähnten Büchern sein dürfte, von der sich allerdings auch Fragmente in Qumran gefunden haben. Es handelt sich um eine weisheitliche Mahnrede Henochs an seine Zeitgenossen vor der Flut, die erneut einen Überblick über die biblische Geschichte von den Anfängen der Menschheit (Adam) bis zum Ende der Welt in des Verfassers realer Gegenwart der hellenistischen Zeit gibt, diesmal im Schema von zehn Epochen (Zehnwochenapokalypse).

Der henochische Diskurs handelt so ziemlich von allem, was die Welt bewegt, und ordnet alles in eine eschatologische Gesamtschau ein. Als Offenbarung an den vorsintflutlichen Henoch bietet der henochische Diskurs eine Vorausschau auf das, was war, was ist und was sein wird, vom Anfang bis zum Ende der Welt. Kosmologie und Eschatologie sind darin eins. Das Besondere der fünf Bücher des Henoch ist die eigentümliche Mischung von Weisheit und Apokalyptik. Alles weisheitliche Wissen um die kosmischen und anthropologischen Gegebenheiten der irdischen und der himmlischen Welt ist eingebettet in eine Sicht, die von dem Kampf zwischen guten und bösen Mächten (Engeln und Menschen) bestimmt ist und an einen verborgenen Plan Gottes glaubt, die Guten zu belohnen und die Bösen zu bestrafen.

Das in der Weisheitsliteratur diskutierte Erkenntnisproblem wird so gelöst, dass der vorsintflutliche Henoch, dem Einblick in die Geheimnisse von Himmel und Erde gewährt wird, den Seinen die Schriften hinterlassen hat, die über den Plan Gottes mit der Welt und den Menschen Auskunft geben. Henoch wird damit zu einem Offenbarungs- und Heilsmittler, der den Seinen den rechten Weg weist. Wer ihn und seine Schriften kennt, der kennt auch Gott und Gottes Plan mit der Welt vom Anfang bis zum Ende. Einer, der die Schriften des Henoch gut gekannt haben soll, war nach dem Genesis-Apokryphon (1QGenAp) der Erzvater Abraham, der daraus den ägyptischen Beamten vorlas und damit großen Eindruck machte, bevor die Sache mit seiner Frau passierte, die er in Ägypten als seine Schwester ausgab (siehe Kapitel VII.2).

Die fünf Bücher des Henoch erinnern ebenso wie die fünf «Bücher» oder Abteilungen des Psalters an die fünf Bücher des Mose, den Pentateuch oder die Tora. Da die Tora in der Henochliteratur keine herausragende Rolle zu spielen scheint, hat man in der Forschung einen Gegensatz zwischen einem mosaischen und einem henochischen Judentum postuliert.[8] Während der mosaische Diskurs im Gehorsam gegenüber dem Gesetz des Mose das Wesen des Judentums erkenne, ziele der henochische Diskurs auf ein Judentum, das allein auf die Offenbarung Gottes und seines Plans baue, die direkt oder durch Zwischeninstanzen wie Daniel und Henoch, den Lehrer der Gerechtigkeit oder auch Jesus vermittelt wird.

Wie jedoch gerade das Beispiel des Lehrers der Gerechtigkeit und der Gemeinschaft von Qumran zeigt, handelt es sich bei dem Unterschied zwischen mosaischem und henochischem Diskurs nicht um einen Gegensatz. Das eine schließt das andere nicht aus. Sowohl der mosaische als auch der henochische Diskurs sind Bestandteile eines

Israel-Diskurses, also der Frage, wer Israel ist und worin dessen Identität besteht. Der mosaische Diskurs rekurriert dafür auf die zentrale heilsgeschichtliche Offenbarung an Israel, die Tora als der grundlegenden Urkunde des biblischen Judentums. Der henochische Diskurs beantwortet die Frage hingegen in einem zeitlich und räumlich universalen Horizont. Er führt in aller Breite die universale Perspektive der Geschichte Israels aus, die in der Urgeschichte des Pentateuchs (Genesis 1–11), also in der Tora selbst, angelegt ist, und verbindet sie mit der eschatologischen Perspektive der biblischen Prophetie. Beides wird mit den kosmologischen und anthropologischen Wissensbeständen der Weisheit unterfüttert, die von Hause aus universell und nicht national auf Israel und die biblische Geschichte ausgerichtet ist, sich in der Spätzeit aber auch dieses Themas angenommen hat (Sprüche 1–8, Psalmen, Ben Sira).

Israel und das Gesetz, die in Daniel 9 sowie den historischen Apokalypsen des 1 Henoch vorkommen, sind und bleiben auch im henochischen Diskurs der zentrale Fokus und stehen auch bei der grundlegenden Unterscheidung von Gerechten und Sündern stets im Hintergrund. Es ist daher kein Zufall, dass neben dem mosaischen und dem prophetischen Israel-Diskurs auch die Schriften von Daniel und Henoch in hohen Ehren gehalten wurden und in Schriften der Gemeinschaft von Qumran selbst großen Widerhall fanden.

3. Die theologische Erklärung der Welt

Die biblische Weisheit wurde in Qumran nicht nur in Handschriften der biblischen und parabiblischen Weisheitsbücher gepflegt, sondern auch in neuen, eigenen Werken weiterentwickelt, die entweder aus der Gemeinschaft von Qumran selbst oder aus verwandten Gruppen stammen. Die Rolle der Weisheit für die Gemeinschaft von Qumran kann nicht unterschätzt werden. Viele Schriften von Qumran sind von weisheitlicher Terminologie durchsetzt, und die

Anzahl der Weisheitsschriften selbst ist erheblich, auch wenn die meisten Werke nur sehr fragmentarisch erhalten geblieben sind. Kennzeichnend für Qumran ist die Verbindung der klassischen Themen der Weisheit – Ordnung der Welt, Lebensführung, Erkenntnisfähigkeit des Menschen – mit der Auslegung des Gesetzes und der Eschatologie. Die Identifizierung von Weisheit (Kosmologie und Ethik) und Gesetz ist bereits im Buch des Ben Sira (Sirach 24) vollzogen. Die Verbindung von beidem mit der Eschatologie, also dem Plan Gottes mit der Welt vom Anfang bis zum Ende, findet sich, wie wir sahen, in den fünf Büchern des Henoch. In den Weisheitsschriften von Qumran ist dieser Zusammenhang vorausgesetzt und in konkrete Lehre für die Mitglieder der Gemeinschaft umgesetzt worden.

Die Einheit von Weisheit und Tora kommt in zwei sehr ähnlichen Werken zum Ausdruck: den sogenannten «Seligpreisungen» (4Q525 oder 4QBeatitudes) und dem «Weisheitswerk» (4Q185 oder 4QSapiential Work). Beide Schriften erinnern mit ihrer Reihe von Segnungen und Seligpreisungen der Form nach an die neutestamentliche Bergpredigt, der Sache nach an Psalm 1:

> Wohl dem Menschen, der Weisheit erlangt hat
> und wandelt in der Tora des Höchsten,
> sein Herz nach ihren Wegen ausrichtet,
> sich beherrscht nach ihren Belehrungen,
> an ihren Plagen stets Wohlgefallen hat,
> sie nicht aufgibt in den Qualen seiner Prüfung,
> in der Zeit der Not sie nicht verlässt,
> sie nicht vergisst [am Tag] des Schreckens
> und in der Demut seiner Seele sie nicht verwirft,
> sondern jederzeit über sie nachsinnt
> und in seiner Not über sie meditiert. (4Q525 2 ii + 3,3–6)

Die Weisheit bedarf hier keiner gesonderten Offenbarung, denn sie ist in der Tora enthalten, so dass jeder weiß, was er zu tun und zu lassen hat, um zu den Guten oder den Bösen, den Gerehten oder den Frevlern zu gehören. Die Unterscheidung zwischen den beiden

Gruppen impliziert auch eine eschatologische Perspektive, die vor allem in den Fragmenten des «Weisheitswerks» (4Q185) zutage tritt. Hier wird die Identität von Weisheit und Tora indirekt zum Ausdruck gebracht, zum einen durch den Verweis auf die heilsgeschichtlichen Taten und die «Worte JHWHs», die zum Einhalten der weisheitlichen Maximen motivieren, zum anderen durch eine ominöse weibliche Bezugsgröße, die «gegeben ist» und an der man «festhalten soll». Hinter dieser weiblichen Figur dürfte sich entweder die Weisheit (4Q185 1–2 ii,11) oder die Tora verbergen.

Etwas grundsätzlicher wird der Gegensatz zwischen Gut und Böse in dem Werk über die «Verlockungen der bösen Frau» (4Q184) reflektiert. Dieser Text nimmt den bildlichen Gegensatz zwischen «Frau Weisheit» und «Frau Torheit» in Sprüche 9 auf und denkt ausführlich über Letztere nach. Auch hier ist die Weisheit identisch mit dem Gesetz. Eigene innere Zweifel und feindliche Kräfte werden im Bild der verführerischen Frau dargestellt, deren Absicht es ist, den Gerechten vom Pfad des Gesetzes abzubringen und damit zum Abfall von Gott zu bewegen.

> Ihre Augen forschen hierhin und dorthin,
> und lüstern schlägt sie ihre Wimpern auf,
> um einen gerechten Mann auszuersehen, damit sie ihn fasse,
> einen starken Mann, damit sie ihn zu Fall bringe,
> um Redliche vom Weg abzubringen
> und gerechte Erwählte vom Einhalten der Gebote,
> um im [Herzen] Gefestigte zur Lüsternheit zu verführen,
> um in Redlichkeit Wandelnde zum Rechtsbruch zu bewegen,
> um Gebeugte abtrünnig zu machen von Gott
> und ihre Schritte von den Wegen des Rechts abzulenken,
> um A[nmaß]ung in ihr [Herz] zu bringen,
> damit sie nicht auf redlichen Pfaden wandeln,
> um den Menschen auf die Wege des Abgrunds zu verleiten
> und Männer mit glatten Dingen zu verführen. (4Q184 1,13–17)

Einen Schritt weiter gehen Werke, die das rechte Verhalten und das Schicksal im eschatologischen Gericht in kosmologischer Perspektive betrachten. Sie berühren sich mit den Apokalypsen im Buch Daniel und in den Henochbüchern und schließen an den henochischen Diskurs an. Dabei greifen sie auf kosmologische, anthropologische und epistemologische Konzepte über den Ursprung und das Wirken von guten und bösen «Geistern» in der Welt vom Anfang bis zu ihrem Ende zurück, die sich in späten Texten wie der Zwei-Geister-Lehre und dem Schlusshymnus der Gemeinschaftsregel (1QS III–IV und X–XI), in den Lobliedern und in der Kriegsregel finden.[9]

Eines dieser Werke ist die «Lehre für den Verständigen», *Musar Le-Mevin* (1/4QInstruction), die in acht fragmentarischen Handschriften erhalten ist (1Q26, 4Q415–418a, 4Q418c, 4Q423; siehe Tafel 16). Das Werk ist eine merkwürdige Mischung von traditioneller, weltlicher Weisheitslehre, wie sie im biblischen Sprüchebuch und im Buch des Ben Sira begegnet, und apokalyptischer Erkenntnislehre. Die Einleitung legt die kosmologischen, anthropologischen und epistemologischen Grundlagen dar. Sie handelt, darin dem 1 Henoch nicht unähnlich, von der Schöpfungsordnung, besonders den Himmelskörpern zur Berechnung der Zeit, die auf das Gericht am Ende der Zeiten zuläuft, in dem die Bösen bestraft werden. Alles ist von Gott festgelegt und geplant in einer Welt, in der der Mensch, der «fleischliche Geist», von sich aus nicht zwischen Gut und Böse unterscheiden kann. Daher ist er zu «frevelhaftem Dienst» fähig und bekommt erst durch eine besondere Belehrung und anschließend im eschatologischen Gericht Anteil an dem «Volk des Geistes» und den «Söhnen des Himmels», also den Engeln, sofern er die Belehrung angenommen hat. Damit ist die weltliche Ethik der Weisheit in den apokalyptischen Rahmen eingeordnet und bekommt eine besondere Stellung, ähnlich wie die Ethik Jesu im Neuen Testament.

Der zentrale Begriff der Belehrung in diesem Werk wie auch in dem verwandten «Buch der Geheimnisse» (1Q27, 4Q299–301) ist *raz nihjæh,* «das Geheimnis des Gewordenen» oder auch «das Geheimnis dessen, was geschieht». In starkem Kontrast zu der Weisheit des Ben Sira, der ausdrücklich davon abrät, die verborgenen Dinge zu erforschen (Sir 3,21–22) und dies allenfalls dem torakundigen Schriftgelehrten zugesteht (Sir 38,34–39,11), wird der «Verständige» in den beiden Weisheitsschriften von Qumran ausdrücklich dazu aufgerufen, die «Geheimnisse des Gewordenen» zu erforschen:

> Das Geheimnis des Gewordenen erforsche und betrachte alle Wege von Wahrheit, und auf alle Wurzeln von Übel blicke hin, dann wirst du erkennen, was bitter für einen Menschen ist und was süß für einen Mann. (4Q416 2 iii,14–15)

In der Forschung ist umstritten, was genau mit dem eigentümlichen Begriff «Geheimnis des Gewordenen» gemeint ist. Die Verben, die sich mit diesem Begriff verbinden – nachsinnen über das Geheimnis, es suchen oder erforschen, genau hinsehen, prüfen und erfassen oder aufnehmen, wenn das Ohr geöffnet oder es dem Ohr offenbart wird –, sind allesamt Begriffe, die zum Wortschatz der Weisheit gehören, aber auch in der Prophetie verwendet werden und in der Spätzeit vor allem auf das Studium der Tora angewendet werden. Es ist die Betätigung des Weisheitslehrers und torakundigen Schriftgelehrten. Sie wird hier auf etwas bezogen, das auch in Tora, Propheten und Weisheit zu finden ist, aber darüber hinausgeht. Anstelle von «der sinnt über sein Gesetz Tag und Nacht» wie in Psalm 1 heißt es darum hier:

> [... tags und nachts studiere das Geheimnis des Ge]wordenen und forsche stets, und dann wirst du erkennen Wahrheit und Unrecht, Weisheit [...] verstehen das Wer[k...] auf allen ihren Wegen mit ihrer Heimsuchung für alle Zeiten der Ewigkeit und Heimsuchung immerdar. Und dann wirst du den Unterschied zwischen [Gu]t und B[öse erkennen gemäß ihren] Taten, denn der Gott der Erkenntnis ist der Grund der Wahrheit und im Geheimnis des Gewordenen hat er ihr Fundament ausgebreitet ... (4Q417 1 [Maier: 2] i,6–9)

Das «Geheimnis des Gewordenen» umfasst demnach die in der Schöpfung der Welt angelegten kosmologischen und anthropologischen Grundlagen der irdischen und der himmlischen Welt, die die Geschehnisse in Vergangenheit, Gegenwart und Zukunft determinieren und auch das menschliche Verhalten, also die ethische Ordnung, mit einschließen. Was es damit auf sich hat, kann man in der Zwei-Geister-Lehre der Gemeinschaftsregel (1QS III–IV) nachlesen, die vom Ursprung der Menschen und ihrer göttlichen, von den Engeln im Himmel gelenkten Bestimmung handelt:

> Vom Gott der Erkenntnis kommt alles Sein und Geschehen. Ehe sie sind, hat er ihren ganzen Plan festgesetzt. Und wenn sie da sind zu ihrer Bestimmung, so erfüllen sie nach seinem herrlichen Plan ihr Werk, und keine Änderung gibt es. In seiner Hand liegen die Satzungen für alles, und er sorgt für sie in allen ihren Geschäften.
> Und er erschuf den Menschen zur Herrschaft über den Erdkreis und bestimmte ihm zwei Geister, darin zu wandeln bis zur vorbestimmten Zeit seiner Heimsuchung. Das sind die Geister der Wahrheit und des Frevels. An der Quelle des Lichts ist der Ursprung der Wahrheit, aber aus der Quelle der Finsternis kommt der Ursprung des Frevels. In der Hand des Fürsten des Lichts liegt die Herrschaft über alle Söhne der Gerechtigkeit, auf den Wegen des Lichts wandeln sie. Aber in der Hand des Engels der Finsternis liegt alle Herrschaft über die Söhne des Frevels, und auf den Wegen der Finsternis wandeln sie. (1QS III,15–21)

Wahrheit und Frevel, Licht und Finsternis sind «Geister», die dem Menschen von Gott eingepflanzt sind, in seinem Herzen miteinander kämpfen und gleichzeitig von Engeln im Himmel repräsentiert werden, die den Menschen in die eine oder andere Richtung leiten – «entsprechend den Geheimnissen Gottes» und «bis zur vorbestimmten Zeit der Heimsuchung». Es versteht sich von selbst, auf welcher Seite die Gemeinschaft von Qumran steht, die sich damit eine kosmologische und anthropologische Legitimation verleiht und für sich in Anspruch nimmt, in das «Geheimnis des Gewordenen» eingeweiht worden zu sein bzw. von Gott eingeweiht zu werden. Mit der Einschreibung der Zwei-Geister-Lehre in die Gemeinschaftsregel erhalten diese und andere Statuten eine universale, kosmologisch fundierte Bedeutung.

Dasselbe gilt von den traditionellen weisheitlichen Verhaltensregeln und den Geboten der Tora. Auch sie rücken durch ihre Begründung im «Geheimnis des Gewordenen» in ein neues Licht:

Ein Armer bist du – begehre nichts außer deinem Erbteil und lass dich nicht verschlingen davon, dass du nicht verrückst deine Grenze. Und wenn er (Gott) dich wieder zu (deinen?) Ehren bringt, wandle (darin?) und im Geheimnis des Gewordenen erforsche seine Ursprünge, und dann erkennst du sein Erbteil und handelst in Gerechtigkeit. (4Q416 2 iii, 8–10)

Ehre deinen Vater in deiner Bedürftigkeit und deine Mutter bei deinen Schritten, denn was Gott für einen Menschen, so ist sein Vater, und wie Herren für einen Mann, so ist seine Mutter, denn sie sind der Schmelztiegel deiner Zeugung, und da er (Gott) sie zu herrschen gesetzt über dich und bildete über/gegen den Geist (?), so diene ihnen, und wie er (Gott) dein Ohr geöffnet für das Geheimnis des Gewordenen, ehre sie um deiner Ehre willen. (4Q416 2 iii,15–18)

Die Weisheitsschriften von Qumran konstruieren so ein neues, überaus exquisites Selbstverständnis der Mitglieder der Gemeinschaft von Qumran als intellektuelle und religiöse Elite. Wer in das «Geheimnis des Gewordenen» Einblick hat oder erhalten möchte, der hält die Tora und befolgt die Regeln der Weisheit im Bewusstsein, dass er damit in Einklang mit der kosmologischen Schöpfungsordnung steht, mit den heiligen Engeln im Himmel vereint ist und im Gericht am Ende der Welt gerettet wird. Vermutlich haben wir es bei diesem weisheitlich-apokalyptischen Selbstverständnis – ebenso wie in den verwandten Texten (Zwei-Geister-Lehre und Hymnus in 1QS, Gemeinderegel, Kriegsregel, «Lehrerlieder» in den *Hodajot*) – mit einer Spätphase der Gemeinschaft von Qumran zu tun. Der Abstand zu den frühen Phasen wie auch zu anderen Gruppierungen im Judentum, insbesondere zu den intellektuellen und religiösen Eliten des hasmonäischen Königtums am Jerusalemer Tempel oder zur jüdischen Diaspora in Ägypten, könnte nicht größer sein.

4. Die wissenschaftliche Erklärung der Welt

Angesichts der theologischen Höhenflüge der Weisheitsschriften von Qumran erscheinen die im Folgenden zu besprechenden Textzeugnisse vielleicht als ein gewisser Absturz in die Niederungen der irdischen Phänomene und ihrer Erforschung, ein Feld, das wir heute als Wissenschaft bezeichnen würden. Doch in der Antike lässt sich zwischen Wissenschaft und Religion nicht wirklich unterscheiden, und so dient auch die wissenschaftliche Erforschung der Welt in vielen Fällen den höheren Zwecken der religiösen Praxis und der theologischen Erklärung der Welt.

Einige Zeugnisse der antiken Wissenschaft in Qumran haben wir bereits in anderem Zusammenhang kennengelernt. Das beginnt mit den Übungstexten, die von der elementaren Ausbildung der Schreiber oder dem Testen der Schreibgeräte zeugen (Kapitel III.2). Des Weiteren gehören dazu religiöse Gebrauchstexte wie Kalenderberechnungen und Exorzismen (Kapitel IX.5) sowie Naturbeschreibungen insbesondere von astronomischen und geographischen Phänomenen, wie man sie in weisheitlichen und apokalyptischen Schriften antrifft (Kapitel X.1–2). Alle diese Beispiele zeigen, dass die Erforschung der Welt und ihrer Phänomene dazu dienen sollte, in die göttliche Ordnung der Welt vorzudringen und die religiöse Praxis ihr entsprechend zu gestalten.

Diesem Zweck dienten auch andere Zweige der Wissenschaft wie die Astrologie, die Zodiologie, die die Tage eines Monats Tierkreiszeichen zuordnet, die Brontologie, die bestimmten Konstellationen von Donner und Tierkreisen divinatorische Bedeutung zumisst, und die Physiognomie, die vom Aussehen einer Person auf deren Eigenschaften und ihr Schicksal schließt. Einige wenige Beispiele dieser Omen- oder Vorzeichenwissenschaften, wie sie aus der mesopotamischen und griechischen Kultur bekannt sind, wurden in den Höhlen von Qumran gefunden, die meisten in aramäischer Sprache oder in kryptischer Schrift.[10]

So listen die drei erhaltenen Kolumnen der aramäischen Handschrift 4Q318 zunächst den Lauf des Mondes (Selenodromion) auf und ordnen ihn den Tierkreiszeichen (Zodiakus) im Jahreszyklus zu: «und am 13. und 1[4. (des Monats Tebet)] Krebs. Am 1[5.] und 16. L[öwe]. Am 17. [und] 18. Jungfrau. Am 19. und am 20. und am 21. Waage» usw. Anschließend wendet sich der Text dem Donner zu (Brontologie), der je nach Position der Gestirne im Tierkreis etwas Böses verheißt: «[Wenn es im Stier] donnert [...] Mühsal für die Provinz und Ver[wüstung ...]/Schw[ert ...] des Königs und in der Provinz ... Hunger. Und sie werden einander plündern. *(vacat)* Wenn es in den Zwillingen donnert: Furcht und Unglück von den Fremden [...]» Der astrologische Text weist große Nähen zu der Berechnung der Mondphasen in dem Kalendertext 4Q317 sowie den Rechentafeln des – ehemals selbständigen – astronomischen Buches im 1 Henoch (1 Henoch 72–82) auf, von dem ebenfalls frühe aramäische Textvertreter erhalten sind (4Q208–211). In den Resten der aramäischen Handschrift 4Q561 findet sich die physiognomische Beschreibung einer Person von Kopf bis Fuß: «Sein[e] Augen zwischen hell und dunkel. Seine Nase lang [und] schön. Seine Zähne sind gleichmäßig und sein Bart wird dünn sein, aber nicht sehr, seine Gliedmaßen glatt [...]» Der Text ist überaus fragmentarisch, und leider fehlt die Interpretation der körperlichen Merkmale, so dass wir nicht genau sagen können, wozu die Beschreibung diente.

Das ist anders in dem eigentümlichen Text 4Q186. Er ist zwar auf Hebräisch geschrieben, aber – anders als im Hebräischen und Aramäischen üblich – nicht von rechts nach links, sondern von links nach rechts und teilweise mit althebräischen und sogar griechischen Buchstaben durchsetzt. Bei diesem Text handelt es sich um eine Mischung von physiognomischer und astrologischer Beschreibung, aus der ein Horoskop für die betreffende Person abgeleitet wird:

> [...] und seine Schenkel lang und dünn und die Zehen seiner Füße dünn und lang. Und er ist von der zweiten Station. Er besitzt an Geist sechs (Anteile) im Haus des Lichts und drei (Anteile) im Brunnen der Finsternis. Und dies ist das Geburtszeichen, in dem er geboren wurde, in der Phase des Stieres. Er wird arm/demütig sein. Und dies ist sein Tier(kreiszeichen): Stier. (4Q186 1 ii)

Ähnlich wie bei den magischen Texten und Exorzismen stellt sich die Frage, wie sich die Omenwissenschaft, die nicht spezifisch jüdisch oder biblisch ist, zu den theologischen Vorstellungen und Überzeugungen des biblischen Judentums im Allgemeinen und der Gemeinschaft von Qumran im Besonderen verhält. In dem Horoskop (4Q186) darf man vielleicht eine Verbindung zu der qumranischen Zwei-Geister-Lehre (1QS III–IV) sehen, wonach Gott die beiden Geister des Lichts und der Finsternis, der Wahrheit und des Frevels geschaffen und in das Innere des Menschen eingepflanzt hat. Der Text könnte somit bei dem Aufnahmeverfahren und der jährlichen Prüfung, wes Geistes Kind die Mitglieder der Gemeinschaft waren, Verwendung gefunden haben. Allerdings können die in dem Horoskop bezifferten Anteile an Licht und Finsternis – wie in der griechischen Astrologie üblich – auch astrologische Phänomene wie die Höhe des Tierkreiszeichens im Verhältnis zum östlichen Horizont bezeichnen. Damit bestünde kein direkter Zusammenhang mit der Ideologie der Gemeinschaft von Qumran.

Der Zusammenhang ist jedoch ohnehin viel komplexer. Die Omenwissenschaft war in der gesamten orientalischen und klassischen Antike weit verbreitet und gehörte seit jeher zum Wissensbestand der antiken Gelehrten und Experten. Es ist eine Art der Divination, die neben anderen Expertisen und (prophetischen, priesterlichen und weisheitlichen) Wissensbereichen seit alters in der israelitisch-judäischen Kultur wie in jeder anderen orientalischen Kultur der Antike beheimatet war. Erst die biblische Tradition hat diese Art der Divination zugunsten der prophetischen Inspiration und anderer Wege der direkten göttlichen Offenbarung, besonders in der mosaischen Tora, mehr und mehr verdrängt und als heidnische Kunst gebrandmarkt.

Doch dürfte die Omenwissenschaft ebenso wie andere Wissensbereiche der Himmels- und Naturkunde und damit verbundene religiöse Praktiken auch im Judentum stets weiter existiert haben und in den Kreisen der professionellen Schreiber und Weisen, die nicht dem biblischen Judentum angehörten, gepflegt worden sein. In der späten Weisheit (Hiob, Kohelet, Ben Sira), den apokalyptischen Büchern

(Daniel, Henoch, Jubiläen) und schließlich in der Gemeinschaft von Qumran sehen wir, wie diese allgemein verbreiteten Wissensbereiche und Expertisen, darunter auch die Omenwissenschaften Astrologie, Zodiologie, Brontologie und Physiognomie, vom biblischen Judentum (wieder) aufgenommen und in seine Anschauungen von Gott und der Welt integriert worden sind. So werden auch sie zu einem Mittel, um in die höhere Ordnung der Schöpfung und den Plan des Schöpfers einzudringen und das «Geheimnis des Gewordenen» zu erforschen.

XI. «Wir haben uns abgesondert»
Qumran im antiken Judentum

1. Qumran und das biblische Judentum

Im paränetischen Schlussteil des Lehrschreibens «Von den Werken der Tora» spricht der anonyme Verfasser für seine Gruppe, die Gemeinschaft von Qumran, und schreibt an den uns unbekannten Adressaten und Anführer seines Volkes: «Wir haben uns abgesondert» (4QMMT vii, 19 [C7]). In der Fortsetzung ist davon die Rede, von wem sich die Gruppe abgesondert hat. Die erhaltenen Buchstaben bieten den Wortlaut «von der Menge des V[», danach bricht das Fragment ab. In der Regel wird das letzte Wort zu «des V[olkes]» ergänzt. Demzufolge hat sich die Gemeinschaft von Qumran selbst von der Mehrheit des eigenen Volkes abgewendet.

Ein neuer, höchst bedenkenswerter Vorschlag zur Textrekonstruktion des Sprachwissenschaftlers Elitzur Bar-Asher Siegal bezweifelt jedoch diese Lesung und ergänzt in dem letzten Wort statt des Singulars «des Volkes» *(ha-ʿa[m])* den Plural «der Völker» *(ha-ʿa[mmim])*. Auch am Anfang der Zeile des beschädigten Fragments lautet die Rekonstruktion etwas anders: Statt des Aktivs «Wir haben uns abgesondert» *(paraschnu)* konjiziert Bar-Asher Siegal in der Lücke vor dem ersten Wort die Vorsilbe einer passiven Verbform *([hu-]praschnu)* und liest dementsprechend: «Wir [wurden] abgesondert von der Menge der V[ölker].»[1] Demzufolge hat sich die Gemeinschaft nicht von dem eigenen Volk abgewendet, sondern ist (gemäß Deuteronomium 7 und Esra 9–10) von dem Gesetz des Mose dazu verpflichtet, sich von den anderen, nichtjüdischen Völkern, den «Heiden», abzusondern und nicht mit ihnen zu vermischen.

Das unscheinbare Detail der Textrekonstruktion ist von fundamentaler Bedeutung im Blick auf das Selbstverständnis der Gemeinschaft von Qumran und ihre Stellung im Rahmen des antiken Judentums. Es wirft die Frage auf, welchen historischen Ort die Gemeinschaft von Qumran im antiken Judentum und frühen Christentum einnimmt. Ist es eine religiöse Sekte, eine Sondergruppe und Minderheit im Judentum, oder repräsentiert die Gemeinschaft mit ihrer von der Tora auferlegten Absonderung von den Völkern die Mehrheit des Judentums, von dem sich wiederum das frühe Christentum mit seiner vom Apostel Paulus propagierten Öffnung zu allen Völkern signifikant abgesondert hat?

Der Durchgang durch die Texte vom Toten Meer hat ein differenzierteres Bild ergeben. Als Erstes wird man davon Abstand nehmen müssen, die Gemeinschaft von Qumran, wie sie sich in den Textzeugnissen präsentiert, als eine Einheit und gewissermaßen ein geschlossenes System zu begreifen. Vielmehr scheint sie, wie angesichts der langen Zeit auch nicht anders zu erwarten, im Laufe des dritten bis ersten Jahrhunderts v. Chr. und darüber hinaus bis ins erste Jahrhundert n. Chr. eine historische und intellektuelle Entwicklung durchlaufen zu haben. Die Entwicklung ist sowohl in den unterschiedlichen Textfassungen mancher ihrer Schriften als auch in den Unterschieden zwischen den einzelnen Werken und nicht zuletzt in dem literarischen Wachstum der Schriften zu greifen, das markante Unterschiede und Wandlungen im theologischen Diskurs erkennen lässt.

Die Unterschiede kann man sich an den Themen klarmachen, die üblicherweise als kennzeichnend für «Qumran» angeführt werden: die Gemeinschaft (Jachad), der «neue Bund (von Damaskus)», der «Lehrer der Gerechtigkeit», die Engel- oder Geisterlehre, der Dualismus, die Prädestination, die Eschatologie oder die kultische und weisheitliche Esoterik. All diese Themen kommen zwar vor, beherrschen aber bei weitem nicht alle Schriften, und wo sie vorkommen, nicht alle in gleicher Weise. Um nur ein paar wenige Beispiele zu nennen: Weder die Selbstbezeichnung als «Jachad» noch der «Lehrer der Gerechtigkeit» begegnen in allen Schriften der Gemeinschaft von Qumran. Auch die Vorstellung von einem Kampf zwischen den «Söhnen des Lichts» und den «Söhnen der Finsternis» beherrscht keineswegs das gesamte Denken und Schrifttum der Gemeinschaft, sondern kommt nur an wenigen Stellen vor, und wo das Thema vorkommt, ist es meist nachträglich hinzugefügt: in den späten, sukzessiv nachgetragenen Partien der sogenannten Bundesfestliturgie und der Zwei-Geister-Lehre in der Gemeinschaftsregel (1QS I–IV); in der ebenfalls nachträglich zugefügten bzw. überarbeiteten Einleitung der Kriegsregel (1QM I) und dem Abschnitt über Belial (1QM XIII); sowie in dem nur in den Fragmenten aus Höhle 4 belegten, möglicherweise über der Zeile nachgebesserten oder insgesamt später hinzugefügten Prolog zur Damaskusschrift (4Q266).[2] Alle diese und weitere Beispiele belegen die historische und sachliche Komplexität und Vielfalt des Phänomens «Qumran».

Was wir in den Texten und ihrem literarischen Wachstum beobachten können, ist das Entstehen einer Gruppe, die aus der im späten vierten und vor allem im dritten Jahrhundert v. Chr. aufgekommenen Bewegung der «Frommen» (Chasidim) hervorgegangen ist. Aus dieser Bewegung, die sich auch «die Gerechten», «die Erwählten», «die Armen» usw. nennt und gegen andere, «die Frevler», abgrenzt, sind im Laufe des zweiten Jahrhunderts v. Chr. eine Vielzahl ähnlicher, teilweise rivalisierender Gruppen entstanden, darunter auch die Essener und die Pharisäer.

Die Verbindung zwischen den diversen Gruppen zeigt sich nicht nur an der Überlieferung der nachmals biblischen Schriften, den intertextuellen Referenzen wie der Aufnahme von Psalm 1 in den ältesten Partien der Gemeinschaftsregel oder den konzeptionellen Schnittmengen zwischen den Texten vom Toten Meer und den antiken Berichten über die Essener. Sie lässt sich auch in dem eingangs zitierten Statement «Wir haben uns abgesondert» (oder «wurden abgesondert») greifen. Von der zugrundeliegenden Verbalwurzel *p-r-š* wurde die spätere Gruppenbezeichnung der «Pharisäer» (*peruschim*, die «Abgesonderten») gebildet, wobei es sich nicht um eine Selbst-, sondern um eine Fremdbezeichnung handeln dürfte, die die Opposition zu den herrschenden Eliten und eine Abspaltung von ihnen zum Ausdruck bringt. Ausweislich mancher Vorstellungen, die sich in der neutestamentlichen oder rabbinischen Literatur mit den Pharisäern verbinden, finden wir eine Vorstufe dieser Gruppe sowohl auf der Seite der «Frommen» und der Gemeinschaft von Qumran als auch in anderen Milieus des antiken Judentums, nicht zuletzt am hasmonäischen Hof in Jerusalem, wo Proto-Pharisäer mit Proto-Sadduzäern um Deutungshoheit und Einfluss konkurrierten.

Viele historische Fragen zu dieser Entwicklung sind bis heute ungeklärt. So wissen wir nicht, wo und wie die Bewegung der «Frommen» (Chasidim) und die aus ihr hervorgegangenen religiösen Gruppen lebten, aus welchen Schichten der Gesellschaft sie stammten, wie sie organisiert waren, wie sie ihren Lebensunterhalt bestritten und woher sie die intellektuellen, finanziellen und materiellen Ressourcen hatten, um sich mit ganzer Hingabe der Überlieferung, Produktion und dem Studium der heiligen Schriften zu widmen und ein daran orientiertes Leben zu führen. Über diese Fragen können wir nur Vermutungen anstellen.

Eine mögliche Analogie stellt das griechische Vereinswesen dar: Die Mitglieder der verschiedenen, über das ganze Land verstreuten religiösen Gruppen der «Frommen» führten ihr angestammtes Leben und kamen in privaten Häusern zusammen, um gemeinsam ihren religiösen Überzeugungen und Praktiken nachzugehen. Dieses Modell könnte auch erklären, dass sich unter den Mitgliedern sowohl Vertreter der intellektuellen Elite, Priester und Schreiber, als auch betuchte und weniger betuchte Normalbürger befanden, die das ihnen jeweils Mögliche zu der Gemeinschaft beitrugen. So bedurfte es keiner besonderen institutionellen Strukturen, um sich in ihren Häusern zu versammeln, gemeinsam zu essen, gemeinsam zu beten und gemeinsam zu beraten und über das Gesetz zu meditieren (1QS VI,1–8). Ähnlich dürften die Anfänge des frühen Christentums ausgesehen haben, das sich um das Bekenntnis zu Jesus als dem Herrn und Christus gebildet hat (Apg 2,37–47).

Ob daraus mit der Zeit festere Institutionen wie eigene Siedlungen zum gemeinsamen Leben und Schulen oder Lehrhäuser zum gemeinsamen Lernen und Beten erwuchsen, entzieht sich unserer Kenntnis, doch ist auch das nicht auszuschließen. Die archäologischen Fundorte wie Ḥirbet Qumran, En Feschcha oder Masada deuten in diese Richtung, waren aber vielleicht nur Notlösungen in Zeiten der Verfolgung.

Wo wir hingegen klarer sehen, ist die Entwicklung der theologischen Diskurse innerhalb der Gemeinschaft von Qumran, die sich in der Überlieferung und im Werden der Texte vom Toten Meer spiegelt. Die Entwicklung nahm ihren Ausgangspunkt bei einem Aufruf zur Umkehr und Hinwendung zur Tora des Mose. Auf dieser Basis wurden eigene Statuten aufgestellt, die konkret regelten, wie die Versammlungen der Gemeinschaft abzuhalten waren und wie ihre Mitglieder ein Leben nach den Vorschriften der Tora führen sollten. Mehr und mehr näherte sich die Gemeinschaft dem Ideal des biblischen «Israel» an und sah sich als (einzigen und wahren) Repräsentanten des Gottesvolkes. Im Zuge dessen wurde auch die übrige biblische und parabiblische Überlieferung immer wichtiger, die nicht nur abgeschrieben und studiert, sondern in den eigenen Werken zunehmend als autoritative Referenzgröße zitiert und schließlich kommentiert und im Einzelnen auf die eigene Zeit und Lebenssituation hin ausgelegt wurde.

Die Tendenzen dieser Auslegung gingen in verschiedene Richtungen. Die eine Richtung bestand in der – stark priesterlich geprägten, aber auch ethisch orientierten – Interpretation des Gesetzes für den (praktizierten oder nur noch imaginierten) Kult und den Alltag. So entstand eine ausgefeilte Halacha, die sich von dem realen Tempelkult in Jerusalem und anderen jüdischen Heiligtümern im Land und in der Diaspora immer weiter entfernte, je konkreter sie wurde.

Die religiöse Praxis verlegte die Gemeinschaft von Qumran in das gemeinsame Gebet, wofür ältere Hymnen und Gebete verwendet und neue verfasst wurden. Mit der Zeit entwickelte sich die Vorstellung, dass die Gemeinschaft mit dem Gebet am himmlischen Kult teilhat und eins wird mit der himmlischen Welt der Engel, die den einen Gott umgeben.

Wieder eine andere Richtung nahm die Aneignung der biblischen

Geschichte und ihre Anwendung auf die eigene Lebenssituation. In dieser Hinsicht gewannen die biblischen Propheten und parabiblischen Apokalypsen an Bedeutung, denen die Gemeinschaft von Qumran die «Geheimnisse Gottes» entnahm. Sie lebte in dem Bewusstsein, dass das «Ende der Tage» bereits angebrochen sei und große Veränderungen im Weltgeschehen nach Gottes Plan bevorstünden. Die Befolgung der Tora und die Partizipation am himmlischen Kult gewannen so eine geschichtstheologische und eschatologische Bedeutung.

Noch einen Schritt weiter gingen die weisheitlichen Konzeptionen, die sich den kosmologischen und anthropologischen Grundlagen der eigenen Existenz, dem «Geheimnis des Gewordenen», zuwandten. Die Gemeinschaft von Qumran fand so den vorherbestimmten Plan Gottes für die Welt und Israel in der Ordnung der Schöpfung, die weit über das hinausgeht, was man bisher in Hymnen über die Werke Gottes besungen hatte, und Dimensionen umfasst, die nur Eingeweihten wie Henoch, Daniel oder den «Verständigen» in religiösen Gruppen wie der Gemeinschaft von Qumran zugänglich waren. Kosmologie, Anthropologie, Eschatologie, Interpretation und Praxis von Tora und Propheten sowie die religiöse Praxis bilden in diesen Konzeptionen eine Einheit.

Doch was war der Auslöser für die Entstehung der Gemeinschaft von Qumran und vergleichbarer Gruppen im antiken Judentum? Warum war eine Umkehr zur Tora des Mose nötig? Offenbar waren die Tora und die übrige biblische und parabiblische Überlieferung (noch) nicht in das religiöse System integriert, das von einer Mehrheit im Judentum vorausgesetzt und praktiziert wurde. Vielmehr war die Gemeinschaft von Qumran eine Stimme unter mehreren, die dafür eintrat, die biblische und parabiblische Überlieferung zu beherzigen und zu praktizieren, und damit direkt oder indirekt daran beteiligt war, diese Überlieferung auch unter denen bekannt zu machen, die (noch) «außerhalb stehen», wie der Enkel des Ben Sira in seinem Vorwort zur griechischen Übersetzung das Anliegen des Werkes seines Großvaters beschrieb. Danach sollten mit der hebräischen Originalfassung des Buches des Ben Sira, von der Fragmente sowohl in Qumran als auch in Masada gefunden wurden, diejenigen, «die nach Bildung streben und daran beständig festhalten», und mit der Übersetzung ins Griechische auch diejenigen, «die in der Fremde lernen wollen», befähigt werden, «ihren Lebenswandel im Sinne des Gesetzes zu führen» (Prolog zum griechischen Sir 4–6.13.34–36).

Die Texte vom Toten Meer repräsentieren zweifellos ein Judentum, das ganz und gar auf die Tora des Mose und die übrige biblische und parabiblische Überlieferung gegründet ist. Ich nenne es darum das «biblische Judentum» im Unterschied zum «nichtbiblischen Judentum», wie wir es in den Zeugnissen der jüdischen Kolonien von Elephantine in Ägypten, Al Jahudu in Mesopotamien und aufgrund von indirekten Indizien auch in Palästina selbst unter Samariern und Judäern finden.[3] Deren Identität bestand in der ethnischen Herkunft und der Verehrung des Gottes JHWH. Ansonsten gründeten sie ihr Leben und ihre religiöse Praxis auf Traditionen wie der althergebrachten Opferpraxis, den drei Jahresfesten, bestimmten Festtagen (Sabbat, Passa), Hymnen und Gebeten und anderen religiösen Riten und Gebräuchen. Manche dieser Traditionen sind auch in die biblische Überlieferung eingegangen, doch sind sie unabhängig von ihr im Kontext der altorientalischen Religionen entstanden. Ihr Fundament war das israelitische (samarische) bzw. judäische Brauchtum, wie es mündlich oder schriftlich in den Gesetzen (Torot) der Väter, auf Griechisch *nomoi patrioi* überliefert wurde, die (noch) nicht mit der Tora des Mose identifiziert waren.

Auch dem Zeugnis des Prologs zum griechischen Sirach ist zu entnehmen, dass die Tora des Mose und die weiteren biblischen und parabiblischen Schriften um 200 v. Chr. unter dem Judentum im Land und gegen Ende des ersten Jahrhunderts v. Chr. in der Diaspora (noch) nicht weit verbreitet waren. Es war zunächst wohl eine Minderheit, die Gruppe der «Frommen» (Chasidim) und einzelne Gelehrte wie Ben Sira, die die biblischen Schriften überlieferte, studierte und unter das Volk zu bringen versuchte. Zu dieser Minderheit zählen auch die Übersetzer der Tora ins Griechische in Alexandrien, denen der fingierte Aristeasbrief mit seiner Legende von der Entstehung der Septuaginta ein imposantes Denkmal gesetzt hat.[4] Ihr Anliegen dürfte es gewesen sein, die Tora in den gelehrten philosophischen Dialog mit hellenistischen Schulen einzubringen. Bei einigen fiel all dies auf fruchtbaren Boden und rief die religiösen Gruppen wie den Jachad, die Gemeinschaft von Qumran oder die Essener und die Pharisäer ins Leben.

Doch erst mit dem makkabäischen Aufstand gegen den seleukidischen König Antiochos IV. und der Etablierung des hasmonäischen Königtums, das einer Legitimation für seine Herrschaft und die Usurpation des Amtes des Hohepriesters bedurfte, erlangten die Tora des Mose und die biblische Überlieferung einen offiziellen Status und wurden für das gesamte Judentum für verpflichtend erklärt. Seither stritten die Gelehrten auf allen Seiten um die richtige Auslegung. Sadduzäer und Pharisäer am hasmonäischen Hof machten die Überlieferung für den Tempelkult und das tägliche Leben in einer hellenisierten Welt praktikabel. Die Chasidim, die zeitweilig mit den Makkabäern sympathisierten, wandten sich ab und gingen weiter ihre eigenen Wege. Auch ihnen schlossen sich Sadduzäer und Pharisäer an, die nichts (mehr) mit den Hasmonäern und anderen politischen Richtungen zu tun haben wollten. Die Parteigänger der Chasidim und ihre je spezifischen Ansichten und Interpretationen der Tora finden sich in den verschiedenen religiösen Gruppen der Essener und der Gemeinschaft von Qumran wieder.

Die Stellung der Gemeinschaft von Qumran im Rahmen des antiken Judentums ist somit nicht leicht zu bestimmen. Weder handelt es sich um eine isolierte Sekte, noch repräsentiert Qumran *das* Judentum, das es so ohnehin nie gegeben hat. In ihrem Selbstverständnis versteht sich die Gemeinschaft von Qumran zwar als *das* eine Israel oder Judentum, außer dem es kein anderes gibt. Als solches hat sie sich (oder wurde nach Maßgabe der Tora) sowohl von den Völkern als auch von den Teilen des eigenen Volkes «abgesondert», die sich nicht der biblischen Überlieferung bzw. der von der Gemeinschaft daraus abgeleiteten Lehren verpflichtet fühlten. Sie wurden von der

Qumran-Gemeinschaft als nicht zu «Israel» gehörig betrachtet. Tatsächlich aber stellt die Gemeinschaft von Qumran eine unter mehreren Gruppen einer marginalisierten Elite dar, die nicht zur Elite der samarischen oder judäischen Provinzialverwaltung und ihrer beiden Hauptheiligtümer auf dem Garizim und in Jerusalem gehörte. Seit dem dritten und im zweiten Jahrhundert v. Chr. gelang es ihr, im Volk mehr und mehr an Boden zu gewinnen, bis die biblische Überlieferung, auf die sie sich berief, unter den Hasmonäern gewissermaßen zur Staatsdoktrin erhoben wurde und schließlich allgemeine Anerkennung fand. Aber auch danach repräsentierte die Gemeinschaft von Qumran nicht *das* Judentum, das sich vielmehr in mehrere Richtungen der Auslegung der biblischen Schriften entwickelte.

2. Frühes Christentum und rabbinisches Judentum

Zu den verschiedenen Richtungen gehörten auch das frühe Christentum, das anfangs noch Teil des Judentums war,[5] und das rabbinische Judentum, das nach der Zerstörung des Jerusalemer Tempels 70 n. Chr. die führende Rolle übernahm. Eine direkte Verbindung zwischen diesen beiden Richtungen des antiken Judentums und der Gemeinschaft von Qumran oder der Essener besteht nicht. Das eine ist nicht etwa aus dem anderen hervorgegangen. Weder Johannes der Täufer noch Jesus waren Mitglieder der Gemeinschaft von Qumran oder der Essener, wie man in früheren Veröffentlichungen, die viel Aufsehen erregten, oft lesen konnte. Das rabbinische Judentum gründet auf der Bewegung der Pharisäer, die zu den Gegnern der Gemeinschaft von Qumran gehörten. Dennoch gibt es eine Vielzahl von Berührungspunkten, wie es bei verschiedenen Ausprägungen und Gruppierungen ein und derselben Kultur und Religion nicht anders zu erwarten ist. Die Texte vom Toten Meer erweitern unsere Kenntnisse vom antiken Judentum und geben einen tieferen Einblick in den Hintergrund, vor dem Johannes der Täufer, Jesus und das frühe Christentum[6] wie auch das rabbinische Judentum[7] zu verstehen sind.

Johannes der Täufer war ein Prophet, der das nahende Gericht Gottes ankündigte, zur Umkehr aufrief und die Taufe am Jordan zur Vergebung der Sünden spendete (Mk 1,4–5). Der jüdische Geschichtsschreiber Flavius Josephus entschärft die Botschaft etwas und schildert ihn als einen «guten Mann, der die Juden ermahnte, nach Tugend zu streben, indem sie Gerechtigkeit gegeneinander und Frömmigkeit gegen Gott übten, und zur Taufe zu kommen» (Ant. XVIII 5.2,116–118). Sein Auftreten wird in Markus 1,6 nach Art des Propheten Elia beschrieben, der ebenfalls einen Ledergurt trug (2 Kön 1,8). Deswegen ist er auch als der wiederkehrende Elia angesehen worden (Mk 6,15; Mt 11,14 nach Mal 3,23).

Sowohl seine Erwartung des nahen Endes als auch die Taufe erinnern an Vorstellungen und kultische Praktiken der Gemeinschaft von Qumran (vgl. 1QS III,4–12). Josephus meint, die Taufe des Johannes habe nur zur «Heiligung des Leibes» gedient, während die Seele durch eine gerechte Lebensführung, zu der Johannes nach Lukas 3 aufgerufen haben soll, entsühnt werde. Die Parallele in der Gemeinschaftsregel spricht jedoch eher dafür, dass beides zusammengehört und sowohl die Gemeinschaft von Qumran als auch Johannes der Täufer das Tauchbad als effektive kultische Reinigung von Schuld und Besiegelung der göttlichen Vergebung der Sünden begriffen haben. Doch sind auch die Unterschiede nicht zu übersehen. Während die Mitglieder der Gemeinschaft von Qumran ihre rituellen Bäder und Waschungen regelmäßig wiederholten, war die Taufe des Johannes, der sich auch Jesus unterzogen haben soll (Mk 1,9), ein einmaliger Akt.

Wie die Gemeinschaftsregel die Gemeinschaft von Qumran (1QS VIII,12–15), so bringt das Neue Testament Johannes den Täufer mit der Schriftstelle in Jesaja 40,3 in Verbindung und sieht in ihm den Wegbereiter für den Herrn in der Wüste. Für die Gemeinschaft von Qumran war Gott «der Herr» und «der Weg in der Wüste» das Studium der Tora. Für das Neue Testament ist Jesus der «Herr» und der «Weg in die Wüste» die Wassertaufe des Johannes am Jordan, der nur der Vorbote für Jesus ist (Mk 1,7–8).

Historisch dürfte das Verhältnis der beiden gerade umgekehrt gewesen sein. Johannes scheint mit seiner Botschaft eine große Anhängerschaft gewonnen zu haben, zu der auch Jesus selbst und die Seinen gehört haben dürften, bevor sie zu einer eigenen Bewegung wurden. Josephus schreibt, dass der Täufer aufgrund seiner Beliebtheit im Volk von Herodes Antipas, einem Sohn und Nachfolger Herodes' des Großen, getötet wurde. Das Neue Testament gibt als Grund an, dass er öffentlich Anstoß an der Ehe des Herodes genommen habe, der seine erste Frau aus Liebe zu seiner Schwägerin verstoßen und die Frau seines Bruders geheiratet hatte (Mk 6,14–29; Mt 14,2–12; Lk 3,19–20).

Von Jesus wussten die ersten Christen nicht viel mehr, als dass er am Kreuz «für unsere Sünden», wie es interpretierend heißt, gestorben war und am dritten Tag von den Toten auferstanden und seinen Jüngern erschienen sein soll (1 Korinther 15). Was die vier Evangelien von seinem Leben und Sterben erzählen, setzt das Bekenntnis zu dem gekreuzigten und auferstandenen Christus bereits voraus, so dass nicht leicht zu sagen ist, was davon auf den historischen Jesus zurückgeht und was ihm von seinen Anhängern angedichtet wurde. «Jesus war Jude und kein Christ» (Julius Wellhausen), und dasselbe gilt von seinen Anhängern und den frühen Christen. Insofern verwundert es nicht, dass die Evangelien Jesus als eigenwilligen, radikalen Tora-Ausleger und Propheten des nahenden Reiches Gottes darstellen. «Mose und die Propheten» spielen hier eine ebenso prominente Rolle wie in den Texten vom Toten Meer und sind Gegenstand schriftgelehrter Auslegung.

Inhaltlich gibt es viele Berührungspunkte zwischen Jesus und dem frühen Christentum im Neuen Testament einerseits und der Gemeinschaft von Qumran andererseits, von denen hier nur einige wenige genannt werden können. Beide hegten wie fast alle Richtungen des antiken Judentums der hellenistisch-römischen Epoche eine apokalyptische Naherwartung und hofften auf das Ende der Welt, den Messias und den Anbruch des Reiches Gottes. Wie in den Pescharim von Qumran haben sie die biblischen Schriften auf das Ende der

Zeiten bezogen (1 Kor 10,11). Die eschatologischen Szenarien, die sich im Himmel wie auf der Erde abspielen, sehen in den verschiedenen Gruppierungen und Schriften im Einzelnen jeweils etwas anders aus und sind das eine Mal mehr, das andere Mal weniger stark ausgeprägt, doch insgesamt recht ähnlich.

Auch der Gedanke der Umkehr und Buße angesichts des kommenden Endgerichts, das zwischen den Sündern und den Frommen scheiden wird, begegnet in fast allen Gruppen des antiken Judentums und so auch im frühen Christentum. Die ältesten Zeugnisse, die Briefe des Paulus, sprechen ebenso wie die Texte der Gemeinschaft von Qumran von einem Kampf des Gerechten gegen den Satan und die Mächte der Finsternis, in dem «Fleisch» und «Geist» ebenso miteinander ringen wie die beiden Geister des Lichts und der Finsternis, der Wahrheit und der Lüge in der Zwei-Geister-Lehre der Gemeinschaftsregel oder in den Lobliedern *(Hodajot)*. Auch das Neue Testament kennt den Gegensatz von Licht und Finsternis (2 Kor 6,14; Joh 12,35–36), von Wahrheit und Lüge (Joh 8,44) und nennt die Christen «Kinder des Lichts» (Lk 16,8; Joh 12,36). In der Jesusüberlieferung der Evangelien ist das Reich Gottes mit dem Kommen von Jesus, der nach seinem Tod und der geglaubten Auferstehung zum Christus, zum Gesalbten (Messias) und Sohn Gottes erklärt wurde, bereits im Diesseits angebrochen. In den Wundererzählungen kämpft auch er den Kampf gegen den Satan oder Beelzebul, die Dämonen und die bösen Geister (Mk 3,22–30; Beliar in 2 Kor 6,15).

Wie die Gemeinschaft von Qumran versteht sich auch das frühe Christentum als «Tempel Gottes», in dem der Geist Gottes wohnt (1 Kor 3,16–17; 2 Kor 6,16). Die Gemeinde ist aus «lebendigen Steinen» gebaut, als «geistliches Haus und heilige Priesterschaft, um geistliche Opfer darzubringen» (1 Petr 2,5). Auch in organisatorischer Hinsicht gibt es manche Ähnlichkeiten. So ist in Matthäus 18,15–17 eine kurze Gemeinderegel überliefert, die genauso für die Gemeinschaft von Qumran gelten könnte. Im Brief an die Philipper schreibt Paulus an die «Heiligen» in den Gemeinden, denen Bischöfe vorstanden und Diakone zu Diensten waren. Die

Bezeichnung der Gemeindemitglieder als «Heilige» entspricht ebenso wie manch andere Selbstbezeichnung der Christen (Arme, Auserwählte, Gerechte, Menschen des Wohlgefallens) der Terminiologie in Qumran. Wortbedeutung und Funktion des «Bischofs» *(episkopos)* entsprechen dem «Aufseher» *(mebaqqer)* in der Gemeinschaftsregel und der Damaskusschrift. Auch die frühen Christen verstanden sich als «(neuer) Bund», praktizierten die Gütergemeinschaft und hielten kultisch begangene Mahlgemeinschaften (Apg 2,42–47). Das Selbstverständnis kommt am dichtesten in den Einsetzungsworten zum Abendmahl zum Ausdruck: Brot und Wein als Leib und Blut Christi, die den neuen Bund stiften (1 Kor 11,22–25; Mk 14,22–24 par.).

Alle diese und viele andere Berührungspunkte zwischen der Gemeinschaft von Qumran, Johannes dem Täufer und den frühen Christen beruhen nicht auf direkter Abhängigkeit, sondern auf strukturellen religionsgeschichtlichen Analogien im selben historischen Kontext des antiken Judentums der hellenistisch-römischen Zeit. Bei allen Gemeinsamkeiten waren die verschiedenen Gruppen, darunter auch Essener, Pharisäer, Sadduzäer und Zeloten, Konkurrenten, von denen jeder für sich in Anspruch nahm, das wahre Israel und den richtigen Weg zum Heil zu repräsentieren.

Nachwirkungen der Gemeinschaft von Qumran und ihrer Ansichten sind auch im rabbinischen Judentum zu finden. Sie betreffen vor allem die «Werke des Gesetzes» *(ma'ase ha-torah, erga tou nomou)*, sprich: die Auslegung und Praxis der Tora, die zwischen Pharisäern, Sadduzäern, der Gemeinschaft von Qumran, den Essenern, den jüdischen Philosphen wie Philo von Alexandrien und nicht zuletzt den frühen Christen strittig war. Nach der Zerstörung des Tempels von Jerusalem 70 n. Chr., der Niederschlagung des Aufstandes unter Bar Kosba/Kochba 132–135 n. Chr. und der Vertreibung der Juden aus Jerusalem blieben für uns sichtbar nur noch das pharisäisch-rabbinische und das christliche Judentum übrig, das sich mittlerweile auch unter Nicht-Juden in der Diaspora ausgebreitet hatte. Aus den beiden Richtungen sind die beiden Weltreligionen des

Judentums und des Christentums hervorgegangen. Was sie trennte, war nicht so sehr die Frage, ob die «Werke des Gesetzes» das allein selig machende Mittel zur Rechtfertigung des Sünders durch Gott sind oder nicht. Vielmehr war es die unterschiedliche Ausrichtung der Tora-Auslegung, die darüber entscheidet, wer in den Bund Gottes gehört und wer zu den anderen, von denen man sich «absondert» oder «abgesondert wird»: Das konnten die anderen Völker, die «Heiden», sein oder auch diejenigen im eigenen Volk und der eigenen Religionsgemeinschaft, die einer anderen Auslegung folgten. Im Judentum wie im Christentum sind immer beide Optionen vertreten worden.

ANHANG

Liste der behandelten Qumranhandschriften

Eine vorzügliche, gleichermaßen übersichtliche wie informative Einführung in die hier aufgeführten und alle anderen Texte auf aktuellem Forschungsstand bieten Geza G. Xeravits und Peter Porzig, Einführung in die Qumranliteratur.

Bibelhandschriften

Pentateuch (Reworked Pentateuch)	4Q158, 4Q364–367 (4QRP)
Exodus–Levitikus (Samaritanus)	4Q17 (4QExod-Lev^{f})
Exodus (Samaritanus, Paläohebräisch)	4Q22 (4QpaleoExod^{m})
Levitikus (Septuaginta)	4Q119–120 (4QLXXLev$^{a–b}$)
Levitikus (Targum)	4Q156 (4QtgLev)
Numeri (Samaritanus)	4Q27 (4QNum^{b})
Numeri (Septuaginta)	4Q121 (4QLXXNum)
Deuteronomium (Septuaginta)	4Q122 (4QLXXDeut)
Josua	4Q47–48 (4QJos^{a-b})
Samuel	4Q51–53 (4QSam^{a-c})
Jesaja	1QJes^{a} und 1Q8 (1QJes^{b})
Jeremia	4Q70–72b (4QJer$^{a–e}$)
Zwölf Propheten (Septuaginta)	8HevXII gr
Psalmen	11Q5 (11QPs^{a})
Hiob (Targum)	4Q157 (4QtgJob), 11Q10 (11QtgJob)
Tefillin	4Q128–148 (4QPhyl A–U)
Mezuzot	4Q149–155 (4QMez A–G)

Parabiblische Texte (auch außerhalb der Qumranfunde bekannt)

Brief des Jeremia	7Q2 (7QpapEpJer gr)
Daniel–Susanna	4Q551 (4QDanSuz? ar)
Henoch (1 Henoch)	4Q201–202.204–207.212 (4QEn$^{a–g}$ ar), 4Q208–211 (4QEnastr$^{a–d}$ ar)
Jubiläenbuch	1Q17–18 (1QJub$^{a–b}$), 2Q19–20 (2QJub$^{a–b}$), 3Q5 (3QJub), 4Q216–224 (4QJub$^{a–h}$), 11Q12 (11QJub)
Psalm 151 (LXX 151 = Syr I)	11Q5 XXVIII,3–14
Psalm 154 (Syr II)	11Q5 XVIII,1–16
Psalm 155 (Syr III)	11Q5 XXIV,3–17
Sirach	2Q18 (2QSir), Mas1h (MasSir), Zitat von Sir 51,13–19.30 in 11Q5 XXI,11-XXII,1
Tobit	4Q196–200 (4QpapTob$^{a–d}$ ar, 4QTob^{e})
Testamente der Patriarchen	
Juda	4Q538 (4QTJud ar)
Josef	4Q539 (4QTJoseph ar)
Naftali	4Q215 (4QTNaph)

Parabiblische Texte (außerhalb der Qumranfunde unbekannt)

Amram-Visionen	4Q543–549 (4QVisions of Amram^{a-g} ar)
Buch der Giganten (Henoch)	1Q23–24 (1QEnGiants^{a-b} ar), 2Q26 (2QEn-Giants ar), 4Q203, 4Q530–533 und 4Q206 2–3 (4QEnGiants^{a-f} ar), 6Q8 (6QpapGiants ar)
Daniel (Pseudo-Daniel)	4Q243–245 (4QpsDan^{a-c} ar)
Ester (Proto-Ester)	4Q550–550e (4QPrEsther^{a-f} ar)
Ezechiel (Pseudo-Ezechiel)	4Q385, 4Q385b-c, 4Q386, 4Q388, 4Q391 (4QapocrEzek^{a-e})
Gebet des Nabonid (Daniel)	4Q242 (4QPrNab ar)
Genesis-Apokryphon	1Q20 (1QGenAp ar)
Genesis-Kommentar A	4Q252 (4QCommGen A)
Gottessohn-Text (Daniel)	4Q246 (4QapocrDan ar)
Jeremia (Pseudo-Jeremia)	4Q383 (4QapocrJer A), 4Q384(4Qpap apocrJer B?), 4Q385a, 4Q387, 4Q388a, 4Q389–390, 3Q387a (4QapocrJer C^{a-f})
Josua	4Q378–379 (4QapocrJosh^{a-b}, ehemals Psalms of Joshua)
Josef	4Q371–373 (4QapocrJoseph^{a-c} bzw. 4QNarrative and Poetic Composition^{a-c})
Levi (Aramäischer Levi)	1Q21 (1QTLevi ar), 4Q213–214b (4QLevi^{a-f} ar)
Levi-Apokryphon	4Q540–541 (4QapocrLevi^{a-b}? ar)
Noah	1Q19 (1QBook of Noah), 4Q534–536 (4QBirth of Noah^{a-c} ar)
Mose	1Q22 (1QapocrMoses^{a}, ehemals Divre Moshe, «Worte des Mose», 1QDM), 1Q29 (1QapocrMoses^{b}?, ehemals Liturgy of Three Toungues of Fire), 2Q21 (2QapocrMoses?), 4Q374 (4QDiscourse on the Exodus/Conquest Tradition, ehemals 4QapocrMoses A), 4Q375 (4QapocrMoses^{a}, ehemals 4QapocrMoses B), 4Q376 4QapocrMoses^{b}?, ehemals Liturgy of Three Toungues of Fire), 4Q377 (4QapocrPent B, ehemals 4QapocrMoses C), 4Q408 (4QapocrMoses^{c}?, ehemals Liturgy on Morning and Evening Prayer)
Psalmen	
Apocryphal Psalms (+ Ps 91)	11Q11 (11QapocrPs)
Non-Canonical Psalms	4Q380–381 (4QNon-Canonical Psalms A und B)
Hymnus und Sündenbekenntnis	4Q392 (4QWorks of God, ehemals Liturgical Work 1), 4Q393 (4QCommunal Confession, ehemals Liturgical Work 2)
Apokryphe Stücke aus der Psalmenrolle 11Q5 (11QPs^{a})	
Plea for deliverance	11Q5 XIX,1–18
Apostrophe to Zion	11Q5 XXII,1–15
Hymn to the Creator	11Q5 XXVI,9–15
Davids Compositions	11Q5 XXVII,2–11
Pseudo-Jubiläenbuch	4Q225–227 (4QpsJub^{a-c}), Mas1j (MasJub/psJub)

Qahat-Testament	4Q542 (4QTQah ar)
Tempelrolle	11Q19[-20] (11QT^{a-b}), 4Q524 (4QT)
Vier Weltreiche (Daniel)	4Q552–553a (4QFour Kingdoms^{a-c} ar)

Texte der Gemeinschaft von Qumran

Barkhi Nafshi («Lobe meine Seele»)	4Q434–438 (4QBarki Napshi^{a-e})
Berakhot (Segnungen)	4Q286–290 (4QBer^{a-e})
Buch der Geheimnisse (Mysteries)	1Q27 (1QMyst), 4Q299–301 (4QMyst^{a-c})
Beschwörungen	4Q444 (4QIncantation), 4Q510–511 (Songs of the Sage 4QShir^{a-b}), 4Q560 (4QMagical Booklet ar/Exorcism ar)
Damskusschrift (Cairo Damascus Document)	CD A und B sowie 4Q266–273 (4QD^{a-h}), 5Q12 (5QD), 6Q15 (6QD)
Divre Berakha (Segensworte)	1Q28b (1QSb)
Divre Ha-Me'orot (Worte der Himmelskörper)	4Q504–506 (4QDibHam^{a-c})
Dokumentarische Texte	4Q342–359
Festgebete (Festival Prayers)	1Q34 und 1Q34bis (1QFestival Prayers^{a-b}), 4Q507–509 (4QFestival Prayers^{a-c}), 4Q505?
Frau Torheit	4Q184 (4QWiles of the Wicked Woman)
Kupferrolle	3Q15
Historische Texte	4Q248 (4QActs of a Greek King), 4Q331–333, 4Q468^{e-f}, 4Q578
Hodajot (Loblieder)	1QH^{a}, 1Q35 (1QH^{b}), 4Q427–432 (4QH^{a-f})
Hodajot-like-Texte	4Q433, 4Q433a, 4Q440, 4Q440a (4QHodajot-like-Text A–D), 4Q471b (4QSelf-Glorification Hymn)
Horoskope	4Q318 (4QBr ar Brontologion), 4Q561 (4QHor ar Physiognomy), 4Q186 (4QHoroscope)
Kalender und *Mischmarot* (Wachordnungen)	4Q317 (4QAstrCrypt), 319–330 (4Q319 = 4Q259Otot, 4Q327 = 4Q394 1–2), 4Q334 (4QOrdo)
Liste falscher Propheten	4Q339 (4QList of False Prophets ar)
Liste mit Tempelsklaven (*Netinim*)	4Q340 (4QList of Netinim)
Melchisedek-Midrasch	11Q13 (11QMelch)
Miqṣat Maʿase Ha-Torah (Von den Werken der Tora)	4Q394–399 (4QMMT^{a-f})
Midrasch zur Eschatologie	4Q174 (4QFlorilegium) + 4Q177 (4QCatena A), 4QMidrEschat$^{a.b}$
Musar Le-Mevin (Unterweisung)	1Q26 (1QInstruction), 4Q415–418a, 4Q418c und 4Q423 (4QInstruction^{a-g})
Neues Jerusalem	1Q32 (1QNJ ar), 2Q24 (2QNJ ar), 4Q554–555 (4QNJ^{a-c} ar), 5Q15 (5QNJ ar), 11Q18 (11QNJ ar)
Ostraka	KhQ Ostrakon 1 und 3, Mur Ostraka 606, 608
Pescher Hosea	4Q166–167 (4QpHos^{a-b})
Pescher Habakuk	1Q14a (1QpHab)

Pescher Jesaja	3Q4 (3QpJes), 4Q161–165 (4QpJes^{a-e})
Pescher Nahum	4Q169 (4QpNah)
Pescher Micha	1Q14, 4Q168 (1/4QpMi)
Pescher Psalmen	1Q16 (1QpPs), 4Q171 und 173 (4QpPs^{a-b})
Pescher Zefanja	1Q15, 4Q170 (1/4QpZeph)
Preislied auf Jonatan	4Q448 (4QApocryphal Psalm and Prayer)
Reinigungsregeln und -rituale	4Q159 (4QOrd^{a}), 4Q274 (4QTohorot A / Purification Rules A), 4Q276–277 (4QTohorot B^{a-b} / Purification Rules B^{a-b}), 4Q284 (4QPurification Liturgy), 4Q414 (4QRitPur A), 4Q512 (4QpapRitPur B)
Schirot ʿOlat Ha-Schabbat (Lieder zum Brandopfer am Sabbat)	4Q400–407 (4QShirShabb), 11Q17 (11QShirShabb), Mas1k (MasShirShabb)
Schreibübungen (Exercitium Calami)	KhQ Ostrakon 3, Mur Ostraka 606, 608, 4Q234, 4Q341, 4Q360
Seligpreisungen	4Q525 (4QBeatitudes)
Serekh Ha-Jachad (Gemeinschaftsregel)	1Q28 (1QS), 4Q255–264 (4QS^{a-j})
Serekh-like-Texte	4Q265 (4QMiscellaneous Rules), 4Q477 (4QRebukes Reported by the Overseer)
Serekh Ha-ʿEda (Gemeinderegel)	1Q28a (1QSa)
Serekh Ha-Milchama (Kriegsregel)	1Q33 (1QM), 4Q491–496 (4QM^{a-f})
Milchama-like-Texte	4Q497, 4Q471 (*Milchama*-like-Text A–B), 4Q285, 11Q14 (4/11Q*Sefer Ha-Milchama*)
Tägliche Gebete (Daily Prayers)	4Q503 (4QpapPrQuot)
Testimonia	4Q175 (4QTest)
Tanchumim (Tröstungen)	4Q176 (4QTanh)
Weisheitswerk	4Q185 (4QSapiential Work)

Zeittafel

336–323	Alexander der Große, Beginn des hellenistischen Zeitalters. Diadochen (Ptolemäer und Seleukiden) streiten um die Vorherrschaft über Syrien-Palästina.
301	Schlacht bei Ipsos: Palästina gerät unter die Herrschaft der Ptolemäer (Ägypten).
261–252	Tobia Oberhaupt der Tobiaden (Zenon-Papyri).
239–217	Josef, Sohn des Tobia, arbeitet als Steuerpächter für die Ptolemäer, danach Spaltung der Tobiaden in einen pro-ptolemäischen Zweig (Hyrkanos) im Ostjordanland (Iraq el-Amir) und einen pro-seleukidischen Zweig in Jerusalem.
218–185	Simon II. Hohepriester (Familie der Oniaden).
198	Schlacht bei Paneas: Palästina gerät unter die Herrschaft der Seleukiden (Syrien, Mesopotamien) unter Antiochos III. (223–187).
175–164	Antiochos IV., Auseinandersetzungen um politischen und wirtschaftlichen Einfluss unter Tobiaden, Oniaden u. a. Familien in Jerusalem.
174–171	Absetzung Onias' III. und Einsetzung seines Bruders Jason als Hohepriester. Onias III. (oder IV.) gründet einen jüdischen Tempel in Leontopolis (Ägypten).
171–161	Menelaos Hohepriester in Jerusalem.
169–167	Antiochos IV. greift ein und macht Jerusalem zu einer griechischen Polis.
166–164	Aufstand der Makkabäer (Judas Makkabaios 165–160), Rücknahme der hellenistischen Reformen, Reinigung und Wiedereinweihung des Tempels.
160–37	Hasmonäisches Königtum.
160–143	Der Hasmonäer Jonatan beansprucht das Königtum.
161–159	Alkimos (aus dem Hause Zadok) Hohepriester.
159–152	Intersacerdotium, Amt des Hohepriesters nicht besetzt.
152	Jonatan okkupiert das Amt des Hohepriesters.
143–135	Simon König und Hohepriester.
135–104	Hyrkanos I. König und Hohepriester.
110	Zerstörung des JHWH-Heiligtums auf dem Berg Garizim durch Johannes Hyrkanos I.
104–103	Aristobulos I. König und Hohepriester.
103–76	Alexander Jannaios (Jonatan) König und Hohepriester.
76–67	Salome Alexandra (Schlomzion) Königin, Johannes Hyrkanos II. Hohepriester.
67–63	Aristobulos II. König und Hohepriester, Marcus Aemilius Scaurus d. J. römischer Statthalter in Syrien.
63	Pompeius erobert Jerusalem, Beginn der römischen Vorherrschaft über Syrien-Palästina.
63–40	Hyrkanos II. Hohepriester.

40–37	Antigonos Hohepriester.
36	Aristobulos Hohepriester.
37- ca. 100 n. Chr.	Herodianisches Königtum.
37–4	Herodes der Große römischer Klientelkönig.
4 v. Chr.–39	Nachfahren Herodes des Großen teilen sich die Herrschaft (Herodes Archelaos, Herodes Antipas, Herodes Philippos).
40–44	König Herodes Agrippa I.
50- ca. 92/100	König Herodes Agrippa II.
66–74	Erster Jüdischer Krieg.
70	Titus erobert Jerusalem und zerstört den Zweiten Tempel, Herodes Agrippa lebt fortan in Rom.
72	Sichem und der Berg Garizim werden römische Siedlung (Flavia Neapolis).
73	Schließung des Tempels von Leontopolis.
74	Einnahme der Festung Masada.
115–117	Zweiter Jüdischer Krieg (sog. Kitos-Krieg in der Diaspora).
132–135	Dritter Jüdischer Krieg (Bar Kosba/Kochba-Aufstand), Jerusalem wird römische Kolonie, Juden ist der Zutritt verboten.

Glossar

Akrostichon: Gedicht, dessen *Versanfänge* einem bestimmten Schema, zum Beispiel dem Alphabet, folgen.

Altes Testament: Christliche Bezeichnung der –> Hebräischen Bibel und der –> Apokryphen, die in den antiken Übersetzungen (–> Septuaginta, Vulgata, Peschitta) enthalten sind, erster Teil des christlichen Kanons bestehend aus Altem und Neuem Testament.

Apokalyptik, apokalyptisch: Auf die Endzeit bezogene *Offenbarungs*literatur.

Apokryphen, apokryph: *Verborgene*, das heißt nicht in den hebräischen –> Kanon aufgenommene Schriften.

Archäologie, archäologisch: *Altertumskunde*, im Besonderen die Kunde von den Bodenfunden.

Asidäer: (–> Chasidim) Gruppe der *Frommen*, eine jüdische Religionspartei in hellenistisch-römischer Zeit.

Biblisches Judentum: Teile des antiken Judentums, die sich auf Schriften berufen, die später Eingang in die –> Hebräische Bibel gefunden haben oder ihnen nahestehen (–> parabiblische Schriften, –> Apokryphen und –> Pseudepigraphen).

Brontologion: Lehre von den *Gewitter*-Omina (–> Omen).

Bundesbuch: Rechtsbuch in Exodus 20,22–23,33, so benannt nach Exodus 24,7.

Chasidim: (–> Asidäer) Gruppe der *Frommen*, eine jüdische Religionspartei.

Chronistisches Geschichtswerk: Wissenschaftliche Hypothese eines literarischen Werkzusammenhangs der Bücher 1–2 Chronik, Esra und Nehemia.

Dekalog: *Zehn-Wort*, die Zehn Gebote (Exodus 20, Deuteronomium 5).

Deuteronomistisch: Sprachlich und inhaltlich am Buch Deuteronomium orientierte und davon abgeleitete Texte (im Unterschied zur genuin deuteronomischen Sprache und Theologie).

Deuteronomistisches Geschichtswerk: Wissenschaftliche Hypothese eines literarischen Werkzusammenhangs der Bücher Deuteronomium, Josua, Richter, 1–2 Samuel, 1–2 Könige (Martin Noth).

Diaspora: *Zerstreuung* einer Volks- oder Glaubensgemeinschaft, hier der Israeliten und Judäer, in alle Welt.

Divination: Techniken zur Erschließung des *göttlichen* Willens.

Doxologie, doxologisch: *Verherrlichung*, Lobpreis Gottes.

Epigraphik, epigraphisch: Inschriftenkunde, inschriftlich.

Eschatologie, eschatologisch: Lehre von den letzten Dingen (–> Apokalyptik).

Essener: Rigoristische, jüdische Religionspartei in hellenistisch-römischer Zeit (die *Frommen* –> Asidäer oder *Täter* des Gesetzes?), oft mit der Gemeinschaft von Qumran *(ha-jachad)* identifiziert.

Exil, (vor-, nach-)exilisch: *Verbannung*, Aufenthalt in der Fremde. Hier vor allem das Babylonische Exil seit 597/587 v. Chr. als Grenze zwischen der vorexilischen Königszeit (erste Hälfte des ersten Jahrtausends v. Chr.) und der nachexilischen Zeit (zweite Hälfte des ersten Jahrtausends v. Chr.).

Fortschreibung: Fachbegriff für literarische Bearbeitungen (insbesondere Ergänzungen) antiker Schriften.

Geniza: *Aufbewahrungsort*, Lager für gebrauchte Schriften, die nicht vernichtet werden dürfen; hier die Geniza der Ben-Esra-Synagoge in Alt-Kairo, in der Tausende von mittelalterlichen Handschriften gefunden wurden.

Gola: *Verbannung*, *Exulantenschaft*, insbesondere vom Babylonischen –> Exil.

Götzen, Götzendienst: Polemischer Begriff für «Falschgötter», Idole und ihre Verehrung.

Haggada/Aggada: *Erzählung*, Nacherzählung und Fortspinnen nichtgesetzlicher biblischer Stoffe zur Erbauung und Unterweisung in rabbinischer Tradition.

Halacha: *Wandel*, Gesetzesauslegung in Qumran und rabbinischer Tradition (Mischna, Talmud).

Hasmonäer, hasmonäisch: Führer der makkabäischen Aufstandsbewegung (–> Makkabäer) und Angehörige der Dynastie aus dem Geschlecht Hasmon.

Hebräische Bibel: Bezeichnung des jüdischen –> Kanons, bestehend aus den drei Kanonteilen Tora, Propheten und Schriften, abgekürzt als «TeNaK» (Tora, Nebiim, Ketubim), gleichbedeutend mit der Bezeichnung –> Altes Testament ohne –> Apokryphen.

Hebräisches Alphabet: Das hebräische Alphabet besteht aus Konsonanten und wurde ursprünglich in der althebräischen Schrift, ab Mitte des ersten Jahrtausends v. Chr. in aramäischer Quadratschrift notiert. Vokale wurden ursprünglich nicht geschrieben (Defektivschreibung), konnten aber zur Sicherung der Aussprache auch durch Konsonantenbuchstaben *(alef, waw, yod, he)* wiedergegeben werden (Plene-Schreibung). Zusätzlich wurden im Mittelalter von den Masoreten (–> Masora) verschiedene Systeme von über oder unter den Wörtern angebrachten Vokalzeichen entwickelt.

Heiligkeitsgesetz: Gesetzeskorpus in Levitikus 17–26, so benannt nach dem Motto in Levitikus 19,2.

Hellenistisches Judentum: Teile des antiken Judentums, die griechische Sprache und Sitten angenommen haben.

Jachad: *Gemeinschaft*, Selbstbezeichnung der Gemeinschaft von Qumran.

JHWH: Tetragramm, das heißt vier Konsonanten des jüdisch-christlichen Gottesnamens, der in der jüdischen Tradition nicht ausgesprochen werden darf und in der Hebräischen Bibel nach *ʾadonaj*, «Herr», oder *ʾælohim*, «Gott», vokalisiert wird. In der –> Septuaginta ist er mit *(ho) kyrios*, «(der) Herr», wiedergegeben.

Kabbala: *das Überlieferte*, Bezeichnung für die jüdische Mystik.

Kanon, kanonisch: *Maß*, Sammlung der maßgeblichen, heiligen Schriften, hier die Hebräische Bibel, die –> Septuaginta, Altes und Neues Testament.

Ketubim: *Schriften*, dritter Teil des hebräischen –> Kanons: Psalmen, Hiob, Sprüche, Rut, Hohelied, Kohelet, Klagelieder, Ester, Daniel, Esra, Nehemia, Chronik.

Kodex, *pl.* Kodizes: In *Holzblöcken* eingefasster Stapel von beschriebenen Blättern, Bezeichnung von Handschriften in Buchform.

Kosmologie: *Lehre von der Welt*, ihrer Entstehung und Struktur.

Literargeschichte: Die Entstehung und Wachstumsgeschichte eines literarischen (biblischen oder parabiblischen) Buches/Werkes.

Literarkritik: Methode der Bibelwissenschaft zur Rekonstruktion der Entstehung und –> Literargeschichte eines biblischen oder –> parabiblischen Textes.

Lunisolarer Kalender: Eine Mischung von *Mond-* (lunar) und *Sonnen*kalender (solar).

Magie, magisch: *Zauber*, Techniken zur Mobilisierung und Beeinflussung natürlicher und übernatürlicher (göttlicher) Kräfte.

Makarismus: *Seligpreisung*, literarische Gattung mit dem typischen Anfang «Selig ist», «Glücklich ist», «Wohl dem».

Makkabäer, makkabäisch: Führer und Mitglieder der Aufstandsbewegung unter Antiochos IV., benannt nach dem Anführer Judas mit dem Beinamen Makkabaios («Hammer») aus dem Geschlecht Hasmon –> Hasmonäer.

Mantik, mantisch: *Wahrsagerei*, Techniken zum Empfang und zur Deutung von Zeichen des göttlichen Willens.

Masora, masoretischer Text: *Überlieferung*, der von den Masoreten *(Überlieferern)* vokalisierte und kommentierte, ursprünglich in Konsonantenschrift notierte Bibeltext, der den meisten modernen Ausgaben zugrunde liegt.

Mazza, *pl.* Mazzot: *Ungesäuerte Brote*, agrarisches Frühlingsfest zum Beginn der Getreideernte (Schnitt der Gerste), später mit dem –> Passa verbunden und historisiert als Fest zum Auszug aus Ägypten.

Mezuza, *pl.* Mezuzot: Am *Türpfosten* angebrachte Kapseln mit Bibelversen (–> Phylakterium), die beim Eintreten mit der Hand berührt werden.

Midrasch, *pl.* Midraschim: *Auslegung* in Qumran, Literaturgattung in rabbinischer Tradition (–> rabbinisches Judentum).

Minjan: *Quorum* von mindestens zehn (männlichen) Teilnehmern, das erforderlich ist, um einen Gottesdienst abzuhalten.

Miqwe, *pl.* Miqwaot: *Sammelplatz* für fließendes Wasser, rituelles Tauchbad.

Mischpatim: Sammlung von *Rechtssätzen* in Exodus 21,1–22,19 im Rahmen des –> Bundesbuchs.

Nichtbiblisches Judentum: Teile des antiken Judentums, die sich nicht auf biblische und parabiblische Schriften (–> Biblisches Judentum), sondern allein auf das traditionelle Brauchtum der israelitisch-judäischen Religion berufen.

Nebiim: *Propheten*, zweiter Teil des hebräischen –> Kanons, unterteilt in vordere Propheten: Josua, Richter, 1–2 Samuel, 1–2 Könige; hintere Propheten: Jesaja, Jeremia, Ezechiel und die Zwölf (kleinen) Propheten Hosea, Joel, Amos, Obadja, Jona, Micha, Nahum, Habakuk, Zefanja, Haggai, Sacharja, Maleachi.

Omen, *pl.* Omina: *Zeichen* des göttlichen Willens aller Art.

Oniaden: Angehörige der Familie des Hohepriesters von Jerusalem aus der priesterlichen Linie des Zadok (Zadokiden) in hellenistischer Zeit, benannt nach Onias I. (um 300 v. Chr.).

Ostrakon, *pl.* Ostraka: Beschriftete *Tonscherbe*.

Pantheon: Heiligtum, Versammlung, Zusammenstellung *aller Götter*.

Parabiblisch: Den biblischen Schriften nahestehend.

Paränese, paränetisch: *Mahnung*, mahnende Redeweise.

Passa: Fest unbekannter Herkunft und Bedeutung (nach Julius Wellhausen: Darbringung der tierischen Erstlinge), ursprünglich vermutlich an lokalen Heiligtümern begangen, später in der Hebräischen Bibel mit dem Frühjahrsfest –> Mazzot verbunden (Deuteronomium 16) und zum Ritus beim Auszug aus Ägypten erklärt (Exodus 12–13).

Pentateuch: Das aus *fünf Rollen* gefertigte Buch/Werk, die –> Tora: Genesis, Exodus, Levitikus, Numeri, Deuteronomium.

Pescher, *pl.* Pescharim: *Deutung*, Kommentarwerk in Qumran, besonders zu den Propheten und Psalmen.

Peschitta: *Die Einfache*, syrische Übersetzung des Alten Testaments.

Pharisäer, pharisäisch: Gruppe der *Abgesonderten*, eine jüdische Religionspartei in hellenistisch-römischer Zeit.

Phylakterium: Behältnis für magische Schutzmittel zur *Ver-* und *Bewahrung* (–> Mezuza, Tefillin).

Polytheismus, polytheistisch: Glaube, dass *viele Götter* existieren.

Priesterschrift: Eine literarische Schicht in den vier Büchern Genesis, Exodus, Levitikus und Numeri (–> Tetrateuch), die neben dem Buch Deuteronomium sprachlich, stilistisch und inhaltlich klar identifiziert und literarisch von dem nichtpriesterschriftlichen Text in den vier Büchern abgegrenzt werden kann.

Protologie: Lehre von den ersten Dingen und der Entstehung der Welt.

Pseudepigraphie: *Fälschliche*, das heißt fiktive Zuschreibung einer Schrift an einen bekannten Autor.

Ptolemäer, ptolemäisch: Angehörige der makedonischen (griechischen) Dynastie in Ägypten, benannt nach Ptolemaios I., Sohn des Lagos (darum auch «Lagiden» genannt).

Rabbinisches Judentum: Hauptströmung des von Rabbinen *(Schriftgelehrten, Lehrern)* geprägten Judentums in der Zeit ab 70 n. Chr., dessen Lehren im Talmud *(Belehrung)* gesammelt sind.

Redaktion, Redaktionsgeschichte: Geschichte der literarischen Bearbeitung – das heißt der Komposition, Überarbeitung und –> Fortschreibung – eines literarischen (biblischen oder parabiblischen) Buches/Werkes (–> Literargeschichte).

Rewritten Bible: Paraphrase und Reformulierung einer biblischen Schrift.

Sabbat: Ursprünglich der Vollmondtag (öfter neben dem Neumondtag genannt), in der Hebräischen Bibel mit dem Ruhegebot am siebten Tag der Woche (Ex 23,12) verbunden und zu einem Tag «für JHWH» erklärt (–> Dekalog).

Sadduzäer, sadduzäisch: Priesterliche (*zadokidische*? –> Zadok) Religionspartei in hellenistisch-römischer Zeit.

Samaritaner, samaritanisch: Angehörige einer jüdischen Gemeinschaft, die sich nicht dem Tempel in Jerusalem, sondern dem Heiligtum auf dem Berg Garizim bei Sichem in der Provinz Samaria zugehörig fühlten und nur die Tora (den Pentateuch) als heilige Schrift anerkennen (im Unterschied zu «Samariern», den Bewohnern der Stadt Samaria sowie des Reiches bzw. der Provinz Samaria).

Samaritanischer Pentateuch: Der von der Gemeinschaft der –> Samaritaner überlieferte Bibeltext des –> Pentateuchs bzw. der –> Tora.

Seleukiden, seleukidisch: Angehörige der makedonischen (griechischen) Dynastie in Syrien und Mesopotamien, benannt nach Seleukos I.

Septuaginta (LXX): *Die Siebzig*, griechische Übersetzung der –> Tora bzw. der ganzen –> Hebräischen Bibel, Kanon des griechischen –> Alten Testaments (einschließlich der –> Apokryphen), entstanden im –> hellenistischen Judentum.

Targum: Aramäische *Übersetzung* der –> Hebräischen Bibel mit paraphrasierenden Elementen.

Tefillin: Gebetsriemen, an denen Kapseln mit Bibelversen (–> Phylakterium, Mezuza) angebracht sind und die um Handgelenk und Stirn gebunden werden.

Terminus a quo/post quem: Zeitpunkt, *von dem an* bzw. *nach dem* etwas geschehen ist.

Terminus ad quem: Zeitpunkt, *bis zu dem hin* etwas geschehen ist.

Tetrateuch: Das aus *vier Rollen* gefertigte Buch/Werk: Genesis, Exodus, Levitikus, Numeri.

Textgeschichte: Überlieferung und Geschichte der Textfassung eines literarischen (biblischen oder parabiblischen) Buches/Werkes und seiner antiken Übersetzungen.

Textkritik: Methode der Bibelwissenschaft zur Rekonstruktion der Geschichte der Textüberlieferung.

Tobiaden: Angehörige der Familie des Tobia, einer einflussreichen Gruppe in hellenistischer Zeit.

Tora: *Gesetz*, erster Teil des hebräischen –> Kanons: Genesis, Exodus, Levitikus, Numeri, Deuteronomium –> Pentateuch.

Vulgata: *Die allgemein gebräuchliche* lateinische Übersetzung des –> Alten Testaments durch Hieronymus (um 400 n. Chr.).

Weisheit, weisheitlich: Bereich von Alltags- und Orientierungswissen, Überlieferung der altorientalischen und biblischen Weisheitsliteratur in Form von Sprüchen, Reden und Erzählungen (Achiqar, Sprüche, Hiob, Kohelet).

Zadok, Zadokiden: Jerusalemer Priester unter David und das nach ihm benannte Priestergeschlecht.

Zeloten: Die *Eiferer*, eine jüdische Widerstandsbewegung in römischer Zeit.

Anmerkungen

I. «Bücher in hebräischer Schrift»
Ein spektakulärer Fund

1 Oskar Braun, Ein Brief des Katholikos Timotheos I über biblische Studien des 9. Jahrhunderts. Der Wortlaut dieser und anderer Nachrichten über Handschriftenfunde in der Antike in deutscher Übersetzung und mit bibliographischen Quellennachweisen findet sich in Daniel Stökl Ben Ezra, Qumran, 12–13.

2 William H. Brownlee, Muhammad ed-Deeb's Own Story of His Scroll Discovery.

3 Wissenschaftliche Editionen, Studienausgaben (mit englischer und deutscher Übersetzung), digitale Publikationen der Fotos und weitere Hilfsmittel zur Erschließung der Handschriften sind im Literaturverzeichnis aufgeführt.

4 Genannt seien das Groninger Projekt, The Hands that Wrote the Bible (https://www.researchgate.net/project/The-Hands-that-Wrote-the-Bible-Digital-Paleography-and-Scribal-Culture-of-the-Dead-Sea-Scrolls); das Göttinger Qumran-Wörterbuch (QWB) (http://www.qwb.adw-goettingen.gwdg.de/) sowie das deutsch-israelische Kooperationsprojekt Scripta Qumranica Electronica (SQE), an dem Teams in Haifa, Tel Aviv, Jerusalem und Göttingen beteiligt sind (https://www.qumranica.org/blog/).

5 Hartmut Stegemann, Methods for the Reconstruction of Scrolls from Scattered Fragments. Vgl. auch Annette Steudel, Assembling and Reconstructing Manuscripts; dies., Probleme und Methoden der Rekonstruktion von Schriftrollen; weiterführende Hinweise dazu in dies., Basic Research, 590–594.

II. «Um in die Wüste zu gehen»
Ḫirbet Qumran und die Essener

1 Das Standardwerk zur Archäologie ist Jodi Magness, The Archaeology of Qumran and the Dead Sea Scrolls. Weiteres im Literaturverzeichnis.

2 Roland de Vaux, Archaeology and the Dead Sea Scrolls.

3 Hartmut Stegemann, Die Essener, 77–82.

4 Norman Golb, Qumran.; Yizhar Hirschfeld, Qumran; Jürgen Zangenberg, Zwischen Zufall und Einzigartigkeit, in: J. Frey u. a. (Hg.), Qumran und die Archäologie, 121–146. Zur Diskussion Daniel Stökl Ben Ezra, Qumran, 133–148.

5 Frank Moore Cross und Esther Eshel, Ostraca from Khirbet Qumrân; abweichende Lesungen schlagen vor: Ada Yardeni, A Draft of a Deed on an Ostracon from Khirbet Qumrân; Émile Puech, L'ostracon de Khirbet Qumrân (KHQ 1996/1).

6 So etwa noch James C. VanderKam, Einführung in die Qumranforschung, 111–112; differenzierter und vorsichtiger Hartmut Stegemann, Die Essener, 70–72.290–291. Zur Frage Nicole Rupschus, Frauen in Qumran, die auch ausführlich auf die Friedhöfe eingeht.

7 Jodi Magness, Archaeology, 105–133; eine schöne Zusammenfassung der Gesichtspunkte bietet Daniel Stökl Ben Ezra, Qumran, 145.

8 Die Zeugnisse sind bei André Dupont-Sommer, Die essenischen Schriften, 24–43 in deutscher Übersetzung übersichtlich zusammengestellt. Für den Vergleich mit den

Texten vom Toten Meer vgl. Todd S. Beall, Josephus' Description of the Essenes; Roland Bergmeier, Die Qumran-Essener-Hypothese.

9 Die Arbeit wurde 1965 in Bonn als Dissertation eingereicht und erschien 1971 im Druck. Nahezu gleichzeitig erschien die Arbeit von Gert Jeremias, Der Lehrer der Gerechtigkeit, die für die Hypothese ebenfalls maßgeblich war. Eine allgemeinverständliche Zusammenfassung bietet Hartmut Stegemann, Die Essener, 194–226.

10 Devorah Dimant (Hg.), The Dead Sea Scrolls in Scholarly Perspective; John J. Collins, The Dead Sea Scrolls.

11 Zur Unterscheidung von «biblischem» und «nichtbiblischem» Judentum vgl. Reinhard G. Kratz, Historisches und biblisches Israel.

12 Hier einige ausgewählte Titel zu den neueren Ansätzen: Maxine L. Grossman, Reading for History in the Damascus Document; Sarianna Metso und Hindy Najman, The Community of the Dead Sea Scrolls; Alison Schofield, From Qumran to the Yaḥad; Philip R. Davies, What History Can We Get From the Scrolls, and How?; John J. Collins, Beyond the Qumran Community; Geroge J. Brooke, Reading the Dead Sea Scrolls; Jutta Jokiranta, Social Identity and Sectarianism in the Qumran Movement; Reinhard G. Kratz, The Teacher of Righteousness and His Enemies.

13 Siehe die Zeittafel im Anhang sowie die Arbeiten zum historischen Kontext von Lester L. Grabbe, A History of the Jews and Judaism in the Second Temple Period (3 Bände); kürzer gefasst Peter Schäfer, Geschichte der Juden in der Antike; Reinhard G. Kratz, Historisches und biblisches Israel.

14 Reinhard G. Kratz, Das Alte Testament und die Texte vom Toten Meer.

III. «Abgewendet vom Weg dieses Volkes» Die Textüberlieferung

1 Eine ausführliche Beschreibung der biblischen Handschriften findet sich in Armin Lange, Handbuch der Textfunde vom Toten Meer.

2 Hartmut Stegemann, Die Essener, 124–125.

3 Vgl. Gen50/Ex 1; Dtn 1–3/Ex-Num; Dtn 31–34/Jos 1; Jos 24/Ri 1–2. Dazu Christoph Berner und Harald Samuel, Book-Seams in the Hexateuch I und II.

4 Zahlen nach Géza G. Xeravits und Peter Porzig, Einführung in die Qumranliteratur, 24–25.

5 Zahlen nach James C. VanderKam, Einführung in die Qumranforschung, 56–62.

6 Das Standardwerk hierzu ist Emanuel Tov, Scribal Practices.

7 Die Herkunft ist nicht absolut sicher. So hat Ada Yardeni in DJD XXVII, 1997, 106–107 vermutet, dass 4Q347 aus Naḥal Ḥever stammt und mit XḤev/Se 32 zu verbinden sei.

8 Den Hinweis auf diesen Fall verdanke ich Annette Steudel (mündlich).

9 Das Standardwerk zur Textgeschichte, das auch den Befund von Qumran zum ersten Mal ausführlich berücksichtigt, ist Emanuel Tov, Textual Criticism of the Hebrew Bible.

10 Die folgenden Beispiele aus dem Buch Samuel sind ausführlicher besprochen in Reinhard G. Kratz, Bibelhandschrift oder Midrasch? Zum Verhältnis von Text- und Literargeschichte in den Samuelbüchern im Licht der Handschrift 4Q51 (4QSam[a]).

11 Julius Wellhausen, Der Text der Bücher Samuelis, 190–191.223.

12 Julius Wellhausen, Der Text der Bücher Samuelis, 41.

13 Näheres dazu und zu dem in 1 Sam 2 überlieferten «Lied der Hanna», das erhebliche Unterschiede zwischen dem masoretischen Text und der Handschrift 4Q51

(4QSam[a]) aufweist, in Reinhard G. Kratz, Textual Supplementation in Poetry: The Song of Hannah as a Test Case.

14 Dazu ausführlich Reinhard G. Kratz, Jesaja in den Schriften vom Toten Meer, in: Prophetenstudien, 243–271, hier 243–249.

IV. «Damit du Einsicht gewinnst» Die Textentstehung

1 Für das folgende Kapitel ist neben Emanuel Tov, Textual Criticism, besonders Eugene Ulrich, The Dead Sea Scrolls and the Origins of the Bible einschlägig.

2 Der Befund ist ausführlich behandelt in Sarianna Metso, The Textual Development of the Qumran Community Rule. Zum Folgenden vgl. auch Peter Porzig, Textgeleitete und gruppenbezogene Auslegungsprozesse in den Handschriften von Qumran.

3 Nachweise zu dieser Diskussion finden sich in Reinhard G. Kratz, Reworked Pentateuch und Pentateuchkritik, in: Torastudien.

4 Näheres dazu in Reinhard G. Kratz, Nahash, King of the Ammonites.

5 Den Literaturtyp behandeln Michael Segal, Between Bible and Rewritten Bible; Sidnie White Crawford, Rewriting Scripture in Second Temple Times; Molly Zahn, Talking about Rewritten Texts.

6 Näheres dazu in Noam Mizrahi, Witnessing a Prophetic Text in the Making.

7 Frank Moore Cross, Die antike Bibliothek von Qumran und die moderne biblische Wissenschaft, 174–179. Alternative Vorschläge in Eugene Ulrich, The Dead Sea Scrolls and the Origins of the Bible, 79 ff. 99 ff.; Emanuel Tov, Textual Criticism, 155–190.

8 Die verschiedenen Arten der Textentstehung und -überlieferung als Auslegungsvorgang sowie die damit verbundene Frage der Autorisierung des Bibeltexts sind ausführlicher dargestellt in Reinhard G. Kratz, Innerbiblische Exegese und Redaktionsgeschichte im Lichte empirischer Evidenz», in: Das Judentum im Zeitalter des Zweiten Tempels, 126–156.

9 Den Schriftgebrauch in 4QMMT behandelt Reinhard G. Kratz, Mose und die Propheten. Zur Interpretation von 4QMMT C, in: Torastudien.

V. «Dies ist die Ordnung» Die Statuten der Gemeinschaft

1 Für den historischen Kontext vgl. die oben II. Anm. 13 genannten Arbeiten.

2 Das griechische Vereinswesen als Analogie zur Gruppenbildung der Gemeinschaft von Qumran und der Essener ist in der jüngeren Forschung wieder vermehrt in den Blickpunkt gerückt: vgl. Yonder M. Gillihan, Civic Ideology, Organization, and Law in the Rule Scrolls; Michael E. Stone, Secret Groups in Ancient Judaism; Benedikt Eckhardt, The Yahad in the Context of Hellenistic Group Formation; Andrew R. Krause, Qumran Discipline and Rites of Affliction in Their Associational Context.

3 Die Standardwerke hierzu sind Sarianna Metso, The Textual Development of the Qumran Community Rule; dies., The Serekh Texts sowie Charlotte Hempel, The Laws of the Damascus Document; dies., The Damascus Texts. Ferner Alison Schofield, From Qumran to the Yaḥad; Ben Zion Wacholder, The New Damascus Document.

4 Das Verhältnis der beiden Textkorpora ist sehr kompliziert und darum umstritten.

Die hier vertretene Ansicht ist näher begründet in Reinhard G. Kratz, Der ‹Penal Code› und das Verhältnis von Serekh ha-Yachad (S) und Damaskusschrift (D), in: Torastudien; Annette Steudel, The Damascus Document (D) as a Rewriting of the Community Rule (S). Eine andere Sicht vertreten Stephen Hultgren, From the Damascus Covenant to the Covenant of the Community; Philip R. Davies, The Textual Growth of the Damascus Document Revisited.

5 Die beiden jüdischen Kolonien auf Elephantine (Ägypten) und in Al Jahudu (Mesopotamien) werden ausführlicher behandelt in Reinhard G. Kratz, Historisches und biblisches Israel, 186–203 und 203–213; ders., Fossile Überreste des unreformierten Judentums in fernem Lande? Das Judentum in den Archiven von Elephantine und Al-Yaḫudu. Unter den literarischen Werken von Elephantine (Behistun-Inschrift, Achiqar) hat sich kein biblischer Text gefunden. Achiqar, eine zentrale Figur dieser Literatur, ist erst im Buch Tobit aus hellenistischer Zeit in die biblische Tradition «eingemeindet» worden; dazu Reinhard G. Kratz, Aḥiqar and Bisitun. The Literature of the Judeans at Elephantine.

6 Reinhard G. Kratz, Historisches und biblisches Israel, 232–258 und 258–268; zur Situation in Ägypten (Alexandria, Leontopolis), ebd. 268–183; ders., Elephantine und Alexandria.

7 Der Absatz 1QS VI,3b–8a ist überaus komplex und besteht vermutlich aus einer Reihe von Nachträgen zu 1QS VI,1–3a. Sukzessiv hinzugefügt wurden zunächst eine erste Vorschrift über die Versammlung der Zehn und den Vorrang des Priesters in VI,3b–6a, sodann das nächtliche Torastudium der Vielen in VI,7b–8a und schließlich der eine Toralehrer in VI,6b–7a; im Zuge dessen wurde der Abschnitt VI,6b–8a zu einer zweiten Vorschrift über die Versammlung der Zehn umgestaltet. Eine Analyse des Absatzes bieten Charlotte Hempel, Interpretative Authority in the Community Rule Tradition; Reinhard G. Kratz, Erforscher der Tora in den Texten vom Toten Meer und im Buch Esra, in: Torastudien. Auch die weiteren Bestimmungen in 1QS V–VI sind keineswegs literarisch einheitlich, sondern nach und nach entstanden und wurden mehrfach überarbeitet.

8 Reinhard G. Kratz, Der ‹Penal Code› und das Verhältnis von Serekh ha-Yachad (S) und Damaskusschrift (D), in: Torastudien; ders., Laws of Wisdom.

9 Die neueste Bearbeitung stammt von Daniel Brizemeure, Noel Lacoudre, Émile Puech, Présenté par J.-M. Poffet, Le Rouleau de cuivre de la grotte 3 de Qumrân (3Q15).

10 Zur Begründung sei auf die oben in Anm. 3–4 genannte Literatur verwiesen.

11 Hartmut Stegemann, Die Essener, 152–167, bes. 159–163: «Die älteste Gemeindeordnung der Essener (1QSa)». Stegemann rechnet mit der Aufnahme älterer, teilweise auch voressenischer Materialien, die in die späten, mehr oder weniger zeitgleich um 100 v. Chr entstandenen Kompositionen 1QS und CD eingegangen seien. In diese Richtung tendieren auch die Arbeiten von Charlotte Hempel, Stephen Hultgren und Philip R. Davies (s. o. Anm. 3 und 4).

12 So Annette Steudel, The Development of Essenic Eschatology.

VI. «Wir aber sagen» Die Auslegung der Tora

1 Hindy Najman, Seconding Sinai. Vorausgesetzt ist im Folgenden die Analyse der gesetzlichen Partien des Alten Testaments in Reinhard G. Kratz, Die Komposition der erzählenden Bücher des Alten Testaments; nähere Begründungen dazu in: ders., Torastudien; eine allgemeinverständliche Kurzfassung in ders., Historisches und

biblisches Israel, 88–90.111–117. Die Kontinuität des «mosaischen Diskurses» in den Schriften vom Toten Meer behandelt Reinhard G. Kratz, Quellen, Fragmente, Ergänzungen. Tempelrolle und Pentateuchkritik sowie Fortschreibung der Tora in der Hebräischen Bibel und den Texten vom Toten Meer, beides in: Torastudien. Teils übereinstimmende, teils abweichende Entwürfe zur Entstehung der biblischen Bücher bieten etwa David Carr, The Formation of the Hebrew Bible; Jan-Christian Gertz (Hg.), Grundinformation Altes Testament; Konrad Schmid, Literaturgeschichte des Alten Testaments.

2 Dazu Reinhard G. Kratz, Moses. Creating a Founding Figure.

3 Dazu Johann Maier, Die Tempelrolle vom Toten Meer und das «Neue Jerusalem»; Lawrence H. Schiffman, The Courtyards of the House of the Lord. Eine allgemeinverständliche Einführung gibt Sidnie White Crawford, The Temple Scroll and Related Texts.

4 Klaus Berger, Das Buch der Jubiläen (JSHRZ II/3), 1981. Dazu Michael Segal, The Book of Jubilees; Christoph Berner, Jahre, Jahrwochen und Jubiläen.

5 Die Halacha in der Damaskusschrift behandelt Charlotte Hempel, The Laws of the Damascus Document. Vgl. auch Joseph M. Baumgarten u. a. (Hg.), The Damascus Document; ferner Aharon Shemesh, Halakhah in the Making.

6 Dazu Nicole Rupschus, Frauen in Qumran. Zum Thema im historischen Kontext vgl. Ross S. Kraemer, Her Share of the Blessings; Tal Ilan, Jewish Women in Greco-Roman Palestine.

7 Dazu Reinhard G. Kratz (Hg.), Interpreting and Living God's Law at Qumran. Näheres zur Rekonstruktion, Sprache und Gattung des Werkes in den Beiträgen von Eibert Tigchelaar, Material Construction and Palaeographic Dating of 4QMMT, ebd. 57–65; Noam Mizrahi, The Language of 4QMMT, ebd. 67–83; Lutz Doering, 4QMMT and/as Hellenistic Literature, ebd. 179–198. Von der älteren Literatur sei besonders hingewiesen auf John Kampen und Moshe J. Bernstein (Hg.), Reading 4QMMT.

8 Zu demselben Schluss kommt auch Daniel Stökl Ben Ezra, Qumran, 377–392, der die Linie bis zum rabbinischen Judentum auszieht. Näheres dazu in Charlotte Hempel, 4QMMT in the Context of the Dead Sea Scrolls and Beyond sowie Vered Noam, From 4QMMT to the Rabbinic Halakhah, in: Reinhard G. Kratz (Hg.), Interpreting and Living God's Law at Qumran, 117–136 und 137–159.

9 Johann Maier, Die Qumran-Essener II, 365.

10 Elisha Qimron, DJD X, 1994, 50–51.

11 David A. Teeter, Scribal Laws, 58–75.

12 Ausführlich dazu Reinhard G. Kratz, ‹Der Ort, den er erwählt hat›. Die Identifikation des Kultortes von Lev 17 und Dtn 12 in 4QMMT, in: Torastudien.

13 Die Ausnahmesituation Jerusalems belegt auch die Vorschrift in CD XII,1–2, wonach «nicht ein Mann mit einer Frau liegen» soll, «um nicht die Stadt des Heiligtums durch ihre Unreinheit zu verunreinigen». (Hinweis von Annette Steudel mündlich)

14 Hartmut Stegemann, Die Essener, 148–151. Kritisch dazu äußert sich Daniel Stökl Ben Ezra, Qumran,166–169.280–281. Näheres in John J. Collins, 4QMMT and History, in: Reinhard G. Kratz (Hg.), Interpreting and Living God's Law at Qumran, 161–178.

15 So Lawrence H. Schiffman, Art. Miqtsat Maʿasei Ha-Torah, in: Lawrence H. Schiffman und James C. VanderKam (Hg.), Encyclopedia of the Dead Sea Scrolls I, 558–560.

16 Günter Stemberger, Pharisäer, Sadduzäer, Essener.

17 So zuletzt wieder Émile Puech, Psaume et Prière pour le roi Jonathan (4Q448) revisités; hier auch die Diskussion der Forschung.

18 Die Belege bei Reinhard G. Kratz, Historisches und biblisches Israel, 58.

19 Annette Steudel, 4Q448 – The Lost Beginning of MMT?

VII. «Wir und unsere Väter vor uns» Die Aneignung der heiligen Geschichte

1 Für den Zusammenhang von Gesetz und Geschichte in 4QMMT vgl. Reinhard G. Kratz, Mose und die Propheten. Zur Interpretation von 4QMMT C, in: Torastudien; zur Frage der materiellen Rekonstruktion des dritten Teils (Schlussparänese) vgl. Reinhard G. Kratz (Hg.), Interpreting and Living God's Law at Qumran, 25–26.44–53 sowie den Beitrag von Eibert Tigchelaar, Material Construction and Palaeographic Dating of 4QMMT, ebd. 57–65, bes. 59–60.

2 Im Folgenden ist die Analyse von Reinhard G. Kratz, Die Komposition der erzählenden Bücher des Alten Testaments vorausgesetzt; allgemeinverständlich zusammengefasst in ders., Historisches und biblisches Israel, 96–98.105–111 sowie 140–179. Zu einzelnen Bereichen genauer ders., Mythos und Geschichte; ders., Torastudien.

3 Näheres dazu in Reinhard G. Kratz, Die Suche nach Identität in der nachexilischen Theologiegeschichte, in: Das Judentum im Zeitalter des Zweiten Tempels, 157–180.

4 Näheres dazu in Reinhard G. Kratz, ‹Öffne seinen Mund und seine Ohren›. Wie Abraham Hebräisch lernte, in: Das Judentum im Zeitalter des Zweiten Tempels, 340–351.

5 Näheres dazu in Reinhard G. Kratz, Nabonid und Kyros, in: Das Judentum im Zeitalter des Zweiten Tempels, 40–54; ders., Nabonid in Qumran.

6 Zu dieser Frage vgl. Devorah Dimant, History, Ideology and Bible Interpretation in the Dead Sea Scrolls, 153–169.

7 Neueste Bearbeitung: Daniel A. Machiela, The Dead Sea Genesis Apocryphon. Einschlägige Beiträge dazu finden sich in Moshe J. Bernstein, Reading and Re-Reading the Scripture at Qumran.

8 Näheres dazu in Reinhard G. Kratz, Gottes Freund, Saras Bruder, Isaaks Vater, in: Torastudien.

9 Siehe oben II.2 sowie Hartmut Stegemann, Die Essener, 206–212; ferner John J. Collins, Reading for History in the Dead Sea Scrolls.

10 Hartmut Stegemann, Die Essener, 173–174.

11 Näheres dazu in Reinhard G. Kratz, The Teacher of Righteousness and His Enemies.

12 Näheres dazu in Reinhard G. Kratz, Erforscher der Tora in den Texten vom Toten Meer und im Buch Esra, in: Torastudien.

13 John J. Collins, Historiography in the Dead Sea Scrolls.

14 Dieser eigentümliche Text und die Kontroverse in der Forschung sind näher behandelt in Reinhard G. Kratz, Son of God and Son of Man. 4Q246 in the Light of the Book of Daniel.

15 Hinweise dazu finden sich in Reinhard G. Kratz, Gott und die Göttlichen in der Hebräischen Bibel und in den Texten vom Toten Meer, in: Mythos und Geschichte, 218–234. Vgl. Franziska Ede, Der Gott des Himmels und seine Mittler.

16 Siegbert Uhlig, Das Äthiopische Henochbuch (JSHRZ V/6), 1984.

VIII. «Seine Deutung ist»
Die Kommentierung der Propheten

1 Dazu Reinhard G. Kratz, Die Propheten Israels; ders., Die prophetische Literatur; ders., Historisches und biblisches Israel, 91–95.101–105; ders., Prophetenstudien.

2 Zu Jesaja vgl. Uwe Becker, Jesaja – von der Botschaft zum Buch; zu Hosea Roman Vielhauser, Das Werden des Buches Hosea; zu Amos Reinhard G. Kratz, Prophetenstudien, 310–343; zu Micha Björn Corzilius, Michas Rätsel.

3 Zu der Analyse vgl. ausführlich Martin Hallaschka, Haggai und Sacharja 1–8.

4 Die Hermeneutik der Pescharim ist in Reinhard G. Kratz, Innerbiblische Exegese und Redaktionsgeschichte im Lichte empirischer Evidenz, in: Das Judentum im Zeitalter des Zweiten Tempels, 126–156, hier 128–135, des Näheren erläutert.

5 Reinhard G. Kratz, Text und Kommentar. Zu den Hintergründen der Pescharim vgl. auch Peter B. Hartog, Pesher and Hypomnema; Bronson Brown-deVost, Commentary and Authority in Mesopotamia and Qumran. Ferner Peter Porzig, Die Geburt einer Gattung – Die Pescharim von Qumran; zum Pescher Habakuk Timothy Lim, The Earliest Commentary on the Book of Habakuk.

6 Das Verhältnis der beiden Varianten und das Auslegungsverhältnis zum Jesajabuch ist des Näheren behandelt in Reinhard G. Kratz, Jesaja in den Schriften vom Toten Meer, in: Prophetenstudien, 243–271, hier 249–264.

7 Annette Steudel, Der Midrasch zur Eschatologie aus der Qumrangemeinde (4QMidrEschat$^{a.b}$). Hier auch grundlegend zu der Entwicklung von den Einzelzitaten in S und D hin zu den exegetischen Gattungen des thematischen Midrasch und des Pescher.

8 Näheres dazu in Reinhard G. Kratz, Der Pescher Nahum und seine biblische Vorlage, in: Prophetenstudien, 99–145. Die Kontinuität von biblischer Vorlage und Pescher behandeln auch am Beispiel von Hosea Roman Vielhauer, Materielle Rekonstruktion und historische Einordnung der beiden Pescharim zum Hoseabuch (4QpHos^{a} und 4QpHos^{b}); ders., Das Werden des Buches Hosea; am Beispiel von Habakuk Franziska Ede, «Der Gerechte aber wird durch sein Vertrauen leben» (Hab 2,4). Das Buch Habakuk und seine Auslegung in Qumran (1QpHab).

9 Zum Folgenden vgl. Reinhard G. Kratz, Gerechte und Frevler.

10 Dazu Reinhard G. Kratz, The Teacher of Righteousness and His Enemies; ders., Erforscher der Tora in den Texten vom Toten Meer und im Buch Esra, in: Torastudien.

11 S. o. II.2 und VI.3. Das Standardwerk dazu ist Gert Jeremias, Der Lehrer der Gerechtigkeit.

12 Hierüber gibt es eine breite Diskussion: Florentino García Martínez, Qumran Origins and Early History; ders., The Origins of the Essene Movement and the Qumran Sect; ders., Rethinking the Bible; ders., Beyond the Sectarian Divide; ders., The Groningen Hypothesis Revisited; Florention García Martínez und Adam S. van der Woude, A ‹Groningen› Hypothesis of Qumran Origins and Early History. Dieser Spur sind viele gefolgt, vgl. dazu in Reinhard G. Kratz, The Teacher of Righteousness and His Enemies.

IX. «Gepriesen seist Du» Die Anbetung Gottes

1 Den Themenkomplex behandeln ausführlich Bilha Nitzan, Qumran Prayer and Religious Poetry; Daniel K. Falk, Daily, Sabbath, and Festival Prayers in the Dead Sea Scrolls; Esther G. Chazon u. a. (Hg.), Liturgical Perspectives; Jeremy Penner u. a. (Hg.), Prayer and Poetry in the Dead Sea Scrolls and Related Literature.

2 Reinhard G. Kratz, Die Kultpolemik der Propheten im Alten Testament, in: Prophetenstudien, 344–358.

3 Hans-Jürgen Hermisson, Sprache und Ritus im altisraelitischen Kult; Fritz Stolz, Psalmen im nachkultischen Raum.

4 Reinhard G. Kratz, Historisches und biblisches Israel, 96–96.117–121. Näheres dazu in: ders., Das Judentum im Zeitalter des Zweiten Tempels, 245–311; ders., Mythos und Geschichte, 123–234; ferner Hermann Spieckermann, Heilsgegenwart; Reinhard Müller, Jahwe als Wettergott.

5 Näheres dazu in Ulrich Dahmen, Psalmen- und Psalter-Rezeption im Frühjudentum; Reinhard G. Kratz, ‹Gelobt sei der Herr und gepriesen sei sein Name für immer und ewig›. Psalm 145 in der Hebräischen Bibel und in der Psalmenrolle 11Q5, in: Mythos und Geschichte, 206–217. Die handschriftliche Überlieferung der Psalmen in Qumran insgesamt untersucht Eva Jain, Psalmen oder Psalter?

6 Näheres dazu in Reinhard G. Kratz, Mythos und Geschichte, 190–205 und 206–217.

7 Zur literargeschichtlichen Rekonstruktion Reinhard G. Kratz, Anfänge der Midraschexegese in den Psalmen.

8 Zum Folgenden vgl. Peter Porzig, David in the Judean Desert.

9 Näheres dazu in Reinhard G. Kratz, Anfänge der Midraschexegese in den Psalmen.

10 Hilfreich sind die Zählungstabellen in DJD XL, der Study Edition sowie in Géza G. Xeravits und Peter Porzig, Einführung in die Qumranliteratur, 213. Arbeiten, die sich mit den *Hodajot* beschäftigen: Norbert Lohfink, Lobgesänge der Armen; Carol Newsom, The Self as Symbolic Space; Angela K. Harkins, Reading with an «I» to the Heavens; Meike Christian, Geheimwissen, Erwählung und Prädestination.

11 Gert Jeremias, Der Lehrer der Gerechtigkeit.

12 Zitate aus 1QH^{a} X,15–16 [II,13–14]; XII,25.28 [IV,24.27].

13 Zitate aus 1QH^{a} XIV,6–7 [VI,3–4]; XV,13.16–17 [VII,10.13–14]; XVI,36–37 [VIII,35–36].

14 Zitate aus 1QH^{a} XXIII,11–16 [XVIII,10–15]; VI,29 [XIV,18]; XIX,12–13 [XI,9–10].

15 Zitate aus 1QH^{a} XVII,38–XVII,15 [IX,37–X,13]; XIX,18–35 [XI,15–32].

16 Die maßgebliche, wenn auch noch vorläufige materielle Rekonstruktion wurde von Hartmut Stegemann durchgeführt und von Carol Newsom, Songs of the Sabbath Sacrifice übernommen.

17 Näheres dazu in Reinhard G. Kratz, Gott und die Göttlichen in der Hebräischen Bibel und den Texten vom Toten Meer, in: Mythos und Geschichte, 218–234.

18 Näheres dazu in James C. VanderKam, Calendars in the Dead Sea Scrolls; Jonathan Ben-Dov, The 364-day Year in the Dead Sea Scrolls and Jewish Pseudepigrapha; ferner Jonathan Ben-Dov und Lutz Doering (Hg.), The Construction of Time in Antiquity.

19 Näheres dazu in Jonathan Ben-Dov, The Calendar and 4QMMT, in: Reinhard G. Kratz (Hg.), Interpreting and Living God's Law at Qumran, 105–116.

20 Näheres dazu in der in Anm. 1 angegebenen Literatur.

21 Näheres dazu in Peter Porzig, The Place of the ‹Treatise of the Two Spirits› (1QS

3:13–4:26) within the Literary Development of the Community Rule; Meike Christian, The Literary Development of the ‹Treatise of the Two Spirits› as Dependent on Instruction and the Hodayot; dies, Geheimwissen, Erwählung und Prädestination.

X. «Das Geheimnis des Gewordenen» Die Erforschung von Himmel und Erde

1 Zum biblischen Befund Reinhard G. Kratz, Historisches und biblisches Israel, 98–99.121–125; ferner Gerhard von Rad, Weisheit in Israel; Alexa F. Wilke, Kronerben der Weisheit.

2 Zu Gottesfurcht und Gottvertrauen als Grundlage vgl. Spr 15,33 mit 18,12; 22,4 mit 21,21; zur Ersetzung weisheitlicher Normen durch die religiöse Maxime vgl. Spr 14,26–27 mit 13,14; 23,17–18 mit 24,13–14; zur Furcht Gottes als Grundprinzip vgl. Spr 10,27; 16,20; 20,22; 21,30–31; 28,5.25; 29,25–26.

3 Vgl. Spr 10,16 mit 10,15; 11,18–19 mit 11,16–17.

4 Zum Reden und Schweigen vgl. Spr 10,11 mit 10,10; 10,20 mit 10,19; 15,28 mit 15,23; zur gerechten Vergeltung vgl. Spr 11,23 mit 13,12; 11,30–31; 12,7 mit 11,29.

5 Näheres dazu in Reinhard G. Kratz, Translatio imperii; ders., Die Visionen des Daniel.

6 Siegbert Uhlig, Das Äthiopische Henochbuch (JSHRZ V/6), 1984.

7 Zitiert nach Klaus Berger, Das Buch der Jubiläen (JSHRZ II/3), 1981, 343–345.

8 Gabriele Boccaccini, Beyond the Essene Hypothesis; ders. (Hg.), The Origins of Enochic Judaism; Gabriele Boccaccini und Giovanni Ibba (Hg.), Enoch and the Mosaic Torah.

9 Dazu und zum Folgenden Meike Christian, Geheimwissen, Erwählung und Prädestination.

10 Dazu Mladen Popović, Reading the Human Body.

XI. «Wir haben uns abgesondert» Qumran im antiken Judentum

1 Elitzur A. Bar-Asher Siegal, Who Separated from Whom and Why? Da das Fragment stark beschädigt und sowohl unmittelbar vor als auch nach der fraglichen Phrase abgebrochen ist, sind die beiden Konjekturen nicht ausgeschlossen, aber auch nicht beweisbar.

2 Näheres dazu Annette Steudel, Sons of Light Reworking in the Scrolls from Qumran. Einen supralinearen Nachtrag der «Söhne des Lichts» in 4Q266 vermuten Peter Porzig und James Tucker, Between Artefacts, Fragments, and Texts.

3 Reinhard G. Kratz, Historisches und biblisches Israel.

4 Norbert Meisner, Aristeasbrief (JSHRZ II/1), ²1977, 35–87.

5 Reinhard G. Kratz, ‹Damit Gott sei alles in allem›. Überlegungen zum Verhältnis von Altem und Neuem Testament.

6 Vgl. dazu ausführlich Herbert Braun, Qumran und das Neue Testament, sowie Jörg Frey, Contextualizing Paul's ‹Works of the Law›, in: Reinhard G. Kratz (Hg.), Interpreting and Living God's Law at Qumran, 199–216.

7 Vgl. dazu Aharon Shemesh, Halakhah in the Making; Daniel Stökl Ben Ezra, Qumran, 377–392, sowie Vered Noam, From 4QMMT to the Rabbinic Halakhah, in: Reinhard G. Kratz (Hg.), Interpreting and Living God's Law at Qumran, 137–159.

Literatur

Hebräische Bibel/Altes Testament

Biblia Hebraica Stuttgartensia (hg. von Karl Elliger und Wilhelm Rudolph in Verbindung mit Hans Peter Rüger und Gérard E. Weil, revidiert von Adrian Schenker), ^{5}1997.

Deutsche Übersetzungen: Einheitsübersetzung (mit Kommentar der Jerusalemer Bibel 2005), Elberfelder Bibel (revidierte Ausgabe 2006), Lutherbibel mit Apokryphen (1984 oder 2017), Neue Zürcher Bibel (ältere Ausgaben seit 1931 oder revidierte Ausgabe 2007).

Septuaginta (hg. von Alfred Rahlfs und Robert Hanhart), ed. sec. 2006.

Septuaginta Deutsch. Das griechische Alte Testament in deutscher Übersetzung (hg. von Wolfgang Kraus und Martin Karrer), 2009; Septuaginta Deutsch. Erläuterungen und Kommentare, 2 Bände (hg. von Wolfgang Kraus und Martin Karrer), 2011.

The Pentateuch. The Samaritan and the Masoretic Version (hg. von Abraham Tal und Moshe Florentin), 2010.

The Israelite Samaritan Version of the Torah First English Translation Compared with the Masoretic Version (hg. von Benyamim Tsedaka), 2013.

Apokryphen und Pseudepigraphen

Charles, Robert H. (Hg.), The Apocrypha and Pseudepigrapha of the Old Testament in English, with Introductions and Critical and Explanatory Notes to the Several Books, 2 Bände, 1913.

Charlesworth, James H. (Hg.), The Old Testament Pseudepigrapha, 2 Bände, 1983–1985.

Kautzsch, Emil (Hg.), Die Apokryphen und Pseudepigraphen des Alten Testaments, 2 Bände, 1900.

Kümmel, Werner G. u. a. (Hg.), Jüdische Schriften aus hellenistisch-römischer Zeit (JSHRZ), 1973–1999; Hermann Lichtenberger/Gerbern S. Oegema (Hg.), JSHRZ Neue Folge, 2002- *(noch nicht abgeschlossen)*.

Texte vom Toten Meer

Fotos der Handschriften:

Eisenman, Robert H./Robinson, James M., A Facsimile Edition of the Dead Sea Scrolls, 2 Bände, 1991.

Tov, Emanuel/Pfann, Stephen, The Dead Sea Scrolls on Microfiche. A Comprehensive Facsimile Edition of the Texts from the Judean Desert, 1993.

Tov, Emanuel, The Dead Sea Scrolls Electronic Library, ^{2}2006 (CD-ROM).

Online

The Digital Dead Sea Scrolls:
https://www.imj.org.il/en/wings/shrine-book/dead-sea-scrollshttps://www.imj.org.il/en/wings/shrine-book/dead-sea-scrolls

The Leon Levy Dead Sea Scrolls Digital Library/Die digitale Leon-Levy-Bibliothek der Schriftrollen vom Toten Meer:
https://www.deadseascrolls.org.il

Wissenschaftliche Editionen:

Abegg, Martin/Wacholder, Ben Zion, A Preliminary Edition of the Unpublished Dead Sea Scrolls. The Hebrew and Aramaic Texts from Cave Four reconstructed and edited, 4 Bände, 1991–1996.

Beyer, Klaus, Die aramäischen Texte vom Toten Meer, 2 Bände, 1984–2004.

Charlesworth, James H., The Dead Sea Scrolls. Hebrew, Aramaic, and Greek Texts with English Translations (The Princeton Theological Seminary Dead Sea Scrolls Project), bisher 9 Bände, 1994 ff.

Discoveries in the Judaean Desert (DJD), 40 Bände, 1955–2010.

Lewis, Naphtali/Yadin, Yigael/Greenfield, Jonas C. (Hg.), The Documents from the Bar Kokhba Period in the Cave of Letters. Greek Papyri, Aramaic and Nabatean Signatures and Subscriptions, 1989.

Talmon, Shemaryahu, Hebrew Fragments from Masada, in: S. Talmon/Y. Yadin (Hg.), Masada VI. The Yigael Yadin Excavations 1963–1965. Final Reports, 1999, 1–149.

Qimron, Elisha, The Dead Sea Scrolls. The Hebrew Writings, 3 Bände, 2010–2014 (Hebräisch).

Yadin, Yigael, Tefillin from Qumran (XQPhyl 1–4), 1969.

Yadin, Yigael, The Ben Sira Scroll from Masada, 1965.

Yadin, Yigael/Greenfield, Jonas C./Yardeni, Ada/Levine, Baruch (Hg.), The Documents from the Bar Kokhba Period in the Cave of Letters. Hebrew, Aramaic and Nabatean-Aramaic Papyri, 2002.

Studienausgaben und Übersetzungen:

Dupont-Sommer, André, Die essenischen Schriften vom Toten Meer, 1960.

Knibb, Michael A., The Qumran Community (Cambridge Commentaries on Writings of the Jewish and Christian World 200 BC to AD 200, vol. 2), 1987.

Lohse, Eduard/Steudel, Annette (Hg.), Die Texte aus Qumran I, ^{2}1971; II 2001.

Maier, Johann, Die Qumran-Essener. Die Texte vom Toten Meer I–III, 1995–1996.

Maier, Johann, Die Tempelrolle vom Toten Meer und das «Neue Jerusalem» (UTB 829), ^{3}1997.

Tigchelaar, Eibert/García Martínez, Florentino (Hg.), The Dead Sea Scrolls, Study Edition, 2 Bände, 1997–1998.

Biblische Handschriften und Zitate:

Abegg, Martin/Flint, Peter/Ulrich, Eugene, The Dead Sea Scrolls Bible. The Oldest Known Bible Translated for the First Time into English, 1999.

Ego, Beate u. a. (Hg.), Biblia Qumranica, Volume 3B: Minor Prophets, 2005.

Lange, Armin/Weigold, Matthias, Biblical Quotations and Allusions in Second Temple Jewish Literature (JAJSup 5), 2011.

Ulrich, Eugene (Hg.), The Biblical Qumran Scrolls. Transcriptions and Textual Variants (VT.S 134), 2010 (Paperback 2013).

Hilfsmittel (Konkordanz, Grammatiken, Wörterbuch)

Abegg, Martin G./Bowley, James E./Cook, Edward M. (Hg.), The Dead Sea Scrolls Concordance, 3 Bände, 2003–2015.
Kratz, Reinhard G./Steudel, Annette/Kottsieper, Ingo (Hg.), Hebräisches und Aramäisches Wörterbuch zu den Texten vom Toten Meer einschließlich der Manuskripte aus der Kairoer Geniza, 2017- (*noch nicht abgeschlossen*).
Muraoka, Takamitsu, A Grammar of Qumran Aramaic (ANESSup 38), 2011.
Qimron, Elisha, A Grammar of the Hebrew of the Dead Sea Scrolls, 2018.

Kataloge und Beschreibung der Handschriften

Lange, Armin, Handbuch der Textfunde vom Toten Meer, Band 1: Die Handschriften biblischer Bücher von Qumran und den anderen Fundorten, 2009.
Tov, Emanuel (Hg.), The Texts from the Judaean Desert: Indices and an Introduction to the Discoveries in the Judaean Desert Series (DJD XXXIX), 2002; ders. (Hg.), Revised Lists of the Texts from the Judaean Desert, 2010.
Tov, Emanuel, Scribal Practices and Approaches Reflected in the Texts Found in the Judean Desert (STDJ 54), 2004.
Tov, Emanuel, Textual Criticism of the Hebrew Bible, [3]2012.
Xeravits, Géza G./Porzig, Peter, Einführung in die Qumranliteratur. Die Handschriften vom Toten Meer, 2015.

Archäologie und Geschichte von Qumran

Ausgrabungsberichte:

Humbert, Jean-Baptiste/Chambon, Alain (Hg.), Fouilles de Khirbet Qumrân et de Aïn Feshkha I. Album de photographies, Répertoire du fonds photographique, Synthèse des notes de chantier du Père Roland de Vaux OP (NTOA.SA 1), 1994 (englische Übersetzung von Stephen J. Pfann 2003).
Humbert, Jean-Baptiste/Gunneweg, Jan (Hg.), Khirbet Qumrân et Aïn Feshkha II. Études d'anthropologie, de physique et de chimie (NTOA.SA 3), 2003.
Humbert, Jean-Baptiste/Chambon, Alain/Mlynarczyk, Jolanta (Hg.), Khirbet Qumrân et Aïn Feshkha. Fouilles du P. Roland de Vaux III A. L'archéologie de Qumrân, Reconsidération de l'interprétation, Corpus of the Lamps (NTOA.SA 5a), 2016.
Humbert, Jean-Baptiste/Fidanzio, Marcello (Hg.), Khirbet Qumrân and Aïn Feshkha IV A. Qumrân Cave 11Q, Archaeology and New Scroll Fragments (NTOA.SA 8a), 2019.
Magen, Yizhak/Peleg, Yuval, The Qumran Excavations 1993–2004. Preliminary Report (JSP 6), 2007.
Vaux, Roland de, Die Ausgrabungen von Qumran und En Feschcha, I. A. Die Grabungstagebücher (NTOA.SA 1A), 1996.

Historische Synthesen:

Frey, Jörg u. a. (Hg.), Qumran und die Archäologie. Texte und Kontexte (WUNT I/278), 2011.
Galor, Katharina u. a. (Hg.), Qumran – The Site of the Dead Sea Scrolls. Archaeological Interpretations and Debates, 2006.
Golb, Norman, Qumran. Wer schrieb die Schriftrollen vom Toten Meer?, 1994.

Hirschfeld, Yizhar, Qumran. Die ganze Wahrheit. Die Funde der Archäologie – neu bewertet, 2006 (Originaltitel: Qumran in Context. Reassessing the Archaeological Evidence, 2004).

Magness, Jodi, The Archaeology of Qumran and the Dead Sea Scrolls (Studies in the Dead Sea Scrolls and Related Literature), 2002.

Stegemann, Hartmut, Die Entstehung der Qumrangemeinde (Diss. Bonn 1965), 1971.

Vaux, Roland de, Archaeology and the Dead Sea Scrolls (The Schweich Lectures 1959). Fränzösische Erstausgabe: L'Archéologie et les Manuscrits de la Mer Morte, 1961. Englische Ausgabe: Revised edition in an English translation, 1973.

Historischer Kontext

Grabbe, Lester L., A History of the Jews and Judaism in the Second Temple Period, Vol. 1: Yehud. A History of the Persian Province of Judah, 2004; Vol. 2: The Coming of the Greeks. The Early Hellenistic Period (335–175 BCE), 2008; Vol. 3: The Maccabaean Revolt, Hasmonaean Rule, and Herold the Great (175–4 BCE), 2020.

Kratz, Reinhard G., Historisches und biblisches Israel. Drei Überblicke zum Alten Testament, ^{2}2017; englische Ausgabe 2015; italienische Ausgabe 2020.

Schäfer, Peter, Geschichte der Juden in der Antike. Die Juden Palästinas von Alexander dem Großen bis zur arabischen Eroberung, ^{2}2010.

Einführungen

Collins, John J., The Dead Sea Scrolls. A Biography (Lives of Great Religious Books), 2013.

Cross, Frank Moore, Die antike Bibliothek von Qumran und die moderne biblische Wissenschaft. Ein zusammenfassender Überblick über die Handschriften vom Toten Meer und ihre einstigen Besitzer (Neukirchener Studienbücher 5), 1967; englisch: The Ancient Library of Qumran and Modern Biblical Studies. The Haskell Lectures: 1956–1957. A comprehensive survey of the Dead Sea Scrolls and the community which owned them (Anchor Books A272), Revised Edition 1961.

Davies, Philip R. / Brooke, George J. / Callaway, Phillip, übersetzt von Thomas Bertram, Qumran: Die Schriftrollen vom Toten Meer, 2002; englisch: The Complete World of the Dead Sea Scrolls, 2002.

Fields, Weston W., The Dead Sea Scrolls. A Full History. Volume 1 (1947–1960), 2009.

Stegemann, Hartmut, Die Essener, Qumran, Johannes der Täufer und Jesus (Herder Spektrum 5881), ^{10}2007.

Stökl Ben Ezra, Daniel, Qumran. Die Texte vom Toten Meer und das antike Judentum (Jüdische Studien 3), 2016.

Trever, John C., Das Abenteuer von Qumran. Die erregende Geschichte der Schriftfunde vom Toten Meer, 1967; englisch: The Untold Story of Qumran, 1965.

VanderKam, James C., Einführung in die Qumranforschung. Geschichte und Bedeutung der Schriften vom Toten Meer, 1998; englisch: The Dead Sea Scrolls Today, ^{2}2010.

Xeravits, Géza G./Porzig, Peter, Einführung in die Qumranliteratur. Die Handschriften vom Toten Meer, 2015.

Sammelbände und Nachschlagewerke

Brooke, George J./Hempel, Charlotte (Hg.), T&T Clark Companion to the Dead Sea Scrolls, 2019.
Fabry, Heinz-Josef/Dahmen, Ulrich (Hg.), Theologisches Wörterbuch zu den Qumrantexten, 3 Bände, 2011–2016.
Lim, Timothy H./Collins, John J. (Hg.), The Oxford Handbook of the Dead Sea Scrolls, 2010.
Schiffman, Lawrence H. u. a. (Hg.), The Dead Sea Scrolls Fifty Years After Their Discovery (Proceedings of the Jerusalem Congress, July 20–25, 1997), 2000.
Schiffman, Lawrence H./VanderKam, James C. (Hg.), Encyclopedia of the Dead Sea Scrolls, 2 Bände, 2000.

Forschungsgeschichte

Dimant, Devorah (Hg.), The Dead Sea Scrolls in Scholarly Perspective. A History of Research (STDJ 99), 2012.

Übrige zitierte Literatur

Bar-Asher Siegal, Elitzur A., Who Separated from Whom and Why? A Philological Study of 4QMMT, RdQ 25 (2011), 229–256.
Baumgarten, Joseph M./Chazon, Esther G./Pinnick, Avital (Hg.), The Damascus Document. A Centennial Discovery. Proceedings of the Third International Symposium of the Orion Center for the Study of the Dead Sea Scrolls and Associated Literature, 4–8 February 1998 (STDJ 34), 2000.
Beall, Todd S., Josephus' Description of the Essenes Illustrated by the Dead Sea Scrolls (SNTS.MS 58), 1988.
Becker, Uwe, Jesaja – von der Botschaft zum Buch (FRLANT 178), 1997
Ben-Dov, Jonathan, The 364-day Year in the Dead Sea Scrolls and Jewish Pseudepigrapha, in: J. M. Steele (Hg.), Calendars and Years II. Astronomy and Time in the Ancient and Medieval World, 2011, 69–105.
Ben-Dov, Jonathan/Doering, Lutz (Hg.), The Construction of Time in Antiquity. Ritual, Art, and Identity, 2017.
Bergmeier, Roland, Die Qumran-Essener-Hypothese. Die Handschriftenfunde bei Khirbet Qumran, ihr spezifischer Trägerkreis und die essenische Gemeinschaftsbewegung (Biblisch-Theologische Studien 133), 2013.
Berner, Christoph, Jahre, Jahrwochen und Jubiläen. Heptadische Geschichtskonzeptionen im Antiken Judentum (BZAW 363), 2006.
Berner, Christoph/Samuel, Harald with the assistance of Stephen Germany (Hg.), Book-Seams in the Hexateuch I. The Literary Transitions between the Books of Genesis/Exodus and Joshua/Judges (FAT 120), 2018.
Berner, Christoph / Samuel, Harald (Hg.), Book-Seams in the Hexateuch II. The Book of Deuteronomy and its Literary Transitions (im Druck).
Bernstein, Moshe J., Reading and Re-Reading Scripture at Qumran, Vol. 1: Genesis and Its Interpretation, Vol. 2: Law, Pesher and the History of Interpretation (STDJ 107), 2013.
Boccaccini, Gabriele, Beyond the Essene Hypothesis. The Parting of the Ways between Qumran and the Enochic Judaism, 1998.

Boccaccini, Gabriele (Hg.), The Origins of Enochic Judaism. Proceedings of the First Enoch Seminar, University of Michigan, Sesto Fiorentino, Italy, June 19–23, 2001 (Henoch 24), 2002.

Boccaccini, Gabriele/Ibba, Giovanni (Hg.), Enoch and the Mosaic Torah. The Evidence of Jubilees, 2009.

Braun, Herbert, Qumran und das Neue Testament, 2 Bände, 1966.

Braun, Oskar, Ein Brief des Katholikos Timotheos I über biblische Studien des 9. Jahrhunderts, Oriens Christianus 1 (1901), 299–313.

Brizemeure, Daniel/Lacoudre, Noel/Puech, Émile/Présenté par J.-M. Poffet, Le Rouleau de cuivre de la grotte 3 de Qumrân (3Q15). Expertise – Restauration – Epigraphie (STDJ 55), 2 Bände, 2006.

Brooke, George J., Reading the Dead Sea Scrolls. Essays in Method (Early Judaism and Its Literature 39), 2013.

Brown-deVost, Bronson, Commentary and Authority in Mesopotamia and Qumran (JAJSup 29), 2019.

Brownlee, William H., Muhammad ed-Deeb's Own Story of His Scroll Discovery, JNES 16 (1957), 236–239.

Carr, David, The Formation of the Hebrew Bible. A New Reconstruction, 2011.

Chazon, Esther G. u. a. (Hg.), Liturgical Perspectives. Prayer and Poetry in Light of the Dead Sea Scrolls. Proceedings of the Fifth International Symposium of the Orion Center for the Study of the Dead Sea Scrolls and Associated Literature, 19–23 January, 2000 (STDJ 48), 2003.

Christian, Meike, The Literary Development of the «Treatise of the Two Spirits» as Dependent on Instruction and the Hodayot, in: J. Jokiranta/M. Zahn (Hg.), Law, Literature, and Society in Legal Texts from Qumran. Papers from the Ninth Meeting of the International Organisation for Qumran Studies, Leuven 2016 (STDJ 128), 2019, 153–184.

Christian, Meike, Geheimwissen, Erwählung und Prädestination. Zur Entstehung von 1/4QInstruction und der ‹Zwei-Geister-Lehre› (Diss. Göttingen 2019, erscheint in STDJ).

Collins, John J., Beyond the Qumran Community. The Sectarian Movement of the Dead Sea Scrolls, 2009.

Collins, John J., Reading for History in the Dead Sea Scrolls, DSD 18 (2011), 295–315.

Collins, John J., Historiography in the Dead Sea Scrolls, DSD 19 (2012), 159–176.

Corzilius, Björn, Michas Rätsel. Eine Untersuchung zur Kompositionsgeschichte des Michabuches (BZAW 483), 2016.

Crawford, Sidnie White, The Temple Scroll and Related Texts (Companion to the Qumran Scrolls 2), 2000.

Crawford, Sidnie White, Rewriting Scripture in Second Temple Times (Studies in the Dead Sea Scrolls and Related Literature), 2008.

Cross, Frank Moore/Eshel, Esther, Ostraca from Khirbet Qumrân, IEJ 47 (1997), 17–28.

Dahmen, Ulrich, Psalmen- und Psalter-Rezeption im Frühjudentum. Rekonstruktion, Textbestand, Struktur und Pragmatik der Psalmenrolle 11QPs^{a} aus Qumran (STDJ 49), 2003.

Davies, Philip R., What History Can We Get From the Scrolls, and How?, in: C. Hempel (Hg.), The Dead Sea Scrolls. Texts and Context (STDJ 90), 2010, 31–46.

Davies, Philip R., The Textual Growth of the Damascus Document Revisited, in: A. Feldman u. a. (Hg.), Is There a Text in This Cave? Studies in the Textuality of the Dead Sea Scrolls in Honour of George J. Brooke (STDJ 119), 2017, 319–333.

Dimant, Devorah, Apocrypha and Pseudepigrapha at Qumran, in: dies., History, Ideology and Bible Interpretation in the Dead Sea Scrolls. Collected Studies (FAT 90), 2014, 153–169.
Eckhardt, Benedikt, The Yahad in the Context of Hellenistic Group Formation, in: G.J. Brooke/C. Hempel (Hg.), T&T Clark Companion to the Dead Sea Scrolls, 2019, 86–96.
Ede, Franziska, «Der Gerechte aber wird durch sein Vertrauen leben» (Hab 2,4). Das Buch Habakuk und seine Auslegung in Qumran (1QpHab) (Habilitationsschrift Göttingen 2020, im Druck).
Ede, Franziska, Der Gott des Himmels und seine Mittler. Überlegungen zur Funktion der Völkerengel in Dan 10–12, ZThK 118 (2021), 3–22.
Falk, Daniel K., Daily, Sabbath, and Festival Prayers in the Dead Sea Scrolls (STDJ 27), 1998.
García Martínez, Florentino, Qumran Origins and Early History: A Groningen Hypothesis, Folia Orientalia 25 (1988), 113–136.
García Martínez, Florentino, The Origins of the Essene Movement and the Qumran Sect, in: F. García Martínez/J. Trebolle Barrera (Hg.), The People of the Dead Sea Scrolls. Their Writings, Beliefs, and Practices, 1995, 77–96.
García Martínez, Florentino, Rethinking the Bible. Sixty Years of Dead Sea Scrolls Research and Beyond, in: M. Popović (Hg.), Authoritative Scriptures in Ancient Judaism (JSJSup 141), 2010, 19–36.
García Martínez, Florentino, Beyond the Sectarian Divide: The ‹Voice of the Teacher› as an Authority-Conferring Strategy in Some Qumran Texts, in: S. Metso u. a. (Hg.), The Dead Sea Scrolls. Transmission of Traditions and Production of Texts (STDJ 92), 2010, 227–244.
García Martínez, Florentino, The Groningen Hypothesis Revisited, in: A.D. Roitman u. a. (Hg.), The Dead Sea Scrolls and Contemporary Culture. Proceedings of the International Conference held at the Israel Museum, Jerusalem (July 6–8, 2008) (STDJ 93), 2011, 17–29.
García Martínez, Florentino/Woude, Adam S. van der, A ‹Groningen› Hypothesis of Qumran Origins and Early History, RdQ14 (1990), 521–541.
Gertz, Jan-Christian (Hg.), Grundinformation Altes Testament. Eine Einführung in Literatur, Religion und Geschichte des Alten Testaments, [4]2010.
Gillihan, Yonder M., Civic Ideology, Organization, and Law in the Rule Scrolls. A Comparative Study of the Covenanters' Sect and Contemporary Voluntary Associations in Political Context (STDJ 97), 2012.
Grossman, Maxine L., Reading for History in the Damascus Document. A Methodological Study (STDJ 45), 2002.
Hallaschka, Martin, Haggai und Sacharja 1–8. Eine redaktionsgeschichtliche Untersuchung (BZAW 411), 2011.
Harkins, Angela Kim, Reading with an «I» to the Heavens: Looking at the Qumran Hodayot through the Lens of Visionary Traditions (Ekstasis, Religious Experience from Antiquity to the Middle Ages 3), 2012.
Hartog, Peter B., Pesher and Hypomnema. A Comparison of Two Commentary Traditions from the Hellenistic-Roman Period (STDJ 121), 2017.
Hempel, Charlotte, The Laws of the Damascus Document. Sources, Tradition, and Redaction (STDJ 29), 1998.
Hempel, Charlotte, Interpretative Authority in the Community Rule Tradition, DSD 10 (2003), 59–80

Hempel, Charlotte, The Damascus Texts (Companion to the Qumran Scrolls 1), 2000.
Hermisson, Hans-Jürgen, Sprache und Ritus im altisraelitischen Kult. Zur «Spiritualisierung» der Kultbegriffe im Alten Testament (WMANT 19), 1965.
Hultgren, Stephen, From the Damascus Covenant to the Covenant of the Community. Literary, Historical, and Theological Studies in the Dead Sea Scrolls (STDJ 66), 2007.
Ilan, Tal, Jewish Women in Greco-Roman Palestine. An Inquiry into Image and Status (Texts and Studies in Ancient Judaism 44), 1995.
Jain, Eva, Psalmen oder Psalter? Materielle Rekonstruktion und inhaltliche Untersuchung der Psalmenhandschriften aus der Wüste Juda (STDJ 109), 2014.
Jeremias, Gert, Der Lehrer der Gerechtigkeit (StUNT 2), 1963.
Jokiranta, Jutta, Social Identity and Sectarianism in the Qumran Movement (STDJ 105), 2013.
Kampen, John / Bernstein, Moshe J. (Hg.), Reading 4QMMT. New Perspectives on Qumran Law and History (SBLSymS 2), 1996.
Kraemer, Ross S., Her Share of the Blessings. Women's Religions Among Pagans, Jews, and Christians in the Greco-Roman World, 1992.
Kratz, Reinhard G., Translatio imperii. Untersuchungen zu den aramäischen Danielerzählungen und ihrem theologiegeschichtlichen Umfeld (WMANT 63), 1991.
Kratz, Reinhard G., Die Visionen des Daniel, in: R.G. Kratz u.a. (Hg.), Schriftauslegung in der Schrift. Festschrift für O.H. Steck (BZAW 300), 2000, 219–236.
Kratz, Reinhard G., Die Komposition der erzählenden Bücher des Alten Testaments. Grundwissen der Bibelkritik, 2000 (englische Ausgabe 2005).
Kratz, Reinhard G., Die Propheten Israels, 2003 (italienische Übersetzung 2006; erweiterte englische Ausgabe mit ausführlicher Besprechung der relevanten Forschungsliteratur 2015); Neuausgabe: Die Propheten der Bibel. Geschichte und Wirkung, 2022.
Kratz, Reinhard G., Nabonid in Qumran, in: E. Cancik-Kirschbaum u.a. (Hg.), Babylon. Wissenskultur in Orient und Okzident (Topoi – Berlin Studies of the Ancient World 1), 2011, 253–270.
Kratz, Reinhard G., Prophetenstudien. Kleine Schriften II (FAT 74), 2011 (Studienausgabe 2017).
Kratz, Reinhard G., Das Alte Testament und die Texte vom Toten Meer, ZAW 125 (2013), 198–213.
Kratz, Reinhard G., Das Judentum im Zeitalter des Zweiten Tempels. Kleine Schriften I (FAT 42), ²2013.
Kratz, Reinhard G., Elephantine und Alexandria. Nicht-biblisches und biblisches Judentum in Ägypten, in: T. Georges u.a. (Hg.), Alexandria (COMES 1), 2013, 193–208.
Kratz, Reinhard G., Laws of Wisdom. Sapiential Traits in the Rule of the Community (1QS 5–7), in: S.E. Fassberg u.a. (Hg.), Hebrew in the Second Temple Period. The Hebrew of the Dead Sea Scrolls and of Other Contemporary Sources (STDJ 108), 2013, 133–145.
Kratz, Reinhard G., Text und Kommentar. Die Pescharim von Qumran im Kontext der hellenistischen Schultradition, in: P. Gemeinhardt/S. Günther (Hg.), Von Rom nach Bagdad. Bildung und Religion von der römischen Kaiserzeit bis zum klassischen Islam, 2013, 51–80.
Kratz, Reinhard G., Mythos und Geschichte. Kleine Schriften III (FAT 102), 2015.

Kratz, Reinhard G., Bibelhandschrift oder Midrasch? Zum Verhältnis von Text- und Literargeschichte in den Samuelbüchern im Licht der Handschrift 4Q51 (4QSam[a]), in: W. Dietrich in cooperation with C. Edenburg and P. Hugo (Hg.), The Books of Samuel. Stories – History – Reception History, BETL 284, 2016, 153–180.

Kratz, Reinhard G., Die prophetische Literatur, in: H.-J. Simm (Hg.), Aspekte der Bibel. Themen – Figuren – Motive, 2017, 242–259.

Kratz, Reinhard G., Gerechte und Frevler. Die Auslegung von Psalm 37 in Qumran und bei Martin Luther, ZThK 114 (2017), 367–397.

Kratz, Reinhard G., Nahash, King of the Ammonites, in the Deuteronomistic History, in: R. Müller/J. Pakkala (Hg.), Insights Into Editing in the Hebrew Bible and the Ancient Near East. What Does Documented Evidence Tell Us about the Transmission of Authoritative Texts? (Contributions to Biblical Exegesis and Theology 84), 2017, 163–188.

Kratz, Reinhard G., The Teacher of Righteousness and His Enemies, in: A. Feldman u. a. (Hg.), Is There a Text in This Cave? Studies in the Textuality of the Dead Sea Scrolls in Honour of George J. Brooke (STDJ 119), 2017, 515–532.

Kratz, Reinhard G., ‹Damit Gott sei alles in allem›. Überlegungen zum Verhältnis von Altem und Neuem Testament, ZThK 115 (2018), 377–401.

Kratz, Reinhard G., Moses. Creating a Founding Figure, Archiv für Religionsgeschichte 20 (2018), 61–75.

Kratz, Reinhard G., Textual Supplementation in Poetry: The Song of Hannah as a Test Case, in: S. M. Olyan/J. L. Wright (Hg.), Supplementation and the Study of the Hebrew Bible (Brown Judaic Studies 361), 2018, 21–50.

Kratz, Reinhard G., Son of God and Son of Man. 4Q246 in the Light of the Book of Daniel, in: G. V. Allen u. a. (Hg.), Son of God. Divine Sonship in Jewish and Christian Antiquity, 2019, 9–27.

Kratz, Reinhard G., ‹Fossile Überreste des unreformierten Judentums in fernem Lande›? Das Judentum in den Archiven von Elephantine und Al-Yaḫudu, ZAW 132 (2020), 23–39.

Kratz, Reinhard G., Interpreting and Living God's Law at Qumran. *Miqṣat Maʿaśe Ha-Torah* Some of the Works of the Torah (4QMMT). Introduction, Text, Translation and Interpretative Essays by Jonathan Ben-Dov, John J. Collins, Lutz Doering, Jörg Frey, Charlotte Hempel, Reinhard G. Kratz, Noam Mizrahi, Vered Noam, Eibert Tigchelaar (SAPERE 37), 2020.

Kratz, Reinhard G., Anfänge der Midraschexegese in den Psalmen, in: C. Körting/R. G. Kratz (Hg.), Fromme und Frevler. Studien zu Psalmen und Weisheit (Festschrift für Hermann Spieckermann zum 70. Geburtstag), 2020, 173–200.

Kratz, Reinhard G., Aḥiqar and Bisitun. The Literature of the Judeans at Elephantine, in: R. G. Kratz/B. Schipper (Hg.), Elephantine im Kontext (im Druck).

Kratz, Reinhard G., Torastudien. Kleine Schriften IV (erscheint in der Reihe FAT).

Krause, Andrew R., Qumran Discipline and Rites of Affliction in Their Associational Context, in: B. Eckhardt (Hg.), Private Associations and Jewish Communities in the Hellenistic and Roman Cities (JSJSup 191), 2019, 58–75.

Lim, Timothy, The Earliest Commentary on the Book of Habakuk (Oxford Commentary on the Dead Sea Scrolls), 2020.

Lohfink, Norbert, Lobgesänge der Armen. Studien zum Magnifikat, den Hodajot von Qumran und einigen späten Psalmen, mit einem Anhang, Hodajot-Bibliographie 1948–1989 von Ulrich Dahmen (SBS 142), 1990.

Machiela, Daniel A., The Dead Sea Genesis Apocryphon. A New Text and Trans-

lation with Introduction and Special Treatment of Columns 13–17 (STDJ 79), 2009.
Metso, Sarianna, The Textual Development of the Qumran Community Rule (STDJ 21), 1997.
Metso, Sarianna, The Serekh Texts (Companion to the Qumran Scrolls 9/Library of Second Temple Studies 62), 2007.
Metso Sarianna/Najman Hindy (Hg.), The Community of the Dead Sea Scrolls (DSD 16/3), 2009.
Mizrahi, Noam, Witnessing a Prophetic Text in the Making. The Literary, Textual and Linguistic Development of Jeremiah 10:1–16 (BZAW 502), 2017.
Müller, Reinhard, Jahwe als Wettergott. Studien zur althebräischen Kultlyrik anhand ausgewählter Psalmen (BZAW 387), 2008.
Najman, Hindy, Seconding Sinai. The Development of Mosaic Discourse in Second Temple Judaism (JSJSup 77), 2003.
Newsom, Carol, Songs of the Sabbath Sacrifice. A Critical Edition (HSS 27), 1985.
Newsom, Carol, The Self as Symbolic Space. Constructing Identity and Community at Qumran (STDJ 52), 2004.
Nitzan, Bilha, Qumran Prayer and Religious Poetry, translated from the Hebrew by J. Chapman (STDJ 12), 1994.
Penner, Jeremy u. a. (Hg.), Prayer and Poetry in the Dead Sea Scrolls and Related Literature. Essays in Honor of Eileen Schuller on the Occasion of Her 65th Birthday (STDJ 98), 2012.
Popović, Mladen, Reading the Human Body. Physiognomics and Astrology in the Dead Sea Scrolls and Hellenistic-Early Roman Period Judaism (STDJ 67), 2007.
Porzig, Peter, The Place of the «Treatise of the Two Spirits» (1QS 3:13–4:26) within the Literary Development of the Community Rule, in: J. Jokiranta/M. Zahn (Hg.), Law, Literature, and Society in Legal Texts from Qumran. Papers from the Ninth Meeting of the International Organisation for Qumran Studies, Leuven 2016 (STDJ 128), 2019, 127–152.
Porzig, Peter/Tucker, James M., Between Artefacts, Fragments, and Texts: An Analysis of 4Q266 Column I, DSD 25 (2018), 335–358.
Porzig, Peter, Textgeleitete und gruppenbezogene Auslegungsprozesse in den Handschriften von Qumran. Ausgewählte Beispiele, in: W. Bührer (Hg.), Schriftgelehrte Fortschreibungs- und Auslegungsprozesse. Textarbeit im Pentateuch, in Qumran, Ägypten und Mesopotamien (FAT II/108), 2019, 87–111.
Porzig, Peter, Die Geburt einer Gattung – Die Pescharim von Qumran, in: K. Bracht (Hg.), Sammelband zur Ringvorlesung «Commentarii – Hypomnemata – Pesharim – suruḫ – ṣâtu. Heteronome Texte in Antike und Mittelalter» in der Reihe «Grundlagen Europas», Jena 2017/18 (im Druck).
Porzig, Peter, David in the Judean Desert. Beobachtungen an ausgewählten Qumrantexten, in: H. Bezzel/R. G. Kratz (Hg.), David in the Desert. Tradition and Redaction in the «History of David's Rise» (BZAW 514), 2021, 9–33.
Puech, Émile, L'ostracon de Khirbet Qumrân (KHQ 1996/1) et une vente de terrain à Jéricho, témoin de l'occupation essénienne à Qumrân, in: A. Hilhorst u. a. (Hg.), Flores Florentino. Dead Sea Scrolls and Other Early Jewish Studies in Honour of Florentino García Martínez (JSJSup 122), 2007, 1–29.
Puech, Émile, Psaume et Prière pour le roi Jonathan (4Q448) revisités, RdQ 32 (2020), 279–291.
Rad, Gerhard von, Weisheit in Israel, 1970.

Rupschus, Nicole, Frauen in Qumran (WUNT II/457), 2017.
Schiffman, Lawrence H., The Courtyards of the House of the Lord. Studies on the Temple Scroll (STDJ 75), 2008.
Schmid, Konrad, Literaturgeschichte des Alten Testaments. Eine Einführung, ³2021.
Schofield, Alison, From Qumran to the Yaḥad. A New Paradigm of Textual Development for The Community Rule (STDJ 77), 2009.
Segal, Michael, Between Bible and Rewritten Bible, in: M. Henze (Hg.), Biblical Interpretation at Qumran (Studies in the Dead Sea Scrolls and Related Literature), 2005, 10–28.
Segal, Michael, The Book of Jubilees. Rewritten Bible, Redaction, Ideology and Theology (JSJSup 117), 2007.
Shemesh, Aharon, Halakhah in the Making. The Development of Jewish Law from Qumran to the Rabbis (The Taubman Lectures in Jewish Studies 6), 2009.
Spieckermann, Hermann, Heilsgegenwart. Eine Theologie der Psalmen (FRLANT 148), 1989.
Stegemann, Hartmut, Methods for the Reconstruction of Scrolls from Scattered Fragments, in: L. H. Schiffman (Hg.), Archaeology and History in the Dead Sea Scrolls (JSPSup 8), 1990, 189–220.
Stemberger, Günter, Pharisäer, Sadduzäer, Essener (SBS 144), 1991.
Steudel, Annette, Der Midrasch zur Eschatologie aus der Qumrangemeinde (4QMidrEschat[a.b]). Materielle Rekonstruktion, Textbestand, Gattung und traditionsgeschichtliche Einordnung des durch 4Q174 («Florilegium») und 4Q177 («Catena A») repräsentierten Werkes aus den Qumranfunden (STDJ 13), 1994.
Steudel, Annette, Assembling and Reconstructing Manuscripts, in: P. W. Flint/J. C. VanderKam, The Dead Sea Scrolls after Fifty Years. A Comprehensive Assessment 1, 1998, 516–534.
Steudel, Annette, Probleme und Methoden der Rekonstruktion von Schriftrollen, in: M. Fieger u. a. (Hg.), Qumran. Die Schriftrollen vom Toten Meer. Vorträge des St. Galler Qumran-Symposiums vom 2./3. Juli 1999 (NTOA 47), 2001, 97–109.
Steudel, Annette, The Development of Essenic Eschatology, in: A. I. Baumgarten (Hg.), Apocalyptic Time (Numen Book Series. Studies in the History of Religions 86), 2000, 79–86.
Steudel, Annette, 4Q448 – The Lost Beginning of MMT?, in: F. García Martínez u. a. (Hg.), From 4QMMT to Resurrection. Mélanges qumraniens en hommage à Émile Puech (STDJ 61), 2006, 247–263.
Steudel, Annette, Basic Research, Methods and Approaches to the Qumran-Scrolls in German-Speaking Countries, in: D. Dimant (Hg.), The Dead Sea Scrolls in Scholarly Perspective: A History of Research (STDJ 99), 2012, 565–599.
Steudel, Annette, The Damascus Document (D) as a Rewriting of the Community Rule (S), RdQ 25 (2012), 605–620.
Steudel, Annette, Sons of Light Reworking in the Scrolls from Qumran (im Druck).
Stolz, Fritz, Psalmen im nachkultischen Raum (ThSt 129), 1983.
Stone, Michael E., Secret Groups in Ancient Judaism, 2018.
Teeter, David A., Scribal Laws. Exegetical Variation in the Textual Transmission of Biblical Law in the Late Second Temple Period (FAT 92), 2014.
Ulrich, Eugene, The Dead Sea Scrolls and the Origins of the Bible (Studies in the Dead Sea Scrolls and Related Literature), 1999.
VanderKam, James C., Calendars in the Dead Sea Scrolls. Measuring Time, 1998.

Vielhauer, Roman, Materielle Rekonstruktion und historische Einordnung der beiden Pescharim zum Hoseabuch (4QpHos[a] und 4QpHos[b]), RdQ 20 (2001), 39–91.

Vielhauer, Roman, Das Werden des Buches Hosea. Eine redaktionsgeschichtliche Untersuchung (BZAW 349), 2007.

Wacholder, Ben Zion, The New Damascus Document. The Midrash on the Eschatological Torah of the Dead Sea Scrolls. Reconstruction, Translation and Commentary (STDJ 56), 2007.

Wellhausen, Julius, Der Text der Bücher Samuelis, 1871.

Wilke, Alexa F., Kronerben der Weisheit. Gott, König und Frommer in der didaktischen Literatur Ägyptens und Israels (FAT II/20), 2006.

Yardeni, Ada, A Draft of a Deed on an Ostracon from Khirbet Qumrân, IEJ 47 (1997), 233–237.

Zahn, Molly M., Talking about Rewritten Texts: Some Reflections on Terminology, in: H. von Weissenberg u. a. (Hg.), Changes in Scripture. Rewriting and Interpreting Authoritative Traditions in the Second Temple Period (BZAW 419), 2011, 93–119.

Bildnachweis

Innenteil

Seite 17: © akg-images / IAM / World History Archive
Seite 19: © akg-images / PHOTOSTOCK-ISRAEL/Science Photo Library
Seite 21: Abraham Meir Habermann/Dead_Sea_Scroll_Scholar_Examination.jpg
Seite 23: Courtesy of the John Allegro estate © Judith Brown via the Dispersed Qumran Cave Archives and Archival Sources (DQCAAS) Project
Seite 34: © akg-images / Zev Radovan / BibleLandPictures.com
Seite 36: © Peter Palm, Berlin
Seite 41 oben: © akg-images / Zev Radovan / BibleLandPictures.com
Seite 41 unten: © akg-images / Erich Lessing
Seite 44: © Peter Palm, Berlin
Seite 58: © akg-images / Zev Radovan / BibleLandPictures.com
Seite 70: © akg-images / Israel Talby
Seite 98: © Brill, Leiden/Boston 2006
Seite 236: © akg-images / Zev Radovan / BibleLandPictures.com

Tafelteil

Tafel 1: © akg-images / Zev Radovan / BibleLandPictures.com
Tafel 2: Courtesy of The Leon Levy Dead Sea Scrolls Digital Library, Israel Antiquities Authority. Photo: Shai Halevi/Najib Anton Albina; IAA B-298147 Pl. 1005 (IAA 1)
Tafel 3: Courtesy of The Leon Levy Dead Sea Scrolls Digital Library, Israel Antiquities Authority. Photo: Shai Halevi/Najib Anton Albina; IAA B-496313 Pl. 63/1 (IAA 2 und 3)
Tafel 4: Courtesy of The Leon Levy Dead Sea Scrolls Digital Library, Israel Antiquities Authority. Photo: Shai Halevi/Najib Anton Albina; IAA B-496193 Pl. 140 (IAA 4)
Tafel 5: © akg / Science Photo Library
Tafel 6: Courtesy of The Leon Levy Dead Sea Scrolls Digital Library, Israel Antiquities Authority. Photo: Shai Halevi/Najib Anton Albina; IAA B-496332 Pl. 688 (IAA 5)
Tafel 7: © Cambridge Library
Tafel 8: Courtesy of The Leon Levy Dead Sea Scrolls Digital Library, Israel Antiquities Authority. Photo: Shai Halevi/Najib Anton Albina; IAA B-508168 Pl. 335/1 (IAA 7)
Tafel 9: Courtesy of The Leon Levy Dead Sea Scrolls Digital Library, Israel Antiquities Authority. Photo: Shai Halevi/Najib Anton Albina; IAA B-370806 Pl. 202 Frag. 8 (IAA 9)
Tafel 10: © akg-images / Zev Radovan / BibleLandPictures.com
Tafel 11: © akg-images / Zev Radovan / BibleLandPictures.com
Tafel 12: © akg-images / Liszt Collection
Tafel 13: © akg-images / Zev Radovan / BibleLandPictures.com
Tafel 14: © akg-images / Zev Radovan / BibleLandPictures.com
Tafel 15: Courtesy of The Leon Levy Dead Sea Scrolls Digital Library, Israel Antiquities Authority. Photo: Shai Halevi/Najib Anton Albina; IAA B-496199 Pl 155/1 (IAA 11)
Tafel 16: Courtesy of The Leon Levy Dead Sea Scrolls Digital Library, Israel Antiquities Authority. Photo: Shai Halevi/Najib Anton Albina; AA B-371299 Pl. 331 (IAA 14)

Stellenverzeichnis

Altes Testament

Genesis
1–Ex 14 56, 141
1–11 250
1 138, 141, 230
1,14 230
2 215
5,22.24 246
6–8 248
6,1–4 56, 248
9 147
11,31–32 147
12,1–3 138, 141
12,10–20 144–146
14 143
15 143, 147 f.
15,6 147
17 103, 139
18 147
20 144–146
22 147 f.
22,18 147
26,7–14 144
28,13–15 138
32 72
32,29 138
35,10 138
37–50 241
49,10 147
50 289

Exodus
1 289
3–4 72
12–13 285
13,1–16 237
14 56, 141
19–24 72, 110–113, 141
20 53, 111, 139
20,1–22 72
20,22–23,33 283
20,24 110 f., 123
21–23 110
21,1 83, 94
21,1–22,19 285
23,12 286
23,14–17 111
23,19 122 f.
24 72, 103, 110 f., 139
24,7 285
25–40 78, 112
32–34 110–112
34 78, 113, 139
34,26 122

Levitikus
5,2–3 118, 121
13,33 118
13,46 121
14,8–9 118, 120 f.
14,10–20 121
17–26 112, 168
17 123, 292
17,3–4 123
19,2 112, 284
22,4–8 121
22,27–29 122
25 141
26 139

Numeri
6,24–26 101
10–20 112
15,27–31 118, 121
21,18 194
25,1 111
26–36 112
36,13 112

Deuteronomium
1–3 289
2,14 153
4 111
5,1–6,3 237
5 53, 72, 111, 137, 139, 283
6,4–9 237
6,4 111, 139
7 261
10,12–11,21 237
11,13–21 237
12 77, 123, 292
12,13 ff. 111
14,21 122
16 285
16,16–17 111
21,5 118
27–28 234
27,2–3 73
28–32 135
30,1–3 136
31–34 289
31,29 136
32 237
32,29 136
32,48–49 114
33,8–11 196
33,29 207

Josua
1 289
1,1–2 111
1,7–8 169
1,8 89
2,1 111
3,1 111
4 73
8 73
9 73
15,62 37
24 289

Richter
1–2 289
9 241
21,8–14 74

1 Samuel
1–10 140
1,23 66
2 290
9–10 74
9,18 66
10,3 63
11 73–75
15,22 201
16–1 Kön 11 135
16–17 212
16 204
23,7 212
26,22 65

2 Samuel
3,35 65
13,39 64
23 79
23,1–7 204

1 Könige
2 138
3 239
5 239
5,9–14 240
10,1–13 240
12 135

2 Könige
1,8 270
17 187
22–23 110
25 135, 138

Jesaja
1–33 57
1–39 166
1 189
1,10–17 202
6,3 71
6,10 150
7,17 173
8,1–8 165
8,11 59, 68, 172
8,14 173, 219
8,16–18 219
9,7 169
12,3–13,8 27
24–27 168
30,8 169
34–66 57
34–35 168
38,8–40,2 70
40–66 167
40,2–28 70
40,3 33, 59, 172, 270
40,6 64
40,7–8 69
40,8 169
40,28–41,23 70
40,29–31 218
41,8 147
42,1 184
50,4–11 218
53 218, 220
54,16 194
55,10–11 169
59,21 170
60 133
63–66 168
63,16 221
65,9 184

Jeremia
1,9.12 169
4–6 167
10 78
12 218
15 218
15,16 169
17,8 90
20 218
25 78, 162
25,12 163
26–45 78
28,1 156
29 162
29,10 163
31,31–33 167
46–51 78
46 189

Ezechiel
2,8–3,3 169
4,5f.9 153
30 189
40–48 132

Hosea
6,6 202
10,12 195 f., 219

Joel
2,23 195 f., 219

Amos
5,26–27 103

Obadja 134, 168

Jona 134, 168, 189

Micha
5–7 167
6,6–8 202
6,8 90

Nahum
1 189
1,2–8 190
2,13 131, 179
2,14 190
3,1 176, 189
3,1–8 176
3,5–6 190

Habakuk 134
2,1–3 171, 198
2,12 189
2,15 230

Zefanja
1,14–16 166

Haggai
1–2 167

Sacharja
1–8 167
9–14 168
13,7 173

Maleachi
3,22 169
3,23 270

Psalmen
1–150 208
1 89 f., 205, 207, 251, 254, 263
1,1 207
1,1–2 89, 105
3 212
13 203
18 212
19 205
21 203
22,4 224
23 205
24 203
26 205
29 203
29,1–2 226
34 212
37 180–188, 242
37,32–33 126
40 202
40,9 184
40,15 197
41 205 f.
42 207
45 180
48 203, 205
49 243
50 202
51 202 f., 205, 212
52 212
57 212
59 212
60 180, 212
63 212
72 205 f.
73 207
74 205
78 205
79 205
89 205 f., 228
90 207
91 236
93 79, 203
95 205
96 205
97 203
98 205
99 205
101–150 53, 79, 208 f.
103,1 210
104–106 140
104 203, 205
104,1 210
105 205
106–107 209
106 205
106,48 147, 206, 233
107–117 206
107 207
107,2–3 206
109 79
111,10 242
118–135 206
118 79, 203, 209
119 79, 205, 209
120–134 209
132 209
133–134 79
135–136 140, 205, 209
136–150 206
139–140 79
139 205
142 212
144–148 79
145–150 204–206
145 71, 208 f., 295
146–150 209
150 207
151 (LXX, Syr I) 79, 201, 209, 212, 195
154 (Syr II) 130, 209
155 (Syr III) 209

Hiob
1–2 241, 244
28 243
38–41 241, 244
42 241, 244

Sprüche
1–8 250
1–9 242 f.
1,7 242 f.
2,1 ff. 243
8 243
9 252
9,10 242
10,1–22,16 242 f. (Anm.)
15,8.29 201
17,1 201
21,3.7 201
22,17–24,22 241 f. (Anm.)
25–29 242 (Anm.)
28,9 201
29,25–26 242

Rut 284

Hohelied 239

Kohelet
9,7 ff. 244
12,9–14 244

Klagelieder 284

Ester 27, 53 f., 143

Daniel
1–6 143, 241, 245
1,1.21 163
2–7 12
2–5 171
2 159
4–5 142
5 177
6 163
7–12 164, 245
7 159, 162
7,25 163, 230
8–12 162
8 161
9 140, 152 f., 162–164, 171, 232, 250
10–12 161 f.
11 159
11,30 157
11,33–35 245
11,34 155
12,1–3 245
12,10 136, 245

Esra
1,1 163
2 156
4–7 12
7–10 91
9–10 261
9 140, 232
10,18–44 157

Nehemia
7 156
8 91
9 140, 232

1 Chronik
5 159
16 204
24 157, 231

2 Chronik
20,7 147
25 204
36,21–22 163

Apokryphen und Pseudepigraphen

1 Henoch
1–36 248
6–36 235
37–71 248
72–82 230, 247, 258
83–91 247
85–90 162
91–93 162
92–108 248

Jubiläenbuch
4,17–19 246 f.
4,21–23 246, 248
12,27 146

1 Makkabäer
1,1 157
8,5 157

2 Makkabäer 46, 54, 154 f.

Sapientia Salomonis 239, 245

Sirach (Ben Sira)
Prolog 267
1,14 242
3,21–22 253
24 243 f., 251
24,32–33 196
38,34–39,11 253
39 198
39,1–3 169
44–49 91, 140, 242
44,16 246
49,14 246
51 79
51,13–30 209
51,19 277

Neues Testament

Matthäus
6,29 240
11,14 270
12,42 240
14,2–12 271
18,15–17 272
23,5 237
27,23 160

Markus
1,2–3 33
1,4–9 270
3,22–30 272
3,22 216
6,14–29 271
6,15 270
14,22–24 273

Lukas
1,31–35 160
3 270
3,19–20 271
11,31 240
12,27 240
16,8 272
18,9–14 217
22,70 160

Johannes
4,20 72
8,44 272
10,33.36 160
12,35–36 272
19,7 160

Apostelgeschichte
2,37–47 264
2,42–47 273
4,32–37 89

1 Korinther
3,16–17 200, 272
10,11 271
11,22–25 273
15 271

2 Korinther
3,14 11
6,14–16 272
6,15 216

Philipper 272

1 Petrus
2,5 272

Apokalypse des Johannes (Offenbarung)
21–22 133

Antike Autoren

Dion Chrysostomos 45
Epiphanius von Salamis 16
Euseb von Cäsarea 16
Hippolyt von Rom 45
Josephus Flavius 10, 33, 37, 39, 45 f., 73, 90, 93, 128–131, 154, 156, 158, 178 f., 269 f., 289
Origenes 16
Philo von Alexandrien 45, 245, 273
Plinius d. Ältere 45, 93
Timotheos I. 15, 16, 288

Qumran

CD (Damaskusschrift) 85–108, 114–116
I–XX 102
I 151–154, 195 f.
I,1–11 151
I,1–2 150
I,8–11 195
I,11 196
II,7–8 223
II,14–VIII,21:150
II,14–15 150
III,2–4 149
III,8 194
III,10 150
IV,14 173
IV,20–21 116
V,9–10 116
VI 194–196
VI,2–11 194 f.
VI,5 102
VI,7 194
VI,11 194, 196
VI,19 102
VII,3 195
VII,10–13 173
VII,13–15 102
VII,18 194
VII,18–19 102
VIII,16 59, 68
VIII,21 102
IX–XIV 102
X,4–6 104
X,4–8 105
XI,21 201
XII,1–2 292
XII,19–20 115
XII,20–21 104
XII,22–XIII,4 105
XII,22–XIII,7 104
XIII,4–7 118
XIII,7–19 104
XIII,7–8 150
XIII,17 116
XIII,22 104
XIV 102
XIV,4–7 104
XIV,18–23 103, 105
XV–XVI 102
XV,6 116
XVI,3–4 142
XVI,10–12 116
XIX–XX 196
XIX,5–9 173
XIX,29 59, 68
XIX,33–XX,1 152
XIX,33–34 102
XIX,35–XX,1 197
XX 153, 197
XX,11 151
XX,12 102
XX,13–17 152
XX,14 197
XX,15 151, 153

1QH[a] (Hodajot) 29, 46, 53, 57, 201, 213–224, 256, 272, 279
VI,25 [XIV,14] 221
VI,29 [XIV,18] 221
IX 214
IX,9–22 [I,7–20] 222
IX,23–25 [I,21–23] 215, 222
IX,25–27 [I,23–25] 222
IX,29–33 [I,27–31] 224
IX,36–39 [I,34–37] 223
X–XVI [II–VIII] 214
X,10–11 [II,8–9] 219
X,15–16 [II,13–14] 217 (Anm.)
X,22–24 [II,20–22] 216
X,33–35 [II,31–33] 216
X,35 [II,33] 218
XI,8–13 [III,7–12] 116
XI,24–26 [III,23–25] 215
XII,6 [IV,5]) 219
XII,9–10 [IV,8–9] 218
XII,25 [IV,24] 217 (Anm.)
XII,28 [IV,27]) 217 (Anm.), 219
XIII,13 [V,11] 219
XIII,24–27 [V,22–24] 218
XIV,6–7 [VI,3–4] 218 (Anm.)
XV,9–10 [VII,6–7] 217
XV,13.16–17 [VII,10.13–14] 218 (Anm.)
XV,15 [VII,12] 217
XV,22–25 [VII,19–22] 217
XV,29–30 [VII,26–27] 217
XVI,17–18 [VIII,16–17] 218
XVI,36–37 [VIII,35–36] 218 (Anm.)
XVII–XXVIII [I, IX, XIX] 214
XVII,34–36 [IX,34–36] 221
XVII,38–XVIII,15 [IX,37–X,13] 221 (Anm.)
XVIII,5–9 [X,3–7] 221 f.

XIX [XI] 214
XIX,6–7 [XI,3–4] 220
XIX,12–13 [XI,9–10] 221 (Anm.)
XIX,18–35 [XI,15–32] 221 (Anm.)
XIX,19–20 [XI,16–17] 83
XX,14–16 [XII,11–13] 220
XXIII,11–16 [XVIII,10–15] 221 (Anm.)
XXVI 220

1Q14a (1QpHab, Pescher Habakuk) 29, 53, 174, 177, 190, 279, 294
II 83, 171
II,8 197
VI–VII 170 f.
VI,12–VII,8 171. 198
VII 83
XI,2–8 230

1QJes[a] 27, 53 f., 57, 61, 64, 68 f., 70 f., 172, 277

1Q8 (1QJes[b]) 26 f., 53, 277

1Q14 (1QpMi) 174, 280

1Q15 (1QpZef) 174, 280

1Q16 (1QpPs) 174, 280

1Q20 (1QGenAp, Genesis-Apokryphon) 29, 53, 76, 143 f., 146 f., 249, 278, 293
XIX–XX 144, 146
XX 116
XXII 143

1Q22 (Divre Moshe) 114, 278

1Q26 (1QInstruction) 253, 279

1Q27 (1QMysteries) 253, 279

1Q28 (1QS, Serekh Ha-Jachad) 27, 29, 46, 53–56, 58, 62, 67, 71, 75 f., 79, 83, 85–108, 114–116, 127, 149, 152, 162, 199, 203, 215, 255, 272, 280, 291, 295
I–IV 99, 263
I–III 99–101, 104, 106, 108, 149, 234
I,1–III,12 99
I,24–25 149
II,2–4 101
II,19–22 99, 104
III–IV 83, 235, 253, 255 f., 259
III,4–12 270
III,13–IV,26 100, 296
III 15–21 255
V–IX 71
V–VII 92, 106–108, 291
V 87, 92, 98–100
V,1 27
V,1–4 99
V,3–4 202
V,6 200
VI–VII 103, 105
VI 101
VI,1–8 92, 104 f., 264, 291
VI,6 193
VI,6–7 89
VI,8–9 99, 104
VI,14–15 99
VI,24–VII,25 94
VI,24–27 95
VI,24 83
VII,9–12 95
VII,15–17 96

VIII–XI 99
VIII–IX 99, 106
VIII 39
VIII,1 104
VIII,1–19 99
VIII,5–6.8–9 200
VIII,12–16 172, 270
VIII,13–14 59, 172
VIII,20–IX,11 99
VIII,22 99
IX 4–5 201
IX 6 200
IX,7–8 104
IX,11 62, 99
IX,12–21 100
IX,21–XI,22 100
X–XI 232, 253
XI 228
XI,3–4 223
XI,9–11 223 f.

1Q28a (1QSa, Serekh Ha-ʿEda) 53, 58, 93, 99–101, 106–108, 149, 162, 199, 215, 234, 255,272, 280, 291
I,4.11 116
II,17–22 101
II,22 104

1Q28b (1QSb, Divre Berakha) 53, 58, 99, 101, 106 f., 149, 162, 228, 279
III,1–7 101

1Q33 (1QM, Serekh Ha-Milchama) 22 f., 30, 53 f., 56, 67, 75, 79, 102, 160–162, 220, 253, 255, 280
I 263
I,1–7 161
X–XIX 161
XIII 263

1Q34; 1Q34bis (1QFestival Prayers[a–b]) 233, 279

1Q35 (1QH[b]) 213, 279

3Q4 (3QpJes) 174, 280

3Q15 (Kupferrolle) 53, 96, 279, 291

4Q17 (4QExod-Lev[f]) 77, 277

4Q22 (4QpaleoExod[m]) 77, 277

4Q27 (4QNum[b]) 77, 277

4Q47 (4QJos[a]) 73, 75 f., 277

4Q51 (4QSam[a]) 63–66, 72–76, 277, 289 f.

4Q53 (4QSam[c]) 58, 277

4Q70–72b (4QJer[a–d]) 77 f., 277

4Q88 (4QPs[c]) 210

4Q119–122 (4QLXX-Lev[a–b]) 142, 277

4Q121 (4QLXXNum) 277

4Q122 (4QLXXDeut) 277

4Q128–148 (4QPhyl A–U) 237, 277

4Q149–155(4QMez A–G) 237, 277

4Q156 (4QtgLev) 142, 277

4Q157 (4QtgJob) 142, 277

4Q158 (4QRP, Reworked Pentateuch) 54, 72 f., 75–77, 277

4Q159 (4QOrd[a]) 117, 280
2–4,8–10 116

4Q161–165 (4QpJes[a–e]) 174, 280

4Q166–167 (4QpHos[a–b]) 174, 279, 294

4Q168 (4QpMi) 174, 280

4Q169 (4QpNah) 174, 175–179, 186, 188–191, 280, 294
I,5–6 131
II,1–9 176

4Q170 (4QpZef) 174, 280

4Q171; 173 (4QpPs[a–b]) 174, 280

4Q171 126, 174, 179–188
1–10 i,25–ii,21 185
1–10 ii,1–5 184
1–10 ii,19 186, 197
1–10 ii,22–iv,6 185
1–10 iii,2–8 183
1–10 iii,15 186, 197
1–10 iv,8 45
1–10 iv,13–14 182
1–10 iv,7–22 185

4Q174 (4QFlor/4QMidrEschat[a]) 104, 174, 194, 200, 279, 294
1–2 i,4 157
1–2 i,6 132
1–2 i,14 59, 68

4Q175 (4QTest) 58, 62, 174, 196, 280

4Q176 (4QTanh) 174, 280

4Q177 (4QCatena A 174, 279

4Q184 (4QWiles of the Wicked Woman) 116, 252, 279
1,13–17 252

4Q185 (4QSapiential Work) 252 f., 280
1–2 ii,11 252

4Q186 (4QHoroscope) 258 f., 279
1 ii 258

4Q196–200 (Tobit) 142, 277

4Q208–211 (4QEnastr[a–d] ar) 258, 277

4Q225–227 (4QpsJub[a–c]) 143, 278

4Q225 148
2 i–ii 148

4Q234 (Schreibübung) 57, 280

4Q242 (4QPrNab ar) 142, 278

4Q243–245 (4QpsDan[a–c] ar) 159, 278

4Q245 158

4Q246 (4QapocrDan ar) 159 f., 278, 294

4Q248 (4QActs of a Greek King) 160, 279

4Q252 (4QCommGen A) 143, 147 f., 278
1 v [DJD 6 V] 148

4Q255–264 (4QS^a–j) 27, 87, 92, 230, 280

4Q256 87, 107
5,1–4 [IX 4,1–4] 87 f.

4Q258 27, 87, 98, 107, 172
1 i,1–3 [I 1a i,1–3] 27, 88
2,6–9 [VI 3a–d,6–9] 172

4Q259 172

4Q259Otot (= 4Q319) 232, 279

4Q265 (4QMiscellaneous Rules) 106, 280

4Q266–273 (4QD^a–h) 102, 118, 279

4Q266–268 102

4Q266 103, 105, 118, 263, 296
5 i 104

4Q269 118

4Q270 103, 105
2 ii,15 123
7 i,13–15 116

4Q271
3,13–15 116

4Q272 118

4Q273 118

4Q274 (4QTohorot A) 117, 280

4Q276–277 (4QTohorot B^a–b) 117, 280

4Q278 117

4Q284 (4QPurification Liturgy) 117, 280

4Q285 (4QSefer Ha-Milchama) 67, 280

4Q286–290 (4QBer^a–e) 234, 279

4Q299–301 (4QMysteries^a–c) 253, 279

4Q317 (4QAstrCrypt) 229 f., 258, 279

4Q318 (4QBr ar) 60, 258, 279

4Q319–330 (Kalender/Mischmarot) 157 f., 229, 279

4Q319 230, 232

4Q321
2 ii,1–2 [V,1–2] 157

4Q322a 157

4Q331–333 (Historische Texte) 157, 279

4Q334 (4QOrdo) 157, 232, 279

4Q339 (4QList of False Prophets ar) 143, 156, 279

4Q340 (4QList of Netinim) 156, 279

4Q341 (Schreibübung) 57, 280

4Q342–359 (Dokumentarische Texte) 58, 279

4Q360 (Schreibübung) 57, 280

4Q364–367 (4QRP, Reworked Pentateuch) 54, 72 f., 75–77, 277

4Q365 116

4Q371–373 (4QapocrJoseph^a–c) 143, 278

4Q372
1,14–19 191 f.

4Q380–381 (4QNon-canonical Psalms A und B) 210 f., 278

4Q383–391 (4QapocrJer und 4QapocrEzek) 159 f., 278

4Q392 (4QWorks of God) 210, 278

4Q393 (4QCommunal Confession) 203, 210, 278

4Q394–399 (4QMMT, Miqṣat Maʿase Ha-Torah) 29, 46, 56, 77, 82 f., 114–133, 134–136, 139 f., 153, 200, 215, 231, 261, 279, 290, 292 f., 295 f.

4Q397–398 82

4Q397 (4QMMT)
ii,15–iii,1 [B27–33] 123

iii,2–9 [B34–38] 121–123
iv,14–v,2 [B64–72] 118, 120 f.
vi,5–12 [C18–24] 135 f.
vii,13–viii,18 [C1–18.25–32] 135
vii,19 261
viii,2–12 [C10–26] 136
viii,12–18 [C26–32] 125
viii,14.18 [C27.31–32] 117

4Q400–407 (4QShirShabb) 29, 42, 56, 83, 201, 225–229, 233 f., 280

4Q403 1 i,30–46 225 f., 227

4Q414 (4QRitPur A) 234, 280

4Q415–418a; 4Q418c; 4Q423 (4QInstruction[a–g], Musar Le-Mevin) 83, 116, 234, 253, 279

4Q416
2 iii,8–10 256
2 iii,14–15 254
2 iii,15–18 256

4Q417
1 [2] i,6–9 254

4Q427–432 (4QH[a–f]) 213, 279

4Q427 7 i 219

4Q433–433a (Hodajot-like) 213 f., 279

4Q434–438 (4QBarki Nafshi[a–e]) 210, 279

4Q440–440a (Hodajot-like) 213 f., 279

4Q444 (4QIncantation) 235, 279

4Q448 (Preislied auf Jonatan) 129, 280, 293

4Q468e–f (Historische Texte) 158, 279

4Q471 (Milchama-like-Text B) 67, 280

4Q471b (4QSelf-Glorification Hymn) 213, 279

4Q477 (4QRebukes) 96, 280

4Q491 (Self-Glorification-Hymn) 220, 280
11 I,13–18 219 f.

4Q497 (Milchama-like-Text A) 67, 280

4Q503 (4QpapPrQuot) 232, 234, 280

4Q504–506 (4QDibHam[a–c]) 233, 279

4Q504 140

4Q505 233

4Q507–509 (4QFestival Prayers[a–c]) 233, 279

4Q510–511 (Songs of the Sage 4QShir[a–b]) 235, 279

4Q512 (4QpapRitPur B) 117, 234, 280

4Q524 (4QTemple Scroll) 117, 278

4Q525 (4QBeatitudes) 251, 280
2 ii+3,3–6 251

4Q550–550e (4QPrEsther[a–f] ar) 143, 278

4Q552–553a (4QFour Kingdoms[a–c] ar) 159, 279

4Q554–555 (4QNJ[a–c] ar, Neues Jerusalem) 132, 230 f., 279

4Q554 2 iii 132

4Q560 (4QMagical Booklet ar/Exorcism ar) 235, 279

4Q561 (4Q561Hor ar) 258, 279

4Q578 (Historischer Text) 158, 279

11Q5 (11QPs[a]) 53, 71, 79, 130, 201, 208, 210–213, 232 f., 277 f., 295
XXVII,2–11 212
XXVII,11 180

11Q10 (11QtgJob) 142, 277

11Q11 (11QapocrPs) 236, 278

11Q13 (11QMelch) 152, 174, 279

11Q14 (11QSefer Ha-Milchama) 67, 280

11Q17 (11QShirShabb) 29, 42, 56, 83, 201, 225–227, 229, 233 f., 280

11Q18 (11QNJ ar) 132, 279

11Q19[–20] (11QT, Tempelrolle) 24, 29, 53 f., 76, 78, 83, 112–116, 118 f., 123 f., 132, 200, 231, 279
II 113
XLV,23–26 [15–18] 119
XLVI,24–26 [16–18] 119
XLVIII,23–26[14–17] 119
LI 113
LII–LIII 123
LII,12–14 [5–7] 122
LII,16.23 [9.16] 123
LVII,24–26 [17–19] 116

KhQ Ostrakon 1 39, 279
KhQ Ostrakon 3 57, 279 f.

Naḥal Ḥever

8HevXII gr (12 Prophetenrolle) 142, 277, 289

Masada

Mas1h (Sirach) 266, 277
Mas1j (Jub/psJub) 278
Mas1k (ShirShabb) 225, 227, 235, 280
Ostrakon 606 57, 279 f.
Ostrakon 608 57, 279 f.